高等学校经济管理类主干课程教材·审计系列

内部审计学

— 第3版 —

主编 张庆龙

INTERNAL AUDITING

中国人民大学出版社
·北京·

序言 内部审计应实现高质量发展

2017年，党的十九大报告提出了“高质量发展”这一最新表述，并指出我国经济已由高速增长阶段转向高质量发展阶段。党的十九大报告深刻阐述了高质量发展的内涵，指出高质量发展必须把“实体经济”作为发展经济的着力点，把“提高供给体系质量”作为主攻方向，坚持“质量第一、效益优先”两大原则，努力实现“更高质量、更有效率、更加公平、更可持续”的发展。党的二十大报告进一步明确了“高质量发展是全面建设社会主义现代化国家的首要任务”，为高质量发展赋予了新的内涵。2023年，中共中央、国务院印发的《质量强国建设纲要》强调，面对新形势新要求，必须把推动发展的立足点转到提高质量和效益上来，推动中国制造向中国创造转变、中国速度向中国质量转变；同时要求以推动高质量发展为主题，以提高供给质量为主攻方向，以改革创新为根本动力，深入实施质量强国战略，全方位建设质量强国。由此可见，高质量发展显然已经成了一个时代任务。

习近平总书记在二十届中央审计委员会第一次会议上的讲话中指出：“审计是党和国家监督体系的重要组成部分，是推动国家治理体系和治理能力现代化的重要力量。”这个论断充分阐述了新时代审计工作的职责定位和使命任务。在高质量发展及对审计的总体要求下，内部审计面临着前所未有的发展机遇，肩负着重要的使命任务。对此，内部审计机构及从业人员应当从历史性成就和经验中汲取前进的智慧和力量，深化对审计工作规律性的认识，顺应时代发展潮流，奋发向前，立足于经济监督的职能定位，聚焦主责主业，坚持守正创新，敢审敢严，全面提升审计质量和水平，努力推动新时代内部审计工作高质量发展。

从当前的实务部门来看，虽然各单位都在推进内部审计高质量发展，且整体发展态势良好，然而内部审计领域依然存在诸多发展不平衡、不充分的问题。例如，内部审计质量参差不齐，各单位在内部审计范围、质量控制机制、披露深度、结果运用等方面标准不一；内部审计效率相对较低，这主要体现在信息技术运用程度较低，审计结果产出效率不高，审计报告出具周期较长，远远达不到当前倡导的敏捷审计的要求；内部审计动力不足，创新力欠缺，缺乏适应新时代要求的专业内部审计人才队伍等。此外，当前内部审计还面临着机制不健全、体系不完善等问题，同时内部审计资源的有限性与利益相关方对内部审计需求的无限性之间，存在着明显的矛盾。而要解决这些问题及矛盾，必须着手提升内部审计的生产力，继续推动其实现高质量的发展。

从目前高校内部审计的教学与研究状况来看，高质量内部审计教材的缺乏，导致内部审计难学、难教的现象十分突出。同时，专注于内部审计研究的学者专家也十分匮乏。受数据难获得的影响，内部审计领域的研究成果也十分有限，总体而言，既缺乏高质量的教材，也缺乏高质量的研究成果来指导实践。

当前，面对内外部环境日趋复杂多变以及我国社会主要矛盾发生变化的新形势，必须把高质量发展摆在更加突出的位置。我们应围绕推动高质量发展这一主题，以深化供给侧结构性改革为主线，坚持质量第一、效益优先，切实转变发展方式，把新发展理念融入发展全过程和各领域，加快构建以国内大循环为主体、国内国际双循环相互促进的新发展格局。内部审计作为审计监督体系的重要组成部分，在新发展阶段也呈现出新的特点，我们必须推动内部审计在质量、效率、动力三个方面的提升，以实现更高质量、更有效率、更加公平、更可持续、更为安全的发展。

为此，我们要深刻把握新发展阶段赋予内部审计的新职责、新使命，着力推动内部审计的理念变革、组织变革、机制变革及手段变革，打造更高质量、更有效率、更加公平、更可持续、更为安全的内部审计体系，从而有力推动内部审计的高质量发展。

一、理念变革

第一，要树立立足实际的理念。借鉴先进经验但不照搬照抄，坚持独立自主、紧密结合自身实际，建立与行业特点、愿景文化、战略规划、发展阶段、组织架构相适应，并与中国特色现代企业制度相匹配的内部审计高质量发展体系。

第二，要树立守正创新的理念。积极适应内外部环境的变化，着眼未来，主动变革，将内部审计升级放到深化供给侧结构性改革、促进经济高质量发展的大局中去谋划、推动。

第三，要树立开放协同的理念。推动各主体、各类资源、各种要素协同联动、聚合发力，以实现内外部利益相关者价值共生、共享。

第四，要树立精益求精的理念。强化要素精准投入，实施精准监督、精准评价，实现资源配置更优、作业结果更准确。

第五，要树立技术赋能的理念。主动运用大数据、人工智能、移动互联网、云计算、区块链等新技术，推动内部审计从信息化向数字化、智能化转型。

第六，要树立坚守底线的理念。严守财经法纪，确保审计报告真实可靠。

二、组织变革

第一，健全职能配置。坚持不缺位、不越位、不错位的原则，健全审计组织机制和岗位设置，履行好经济监督、经济评价、管理控制等基础保障职能，进一步发挥内部审计的价值创造职能，确保资源合理配置、运作高效协同。

第二，完善管控模式。强化内部审计的监督权，明确其在企业中的主体地位，同时根据不同企业的特点，完善内部审计的管控模式。

第三，转变运行机制。结合数字化时代的特点，推动内部审计向数据驱动型转变，努力实现审计视角多样化、审计场景动态化、审计信息实时化，确保内部审计敏捷、运转高效。

第四，拓展服务对象。以企业和业务为纽带，将审计对象的范围由单个企业或集团扩展至整个产业链、供应链。通过促进数据、信息、技术、标准、金融等全方位的协同融合，助力打造内部审计高质量发展的产业链生态。

三、机制变革

第一，加强关键指标硬约束。坚持质量第一，建立完善的内部审计关键指标体系，科学测算企业重大错报风险，确保审计风险可控。

第二，优化资源配置。聚焦主责主业，合理配置审计资源，将主要资源优先投入重大错报风险高的领域，以提高审计效能，并促进资源配置布局的优化和动态调整。

第三，加强风控规则硬约束。统筹发展和安全，扎紧扎牢制度的笼子，健全完善风险管理机制，以规则的确定性应对风险的不确定性。

第四，加强政策激励引导。科学制定个性化、差异化的激励措施，促进内部审计团队在落实国家安全、国计民生等重大战略任务中更好发挥主力军作用。同时，加大对创新能力体系建设和前瞻性战略的支持力度。

四、手段变革

第一，做到支持决策。内部审计部门作为经济监督部门，应积极参与重大决策全过程，为决策层提供准确、高效、多维的数据信息，助力其做出理性、科学的经济决策。

第二，服务业务。内部审计部门应主动融入业务事前、事中、事后的全流程，有效识别业务执行中的偏差，提供业务改进建议，确保业务活动高效开展。

第三，创造价值。内部审计部门可以通过保持自身独立性、对组织整体经营进行客观公正的评价、监督各部门绩效状况等手段主动创造价值，促进企业价值的提升。

第四，防控风险。健全风险防控体系，加强源头治理，强化穿透式监测手段，做到审计全过程跟踪。有效识别企业运营风险，及时预警并有效处置，为企业持续健康发展保驾护航。

第五，开展研究型审计。应不断创新内部审计的方法，推动理论与实践相结合、学术研究与项目实施相结合，加强成果的转化应用，形成理论支撑与实践发展的双轮驱动机制，为内部审计的高质量发展注入强劲动力。

内部审计是单位管理体系中非常重要的一环，它可以帮助企业发现和解决内部管理问题，可以提高企业的经营效率和风险控制能力，是企业完善内部控制机制、规避运营风险的必然要求。要使内部审计真正发挥作用，必须要有完善的内部审计体系作为支撑，具体包括：

一是应构建系统完善的内部审计管理体系。构建系统完善的内部审计管理体系，有利于实现内部审计工作的规范化、标准化，从而发挥内部审计在保护财产、实现增值、促进企业高质量发展方面的作用。一个完整的内部审计管理体系应包括支持保障系统、人力资源系统和业务管理系统。支持保障系统为审计业务工作提供财力、物力和行政方面的保障，使审计工作能够在一个良好的物质环境中进行。人力资源系统则负责为审计业务工作提供具备资格和能力的审计人员，并通过建立责任体系和培训机制，提高审计工作的质量。业务管理系统则通过制订和实施审计计划来控制审计业务工作的进程，保证审计任务的完成。内部审计管理体系中的各项管理制度应协调配合，合理地调配内部审计部门的人、财、物力资源，协调审计任务分配，并通过对审计作业过程的严格监督和控制，确保取得高质量的审计成果。

二是应构建系统完善的内部审计准则体系。我国内部审计准则框架由内部审计基本准则、内部审计人员职业道德规范、内部审计具体准则和内部审计实务指南等组成。经过对内部审计准则体系的不断修订和完善，我国内部审计已从传统审计模式走向增值型内部审计模式。虽然我国的内部审计准则形成了“基本准则—行业规范—具体准则—实务指南”的逻辑体系，但要实现高质量发展，我国内部审计准则体系仍要持续改进。首先，需要进一步优化框架结构。根据国际通用习惯，职业道德规范处于准则框架的顶端，是内部审计准则的重要组成部分。而我国的职业道德规范目前仍处于第二个层次，其约束力较弱。从风险管理的角度来看，加强内部控制和内部审计有效性的确认，是实现风险管理目标的重要手段，其有效性直接影响风险管理的效果。但目前准则更注重内部审计对内部控制有效性的确认和评价，对于如何促进内部控制充分发挥在风险管理机制中的作用并没有做出明确说明。其次，需要进一步完善具体审计准则。目前，我国内部审计领域存在审计计划制订不科学、缺乏协同性和宏观性、缺乏专业性指导等问题，审计通知程序不规范问题，获取的审计证据不完整或相关性不强问题，审计评价用词不严谨、不准确、存在主观臆断问题，这些问题迫切要求我们进一步完善具体审计准则，并规范审计程序。最后，需要完善执行规则。国际内部审计准则体系以原则为导向，以实务准则为强制性要求。相比之下，我国内部审计准则体系中，部分条款采用“应当”这一表述，导致执行力较弱。部分单位内部审计工作过于依赖自身经验，造成了内部审计发展不均衡问题。因此，为满足我国现实的需要，促进内部审计的规范化发展，对具体准则进行强制执行是有必要的。

三是应构建智能前瞻的数智审计体系。越来越多的企业已步入转型的关键时期，数智化转型为企业经营管理的全领域、全环节注智赋能，为企业内部审计高质量发展提供新动力。为有效推进数智化转型，需要统筹制定全集团的内部审计数智化转型规划，完善制度体系、组织体系和管控体系，加强跨部门、跨板块的协同合作，建立智慧、敏捷、系统、深入、前瞻的数字化、智能化审计体系。应建立健全涵盖数据产生、采集、清洗、整合、分析和应用的全生命周期治理体系，利用大数据提升审计监督水平，进而提高审计效率和质量。具备条件的企业应探索建立基于自主可控体系的数字化、智能化审计平台，以促进内部审计从互联网驱动审计模式向“现场＋远程”审计模式转变，不断提升远程审计模式的强能力，增强云端审计资源聚合力。此外，还应推动内部审计从大数据驱动模式向全覆盖、全量审计转变，充分挖掘数据价值，提升企业的精细化运营和管理水平。要以大数据为驱动，加强对重点领域审计监督的全覆盖，利用数智化转型的契机，推进内部审计高质量发展。

四是应构建系统科学的内部审计质量控制体系。内部审计高质量发展必然要求构建完善的内部审计质量控制体系。这主要包括以下几个方面：首先，优化内部审计质量控制环境。为此，需要理顺审计管理机制，完善审计质量控制制度和标准，出台审计项目管理办法和实务操作指南。同时，强化内部审计队伍建设，坚持风险导向审计，加强内部审计信息化建设。其次，实施全过程质量控制。在计划阶段，应加强全面统筹，实现审计全覆盖。在实施阶段，要强化审计程序执行，严格审计取证和审计报告质量控制。在终结阶段，要明确审计档案的收集、整理和管理责任，加大审计整改情况的跟踪检查力度。最后，构建全方位质量监管机制。这包括构建分级复核督导机制、审理程序和机制、报告审议机制、质量评估考核机制以及责任追究机制，同时引入外部评价机制，对内部审计进行全方位督导，助力内部审计质量的全面提升。

五是应构建面向未来的内部审计人才队伍建设体系。实现内部审计高质量发展，应注重“人才强审”，打造专业化内部审计队伍。为此，需要健全内部审计人才的选拔、培养、使用、管理和储备机制，打造一支政治过硬、作风优良、履职尽责、专业高效、充满活力的内部审计人才队伍，实现能力更多元、结构更优化，使人才数量和质量充分适应时代进步、契合企业需求。科学构建与内部审计高质量发展目标相匹配的复合型审计人才能力提升框架，着重增强内部审计人员的科学思维能力、创新提效能力。建立健全多层次的审计人才培养培训体系，加强中高端内部审计人才队伍建设。加强履职管理，建立关键岗位任职资格要求和科学评价体系，强化正向引导激励，畅通职业发展通道。强化党建引领和文化建设，营造干事创业的良好环境，培养风清气正的团队氛围和健康向上的内部审计文化，推动内部审计人才不断提高政治素质和党性修养、坚守职业操守和道德底线。

本书在第 2 版的基础上进行了修订，结合当前最新的内部审计准则的变化以及相应的政治、经济、法律法规和内部治理环境变化等诸多因素进行了调整。考虑到学时限制与为了便于教学，本书做了大幅删减，并且在每章中增加了学习目标、素养目标、习题与案例分析，以利于学生和教师的教学使用。

本书适合高校教师用于内部审计教学，也可以作为实务部门的初学者学习和了解内部审计理论与实务的参考书。由于作者水平有限，书中难免存在诸多不足与漏洞，期望得到大家的批评与指正。

张庆龙

目　录

第1章

内部审计概述

学习目标

1. 了解内部审计的发展历程，掌握内部审计的发展趋势。
2. 了解内部审计定义的历史演进，掌握最新的内部审计内涵。
3. 掌握内部审计与外部审计的区别，深入理解内部审计的定义、职能。

素养目标

培养学生从历史发展的脉络视角思考内部审计的演进过程，并运用辩证唯物主义与历史唯物主义的观点，正确认知国内外内部审计发展的不同背景与特色，使学生认识到内部审计在国家宏观治理与企业微观运营管理中的重要性，促使学生思考新形势下内部审计的发展趋势，为推动内部审计实现高质量发展贡献力量。

第1节　内部审计的产生与发展

一、受托责任是内部审计产生的根本原因

当所有权和经营权分离后，所有者和经营者之间便产生了委托代理关系。在此关系中，受托人应按照委托人的意志履行责任，具体包括：第一，受托人应以最大善意完成任务，采用最经济、有效、严密的方法来保管和使用为完成托付任务而获得的资源；第二，受托人应建立必要的会计和内部控制制度，对任务的完成情况，资金、资源的收支情况进行记录并报告；第三，为了证明这些记录是真实的，受托人应保存一切足以证明其履行受托责任的证据。

从公司治理理论及实践的角度来看，公司治理是受托责任系统中的一种控制机制，其最终目的是确保受托责任系统的运行。内部审计作为公司治理的重要组成部分，也是受托责任系统中一种重要的控制机制，它可以评价和改进受托责任系统。受托责任是一切审计工作的出发点，审计因受托责任的产生而产生，也因受托责任的发展而发

展。最初的内部审计是为了增强财务信息及非财务信息的可靠性，减少信息不对称，以利于契约的签订和执行而设置的。时至今日，内部审计作为受托责任系统中的控制机制，已经成为利益相关者透视整个组织的放大镜，并作为组织增值的倡导者、管理变革的引领者而大放异彩。

二、西方内部审计的产生与发展

（一）内部审计萌芽阶段（奴隶社会至18世纪60年代）

内部审计活动最早可追溯至奴隶社会。人类进入奴隶社会以后，奴隶主建立大庄园，使用大批奴隶进行葡萄、谷物、橄榄的种植和开展畜牧业生产，并将产品在市场上出售。奴隶主为了坐享其成，过上不劳而获的生活，往往将自己的私有财产委托给精明能干的代理人经营管理，同时委派亲信审查这些财产经营管理者是否忠诚地为其利益服务。这些亲信实际上充当了内部审计人员的角色，这时的内部审计不仅有了服务的对象——奴隶主，也有了审计的对象——内部委托责任，这表明内部审计的服务是向内的。只不过除了审计业务外，他们还要负责其他管理事务。这就是内部审计的雏形，此时其专业化水平较低，内部审计工作并非由独立的人员来专门承担，审计只是这些人员的众多职责之一。在古罗马，人们采用“听证账目”的方式来检查负责财务的官员有无欺诈、舞弊行为。“审计”（audit）一词便源于拉丁文“听账人”（auditus）。这一时期的内部审计是伴随财产所有权和经营管理权分离以及由此导致的受托经济责任而出现的一种自发性的简单思想和行为。但是由于分权的程度不深和范围不广，内部审计活动尚未与其他管理职责分开，内部审计工作也并非由独立的人员承担，且内部审计的作用仅限于监督和验证。

到了中世纪的欧洲，随着分权思想的深化和分工的出现，独立的内部审计人员开始出现，同时复式记账基本原理也得以产生并逐渐系统化，这一系列变化极大地促进了内部审计的发展。这一时期的内部审计在整个内部审计发展史上起到了承上启下的作用。一方面，它继承了奴隶社会内部审计的思想；另一方面，它为内部审计的后续快速发展奠定了坚实的基础。然而，此时的内部审计并非一项独立的活动。内部审计人员在整个管理体系中承担着有限的责任，更多的是充当会计部门的附属角色，仅仅是独立审计的支持者，内部审计活动在很大程度上被视为独立审计业务的延伸。在这一阶段，内部审计的主要表现形式为寺院审计、行会审计、庄园审计等。

14世纪，威尼斯的城市议会开设的造船厂在复式记账的基础上，率先试行了成本控制制度。这一制度要求严格核算资金、材料和人力的消耗，并规定每隔一段时间由议会派遣专员对厂长进行审计，而厂长也会派人随时对会计进行查账。复式记账的引入使得内部审计对象由资产、资金以及简单的账目转向建立在科学核算原理基础上的会计账簿。这一转变也使得内部审计技术由简单的验证、核对转向对账簿的审查。

这一时期的内部审计更多关注的是财产、资金使用的合理性以及账目记录的正确性，此时的内部审计思想和相关的内部审计技术已经初步成型，而复式记账的使用和独立内部审计人员的出现则标志着内部审计正在逐步成长。

（二）内部审计快速发展阶段（18 世纪 60 年代至 20 世纪 80 年代）

从 18 世纪 60 年代后期开始，内部审计进入了快速发展的时期。在这一时期，从工业革命的兴起到垄断组织的出现再到全球性经济危机的爆发，西方资本主义市场不断发生新的变化。为适应市场的变化，内部审计所涉及的业务事项和总体目标也进行了调整，以满足市场和企业的需求。具体变化体现在以下方面：

1. 财务导向内部审计

18 世纪 60 年代，英国工业革命爆发，推动英国逐渐成为机器大工业占统治地位的国家，由股东融资的股份公司获得了发展。股份公司的股东和债权人为了维护自己的利益，客观上需要审计人员对企业的会计资料进行审查，并陈述审计意见。1844 年，英国国会颁布了《合股公司法》，该法明确规定公司董事会负有账务记录的义务，必须每年向股东提交详细、真实的资产负债表。为了保证所提供资料的真实性，该法还要求由董事会以外的第三者（监事）对资产负债表及账务处理的准确性和合理性做出评价，从而确立了内部审计制度。

19 世纪中后期至 20 世纪初，资本主义进入垄断阶段，托拉斯、康采恩等垄断组织迅速发展。垄断企业经营规模庞大，经营地点分散，业务复杂多样，导致高层管理人员再也无法像以前那样亲自观察和控制所有的经营活动，只能实行分权管理和多级控制。在这种情况下，管理职责的履行状况、各部门的经营活动是否合规合理、各分支机构的经营目标能否实现等，客观上需要由一个专门的职能部门进行审查、评价和报告。虽然这个时期外部审计取得了很大发展，但是由于职业的限制，外部审计人员无法像企业期望的那样经常对经营管理和财务状况做深入的审查，并提出切实可行的建议和方案，同时审计成本也比较高。因此，外部审计无法满足企业管理的需要。于是，企业管理者将目光转向企业内部，从员工中挑选具有经营管理知识和能力的特殊人才，让他们从企业整体利益出发，对分支机构或分公司进行经常性的监督，这就形成了一个与业务控制并列且相对独立的内部审计系统。这些特殊人才就是内部审计人员，由他们组成的机构就是内部审计机构。

1845 年，英国修订了《合股公司法》，从法律上确认了特许会计师（注册会计师）承担审计业务，独立审计由此发展起来。独立审计的正式确立在审计对象、方法、技术上对内部审计实践的发展产生了直接影响。1875 年，德国集采煤、冶金、机器和军火生产于一体的康采恩公司设置了内部审计部门，以开展财务合规性审计。19 世纪中叶，美国具有显著规模经济特征的铁路行业也开始配备内部审计人员，他们巡视各路站，被冠以“旅行审计师”的头衔，不仅检查公司财务制度的遵守情况和有关会计记录的真实性及正确性，还开展经营审计。

20 世纪初，美国通用电气公司成立了独立的内部审计部门，这使得因企业规模和组织结构的迅速变化而日益突出的资产不清、损失浪费、盗用公款与会计文书混乱问题得到有效控制。1934 年，美国证券交易委员会（SEC）要求上市公司必须提供经过注册会计师审查的财务报表，这促使公司设立内部审计机构来开展注册会计师的工作。从此，独立审计进入了财务报表审计的新阶段。

在这一时期，内部审计还有两个里程碑式的重要进展，极大地推动了内部审计的发展。1941年，国际内部审计师协会（IIA）成立，这在很大程度上促进了内部审计理论和实务的发展。另一个里程碑则是第一部论述内部审计的专著《内部审计——程序的性质、职能和方法》出版，它标志着内部审计学的诞生并开始构建起自己的理论体系，至此，内部审计才成为一门独立的学科并在真正意义上被确立。

在IIA成立后的十年间，内部审计理论的发展是以财务导向内部审计实践为基础的。1947年，IIA发布了第一号《内部审计人员职责说明书》（SRIA No.1），其中指出内部审计是组织内部检查会计、财务及业务的独立性评价活动，旨在向管理部门提供防护性和建设性服务。它主要涉及会计和财务事项，也可以适当涉及业务事项。此时的SRIA反映了财务导向内部审计的主要对象是会计和财务事项，也适当涵盖了业务事项，这为财务导向内部审计朝业务导向内部审计发展提供了条件。虽然此时SRIA仍认为业务审计是作为财务审计的附庸存在的，但内部审计的总体目标是帮助管理者有效管理组织的业务活动，以保护公司利益。

2. 业务导向内部审计

以业务活动为关注点的内部审计在20世纪40年代末才开始出现，并于60年代达到了其发展的巅峰。1948年，内部审计人员对美第奇银行伦敦支行的管理当局及其所从事的业务进行了审计，并出具了详细的业务审计报告。20世纪60年代，美国工业委员会以及IIA对内部审计实务的调查充分说明了内部审计人员已大量从事业务审计。美国工业委员会调查了177家公司的内部审计目标，结果显示，确定内部控制制度的恰当性、调查公司政策和规程的遵循情况、协助开展有利于增加利润的活动、为管理当局提供全面服务、协助制定新的程序等业务审计内容都已在公司内部审计目标中得到体现。而1968年IIA的调查显示，内部审计实务已广泛涉及采购、库存规划与控制、保险计划、基础设施建设、运输、管理信息系统、广告、生产、组织控制等具体业务领域。其中，75%的受访公司的内部审计是财务审计与业务审计并重。同时，内部审计机构的地位也日益提升，大部分受访公司内部审计负责人的报告对象是主计长及以上级别的管理人员，内部审计人员与企业管理者的关系更为密切。而在专业结构方面，41%的内部审计人员来自非会计专业。

IIA在1957年发布的第二号SRIA指出，内部审计是组织内部检查会计、财务及业务，并向管理当局提供服务的独立活动。虽然此定义中仍保留了会计和财务活动，但已将对业务的审查与对财务、会计的审查等同视之。IIA在1971年颁布的第三号SRIA进一步指出，内部审计作为一种有助于管理部门的活动，是组织内部审核经营业务的独立评价活动。它是一种管理控制手段，其作用是衡量和评价其他控制的有效性。在这一阶段，内部审计关注的受托责任内容是受托管理责任，目标是揭露公司经营管理中存在的缺陷并提出建议，帮助管理人员有效履行其职责，通过提高业务活动和管理控制的效率来实现兴利。同时，业务导向内部审计采用访谈式审计技术，注重了解公司的经营管理理念。可见，内部审计由财务导向转向业务导向后，不仅拓展了范围，提高了地位，而且其目标由查错防弊走向兴利，由防护性走向建设性。

3. 管理导向内部审计

20 世纪中后期，随着全球性经济危机的爆发，外部经济环境发生了急剧变化，这对企业的内部管理产生了深远的影响，同时也促使人们对内部管理体系进行重新思考。管理理论和实践开始更加关注外部环境的影响，倡导用一种动态的、系统的眼光来看待现代管理。这一新的环境对内部审计提出了新要求：内部审计应充分考虑外部多方利益相关者的影响，审计的关注点需要从低层次的经营业务和内部控制转向高层次的决策和外部受托责任。同时，公司治理理论及实践的逐步发展，特别是审计委员会制度的建立，不仅赋予了内部审计更高的地位，也为内部审计对高层受托管理责任的审查提供了保证。

从 20 世纪 70 年代开始，内部审计进入以管理为核心的管理导向阶段。管理导向内部审计是传统内部审计发展的更高阶段，是区别于传统财务审计的一种审计模式。内部审计具有两个职能——验证和建设性服务，传统的财务审计偏重于提供验证服务，而管理审计偏重于提供建设性服务，但仍然是建立在验证服务基础上的。只有企业的信息是可靠的，才能进一步提供增值性服务，即先通过验证服务促进企业有序运行，再通过建设性服务促进企业有效运行。

（三）内部审计成熟阶段（20 世纪 80 年代至 21 世纪初）

围绕内部管理职能建立的内部审计体系并非内部审计的最终形式，宏观和微观环境的变化使管理导向内部审计的缺陷逐步暴露出来。由于审计工作的领导者是企业的管理者，内部审计的范围受到了严格的限制，内部审计的治理职能也受到了限制。现实的需求推动内部审计继续前进，并将内部审计带到以公司治理为导向的新时代。

20 世纪 90 年代以后，世界经济呈多元化发展，新技术革命，特别是信息技术和电子商务的发展、企业产品的多元化战略、企业的国际化扩张、新兴业务的不断涌现，导致企业经营复杂多样，对组织的控制也更加困难。组织内部权力的分散导致越来越多的评估活动出现，如何在防范和控制企业经营风险上发挥积极作用，成为内部审计面临的新挑战。

外部环境的变化使内部审计不断面临新的挑战，企业内部也同样发生着重大的变革。在外部环境的推动下，局限于传统的对内部控制的再控制已经不能满足企业发展的需要。为适应环境的变化，首先，企业积极制订并实施经营战略，对外部威胁与机会进行分析，制定高标准的战略目标，并对组织结构、文化资源以及生产过程进行不断调整。内部审计部门需要更多关注组织的战略目标，在战略管理中发挥作用。其次，战略重组成为企业谋求发展的重要途径。企业为了降低成本、增强竞争力，纷纷进行组织结构的重构与调整，将一些非核心、不能让组织实现增值的职能外包给外部的专业公司。这一趋势也对内部审计部门的生存和发展造成了巨大的影响。为此，内部审计部门必须重新思考其职能定位，立足于为组织总体目标服务。面对外部经济环境的剧烈变化，管理层需要积极做出回应，包括主动提高管理质量和应对管理风险，进行结构与流程再造，即承担更大的受托责任。在这种趋势下，内部审计部门作为协助改善公司治理、支持关键治理程序的专业团体，其重要性日益凸显。

21世纪初，安然、世通等公司的会计丑闻催生了关于内部审计的一部重要法案——《萨班斯-奥克斯利法案》。在这一时期，社会大环境为内部审计提供了新的机遇，内部审计被提升到公司治理层面，并对整个公司治理产生作用，内部审计活动不再是低层次的管理活动，而是更高层次的治理活动。内部审计被纳入公司价值链，关注公司治理、协助公司治理的完善、提高整个公司治理的有效性并为企业增值和利益的合理分配提供支持成为新时期内部审计的使命。

总之，为了适应不同的内外部经济、社会、法律环境，内部审计必须找到生存和发展的道路，在公司治理中发挥更大的作用成为新时期内部审计的重要职责。

（四）内部审计创新发展阶段（21世纪初至今）

随着互联网的深入发展，数字经济时代悄然到来，大数据、云计算、区块链、人工智能、虚拟现实技术逐渐成为人们生活和工作的一部分，这在西方国家引发了强烈的关注，相关的著作层出不穷。美国从1998年开始连续三年发布关于数字经济的政府研究报告，拉开了全球数字经济发展研究的序幕。随后，世界各主要发达国家相继公布数字经济的相关统计数据，并推出各自的数字经济发展战略。

在内部审计的创新发展阶段，数字科技对审计创新发展起到了推动作用。事实上，2007年，IIA发布了三期《全球信息系统审计指南》，及时回应了信息科技领域的管理、控制和安全相关问题。2008年，IIA又发布了两期《全球信息系统审计指南》，其内容分别涉及业务连续性管理和信息科技审计计划的发展。为了满足各界对信息科技控制评估的需求，IIA还发布了《信息科技内部控制总体缺陷评估指南》和《商业与信息科技风险指南》。

随着数字科技的深入发展，内部审计开始出现以数据为导向的审计模式。数据采集、数据存储、数据挖掘、数据分析逐步丰富了传统的审计模式，这意味着审计即将告别传统的抽样审计，应发挥数据基础审计能力，结合数字科技时代数据高速处理技术对数据实施全面审计，释放大数据时代的数据红利。云计算的应用与大数据的发展相辅相成，审计人员可以利用云计算的数据处理能力，对海量信息进行比较、分析、处理，快速挖掘出有价值的信息。区块链技术的应用则使内部审计人员能够告别传统的财务审计模式，转而利用大数据与区块链结合的信息以及信息处理技术，高效开展审计及相关工作。虚拟现实技术可以使内部审计人员告别传统的事后审计，通过现有数据或预估数据构建模型，通过虚拟演绎预估可能发生的情况，从而规避风险，帮助企业稳定发展。人工智能的不断发展使得审计中一些低附加值的工作被人工智能取代，这在为企业带来效率和便利的同时，也给审计人员带来了挑战。内部审计人员想要谋求职业的发展，就必须提升自身价值，摒弃重复的初级劳动，利用新技术提升自身的地位。

三、我国内部审计的发展历程

从整体来看，我国内部审计制度的发展历程不同于西方。随着我国改革开放的不断深入、经济社会的日益进步及企业组织的发展变化，我国的内部审计重新焕发了活力。自1983年成立审计署至今，我国的内部审计事业迅猛发展，各种相关法律法规的相继出台标志着内部审计向着规范化、法制化的道路前进，中国内部审计协会（原名中国内部审计学会）加入IIA更是将我国的内部审计推向了国际化。我们可以通过表1-1来了解我国内部审计的发展历程。

表1-1 我国内部审计的发展历程

发展阶段	时期	内部审计进程
内部审计萌芽期	西周	出现审计的雏形。
	秦汉	奠定审计发展的基础。
	隋唐	审计职能进一步扩展。
	宋朝	出现“审计”一词。
	元明清	审计全面衰退。
	1912年	北洋政府设立审计处。
	1914年	北洋政府颁布了我国历史上第一部审计法律《审计法》。
	1918年	北洋政府颁布我国第一部注册会计师法规《会计师暂行章程》，民间成立第一家会计师事务所。
	1928年	国民政府成立审计院。
内部审计转型发展期	1983年	成立审计署。
	1985年	国务院发布《国务院关于审计工作的暂行规定》，要求政府各部门和大中型企事业组织实行内部审计监督制度，根据审计业务需要，分别设立审计机构或审计人员，在本部门、本单位主要负责人的领导下，负责本部门、本单位的财务收支及其经济效益的审计。
		审计署发布《审计署关于内部审计工作的若干规定》，对内部审计的机构设置、任务、职权以及其他有关事项进行了具体规定。
	1987年	中国内部审计学会成立。 中国内部审计学会加入IIA，成为其国家分会。
	1988年	国务院发布《中华人民共和国审计条例》。
	1989年	审计署发布《审计署关于内部审计工作的规定》，同时废止1985年发布的《国务院关于审计工作的暂行规定》。
	1994年	颁布《中华人民共和国审计法》（简称《审计法》）。
	1995年	审计署发布《审计署关于内部审计工作的规定》，对内部审计机构的隶属关系、审计范围、主要职权、工作程序、干部任免等做出了具体的规定，使内部审计工作的开展有了法规依据，取代了1989年发布的《审计署关于内部审计工作的规定》。
	1997年	发布《中华人民共和国审计法实施条例》（简称《审计法实施条例》）。
	2002年	中国内部审计学会更名为中国内部审计协会，协会依据《中华人民共和国审计法》《中国内部审计协会章程》履行职责，开展工作。
	2003年	中国内部审计协会根据《审计署关于内部审计工作的规定》，制定《内部审计基本准则》《内部审计人员职业道德规范》和十项具体准则，标志着内部审计走上制度化、规范化、正规化的行业管理道路。

续表

发展阶段	时期	内部审计进程
内部审计转型发展期	2004年	国务院国资委发布《中央企业内部审计管理暂行办法》《中央企业经济责任审计管理暂行办法》，中国内部审计协会发布第二批内部审计具体准则（第11～15号），为内部审计工作提供具体的指导原则和工作方法。
	2006年	审计署发布修订的《审计法》，中国银监会发布《银行业金融机构内部审计指引》。
	2007年	中国保监会发布《保险公司内部审计指引（试行）》。
	2008年	财政部、证监会、审计署、银监会、保监会五部委联合发布《企业内部控制基本规范》。
	2010年	财政部、证监会、审计署、银监会、保监会五部委联合发布《企业内部控制配套指引》，审计署发布修订的《审计法实施条例》，中办、国办印发《党政主要领导干部和国有企业领导人员经济责任审计规定》。
	2011年	中国内部审计协会发布内部审计实务指南第5号《企业内部经济责任审计指南》。该指南的草拟和制定过程充分总结了内部审计机构开展经济责任审计的实践经验。该指南是内部审计准则体系的重要组成部分，适应内部审计工作发展的新要求，对进一步规范审计行为、提高审计质量发挥了积极的作用。
	2012年	中国内部审计协会发布《内部审计质量评估机构管理暂行办法》。
	2013年	中国内部审计协会发布新修订的《中国内部审计准则》。
	2014年	审计署修订《审计署关于内部审计工作的规定》，并面向全社会公开征求意见。 国务院印发《关于加强审计工作的意见》，旨在进一步发挥审计监督作用，以推动国家重大决策部署和有关政策措施的贯彻落实，从而更好地服务改革发展、切实维护经济秩序和促进廉政建设。
	2016年	中国内部审计协会发布《第2205号内部审计具体准则——经济责任审计》《第2308号内部审计具体准则——审计档案工作》。 中国银监会下发《商业银行内部审计指引》。 国务院国资委发布《关于进一步加强中央企业内部审计工作的通知》。
	2018年	审计署发布修订的《审计署关于内部审计工作的规定》。
	2019年	中国内部审计协会发布《第2309号内部审计具体准则——内部审计业务外包管理》《第3101号内部审计实务指南——审计报告》。
	2021年	中国内部审计协会发布《第3205号内部审计实务指南——信息系统审计》《第3201号内部审计实务指南——建设项目审计》，同时发布修订的《第2205号内部审计具体准则——经济责任审计》。
	2022年	中国内部审计协会发布《第3204号内部审计实务指南——经济责任审计》。
	2023年	中国内部审计协会发布修订的《第1101号——内部审计基本准则》。

我国的内部审计历史悠久，在西周时期就形成了审计的雏形，但是漫长的封建统治抑制了内部审计的早期发展，到了元、明、清三代，审计已经开始衰退，清朝的闭关锁国政策更使内部审计发展跌至谷底。辛亥革命后，北洋政府在 1914 年设立审计院，并颁布了《审计法》。1928 年，国民政府设立审计院，后改名为审计部，隶属于监察院。国民政府的《审计法》虽几经补充和修改，但是由于政府贪污腐败，审计制度形同虚设，没有发挥应有的作用。与此同时，在中国共产党领导下，革命根据地成立了中华苏维埃共和国中央审计委员会，并颁布了审计条例，实行审计监督制度，这对战争年代节约财政支出、保障战争供给、树立廉洁作风起到了积极的作用。

内部审计真正开始发展是在中华人民共和国成立以后。1983 年，国家成立审计署，这标志着自中华人民共和国成立以来，34 年间我国一直没有独立的政府审计机关的历史的终结。同年，国务院转批了审计署《关于开展审计工作几个问题的请示》，首次提出了建立内部审计监督制度的问题，这标志着我国现代内部审计正式启动。40 多年来，我国现代内部审计取得了巨大的发展，具体分为四个阶段。

1. 初步建立阶段（1983—1992 年）

1978 年党的十一届三中全会提出将党的工作重点转移到经济建设上来，1982 年修订的《中华人民共和国宪法》明确规定我国应该实施审计监督制度。然而，面对庞大的国有资产，审计机关难以对所有国家审计范围内的部门和单位实施审计。因此，在 1983 年 9 月审计署成立前夕，国务院批转了审计署《关于开展审计工作几个问题的请示》，其中指出，建立和健全部门、单位的内部审计，是搞好国家审计监督工作的基础。对下属单位实行集中统一领导或下属单位较多的主管部门，以及大中型企业事业组织，可根据工作需要，建立内部审计机构，或配备审计人员，实行内部审计监督。按照这一指示精神，有关部门和单位在开展组建工作的同时开展内部审计活动。同年 9 月，中国石化总公司率先成立审计部，积极开展内部审计监督活动。此后，在审计署的组织、推动和指导下，多个部门、单位响应国家要求，相继成立了内部审计机构。

1984 年，党的十二届三中全会通过了《中共中央关于经济体制改革的决定》，明确了进一步贯彻执行对内搞活经济、对外实行开放的方针，加快了以城市为重点的整个经济体制改革的步伐，提出增强企业的活力是整个经济体制改革的中心环节。自此，增强企业活力、提高经济效益成为党和政府的工作重心，也成为这一时期内部审计工作的指导思想。在这一阶段，内部审计的发展与创新主要体现在：（1）加快内部审计机构的组建；（2）不断完善内部审计规范，指导内部审计工作；（3）围绕内部审计任务，积极发挥内部审计在维护财经纪律和提高经济效益方面的作用。

1985 年 8 月，国务院发布了《国务院关于审计工作的暂行规定》，为内部审计工作的开展提供了法律依据。它要求政府部门和大中型企事业单位实行内部审计监督制度，根据审计业务的需要，分别设立审计机构或配备审计人员，在本部门、本单位主要负责人的领导下，对本部门、本单位的财务收支及经济效益进行审计。同年 12 月，审计署发布的《审计署关于内部审计工作的若干规定》对内部审计的机构设置、任务、职权以及其他有关事项做出了具体规定，这是审计署自成立后发布的第一个与内部审计相关的政策文件。随着这些政策文件的发布，内部审计开始在国家各级行政机关、大中型企事业单位全面展开，并逐渐成为我国社会主义审计监督制度的重要组成部分。1988年，《中华人民共和国审计条例》的颁布实施，推动了内部审计工作的开展。1989年12月，审计署发布了《审计署关于内部审计工作的规定》，对内部审计机构的隶属关系、审计范围、主要职权、工作程序、干部任免等做出了明确规定。在这一时期，主要是通过行政立法的方式确立内部审计的基本制度，明确内部审计并非政府审计，而是整个审计体系的重要组成部分，并且应该单独存在。这些法律和政策的规定，促使我国内部审计走上依法审计的轨道。在报告关系上，内部审计工作不再向本单位负责人之外的机构或人员报告，职能回归到服务单位管理的需要。

这个阶段是我国现代内部审计的起步阶段，审计的侧重点是包括揭露错误和舞弊行为在内的财务会计事项的审计，具有消极被动的查错防弊职能。我国现代内部审计的产生和建立不同于西方国家，并非起源于内部受托责任，而是基于强制性的要求，从属于政府审计，是政府审计职能的延伸。此时，我国内部审计的主要职责就是监督控制，包括对部门、单位的财务收支、财务决算进行审计，即通过稽核单位财务状况和经营成果，评价内部控制效果，履行监督职能，维护本部门、本单位的合法经济效益和国家的经济利益。此外，内部审计也涉及经济效益审计，但此时的经济效益审计更注重于减少损失浪费，防止国有资产流失，而非促进企业管理。例如，1992年审计署印发的《改进内部审计制度增强大中型企业活力的通知》要求，大中型企业内部审计机构应该将提高经济效益作为审计工作的重点，围绕影响经济效益的因素，积极开展经营决策审计、成本费用审计、资金使用效果审计、工程决算审计、内部控制系统评审、财务收支审计，继续搞好承包经营责任审计。

除审计署对内部审计业务进行指导和监督外，为适应我国内部审计工作发展的需要，加强理论与实际的联系，促进国际的内部审计学术交流，1987年中国内部审计学会成立了。从成立之初，学会便确定了加强内部审计宣传、开展内部审计学术活动、协助有关单位培训内部审计人员以及参加国际内部审计学术组织等任务，从而有力地推动了我国内部审计事业的发展。

2. 稳步发展阶段（1993—2002年）

1978—1993年，我国经济体制发生了巨大变化。以公有制为主体、多种所有制经济共同发展的格局初步形成，国有企业经营机制正在转变，计划经济体制也在逐步向社会主义市场经济体制过渡。1992年，党的十四大明确提出了建立社会主义市场经济体制的目标。1993年11月，党的十四届三中全会召开，进一步明确了我国建立社会主义市场经济体制的总基调，国有企业加速变革，公有制为主体、多种所有制经济共同发展的方针为企业发展带来了活力，这时的内部审计主要围绕国有企业转换经营机制、建立现代企业制度展开。为了适应环境的变化，我国内部审计进入了一个稳步发展的时期，也可以说是由消极防弊向积极兴利转变的阶段。这个阶段的内部审计范围从财务审计逐步扩展到包括财务事项和非财务事项在内的业务审计。除了具有传统的防弊职能外，内部审计还开始发挥积极兴利的职能，虽然它还是从属于政府审计，但这种从属关系正在淡化。

稳步发展阶段的内部审计发展与创新主要体现在：（1）内部审计的行业管理发生

重大转变；（2）随着政府机构改革的推进，政府部门内部审计在发展中经历波折；（3）随着非国有经济组织的发展，内部审计规定得到进一步修订和完善；（4）内部审计的主要任务围绕国有企业转换经营机制、建立现代企业制度展开。

1995 年 7 月，审计署发布了《审计署关于内部审计工作的规定》，对内部审计定义、机构设置、职责、权限、审计程序、职业道德，以及审计机关对内部审计的指导、监督职责等做出了全面具体的规定。其中特别增加了一条："非国有经济组织开展内部审计工作，可参照本规定的有关条款执行。"虽然只有短短的二十几个字，但意义深远，这说明当时非国有经济组织也开始注重内部审计，内部审计作为政府审计辅助力量的职能在退化，而逐渐成为真正意义上的内部审计——对单位内部的活动进行监督审计并提出建议。相应地，内部审计的职责范围也扩大了，不再局限于对与财务收支有关的经济活动及其经济效益进行审计监督，而是扩展到了对整个部门、单位的经济效益、经济责任进行审计监督，注重提出改进管理的建议，以提高单位的经济效益。这标志着我国内部审计由消极防弊走向了积极兴利。在接下来的几年中，随着现代企业制度试点的推进和国有企业战略性改组的实施，内部审计的任务更加明确地围绕企业改革展开，以促进企业转变经营机制、提高经济效益。直到 21 世纪初，随着经济责任审计制度的广泛推行，内部审计机构承担了越来越多的经济责任审计任务。

2001 年，我国加入了世界贸易组织（WTO），这是进一步推动对外开放的重要契机，标志着我国将在更大范围和更深程度上参与经济全球化进程。在此背景下，我国开始更多地借鉴和采用国际内部审计发展的新理念，如 2001 年 IIA 修订的内部审计定义，2002 年美国因会计丑闻而颁布的《萨班斯-奥克斯利法案》，这一法案在公司治理、会计职业监管、证券市场监管等方面做出了许多新的规定，深刻影响了全球内部审计的发展。

2002 年 5 月，中国内部审计学会更名为中国内部审计协会，成为对企业、事业单位、行政机关和其他组织的内部审计机构进行行业自律管理的全国性社会组织。其主要职能是管理、服务、宣传、交流，即对内部审计实行行业自律管理，为内部审计机构和内部审计人员提供业务服务，并开展各种交流活动。中国内部审计协会的成立，意味着我国内部审计开始实行国际上通行的行业自律管理，推动我国内部审计走向职业化。至此，我国逐步形成了以政府审计为指导、以内部审计行业协会进行自律的中国特色内部审计运行机制。

3. 转型与发展阶段（2003—2012 年）

2003 年 3 月，新的《审计署关于内部审计工作的规定》正式发布，与原来的规定相比，这一新规定发生了本质上的变化。首先，内部审计拓宽到涵盖所有组织，从而摆脱了政府审计的从属地位。其次，审计机关对内部审计的直接指导和监督转变为通过内部审计协会进行间接指导、监督和管理，这充分表明我国的内部审计从附属于政府审计转向独立行使监督职能，成为真正意义上的内部审计。再次，内部审计的职责进一步增加，涉及企业经营的方方面面，包括事前、事中、事后的全过程审计。此时，内部审计不再侧重于监督控制，而是着眼于服务，即评价和提高组织的风险管理、内部控制、管理过程的有效性，为提升组织的价值和改善组织的经营管理服务。这要求内部审计人员不仅及时准确地报告有关查错防弊和资产保护的信息，更重要的是针对管理和控制的缺陷，提出建设性意见和改进措施，协助管理人员更有效地管理和控制各项活动以提高经济效益，实现寓监督于服务之中。最后，内部审计的范围扩展到经济活动领域，使内部审计的外延大大扩展，以促进企业加强经济管理和实现经济目标。此时，内部审计不再局限于积极兴利，而是更着重于增加企业价值。

2003年10月，党的十六届三中全会审议并通过了《中共中央关于完善社会主义市场经济体制若干问题的决定》。该文件提出了完善社会主义市场经济体制的目标和任务，要求完善国有资产管理体制，深化国有企业改革，进一步巩固和发展公有制经济，鼓励、支持和引导非公有制经济发展，继续改善宏观调控，加快转变政府职能。这进一步推动了我国内部审计的转型与发展。

在这一阶段，内部审计的发展与创新主要体现在：（1）中国内部审计协会在内部审计行业管理中发挥日益重要的作用，内部审计准则体系不断完善；（2）监管部门发布了一系列规范，强化了内部审计监督职能；（3）内部审计的重心逐步从财务合规性审计转向以内部控制、风险管理为导向的管理审计，内部审计职能从审查评价财务、业务活动的合规性逐步转向评价和改善组织治理、风险管理和内部控制过程的效果；（4）内部审计在完善组织治理、加强风险管理、支持转变发展方式、促进股份制改造、建立现代企业制度等方面发挥越来越重要的作用。

在准则体系建设方面，2003—2005年年底，中国内部审计协会陆续颁布了中国内部审计基本准则、20项具体准则和2项实务指南。这些准则和实务指南对内部审计的基本概念，内部审计活动的目标、宗旨、范围、性质与职能等皆有所论述，为内部审计活动和工作的有效开展提供了一套完整、科学、权威的参考标准。大多数企业认识到内部审计是经营管理中不可或缺的一个重要环节。这些准则和实务指南的发布标志着我国内部审计准则体系的初步建立。据不完全统计，截至2006年，我国建立内部审计部门的企业已超7.3万家，内部审计人员数量高达20多万人。此外，内部审计的独立性也逐步受到了相关监管机关、学术机构以及企业的重视。

2008年5月，财政部等五部委共同制定了被称为中国版《萨班斯-奥克斯利法案》的《企业内部控制基本规范》，此规范的颁布是我国内部审计发展的一个重要里程碑。2010年，财政部等五部委再次联合发布了《企业内部控制配套指引》。至此，内部审计的独立性和客观性被视为评估企业内部控制是否完善的必要条件之一。

为了适应内部审计的最新发展，更好地发挥内部审计准则体系在规范内部审计行为、提升内部审计质量方面的作用，2012年，中国内部审计协会对自2003年以来发布的内部审计准则体系进行了全面、系统的修订。此次修订将内部审计具体准则分为作业类、业务类和管理类三大类，并在分类的基础上，对准则体系采用四位数编码进行编号。这一修订借鉴了国际内部审计准则的经验，不仅体现了准则体系的系统性和准则之间的逻辑关系，还为准则体系的未来发展预留了空间。修订后的内部审计准则体系由内部审计基本准则、内部审计人员职业道德规范、20项具体准则、5项实务指南构成。

2013年，新修订的《中国内部审计准则》正式发布，并自2014年1月1日起执行。原执行的《内部审计基本准则》《内部审计人员职业道德规范》以及1～29号具体准则同时废止。随着我国内部审计的转型和发展，内部审计的理念、目标和定位逐渐由查错纠弊朝防范风险和增加价值方向转变。内部审计机构和内部审计人员在审计实践中，不断创新审计方法，拓展审计领域，积累了许多宝贵经验，这些经验需要加以总结并通过准则予以规定。原来的准则体系存在逻辑性和系统性的不足，因此需要对准则体系予以修订，以进一步提高准则体系的科学性、实用性和先进性。

4. 快速发展阶段（2013 年至今）

党的十八大以来，在习近平经济思想的引领下，我国经济发展进入新时代，由高速增长阶段转向高质量发展阶段。社会主要矛盾也转化为人民日益增长的美好生活需要和不平衡不充分的发展之间的矛盾。在这一时期，我国处在转变发展方式、优化经济结构、转换增长动力的攻关期，建设现代化经济体系是跨越这一关口的迫切要求和我国发展的战略目标。建设现代化经济体系，必须把发展经济的着力点放在实体经济上，把提高供给体系质量作为主攻方向，以增强我国经济质量优势；同时，推动新型工业化、信息化、城镇化、农业现代化同步发展。这些新的经济发展要求为我国新时期的内部审计指明了新的发展方向，推动了内部审计职业的快速发展。

总的来看，党的十八大以来，内部审计工作的制度机制不断完善，审计领域不断拓展，审计质量和成效得到了显著提升。内部审计在促进各部门各单位完善内部治理、提升发展质量、推动深化改革、促进反腐倡廉等方面发挥了积极作用。党中央也出台了一系列加强审计监督的政策措施，对“加强内部审计工作，充分发挥内部审计作用”提出了明确要求。2018 年，习近平总书记在主持召开中央审计委员会第一次会议时强调，要“努力构建集中统一、全面覆盖、权威高效的审计监督体系”，“加快形成审计工作全国一盘棋。要加强对内部审计工作的指导和监督，调动内部审计和社会审计的力量，增强审计监督合力”。

党的十八大以来内部审计的主要特征包括：（1）强化党对内部审计的领导；（2）强化内部审计政治站位，凸显内部审计在推动国家治理与国家治理能力现代化中的作用；（3）审计监督职责不断强化，审计的功能定位不断提升；（4）审计监督的目标和任务实现“全覆盖”；（5）国家审计、内部审计和社会审计资源加快整合；（6）内部审计的独立性不断增强，这主要体现在总审计师制度的建立与总审计师地位的提升上；（7）内部审计将在境外审计和企业战略层面发挥作用；（8）审计将在合规管理、内部控制与风险管理方面发挥更大作用；（9）新时期内部审计开始思考如何在质量变革、效率变革、动力变革中实现高质量发展；（10）内部审计开始探索在数字经济背景下的转型路径。

至此，我国的内部审计进入了一个转型与高质量发展的新时期。

第 2 节 内部审计定义的历史演进

一、IIA 的内部审计定义的演进

内部审计经历了一个由浅入深、由简单到复杂、由初级到高级的发展历程。内部

审计职能也由最初的财务审计、经营审计发展到管理审计，直至现在的治理导向审计。这一发展历程可以通过内部审计定义的演进历史来验证。IIA 自 1941 年成立至今共发布了八个关于内部审计的定义，这些定义的修改和发展记录了内部审计前进的足迹，我们也可以从中得到很多启示。

1. 1947 年第一次定义

第一次定义为："内部审计是建立在审查财务、会计和其他经营活动基础上的独立评价活动。它为管理者提供保护性和建设性的服务，处理财务与会计问题，有时也涉及经营管理中的问题。"由于当时内部审计人员的专业水平较低，为管理服务的能力不强，地位也较低，主要向低层管理人员报告，因而内部审计职能有很大的局限性，停留在财务审计阶段。

2. 1957 年第二次定义

经过十年的努力，管理人员和内部审计人员克服了重重困难。1957 年，IIA 对内部审计定义进行了修改。第二次定义为："内部审计是建立在审查财务、会计和经营活动基础上的独立评价活动。它为管理提供服务，是一种衡量、评价其他控制有效性的管理控制。"该定义首次提出内部审计"是一种衡量、评价其他控制有效性的管理控制"，从而显著提升了内部审计的地位。它指出内部审计是一种管理控制，但又反过来衡量、评价其他控制的有效性，这体现了内部审计是较高层次的控制。这时经营审计成为内部审计的重要内容，标志着内部审计从财务审计向经营审计的过渡。

3. 1971 年第三次定义

第三次定义为："内部审计是建立在审查经营活动基础上的独立评价活动，并为管理提供服务，是一种衡量、评价其他控制有效性的管理控制。"这个定义最突出的一点是去掉了"财务""会计"这两个词，表明内部审计正在从财务审计朝经营审计的方向发展，但不意味着内部审计从此不再审查和处理财务、会计问题，而是说审查和处理财务、会计问题是基础，是理所当然、不言而喻的，已包括在"审查经营活动"这一概念中。另外，这个定义还表明，内部审计评价的范围扩展到发生在组织内部、应由内部审计评价的所有经营活动。实践表明，在定义修改后，审计人员用于财务、会计审计的时间不断减少，而用于经营活动审计的时间越来越长。据美国燃气协会和爱迪生电气协会的统计，内部审计人员在 1980 年有 40%的工作时间用于财务、会计审计，到 1989 年这一比例便下降到 19%，更多的时间用在合同审计和经营审计方面。同一期间，内部审计主管向董事长报告的比例由 39%上升到 52%，而向财务主管报告的比例则由 10%下降至 4%。

4. 1978 年第四次定义

1978 年，IIA 再次对定义进行了修改，新定义为："内部审计是建立在检查、评价组织基础上的独立评价活动，并为组织提供服务。"这一定义最显著的变化是，将为管理提供服务改成为组织提供服务，从而扩大了内部审计服务的范围。然而，这并不意味着排斥为管理提供服务，正如美国内部审计的"开山鼻祖"维克托·布林克所说，内部审计的主要服务对象依然是管理。所不同的是，为组织提供服务要求审计人员以整个组织为服务对象，而不是以某一管理部门及其人员为服务对象，要求他们站在整个组织的立场上观察和评价问题，为组织的长远、全局利益服务。因为组织的长远利益才是组织的根本利益。

5. 1990 年第五次定义

这次定义为："内部审计是在一个组织内部建立的一种独立评价职能，目的是作为对该组织的一种服务工作，对其活动进行审查和评价。"这一定义突出的一点是，把内部审计定义为组织内部的独立评价职能，以与外部审计相区分。

6. 1993 年第六次定义

本次定义明确指出："内部审计的目的是协助该组织的管理成员有效地履行他们的职责。"这一定义解决了"为组织服务"具体是为谁服务的问题，明确了内部审计服务的具体对象。它表明内部审计是组织管理活动的重要组成部分，内部审计正由经营审计向管理审计过渡。这使得内部审计可以站在整个组织的立场上观察和评价问题，进一步扩大了内部审计的服务范围。

7. 1999 年第七次定义

1999 年 6 月，IIA 通过了内部审计的新定义，并于 2001 年将其写入《内部审计实务标准》。该定义为："内部审计是一种独立、客观的确认和咨询活动。其目的在于增加组织价值和提高组织运作效率。它通过系统化和规范化的方法，评价和改进风险管理、控制和治理过程的效果，帮助组织实现其目标。"这是国际组织首次赋予内部审计"确认与咨询"双重服务内容，并且明确指出内部审计是为增加组织价值和改进经营、实现组织的目标而服务的，这标志着内部审计已经进入一个增值型内部审计的新时代。确认服务与咨询服务既相互关联，又各有侧重。咨询服务的添加是为了更好地实现内部审计的增值职能，它不会影响确认服务的开展，因为确认服务是内部审计的基础，而咨询服务是在确认服务的基础上为企业管理层提供建议。没有这个基础，咨询服务就无从谈起，咨询服务更不会替代确认服务。因此，二者的服务对象、内容、职能都是不一样的，它们互为支持和补充，共同完成为企业增值的目标。

8. 2004 年第八次定义

2004 年，IIA 发布的内部审计定义为："内部审计是一种独立、客观的确认和咨询活动，旨在增加价值和改善组织的运营。它通过应用系统的、规范的方法，评价并改善风险管理、控制和治理过程的效果，帮助组织实现其目标。"从表面上看，该定义与 1999 年的定义相比没有太大的变化。但是，在 IIA 的解释公告中，我们可以发现其服务对象范围更加广泛，即不仅为增加本组织价值服务，还为组织的所有利益相关者（如政府、股东、债权人、客户和委托人）创造价值或利益服务。作为一项客观活动，内部审计并非必须从组织内部获得，也可以通过外包来实现。该定义强调内部审计包括确认和咨询活动，内部审计是确认服务与咨询服务的统一体，突出了内部审计要积极主动、以客户为中心，并关注内部控制、风险管理和治理过程等关键问题。该定义明确内部审计的目的是增加价值和改善组织运营，强调内部审计对各种组织的重要贡献。

在该定义中，内部审计关注组织治理，而组织治理需由以往的静态命令控制模式转变为与不断变化的经营风险相适应的模式。传统的管理将注意力集中在个别控制系统和经营机制上，而现代管理则强调总体管理理念，将总体管理控制系统与组织的长远目标联系起来，将目标的达成与可能发生的风险联系起来。因此，评价和改进风险管理、控制和治理过程必然成为内部审计的一项重要内容。将变化的风险管理模式融入内部审计程序，能够使内部审计更加关注风险管理，注重组织经营的未来风险。风险分析的方法和风险管理的原则改变了内部审计计划和报告的方式。

二、我国的内部审计定义的演进

相对而言，我国内部审计定义的历史较短。通过准则明确进行定义的记载主要有：

2003年，中国内部审计协会发布《内部审计基本准则》，首次将内部审计定义为“组织内部的一种独立客观的监督和评价活动，它通过审查和评价经营活动及内部控制的适当性、合法性和有效性来促进组织目标的实现”。将该定义与IIA当时的最新定义进行对比，可以看出我国内部审计的职能突出强调的是监督和评价，其主要业务是监督和评价内部控制和经济活动。这表明我国对内部审计的认识、定义尚不完善，仅关注内部审计在监督、控制方面的作用，而忽视了其他职能，属于监督型内部审计。在实务中，我国企业内部审计的主要职能是提供确认服务，咨询服务很少涉及。

当然，历史不会是一成不变的。随着时间的推移和环境的变化，我国在2006年之后，经济及企业的发展速度令世界瞩目。企业内部控制与风险管理随着2008年、2010年基本规范与配套指引的发布趋于完善，内部审计的抓手更加牢靠，内部审计在内部控制与风险管理甚至是治理中的作用越来越受到企业董事会和高层管理者的重视。2013年，中国内部审计协会发布的《中国内部审计准则》将内部审计定义为：“一种独立、客观的确认和咨询活动，它通过运用系统、规范的方法，审查和评价组织的业务活动、内部控制和风险管理的适当性和有效性，以促进组织完善治理、增加价值和实现目标。”修订后的定义力求反映国内外内部审计实务的最新发展变化，并与IIA对内部审计的定义接轨。应该认识到，随着我国内部审计的全面转型和发展，原内部审计定义中的“监督和评价”已不能全面反映当前内部审计理念和实践的最新进展。此次修订借鉴了IIA对内部审计的定义，将原内部审计定义中的“监督和评价”职能改为“确认和咨询”职能，进一步拓宽了内部审计的职能范围。修订后的定义将内部审计范围界定为“业务活动、内部控制和风险管理的适当性和有效性”。其中，将原来的“经营活动”改为“业务活动”，表明内部审计的业务范围不再局限于以营利为目的的组织，还包括非营利组织。定义中增加了对“风险管理的适当性和有效性”的审查和评价，以体现内部审计对组织风险的关注。修订后的定义还增加了“运用系统、规范的方法”的规定，突出了内部审计的专业技术特征，体现了内部审计职业的科学性和规范性，这有助于内部审计人员和社会各界了解内部审计职业对技术方法和人员素质的要求。修订后的定义将内部审计的目标界定为“促进组织完善治理、增加价值和实现目标”，进一步明确了内部审计在提升组织治理水平、促进增值以及实现组织目标中的重要作用。内部审计目标的更高定位将进一步提升内部审计在组织中的地位和影响力，推动内部审计层次的提升。

第 3 节　内部审计与外部审计的区别

所谓的内部审计与外部审计，主要是基于审计主体的不同而进行的划分。内部审计是由部门、单位内部审计机构或者专职审计人员实施的审计。内部审计人员为整个企业内部的管理者提供履行职责所需要的信息，从事的是一项对企业经营活动的独立评价工作，这一工作是通过衡量和评价内部控制的充分性和执行的效率与效果来实现的。此外，他们还密切关注与公司治理和风险相关的所有活动。而外部审计则主要是指由注册会计师进行的审计，它是由独立的外部机构进行的。外部审计师的主要职责是对组织的财务报表发表专业意见，其目标在于判断财务报表是否真实、公允地反映了特定经营期间该组织的财务状况和经营成果，并确保财务报表是按照公认会计原则编制的。可见，内部审计与外部审计存在很多不同。虽然在检查会计控制的充分性方面，二者又有很多的重合，但外部审计的关注范围相对狭窄，内部审计的关注范围则更加广泛。具体的区别表现在以下几个方面：

第一，审计目标。内部审计的目标是提高组织的运作效率，是出于管理目的；外部审计则是为组织财务信息的合法性、公允性、一贯性提供保障。

第二，审计独立性。内部审计在组织、工作、经济方面都受本单位的制约，独立性有限，仅能做到独立于被审计事项或者单位；外部审计在经济、组织、工作等方面不受被审计单位的约束，具有较强的独立性，这种独立性体现为形式上的独立性和实质上的独立性。外部审计对于独立性的要求很高，并且形式上的独立性比实质上的独立性更加重要。

第三，审计方式。内部审计是根据本单位的安排进行的，具有一定的灵活性；外部审计则必须受托执行，如果没有接受委托，外部审计师不能随意审计被审计单位。

第四，工作范围。内部审计的工作范围涵盖单位管理流程的所有方面，包括风险管理、控制和治理过程等；外部审计则集中在企业的财务流程及与财务信息有关的内部控制方面。

第五，审计方法。内部审计的方法灵活多样，应结合组织的具体情况采用不同的方法，其中也可以借鉴外部审计的一些程序；外部审计的方法则侧重于报表审计程序。

第六，审计报告的作用。内部审计报告主要为本单位经营管理提供参考，对外不起鉴证作用，不能向外界公开；政府审计的结果除涉及商业秘密或其他不宜公开的内容外，均要对外公示；社会审计报告则必须向外界公开，对投资者、债权人及社会公众负责，具有社会鉴证的作用。

第七，审计的服务对象。内部审计人员在企业生产经营管理活动中充当企业管理当局的参谋和助手，并协助各级管理人员有效履行他们的职责，其主要的、直接的服务对象包括企业管理当局和董事会。通常，外部审计人员是受托对企业的财务报表进行年度审计，其服务对象是企业利益相关者，包括股东、银行、债权人、政府和潜在的投资者等。当然，不排除他们的意见被企业管理当局和董事会采纳的可能性，但这是次要的，不是其主要的使命和目的。

第八，与内部控制的关系。外部审计人员主要关注对会计信息的真实性和完整性有实质性影响的控制，而内部审计人员则对整个内部控制系统给予极大的关注。另外，两者的出发点不同，外部审计人员关心内部控制主要是因为它会影响他们设计的审计程序的性质和细节测试的范围，这与他们对财务报表发表独立意见相比是次要的。内部审计人员关心内部控制的目的在于检查和评价内部控制系统的适当性和有效性，并针对控制的缺陷提出强化控制的意见和措施。

第九，对待舞弊的态度。外部审计人员一般不会对不太严重的舞弊和浪费过多关注。内部审计人员则对所有浪费和舞弊行为都非常关注，无论其形成原因与严重程度。即使是很小的背离行为，内部审计人员也会认真对待，因为他们始终认为“千里之堤，溃于蚁穴”。

虽然内外部审计有着诸多的不同，但内外部审计人员的协作、沟通是非常必要的，这对于提高公司整体审计活动的经济性、效率和效果具有重要意义。任何一种审计形式都不可能完全替代另外一种。在很多情况下，它们会相互影响。如果彼此之间不进行协作、沟通，就可能会因为不必要的重复工作而增加成本，并且容易混淆审计责任，这对于企业来说是得不偿失的。

习题

一、单选题

1.（　　）是内部审计产生的根本原因。

A. 两权分离　　B. 公司治理

C. 受托责任　　D. 内部控制

2.（　　）负责内部审计与外部审计的协调工作。

A. 董事会　　B. 首席审计官

C. 财务总监　　D. 高级管理层

二、多选题

1. 下列不会损害内部审计师客观性的有（　　）。

A. 与管理当局存在利益冲突　　B. 依赖外部审计意见进行专业判断

C. 审计人员针对内部控制发表审计意见　　D. 定期进行审计工作轮换

2. 下列属于内部审计的咨询服务的有（　　）。

A. 内部控制培训

B. 为管理层提供关于新系统的控制建议

C. 参与起草相关政策

D. 参与质量管理工作

三、判断题

1. 内部审计只有与其他监督形成合力，才能真正发挥其作用。 （ ）
2. 内部审计应该在确认的基础上提出管理咨询建议。 （ ）
3. 内部审计意见只有征得董事长的同意才能发布。 （ ）

四、思考题

1. 简述外部审计与内部审计的区别与联系。
2. 根据内部审计定义的演变，阐述内部审计职能定位变化的趋势。

案例分析

W 集团规模庞大，机构繁杂，其内部审计部门是董事长唯一直接管辖的部门。审计计划、审计问题、审计结论、审计建议都要直接向董事长本人汇报，这确保了审计的相对独立性。内部审计部门自身没有业务，没有利益关联，因此能够基本不受外界因素干扰开展工作。

经过多年的发展，W 集团内部审计部门建立了严格的审计机制，并得到了有效执行。在内部审计的工作中，一个关键点是要对出现的问题进行性质的判断，对问题的根源进行认真的追溯，以确保审计的公正和独立。为此，W 集团制定了审计制度体系，严格要求审计人员贯彻落实，并要求相关部门在执行期间配合内部审计部门的相关工作。此外，W 集团每年召开审计大会，将集团内发生的问题进行汇报和归集，由全集团监督解决，同时配合奖惩措施，以对各部门起到警示作用。

W 集团的内部审计在集团治理中发挥了重要作用。集团奖罚分明，一旦发现内部舞弊问题，绝对严惩不贷，这大大增加了内部人员舞弊的成本。内部审计部门已经对总部和分公司的很多高管进行了审查，其中情节严重的还被移交至司法机关处理。内部审计人员相对于外部审计人员更加了解公司的情况和熟悉公司的制度，因此，他们更容易发现隐藏的内部问题，并能够在问题发生时就采取措施减少或者追回损失，从而增加了企业价值。

由于不断出现新的行业，且本行业不断出现新的理念、设计等，W 集团的业务也在不断地发展，因此，集团的内部审计部门需要学习新的知识和技能，以应对不断出现的新业务挑战。

当然，W 集团的审计制度也有需要进一步完善的地方。目前，集团的内部审计部门工作量很大，虽然审计严格，但是往往都是事后审计，发现问题后尽管可以减少损失，但从一定程度上来说，事前发现问题更能有效避免风险的发生，将问题扼杀在萌芽状态。

资料来源：吴佳仪．万达集团内部审计研究分析．广西质量监督导报，2019（4）：124.

思考：

1. W 集团内部审计部门值得其他企业学习借鉴的优点有哪些？
2. 对于内部审计部门来说，从事后审计走向事前审计的原因是什么？

第2章

内部审计机构与内部审计职业

学习目标

1. 了解内部审计机构的不同设置模式，掌握影响内部审计机构设置模式的因素。
2. 了解内部审计职业准则框架体系，掌握内部审计人员职业道德框架体系。

素养目标

帮助学生了解独立性与权威性在内部审计机构设置中的重要作用，引导学生严格遵守职业准则与职业道德。尤其是通过案例讲解，让学生认识到内部审计职业道德在其未来职业生涯中的重要性，培养学生形成独立、客观、正直、诚信、保守秘密等良好的职业道德素养。

第1节　内部审计机构的设置模式

内部审计机构是指在部门、单位内部从事内部审计业务的专门组织。其作用体现在：一方面，内部审计机构已成为公司治理结构中不可或缺的一部分；另一方面，内部审计机构的设置会影响内部审计职能的发挥和内部审计在公司治理中的功能定位。衡量内部审计机构设置优势的标准是内部审计机构的独立性和权威性。如果一种设置不能保证内部审计机构的独立性和权威性，那么内部审计作为公司治理基石的作用将很难得到充分发挥。目前来看，根据企业规模、管理方式、企业目标等实际情况的不同，内部审计机构的设置也有所不同。在公司治理框架内，常见的内部审计机构设置模式主要有以下几种。

一、财务部门领导模式

在这种设置模式下，内部审计机构在公司治理框架内的层级较低，其地位与财务部门相当，审计结果需向财务部门负责人汇报，如图2-1所示。这种模式容易导致内部审计机构将审计对象锁定在财务部门，从而模糊了内部审计与会计监督之间的界限，有时甚至会让人认为内部审计机构的设置缺乏必要性。在此模式下，对审计人员胜任能力的要求往往局限于财务知识。内部审计在这种环境下，往往只能开展部分日常性的财务审计或者与财务相关的专项审计工作。由于不能直接为经营决策服务，内部审计更多的是履行财务监督检查职能，而未能涉及内部审计咨询活动。此外，内部审计机构与财务部门接受同一人领导，这使得内部审计机构的独立性较差、权威性不足。这种设置模式多见于规模较小、股权结构简单的企业。

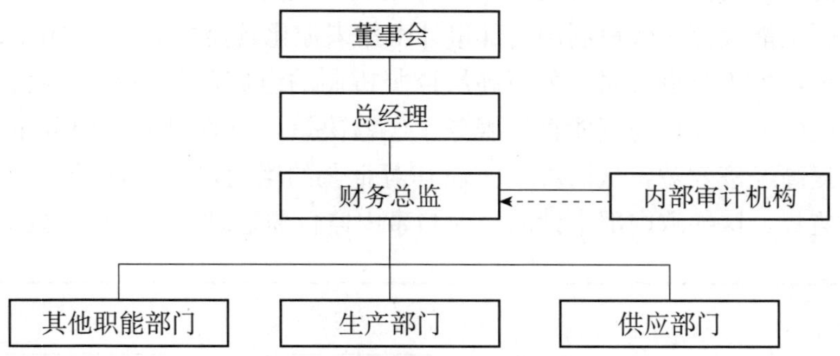

图 2-1　财务部门领导的内部审计机构设置

二、总经理领导模式

内部审计机构由总经理领导，并向总经理汇报工作，是一种比较普遍的设置模式，如图 2-2 所示。目前，我国许多大型国有企业及上市公司采用的是这种模式。由于总经理在企业中的权威性较高，总经理领导内部审计机构使得内部审计工作受到了前所未有的重视，审计内容也从过去的财务审计转向经营审计，内部审计机构实现了机构独立、人员独立、经费独立。总经理领导下的内部审计机构设置模式保证了内部审计机构的独立性，使其能够为决策层提供经营决策服务，有利于监督总经理领导的下属部门职责的履行情况。内部审计逐步形成以内部控制监督为核心的审计模式，并尝试通过提供建议的形式来开展咨询服务。显然，总经理领导下的内部审计机构更容易实现审计目标，也更容易落实审计结果。总体来看，这种设置模式有利于发挥内部审计在提高经营管理水平方面的作用，保持审计的独立性和内部审计机构较高的组织地位。然而，难以对总经理和本级财务的受托管理责任进行独立的监督和评价，是这种设置模式的最大缺陷。

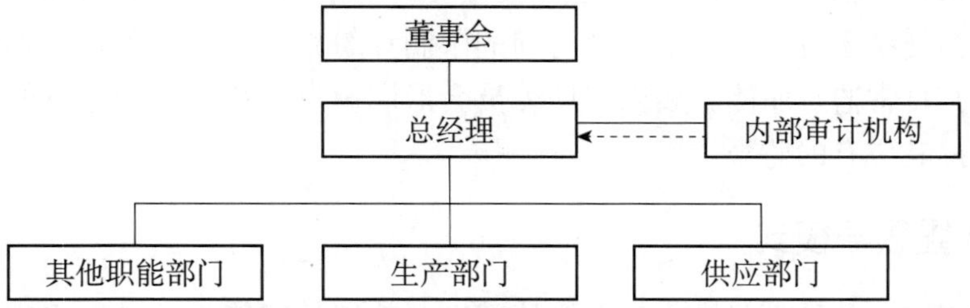

图 2-2　总经理领导的内部审计机构设置

三、监事会领导模式

在现代公司治理结构中，股东会及各利益相关方作为委托人，将各自的资源交由董事会代理，并委托与董事会平行的监事会对其进行监督。监事会作为公司治理结构中的监督机构，其成员由职工代表和股东代表组成。监事会领导下的内部审计机构的地位较高、独立性较强，有利于其更好地履行内部审计的检查、评价、鉴证职能，同时监事会也能够更有效地利用内部审计工作来强化其监督职能。如图 2－3 所示，在这种结构下，由于监事会属于公司高层监督机制的组成部分，不参与公司的日常经营管理，因此内部审计机构不能直接服务于经营决策，也难以通过内部审计活动改善经营管理、提高经济效益，从而难以实现其对企业的增值职能。此外，监事会的监督大多是事后监督，这导致内部审计的事前与事中监督职能难以得到充分发挥。

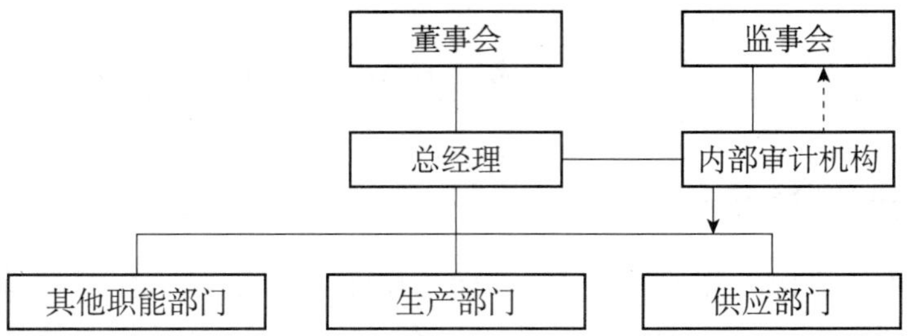

图 2－3　监事会领导的内部审计机构设置

四、董事会/审计委员会领导模式

董事会是公司的经营决策机构，其职责是执行股东会的决议，决定企业的生产经营策略等重大事项，在公司治理结构中的地位较高。审计委员会作为董事会下设的一个专业委员会，代表董事会对管理层进行监督，同时制衡董事会的内部董事。董事会或董事会下设的审计委员会领导的内部审计机构能够保持较高的独立性、权威性和组织地位，更强调履行董事会的职责，这有利于内部审计的检查、评价、鉴证和咨询职能的发挥，如图 2－4 所示。但这种设置模式也并非完美无缺，董事会领导下的内部审计机构会受制于董事会会议召开时间的限制和纷繁复杂的事务性工作的影响，导致难以发挥其日常监督职能。如果审计委员会形同虚设，那么其领导下的内部审计机构也难以发挥其应有的监督作用。

五、双重领导模式

鉴于以上几种设置模式都不能处理好内部审计职能与独立性之间的关系，因此产生了一种新的组织结构——双重领导模式。这种模式在职能上要求内部审计机构向董事

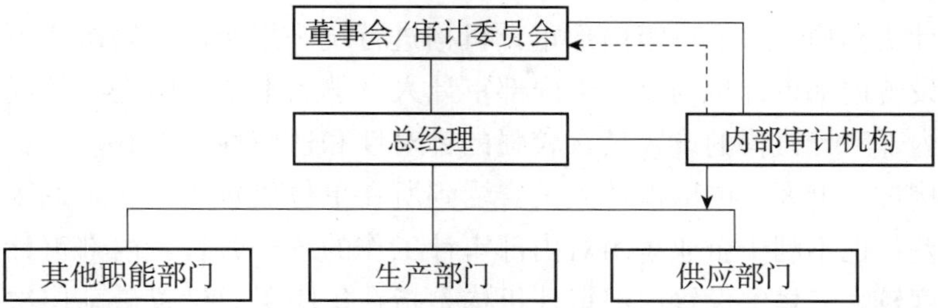

图 2-4　董事会/审计委员会领导的内部审计机构设置

会/审计委员会报告业绩，在行政上向总经理负责并报告工作，如图 2-5 所示。这种双向负责、双轨报告、保持双重关系的设置模式，符合公司治理对内部审计履行受托责任的要求，能够最大限度地发挥内部审计的检查、评价、鉴证和咨询职能，同时保证了内部审计的独立性。其中，审计委员会的职责主要包括：（1）对公司内部审计机构的业务进行指导，以保证公司对外公布的财务信息的真实性、可靠性，避免对公众产生误导；（2）选择并审查企业的首席审计执行官（CAE，内部审计机构主管），审批内部审计章程，审查内部审计的范围、适用性和审计结果等，以提高内部审计工作的独立性、规范性和可操作性；（3）审查公司的财务政策、运营及控制系统的状况，保证监控的充分性和完整性；（4）负责聘请并监督外部审计机构，作为连接外部审计、内部审计和董事会的桥梁；（5）参加董事会会议，对董事会的决策提出恰当的建议，以保证决策的有效性；（6）监督企业在文化、财务、责任、法律方面有无违规之举，检查公司的方针、政策及审计原则，为培育良好的企业文化做出积极的贡献。

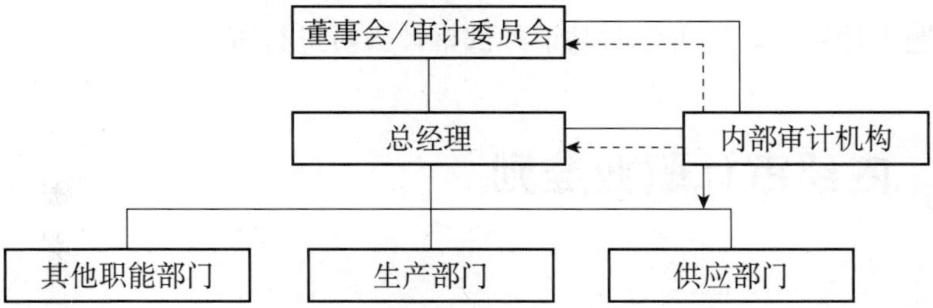

图 2-5　双重领导的内部审计机构设置

目前来看，双重领导是最优的设置模式，也是 IIA 所推崇的一种设置模式。然而，在实践中，内部审计机构的设置会直接受到企业管理理念、企业规模、内部治理结构、人员水平和胜任能力等各方面因素的影响。尤其是针对我国企业股权结构、治理模式的不同，在进行内部审计机构设置时还要遵循科学性、适应性和可操作性的原则。一些特殊类型的或管理上有特殊要求的企业，可根据自身的实际情况灵活设置。无论选择哪种设置模式，都要兼顾内部审计的独立性、专业性、高效性与权威性。

对于大型企业集团而言，内部审计机构的设置还有另外一套系统，即分级管理模式和集中管理模式。分级设置内部审计机构是指一级组织设置一级内部审计机构，本级内部审计机构通常对下一级内部审计机构进行统一指导，下属机构可以独立行使职权。分级设置内部审计机构有利于内部审计人员熟悉本单位的实际情况和内部审计环境，此时内部审计机构的设置具有较强的针对性和适应性。但其缺点在于可能会使内部审计机构过于庞大，内部审计人员会受到所在单位负责人的一定约束和影响，独立性相对较差，也不利于企业集团对内部审计工作的统一管理，内部审计人力资源整合与调配难度较大。集中设置内部审计机构是指在集团层面设置最高层次的内部审计机构，下属单位一般不单独设置，下属单位的内部审计人员往往由集团统一派出；或者将集团二级平台公司及以下的内部审计机构归整到集团内部审计机构，实现内部审计工作的垂直管理。在这种模式下，审计人员相对于下属单位具有较高的权威性与独立性，有利于实现审计监督的统一管理，并易于制定统一的审计质量控制标准，从而保证审计质量。但该种模式要求内部审计机构必须加强计划性，在了解下属单位的实际情况之后再开展工作。超大规模的企业集团往往通过在各大区域设置审计中心的模式来设置内部审计机构。

分级管理与集中管理并不是截然分开的，内部审计机构的设置模式可以根据企业的特点进行灵活选择。例如，一些大型企业或下属单位众多的企业，宜采用分级管理模式；如有必要，也可在部门内对一些较小的下属机构实行集中管理。大型中央企业可以选择分级管理和垂直管理相结合的模式，即集团公司党委审计委员会下设总部审计部或审计中心，在不同经营区域派驻内部审计机构，同时在各经营区域内的下属单位内部设置内部审计机构。这种模式既克服了内部审计人员与被审计单位信息沟通较少的缺陷，又解决了审计独立性、客观性和权威性不足的问题，有助于实现在集团范围内构建全面覆盖、权威高效的审计监督体系的目标。一些规模不大的企事业单位可根据需要，选择设置内部审计机构，或者不设内部审计机构而仅配备专职人员。针对一些专题审计项目，还可临时聘请外部审计人员进行审计。

第2节 内部审计职业准则

一、国际内部审计实务准则框架

IIA于2009年1月发布了《国际内部审计专业实务框架》(IPPF)，阐释了专业实务框架的内容及其对全球内部审计职业的重要性。IPPF主要由三部分构成：强制性指南、实务咨询、发展与实务支持。

强制性指南是指在不同的国家或地区、不同的环境下，内部审计人员都必须使用的准则，它包括内部审计定义、内部审计人员职业道德规范、内部审计职业实务准则。这是内部审计的职业基础。其中，内部审计的定义为：“内部审计是一种独立、客观的确认和咨询活动。其目的在于为组织增加价值和提高组织的运作效率。它通过系统化和规范化的方法，评价和改进风险管理、控制和治理过程的效果，帮助组织实现其目标。”制定内部审计人员职业道德规范的目的是在内部审计职业中促进道德文化的形成。制定道德规范对于内部审计职业来说是必要且适当的，这是由于内部审计建立在信任的基础上，而这种基础为风险管理、控制和治理提供了客观保证。内部审计职业实务准则由属性标准、绩效标准、执行标准组成。

属性标准（编码为 1000 至 1322）适用于各行各业，主要说明内部审计部门的特点和对人员的要求，描述了执行内部审计活动的组织和个人的特征。绩效标准（编码为 2000 至 2600）阐述了内部审计工作的性质，并提出了衡量内部审计活动质量的准绳。属性标准和绩效标准均适用于所有内部审计服务。执行标准是对属性标准和绩效标准的扩展，它将属性标准和绩效标准运用于特定业务，如遵循性审计、舞弊调查、控制的自我评估项目等。属性标准和绩效标准只有一套，而执行标准有多套，每套分别针对确认服务和咨询服务这两种主要的内部审计服务类型。确认服务是指客观评价审计证据，对整体、运行、功能、程序、系统或者其他方面独立发表审计意见和结论，其性质和范围由内部审计人员决定。通常，确认服务包含三个要素：（1）确认对象——组织或者个人的整体、运行、功能、程序、系统或者其他方面；（2）内部审计者——实施内部审计的组织或人员；（3）使用者——使用评估结果的组织或人员。咨询服务是根据客户的特殊要求实施的建议性活动，其业务性质和范围与客户所委托的内容一致。通常，咨询服务包含两个要素：（1）内部审计者——提供建议的组织或人员；（2）客户——寻求和接受建议的组织或人员。在提供咨询服务时，内部审计人员应该保持客观性，并且不承担管理责任。

实务咨询是内部审计准则的第二个部分，旨在为内部审计人员提供建设性的指导原则，目的是对新准则的解释和运用提出详细的建议，核心部分包括立场公告、实务公告和实务指南。立场公告表明 IIA 对于内部审计在特定事项中的角色及职责所持的立场及观点。例如，IIA 在 2009 年发布名为《内部审计人员在企业全面风险管理中的作用》的立场公告，清晰界定了内部审计活动在风险管理方面应当做什么、不可以做什么。实务公告则聚焦于开展内部审计工作的方式、方法和需要考虑的因素，但不涉及详细的操作过程和程序。它涉及与国际、国内或行业具体问题有关的实务，业务的具体类型，以及法律或监管方面的问题。实务指南则侧重于提供具体的工具和技术支持，包括具体的内部审计过程和程序。例如，《评估风险管理的充分性》实务指南给出了内部审计人员用于评价组织的风险管理流程的三种方法。此外，实务指南还包括两项与信息技术有关的系列指南：全球技术审计指南（GTAG）、信息技术风险评估指南（GAIT）。

发展与实务支持聚焦内部审计领域的最新发展动态，IIA 往往以专题报告、研究报告、参考书籍、研讨会文集、教育培训项目等方式向内部审计人员推荐具有参考价值的意见。

在 IIA 所构建的 IPPF 中，强制性指南属于第一层次，具有法定约束力，也是内部审计人员履行职责的基础，具有广泛的适用性。在这一层次中，职业道德规范居于最高地位。实务咨询位于第二层次，具有指导作用，不具有强制性。发展与实务支持则处于第三层次，主要供内部审计人员参考借鉴。

2012年，IIA发布了修订后的《国际内部审计专业实务标准》（简称《标准》）。此次修订共涉及18项内容，旨在在全球范围内完善内部审计的专业实践。修订后的《标准》于2013年1月1日正式生效。本次修订界定了《标准》中的现有用语，以确保内部审计专业人士能够遵循内部审计专业精神的核心原则。本次对《标准》的关键修订包括：

（1）厘清内部审计人员、首席审计执行官和内部审计部门在遵循标准方面的责任。

（2）要求对质量保证与改进程序给予更多的关注，并明确了遵循这些要求的具体方式。

（3）明确首席审计执行官在通报不可接受的风险方面的职责。

（4）明确要求对内部审计计划进行及时的变更调整。

（5）确保内部审计计划囊括相关风险，有助于组织实现战略性目标。

（6）增加了更多的范例。

（7）在词汇表中增加了“总体意见”和“审计项目意见”的定义，同时修改了“董事会”的定义。

2015年，IIA发布了新的IPPF。这次修订没有改变内部审计的定义、职业道德准则、国际内部审计实务专业准则和实务指南等内容。主要改进之处包括：（1）引入支撑整个框架的“内部审计使命”这一概念，表述为“通过提供基于风险的客观确认、深刻见解及建议，增加和维护组织价值”。（2）引入内部审计实务的核心原则，具体包括：①展示正直；②证明胜任能力和应有的职业谨慎；③客观，免受不当影响（独立）；④与组织的战略、目标和风险保持统一；⑤定位适当且资源充足；⑥展示高质量和持续改进；⑦有效沟通；⑧提供基于风险的确认；⑨见解深刻、积极主动、关注未来；⑩推动组织的提升。（3）将实务公告和实务指南分别调整为实施指南和补充指南。（4）删除了立场公告。（5）将强制性指南和强力推荐指南重新分类为强制性指南和建议性指南。

2016年，IIA再次修订IPPF。修订后的IPPF由三个部分构成：内部审计的使命、强制性指南、推荐性指南。内部审计的使命是新增的内容，描述了内部审计在组织内部发挥作用的路径、任务和希望达成的目标，即“以风险为基础，提供客观的确认、建议和洞见，增加和保护组织价值”。它在IPPF中的主要作用在于提纲挈领地向内部审计人员展示如何运用整个IPPF来实现目标。在强制性指南部分新增了内部审计实务的核心原则，即“彰显诚信；彰显胜任能力和应有的职业审慎；保持客观，并且免受不当影响（独立）；适应组织的战略、目标和风险状况；定位适当且资源配置充分；彰显质量和持续改进；有效沟通；提供以风险为基础的确认；富有见解、积极主动，并具有前瞻性；促进组织改善”。这10条核心原则集中阐释了内部审计如何实现有效性，以及提升其价值的新理念、新任务和新要求。此外，新版IPPF还对《国际内部审计专业实务标准》进行了一系列修改。在推荐性指南部分，取消了原来的实务公告，并将其内容整合为新的执行指南，原来的实务指南、全球技术审计指南和信息技术风险评估指南等内容则统称为补充指南，立场公告不再作为IPPF的正式组成部分。

2024年1月9日，IIA发布了新修订的《全球内部审计准则》（简称《准则》）。修订后的 IPPF 将包含强制性指南和补充性指南两个部分。强制性指南中包含了此次发布的《准则》和专项要求。《准则》整合了 2017 版 IPPF 中的多个要素，如内部审计的使命、内部审计实务的核心原则、内部审计定义、职业道德规范、国际内部审计专业实务标准，在修订内容的同时也对体例和范式进行了重大调整。修订后的《准则》旨在指导全球内部审计实务，并作为评价和提升内部审计工作质量的标准。《准则》有助于实现内部审计工作的有效性，共包括 15 项原则，每项原则下又包含了若干标准，每项标准则由具体要求、执行标准须考虑的因素和证明遵循的示例组成。专项要求主要针对特定领域或事项的内部审计活动，目的是提升此类活动的一致性和质量。当审计项目涉及特定领域或事项时，内部审计人员必须遵循有关的专项要求。补充性指南目前主要包括《全球指南》。《全球指南》为开展内部审计工作提供了非强制性的信息和推介最佳实务，从而促进了对《准则》的有效遵循。新修订的《准则》将于 2025 年 1 月正式生效。

二、中国内部审计准则体系

2003 年颁布实施的中国内部审计准则体系，由内部审计基本准则、内部审计具体准则、内部审计实务指南三个层次构成。其中，内部审计基本准则是内部审计准则的总纲，具有最高权威性和法定约束力，是内部审计机构和人员进行审计时应遵循的基本规范，也是制定具体准则和实务指南的依据。内部审计具体准则依据基本准则制定，是审计时应遵循的具体规范，具有法定约束力。内部审计实务指南则依据基本准则和具体准则制定，为审计提供可操作性指导意见，虽不具有法定约束力，但审计时应参照执行。在内部审计准则体系中，基本准则、具体准则、实务指南三个层次具有不同的约束力和权威性，其中具体准则的权威性低于基本准则，高于实务指南。

2012 年，针对当时内部审计具体准则中存在的内容交叉、重复，以及个别准则不适应内部审计最新发展等问题，我国对内部审计准则体系结构进行了调整，对部分准则的内容进行了整合，并根据实际情况取消了部分准则。修订后的内部审计准则体系由内部审计基本准则、内部审计人员职业道德规范、20 项具体准则、5 项实务指南构成。其中，内部审计具体准则分为作业类、业务类和管理类 3 大类。作业类准则涵盖了内部审计程序和技术方法，具体包括审计计划、审计通知书、审计证据、审计工作底稿、结果沟通、审计报告、后续审计、审计抽样、分析程序等 9 项具体准则；业务类准则包括内部控制审计、绩效审计、信息系统审计、对舞弊行为进行检查与报告等 4 项具体准则；管理类准则包括内部审计机构的管理、与董事会或者最高管理层的关系、内部审计与外部审计的协调、利用外部专家服务、人际关系、内部审计质量控制、评价外部审计工作质量等 7 项具体准则。

在分类的基础上，对准则体系采用四位数编码进行编号。在 4 位数编码中，千位数代表准则的层次，百位数代表准则在某一层次中的类别，十位数和个位数代表某具体准则在该类别中的排序。新的编号方式借鉴了国际内部审计准则的经验，不仅体现了准则体系的系统性和准则之间的逻辑关系，还为准则体系的未来发展预留了空间。

内部审计基本准则和内部审计人员职业道德规范作为准则体系的第一层次，编码为1000。其中，内部审计基本准则为第1101号，内部审计人员职业道德规范为第1201号。

具体准则作为准则体系的第二层次，编码为2000。其中，内部审计作业类编码为2100，属于这一类别的9项具体准则依次从第2101号编排至第2109号；内部审计业务类编码为2200，属于这一类别的4项具体准则依次从第2201号编排至第2204号；内部审计管理类编码为2300，属于这一类别的7项具体准则依次从第2301号编排至第2307号。以《第2305号内部审计具体准则——人际关系》为例，其编码中的千位数2代表该准则属于准则体系中的具体准则，百位数3代表该准则属于具体准则中的管理类准则，个位数5代表该准则在管理类准则中的排序。

内部审计具体准则的具体内容调整如下：

（1）将原第12号、第16号、第21号具体准则与原第5号具体准则合并修订为《第2201号内部审计具体准则——内部控制审计》。原第5号具体准则《内部控制审计》明确了内部控制的定义、要素，内部控制审计的目标、内容、方法等，属于对内部控制审计的总纲式规定；原第12号具体准则《遵循性审计》规定了内部控制目标中关于遵守国家有关法律法规和组织内部标准的内容；原第16号具体准则《风险管理审计》规定了内部控制中风险评估要素的审查和评价；原第21号具体准则《内部审计的控制自我评估法》明确了控制自我评估这一具体方法，以及内部审计人员如何运用该方法协助管理层对内部控制进行评估。《遵循性审计》《风险管理审计》《内部审计的控制自我评估法》这三项准则从内容或逻辑上看都应当属于内部控制审计的组成部分，因此，此次修订将原分属四项准则的内容进行了整合和补充，并充分借鉴了《企业内部控制基本规范》及配套指引中的相关内容，制定了《第2201号内部审计具体准则——内部控制审计》。

（2）将原第25号、第26号、第27号具体准则合并修订为《第2202号内部审计具体准则——绩效审计》。从经济性、效率性和效果性三个方面分别制定具体准则是我国准则制定工作的有益探索。然而，由于经济性、效率性和效果性均为绩效审计的目标，在实践中往往需要对某一事项或项目的经济性、效率性和效果性同时做出评价，因而原准则存在内容重复、实践中不易操作等弊端。因此，此次修订将原来的三项具体准则进行了合并，修订为《第2022号内部审计具体准则——绩效审计》准则。

（3）将原第9号、第19号具体准则合并修订为《第2306号内部审计具体准则——内部审计质量控制》。原第9号具体准则《内部审计督导》中将督导定义为通过内部审计机构负责人和审计项目负责人对实施审计工作的审计人员所进行的监督和指导，其目的是保证内部审计质量。而原第19号具体准则《内部审计质量控制》中规定的项目质量控制，主要是指审计项目负责人指导内部审计人员执行审计计划、监督内部审计过程、复核审计工作底稿及审计报告。从内容上看，内部审计质量控制涵盖了内部审计督导，因此，此次修订调整了原第19号具体准则《内部审计质量控制》的结构，与原第9号准则《内部审计督导》的相关内容进行整合，并做了进一步的修改和完善。

（4）不再保留原第17号具体准则《重要性与审计风险》。与国际内部审计准则的有关内容相比，制定《重要性与审计风险》是我国内部审计准则体系中的一次尝试和创新。但是，随着内部审计逐步从财务审计发展到更加关注内部控制、风险管理，侧重于财务报表审计的情况、审计风险等概念及其运用已经发生了变化。鉴于此，此次修订不再保留该准则，将“重要性”和“审计风险”的内容分散在基本准则以及相关具体准则中予以反映。

（5）不再保留原第 22 号具体准则《内部审计的独立性与客观性》。独立性与客观性是内部审计的基本特质，也是内部审计人员职业道德规范的重要组成部分。因此，此次修订不再保留该具体准则，将相应条款整合进内部审计基本准则和内部审计人员职业道德规范中。

（6）不再保留原第 29 号具体准则《内部审计人员后续教育》。原第 29 号具体准则所指的内部审计人员包括取得内部审计人员岗位资格证书或国际注册内部审计师（CIA）资格证书的人员。目前，IIA 对取得 CIA 证书和内部控制自我评估专业资格证书人员的后续教育做出了新的规定，中国内部审计协会根据该规定出台了《国际注册内部审计人员后续教育办法》和《内部控制自我评估专业资格证书后续教育办法》，对中国持有上述资格证书人员的后续教育进行规范。鉴于原第 29 号具体准则的内容和目前的实际情况已有较大出入，本次修订不再保留该准则，同时在基本准则和内部审计人员职业道德规范中进一步明确对内部审计人员后续教育方面的要求。未来，协会将结合内部审计人员后续教育的实际情况，制定更有针对性的办法。

实务指南作为准则体系的第三层次，编码是 3000。第 3101 号为审计报告指南，第 3201 号至第 3204 号分别为建设项目审计指南、物资采购审计指南、高校内部审计指南和企业内部经济责任审计指南。以《第 3202 号内部审计实务指南——物资采购审计》为例，千位数 3 代表准则体系的第三层次，百位数 2 代表该指南与具体准则的业务类准则相对应，个位数 2 代表在此类指南中的排序。

2016 年 1 月 18 日，为了进一步完善内部审计准则体系并指导内部审计实践，中国内部审计协会印发了《第 2205 号内部审计具体准则——经济责任审计》《第 2308 号内部审计具体准则——审计档案工作》。

2019 年，为了进一步完善内部审计准则体系，中国内部审计协会又组织制定了《第 2309 号内部审计具体准则——内部审计业务外包管理》，并对《第 3101 号内部审计实务指南——审计报告》进行了修订。

2021 年，中国内部审计协会发布了《第 3205 号内部审计实务指南——信息系统审计》《第 3201 号内部审计实务指南——建设项目审计》，同时修订并发布了《第 2205 号内部审计具体准则——经济责任审计》；2022 年，协会又发布了《第 3204 号内部审计实务指南——经济责任审计》；2023 年，协会修订并发布了《第 1101 号——内部审计基本准则》。

随着我国经济社会的发展，内部审计所面临的内外部环境、审计对象以及审计内容都发生了很大变化。特别是党的十八大以来，党中央和国务院高度重视内部审计工作。《审计署关于内部审计工作的规定》（中华人民共和国审计署令第 11 号，简称 11 号令）和《审计法》等相关法律法规也陆续出台和修订，对内部审计工作提出了新的、更高的要求。基本准则在内部审计准则体系中占据统领性和指导性地位，是内部审计机构和内部审计人员开展内部审计工作时应当遵循的基本规范，同时也是制定内部审计具体准则和内部审计实务指南的重要依据，地位十分重要。因此，为了适应新时期内部审计的发展要求，及时对基本准则进行修订和完善显得尤为重要。于是，2023年6月，中国内部审计协会修订并发布了《第1101号——内部审计基本准则》。原基本准则共计33条，在此次修订中，修改了7条，新增了3条，修订后的准则共36条。其主要变化表现在：

（1）突出“加强党对内部审计工作的领导”方面的规定。为了体现党对内部审计工作的全面领导，并与11号令的相关规定保持一致，对第三章“作业准则”和第五章“内部管理准则”中的三个条款的表述进行了相应调整。具体来说，将原第二十四条、第三十条中“董事会”的表述统一修改为“党委（党组）、董事会（或者主要负责人）”；在原第十二条中增加年度审计计划应当报经组织党委（党组）、董事会（或者主要负责人）或者最高管理层批准的规定。

（2）删除原第十四条中“内部审计机构应当在实施审计三日前，向被审计单位或者被审计人员送达审计通知书，做好审计准备工作”中“三日”的规定。鉴于内部审计具有内向性、灵活性的特点，个别审计项目需要临时开展或突击开展，难以或不宜提前三日送达审计通知书。此外，随着内部审计信息化的发展以及非现场审计、持续性审计等新的审计手段和审计方式的出现，审计项目的开始实施审计的时间变得难以确定。因此，“在实施审计三日前”送达审计通知书的统一要求，已经不符合内部审计的实际情况和发展趋势，故在此次修订中对“三日”予以删除。

（3）增加内部审计人员关注数字化环境对内部审计工作影响的相关规定。为了充分体现当前数字化环境对内部审计理念、组织方式、技术方法以及审计管理产生的全面而深刻的影响，此次修订单独在第三章“作业准则”中增加一条，作为第十八条，规定：“内部审计人员在实施审计时，应当关注数字化环境对内部审计工作的影响”。同时不再保留原第十五条中有关“内部审计人员应当关注信息系统对业务活动、内部控制和风险管理的影响”的内容，因为新规定已经涵盖了此项内容，而且更为宽泛。

（4）增加审计档案管理的规定。协会于2016年发布了《第2308号内部审计具体准则——审计档案工作》，为了与之相一致，此次修订在第三章“作业准则”中增加一条，作为第二十条，规定：“内部审计人员应当在审计项目完成后，及时收集整理相关信息和资料，做好归档工作”。以此作为第2308号内部审计具体准则的“上位准则”，旨在进一步规范和指导审计档案管理工作，更好地体现审计作业规范的完整性。

（5）对第四章“报告准则”中审计报告正文内容的顺序进行了调整。根据内部审计实务经验和内部审计人员的意见，协会认为在审计报告中先写审计结论，再对审计发现的具体问题展开论述，接着提出相应的审计意见和审计建议，逻辑性更强，更有利于审计报告使用者的阅读和理解，因此协会在2019年修订并发布的《第3101号内部审计实务指南——审计报告》中，对原基本准则和审计报告具体准则中规定的审计报告正文内容的顺序做了适当调整。为使基本准则与之相一致，考虑到用“审计评价”比“审计结论”能更准确地反映所述内容，与当前经济责任审计报告的相关规范也表述一致，因此，此次修订将原第二十二条关于审计报告内容的规定修改为：“审计报告应当包括审计概况、审计依据、审计评价、审计发现、审计意见和审计建议”。即将原规定的“审计结论”修改为“审计评价”，并将其调整到“审计发现”之前。

(6) 增加内部审计推动审计整改的相关条款。近年来，党中央、国务院高度重视审计整改工作，强调审计整改（“下半篇文章”）与审计揭示问题（“上半篇文章”）同样重要，必须一体推进。为了凸显内部审计推动审计整改的重要性，充分发挥内部审计在督促整改工作中的作用，此次修订在管理准则中增加了一条，作为第三十三条，规定：“内部审计机构应当跟踪审计发现问题和审计意见建议的落实情况，督促被审计单位做好审计整改工作”。

第 3 节　内部审计职业道德

职业得以存续的关键是其能够促进客户给予其应有的信赖。对于内部审计职业而言，社会公众同样寄予了厚望。面对社会公众及其所在组织的殷切期望，内部审计职业界必须保持并不断提升自身的道德水准，坚守职业操守，提供高品质的服务，不断满足利益相关者的要求，实现为组织增加价值的职业目标。为此，对内部审计机构和人员的行为进行严格的道德规范显然是至关重要的。

一、内部审计职业道德概述

（一）内部审计职业道德的内涵

内部审计职业道德是内部审计人员在开展内部审计工作中应当具有的职业品德、应当遵守的职业纪律和应当承担的职业责任的总称。

职业品德是内部审计人员应当具备的职业品格和道德行为。它是职业道德体系的核心部分，其基本要求是客观、诚信、正直、廉洁。

职业纪律是指约束内部审计人员执业行为的规章、条文，尤指内部审计人员应当遵循的执业准则。

职业责任是指内部审计人员对国家、组织、员工和其他利益相关者所应当承担的责任。

内部审计职业道德的基本要求包括两个方面：一是内部审计人员在开展内部审计活动时，应当遵守内部审计职业道德规范，并认真履行专业职责；二是内部审计人员在执业过程中，不得损害国家利益、组织利益和内部审计职业声誉。

我国的内部审计准则是在《审计法》及其实施条例，以及其他有关法律法规的基础上，结合我国的经济情况和内部审计工作的实际情况制定的。这些准则具有科学性、现实性和前瞻性的特点，为内部审计工作的各个环节以及专门问题提供了原则性的指导。它们既具有可操作性，又有一定的灵活性，是内部审计人员在开展内部审计活动时必须遵循的执业标准。为了规范内部审计人员的执业行为，维护内部审计职业声誉，中国内部审计协会制定了内部审计人员职业道德规范。严格遵守内部审计准则和内部审计人员职业道德规范等规定，是内部审计人员履行职责的首要要求。

（二）内部审计职业道德规范的框架结构

内部审计职业道德规范是内部审计人员在从事内部审计工作时应当遵循的道德标准的总括。虽然由于历史、文化、思想观念和道德水准方面的差异，各个国家对内部审计人员职业道德的要求可能会有所不同，但是从总体上看，内部审计职业道德规范涵盖了职业道德的基本原则、具体的行为规则、对行为规则的解释以及对实际问题的裁决等内容。

内部审计职业道德规范应当明确内部审计的职业责任，对职业责任的规定是从内部审计职业的本质属性和职业道德的理想标准中派生出来的，它倡导内部审计从业人员树立高度负责的态度。在此基础上，具体的行为准则才能得以合理建立和有效执行，每一项具体的内部审计工作才能得到认真负责的对待，从而实现内部审计行为的科学化、规范化，内部审计结果的合理化。对此，IIA 在其发布的职业道德规范中明确提出："内部审计人员应当诚实、勤奋并负责任地完成工作。内部审计人员应当持续地提高其服务的熟练程度、效率和质量。"

内部审计职业道德规范中的行为规则具体界定了内部审计人员应当做出的行为和不可以做出的行为，这是对内部审计人员的最低要求，也是从事内部审计工作的所有人员都必须严格遵守的基本标准。只有将这些具体规定贯穿于内部审计工作的全过程，才能确保其工作的高质量。为了便于内部审计人员更好地理解并在内部审计实务中合理地遵循这些行为规则，内部审计职业道德行为规则的制定机构应当就这些行为规则的性质及其具体运用做出进一步的详细解释。

二、诚信、正直原则

（一）诚信原则

诚信是指内部审计人员在进行内部审计时，应当保持诚实守信，不得有歪曲事实、隐瞒审计中发现的问题、进行缺少证据支持的判断以及做出误导性的或者含糊的陈述等行为。

诚信是内部审计人员通过诚实行为建立的一种信任关系，为他们的审计工作奠定了基础。内部审计人员诚信缺失将严重削弱内部审计的监督职能，还可能助长组织内部的不正之风。内部审计工作相当于在组织内部建立的一种自我完善、健康发展的"免疫"机制，这一"免疫"机制效用的发挥首先取决于内部审计人员是否具有诚实守信的职业道德和品质。如果内部审计人员不诚信，在实施审计的过程中歪曲事实、隐瞒审计发现的问题或者依据不充分的审计证据做出判断，那么内部审计活动的效率和效果都将大打折扣，内部审计这一"免疫"机制也将失去其存在的意义。因此，内部审计人员应当诚实、勤恳并负责地开展工作；应当遵守法律，按照法律及其职业要求进行信息披露；不得蓄意参与非法活动，或参加有损内部审计职业或其所属组织利益的行为；应当协助实现组织的道德目标。

（二）正直原则

正直是指内部审计人员在实施内部审计业务时，应当廉洁、正直，不应有利用职权谋取私利、屈从于外部压力而违反原则等行为。

廉洁原则要求内部审计人员不从被审计单位获得任何可能有损其职业判断的利益，包括内部审计人员本人或其亲属可能从被审计单位获取的各种直接和间接利益。因为从被审计单位获取利益会有损内部审计人员的独立性，进而影响内部审计人员对被审计单位所做审查和评价的公正性、客观性，这与组织的利益相悖，甚至给组织带来损害。

正直原则要求内部审计人员将国家、组织、员工利益置于个人利益之上，能明辨是非，坚持正确的观点，按照法律及职业要求，不偏不倚地对待各利益相关方，不以牺牲一方利益为条件而使另一方受益。内部审计人员在实施内部审计业务时，不仅要做到用权为公，不以权谋私，还要做到在任何情况下都不屈从于外部压力、违反原则。

三、客观性原则

（一）客观性原则的内涵

客观性原则是指内部审计人员在实施内部审计业务时，应当实事求是，不得因偏见、利益冲突而影响职业判断。

内部审计人员的客观性体现在内部审计人员在执行内部审计业务时，应当以事实为依据，保持公正、不偏不倚的态度。这种客观性应当是发自内心的，是内部审计人员在开展内部审计活动时要保持的精神和态度。无论内部审计的目的是查找组织经营活动或内部控制中的差异或缺陷，从而发挥监督的职能，还是对经营活动或内部控制进行评价，或者希望借助自身的专业素质和技能为组织增加价值而服务，客观性都是对内部审计人员的基本要求。

客观性要求内部审计人员在从事内部审计工作时，始终保持独立的个人思考状态，不掺杂个人感情或偏见，不受任何利益或他人观点的影响。内部审计人员在做出职业判断时，应该忠于自己的判断，不因其他因素的影响而做出妥协，也不能使对其他事务的判断凌驾于对审计事务的判断。在提交审计报告之前，应该对内部审计工作的结果进行审查，以评估是否存在有违客观性的情况或内容。在实际工作中，一些内部审计人员的业务素质不尽如人意，执行业务时缺乏实事求是、客观独立的精神与态度，因而影响了内部审计监督职能的充分发挥。还有一些内部审计人员在做内部审计工作时处理草率，没有客观仔细地检查和提出问题，甚至在一些经营者的授意、强令和指使下参与或纵容会计造假，导致发布错误的审计报告。

因此，内部审计人员应该：不参与可能损害或被认为会损害其公正性的活动，包括参与跟组织利益相冲突的活动；不接受可能损害或被认为会损害其职业判断的任何物品；披露已知的信息，尤其是如果不予披露可能会歪曲检查工作报告的重大事实。

（二）客观性的影响因素和保障措施

内部审计人员在执行内部审计业务前，应当识别可能影响客观性的因素；评估可能影响客观性因素的严重程度，如有必要，应向审计项目负责人或者内部审计机构负责人报告客观性受损可能造成的影响。内部审计机构负责人则应当采取措施保障内部审计的客观性。

1. 识别可能影响客观性的因素

我国内部审计人员职业道德规范明确规定，内部审计人员应当识别下列可能影响客观性的因素：审计本人曾经参与过的业务活动；与被审计单位存在直接利益关系；与被审计单位存在长期合作关系；与被审计单位管理层有密切的私人关系；遭受来自组织内部和外部的压力；内部审计范围受到限制；其他。

（1）审计本人曾经参与过的业务活动。内部审计人员必须避免评价其以往负责的特定业务，如果内部审计人员为其在上一年度负责的业务提供确认服务，会使其客观性受到损害。例如，内部审计人员为即将实施的系统推荐控制标准或在程序实施之前对其进行评估和复核，并不会损害其客观性。但是，如果内部审计人员参与了这些系统的设计、程序起草、安装或操作工作，就可以认为其客观性受到了损害。当然，内部审计人员偶尔开展非审计工作并在报告过程中做出充分的披露，不一定会损害其客观性。但是，管理层和内部审计人员都需要对这种情况进行仔细考虑，以避免产生负面影响。

一般来说，内部审计人员可以为其以往负责的业务提供咨询服务。但是，如果内部审计人员认为对拟开展的咨询服务的独立性或客观性存在潜在损害，则必须在接受该业务之前向客户披露。如果客观性受到实质或形式上的损害，还必须向适当的对象披露损害的具体情况，披露的性质视受损情况而定。对于借调的业务部门的人员或临时聘用的人员，只有在他们离开原岗位至少一年之后，才能允许他们参与审计之前负责的领域。如果已经参与，则需要在监督审计任务和沟通审计结果时进一步审议。

通常情况下，内部审计机构将协调组织中其他部门的工作，这些部门有类似的风险缓解目标和责任，如合规性和风险管理。只要内部审计机构不被要求参与业务活动或涉及他们之后需要评估的流程和程序，就不存在对客观性的损害问题。这种类型的协调可以为组织增加重大价值，在组织的风险缓解工作中提高资源的利用率。

（2）与被审计单位存在直接利益关系。直接利益关系包括内部审计人员直接拥有经济利益，以及内部审计人员通过投资工具拥有经济利益并有能力控制这些投资工具或影响其投资决策。

（3）与被审计单位存在长期合作关系。如果长期委派同一名内部审计人员执行内部审计业务，可能会因长期合作关系对客观性产生不利影响。因此，在内部审计业务的执行过程中，应采用工作轮换的方式安排审计项目及审计组。

（4）与被审计单位管理层有密切的私人关系。例如，内部审计人员与被审计单位管理层之间存在亲属关系、内部审计人员及其家庭成员过去或现在是被审计单位的关键管理人员或能够对审计业务产生直接重大影响的员工，这种密切的私人关系可能会对客观性产生不利影响。

(5) 遭受来自组织内部和外部的压力。内部审计人员可能会受到被审计单位的威胁，例如，被告知除非同意被审计单位不恰当的会计处理，否则将影响其职业晋升，或者遭受来自外部的压力，这些情况都将影响内部审计人员的客观性。

(6) 内部审计范围受到限制。内部审计范围受到限制会妨碍内部审计部门实现其目标。常见的受限情形体现在：内部审计章程所规定的范围；内部审计部门接触与开展业务相关的记录、人员和实物资产；经批准的审计工作进度；实施必要的业务程序；经批准的人员配置计划和财务预算。对于内部审计范围的限制及其带来的潜在影响，内部审计机构和人员应优先以书面形式与董事会进行沟通。此外，在组织架构、董事会成员、高级管理层或其他方面发生变动时，也有必要对此问题再次进行沟通。

2. 评估可能影响客观性因素的严重程度

内部审计人员应当对识别出的可能影响客观性因素的严重程度进行评估。同样的影响因素，如果严重程度不同，对内部审计人员客观性的影响程度必然不同，内部审计人员需要采取的防范措施也会不同。

例如，如果内部审计人员与被审计单位之间存在利益关系，那么直接的利益关系不论其严重程度如何，都将影响内部审计人员的客观性，而间接的利益关系则要视严重程度来判断其对内部审计人员客观性的影响。如果可能影响内部审计人员客观性的因素被评估为严重，内部审计人员就应当向审计项目负责人或者内部审计机构负责人报告客观性受损可能造成的影响，以便采取必要的防范措施。

例如，内部审计人员不得接受公司员工、客户、顾客、供应商或者业务伙伴的酬金、馈赠和款待，因为这些会损害内部审计人员当前或未来执行业务时的客观性。但是，如果内部审计人员接受的是价值极小的宣传物品（如钢笔、日历或者样品等），这通常不会妨碍内部审计人员的职业判断。因此，该行为不应被视为影响客观性的因素。当然，内部审计人员在接受这类物品时，需要立即向上级报告这些物品的价值。

3. 采取保障内部审计客观性的措施

内部审计机构负责人应当采取必要的措施以保障内部审计的客观性，这些措施包括：(1) 通过提高内部审计人员的职业道德水准；(2) 选派适当的内部审计人员参加审计项目，并进行适当分工；(3) 采用工作轮换的方式安排审计项目及审计组，以防止内部审计人员与被审计单位存在长期业务合作关系；(4) 建立适当、有效的激励机制；(5) 制定并实施系统、有效的内部审计质量控制制度、程序和方法等；(6) 当内部审计人员的客观性受到严重影响，且无法采取适当措施减轻影响时，应停止实施有关业务，并及时向董事会或者最高管理层报告。

注意，内部审计人员不应该承担“运动员”即运营部门应承担的运营责任。如果管理层指示内部审计人员开展非审计工作，那么内部审计人员不应以内部审计人员的身份来开展这些工作。但是，在实际工作中，管理层有时会要求内部审计机构承担相应的运营责任，且在某些情况下是不可避免的。那么，内部审计人员应首先认识到，与管理层进行沟通是十分必要的。如果管理层坚持这种职责分配，并且有更有效的沟通渠道，则内部审计人员可与董事会进行讨论并披露相关情况。如果沟通的最终结果是内部审计活动需要包括运营性任务且这些任务为审计计划的一部分，那么内部审计机构负责人可以考虑通过合同外包、引入第三方来完成这部分工作，以最大限度地减少客观性受到的损害，或者让参与运营性任务的人员未来不参与同一业务的内部审计活动。

（三）客观性与独立性的联系与区别

对于审计专业人士来说，独立性是审计的灵魂。没有独立性，审计人员所发表的意见将受到质疑。这种独立性包括组织形式上的独立性和审计人员实质上的独立性，并且形式上的独立性在优先级上应高于实质上的独立性。当这种独立性被运用到内部审计上时，就必须确保内部审计组织上的独立性。值得注意的是，国际内部审计实务标准和我国内部审计准则均未将独立性列为职业道德的原则之一。这是否意味着独立性不重要呢？实则不然。

独立性是指内部审计机构和人员在公正地履行职责时免受任何威胁其履职能力的情况的影响。要达到有效履行内部审计机构职责所必需的独立程度，内部审计机构负责人需要直接且不受限制地与高级管理层和董事会进行接触。这一要求可以通过建立双重报告关系来实现。客观性是指不偏不倚的工作态度，这种态度使内部审计人员在开展业务时相信其工作成果并且不会做出质量方面的妥协。客观性要求内部审计人员在对审计事项做出判断时不屈从于其他因素的压力。

独立性是审计的基本原则，也是内部审计人员必须关注的原则。我国内部审计人员职业道德规范更倾向于使用“客观性”一词来表达内部审计的可信性，这是因为客观性更加符合内部审计的工作环境。这意味着内部审计人员不应片面地追求更多的独立性，在分析问题和提出建议时应实事求是、客观公正，使内部审计工作发挥更大作用，为组织创造更多的价值。独立性和客观性是审计服务内在价值的根本，独立性更多被看作审计职能，特别是被视作组织的一种属性；而客观性则更多被看作内部审计人员的一种属性。独立性和客观性所面临的各种威胁必须在审计师个人、具体业务、职能部门和整个组织等不同层面上得到解决。相对而言，不是独立性不重要，而是在一个组织内部，独立性往往是相对的，且内部审计机构及其人员的独立性经常受到损害，因此，对于内部审计人员来说，客观性比独立性重要得多。我国内部审计准则也更倾向于用“客观性”代替“独立性”来表达内部审计人员应遵循的职业道德原则。

四、专业胜任能力

（一）专业胜任能力的重要性

国际内部审计实务标准规定，内部审计人员应具备履行其职责所必需的知识、技能和能力。内部审计部门作为一个整体，也必须具备或获得履行其职责所必需的知识、技能和能力。知识、技能和能力是一个集合术语，是内部审计人员有效履行其职责所必须具备的。该标准规定：（1）当内部审计人员缺乏完成全部或部分业务所必需的知识、技能或能力时，必须向外部寻求充分的专业建议和协助。内部审计人员必须充分了解有关评估舞弊风险以及所在组织管理舞弊风险的知识，但不要求内部审计人员掌握以发现和调查舞弊为首要职责的人员所具备的专门技能。（2）内部审计人员必须充分了解关键信息技术的风险、控制方式以及可以获取的利用技术的审计方法来开展工作，但不要求内部审计人员均掌握从事专业信息技术审计的审计师所具备的专门技能。（3）当内部审计人员缺乏完成全部或部分咨询业务所必需的知识、技术或能力时，首席审计师必须谢绝开展此项业务或寻求充分的建议和协助。

我国内部审计人员职业道德规范明确规定，内部审计人员应当具备履行职责所需的专业知识、职业技能和实践经验，即专业胜任能力。面对 21 世纪对复合型内部审计人员的要求，内部审计人员必须适应内部审计领域不断拓展的发展趋势，掌握全方位、多层次的专业知识和技能，丰富自身的专业经验，提升自身的职业判断能力。

内部审计活动涉及大量的专业知识，因此，内部审计人员不仅需要具备会计、审计等方面的知识，还需要掌握经营、管理、信息技术、风险管理和法律等方面的知识，并能够灵活运用所掌握的知识、技能和经验。为此，内部审计人员应当保持并提高专业胜任能力，接受必要的专业教育，通过权威性的职业资格认证，并按照规定参加后续教育及岗位培训。

我国内部审计人员职业道德规范明确规定，内部审计人员实施内部审计业务时，应当保持职业谨慎，合理运用职业判断。内部审计人员在实施内部审计时，应保持谨慎的态度。根据所审查项目的复杂程度，内部审计人员应合理运用职业判断，执行必需的审计程序，警惕可能出现的错误、遗漏、浪费、效率低下、利益冲突以及潜在的违法乱纪行为。对于审查中发现的内部控制薄弱环节，内部审计人员应提出合理、可行的改进措施。当然，应有的职业谨慎只是合理的谨慎，并不意味着永远正确、毫无差错，内部审计人员只能在合理的范围内开展检查和核实的工作，而不可能对所有事项都进行详细的检查，内部审计工作并不能保证发现所有存在的问题。

审计职业判断是审计工作的重要组成部分，贯穿审计工作的全过程。从被审计单位的选择、内部控制测试结果的评估、重要性原则的运用、审计抽样方法的选择及其结果的评价，直至审计意见的表述，都离不开审计人员的职业判断。职业判断水平的高低直接关乎审计工作的成败。因此，合理运用职业判断、提高职业判断的准确性成为降低审计风险、实现审计目标的一个重要途径。内部审计人员在做出职业判断时，除了依据专业标准外，在很大程度上还依赖于自身经验。通过精准的职业判断，内部审计人员可以将审计风险降低到一个合理的、可接受的水平。职业判断的准确性越高，审计风险就越低；反之则风险越高。职业判断能力是内部审计人员学识、经验、能力和道德水平的综合反映。

（二）内部审计人员专业胜任能力框架的构成

一名合格的内部审计人员要充分认识自己的能力，不仅要发现自己的长处，更重要的是，必须清醒地认识到自己在专业胜任能力方面的不足。如果内部审计人员缺乏足够的知识、技能和经验，但宣称自己具有提供专业服务所需的知识、技能和经验，这便构成了一种欺骗。同时，审计项目负责人要对助理人员和其他专业人员的工作结果承担连带责任。因此，对助理人员和其他专业人员的业务能力进行评估，在业务执行之前对其进行必要的培训，以及在业务执行过程中对其进行切实的指导、监督和检查，就显得尤为重要。

内部审计人员要提供高质量的专业服务，除必须具有良好的职业道德外，还必须具备较强的业务能力。对内部审计人员的专业胜任能力的总体要求是，内部审计人员应当保持并提高专业胜任能力，遵守内部审计准则等职业规范，合理运用会计准则及国家其他相关技术规范。

具体而言，内部审计人员应当具备的履行职责所需的专业知识、职业技能和实践经验如下。

（1）专业知识。内部审计人员应当具备的专业知识包括审计、会计、财务、税务、经济、金融、统计、管理、内部控制、风险管理、法律和信息技术等专业知识，以及与组织业务活动相关的专业知识。内部审计人员所掌握的专业知识应当确保其达到这样一个水平，即能够发现组织经营过程中存在的或潜在的问题，提出解决问题的建议，并将审计结果清楚地表达出来，经济、有效地完成审计业务。

（2）职业技能。内部审计人员应具备的职业技能包括语言文字表达、问题分析、审计技术应用、人际沟通、组织管理等。此外，内部审计人员还应当具备出色的口头与书面表达能力，以有效地完成审计活动，并将审计结果清楚地表达出来。内部审计工作的性质决定了内部审计人员经常需要与组织内外部的不同机构和人员进行接触、交流与沟通。内部审计人员需要揭露被审计单位的错误或不足之处，因此，内部审计人员与被审计单位之间有潜在的冲突。妥善处理与被审计单位人员之间的关系，加强交流与合作，可以减少被审计单位的抵触情绪，减少工作阻力，这对于顺利开展内部审计工作具有良好的促进作用。另外，内部审计是为组织服务的，内部审计人员还应与组织管理层以及被审计单位以外的其他部门和人员保持良好的人际关系，这是提高内部审计服务质量、促进组织目标实现的必然要求。

（3）实践经验。内部审计人员应当具备必要的实践经验。

在内部审计中应做到以下几点：

①内部审计人员不得从事不能胜任的业务。如果内部审计人员不具备提供某项专业服务的专业知识、技能以及经验，但仍强行从事此类业务，往往会导致审计质量不佳，无法满足有关各方的要求，也无法维护国家、组织、员工的利益。因此，首先，内部审计机构不得承接业务能力不足以应对或无法按时完成的业务；其次，内部审计机构不得委派内部审计人员承接其专业能力不足以应对的业务；最后，内部审计人员也不得承接其专业能力不足以应对的业务。

②内部审计人员不得夸大自身的专业胜任能力。内部审计人员不得宣称自己拥有实际上并不具备的专业知识、技能或经验。虽然内部审计人员依法取得了从业资格证书，表明其具备了该领域一定的专业知识，但专业胜任能力是知识、技能和职业态度

的综合体现，内部审计人员不得夸大自身的专业胜任能力。

③以外部专家补充内部审计人员专业胜任能力的不足。内部审计人员并非所有领域的专家，可能并不具备完成某些特定业务的专业知识、技能或经验，其现有的专业知识可能无法保证对审查的所有事项都做出合理的判断。例如，某些生产过程中的技术问题或对某些物品的估价就可能超出了内部审计人员的知识和专业能力范围。当内部审计人员在所审查的事项中需要运用某些特定领域的专业知识时，应当寻求相关专家的协助。这些外部服务提供者包括精算师、会计师、评估师、统计师、律师、工程师、文化或者语言专家、证券专家、信息技术专家、安全专家、舞弊调查员、环境专家、地质学者、外部审计师等。所聘请的专家可能来自组织外部，也可能来自组织内部其他部门或机构。在聘请有关专家时，内部审计机构应当对有关专家的独立性和专业胜任能力进行评价，内部审计人员要对专家的工作结果负责。同时，内部审计人员在使用专家开展工作时，不仅自己需要遵守职业道德，还应当提请并督促专家遵守职业道德，以确保执业质量。

内部审计机构对于聘请的外部服务提供者，在知识、技能和能力等方面应有明确的要求，具体体现在以下几个方面：

①外部服务提供者需要具有职业资格证书、执照或者其他证明其能力的文件。

②需要评估外部服务提供者与本组织及本组织内部审计的关系，以及外部服务提供者在本组织中的经济利益，以确保其在执行业务过程中的独立性和客观性。

③需要评估外部服务提供者在该工作领域的知识和经验、所受教育和培训是否适合该项业务。

④需要考察外部服务提供者是否正在为本组织提供其他服务。如果外部服务提供者同时为组织实施外部审计业务，或者外部审计的延伸业务，内部审计人员需要确保该工作不损害外部审计业务的独立性。延伸业务是指超出标准外部审计范围的服务。如果组织的外部审计人员是高层管理者或被组织雇用的其他成员，其独立性就会遭受损害。另外，外部审计人员可以为组织提供其他服务，如税务、咨询等。独立性的评估与其为组织提供的服务范围相关。

⑤对外部服务提供者的工作进行审核时，应评估其执行工作的充分性，包括获取信息的充分性、结论的合理性、例外情况的处理和其他情况。

（三）应有的职业谨慎

内部审计人员必须具备并保持合理的谨慎。所谓职业谨慎，是指内部审计人员在复杂的环境中，能运用自己的专业熟练性和技巧，识别出损害组织利益的行为，对故意造假、犯错、遗漏、消极怠工、浪费资源、工作无效、利益冲突、不正当的行为，以及最有可能发生违法乱纪现象的情形和活动保持警惕。此外，在内部控制不完善的领域，内部审计人员还应该提出可遵循的程序和实务的改进意见。具有应有的职业谨慎并不意味着内部审计人员永不犯错或永不出现反常情况。它要求内部审计人员在合理范围内开展检查和核证工作。相应地，内部审计人员不能完全保证组织机构不存在不遵守规定或违法乱纪的现象。然而，无论何时开展内部审计，审计人员都应该考虑存在重大违法乱纪现象或不遵守有关规定的可能性。

一般情况下，我们认为确认业务应该遵循职业谨慎原则，事实上，咨询业务也要遵循这一原则。当内部审计人员缺乏完成全部或部分咨询业务所必需的知识、技能和能力时，内部审计部门负责人必须拒绝开展此项业务或寻求充分的建议和协助。

（四）内部审计人员的后续教育

我国内部审计人员职业道德规范明确规定，内部审计人员应当通过后续教育和职业实践等途径，了解、学习和掌握相关法律法规、专业知识、技术方法和审计实务的发展变化，保持和提升专业胜任能力。

内部审计工作与组织经营管理的各个方面紧密相连，因此内部审计人员的知识结构和专业能力不能局限于一个狭窄的范围之内，内部审计人员应广泛涉猎，吸取多方面的知识。在新经济时代背景下，各类知识的更新与发展速度很快，内部审计人员只有不断学习，接受后续教育，才能保持较高的专业水平，胜任内部审计工作。

内部审计人员后续教育是指内部审计人员为保持并提升其专业素质、执业能力和职业道德水平进行的学习及相关活动。接受后续教育是内部审计人员提高专业胜任能力与执业水平的重要手段，也是打造一支素质过硬、业务能力强的内部审计队伍的有效途径。众所周知，内部审计人员的执业环境，包括法律、社会、经济等环境是不断发展变化的，对内部审计人员的专业胜任能力和执业水平的要求也在不断变化。内部审计人员只有不断接受后续教育，掌握和运用相关的新知识、新技能和新法规，才能满足执业的需要，保证执业质量。这不仅是内部审计人员自身发展的需要，也是社会各界对内部审计人员的必然要求。因此，内部审计人员后续教育应当贯穿其整个职业生涯。

后续教育的目标是增强内部审计人员的专业胜任能力和提升职业道德水平，以改善审计服务的质量，最终促进内部审计职业的可持续发展。内部审计人员有责任接受后续教育，以维持和加强其专业胜任能力。内部审计人员后续教育的形式包括加入IIA和中国内部审计协会并获得会员资格、在专业协会中担任志愿者、参加行业会议和研讨会、撰写专业论文、参加内部培训项目、进修大学课程和自学课程以及参加研究项目等。

五、保密原则

（一）保密原则的内涵

我国内部审计人员职业道德规范明确规定，内部审计人员应当对实施内部审计业务所获取的信息保密，非因有效授权、法律规定或其他合法事由不得披露。这一规定强调了内部审计人员必须严格履行保密义务，对实施内部审计业务所获取的信息保密。内部审计工作的性质决定了内部审计人员经常会接触到组织的一些机密的内部信息，内部审计人员对执行业务过程中知悉的商业秘密以及掌握的被审计单位的资料和情况，应当严格保密，这一责任不因审计业务的结束而终止。因此，内部审计人员在社会交往中，应当时刻保持警惕，避免任何可能导致泄密的情况。

我国内部审计人员职业道德规范还明确规定，内部审计人员不得利用其在实施内部审计业务时获取的信息牟取不正当利益，或者以有悖于法律法规、组织规定及职业道德的方式使用信息。在内部审计机构及外勤工作处所以外的任何地点和场所，内部审计人员均不应谈论可能涉及被审计单位机密的情况。除得到被审计单位的书面允许或法律法规要求公布，否则不得将这些信息和资料提供或泄露给第三者，也不能将其用于私人目的，以防止因为这些信息与资料的泄露给组织带来损失。

此外，内部审计人员还应当采取措施，确保协助其工作的业务助理人员和专家也严格遵守保密原则。当然，保密责任也不能成为内部审计人员拒绝按专业标准要求揭露问题、拒绝出庭作证的借口。

（二）保密原则的例外事项

在通常情况下，内部审计人员应当对执业过程中获悉的被审计单位的信息保密，但是如果被审计单位存在违法违规行为，就面临着法律法规强制内部审计人员披露信息的要求。我国内部审计人员职业道德规范规定，内部审计人员在法律法规允许或要求披露的情况下可以披露被审计单位的有关信息。例如，在法律法规允许披露并且取得被审计单位的授权的情况下，可以披露涉密信息；根据法律法规要求，为法律诉讼准备文件或提供证据，向有关机构报告发现的违反法规行为，以及向组织适当管理层报告有关信息时，也可以对有关信息进行披露。

除上述情况外，内部审计人员应当遵循保密原则，按照规定使用其在履行职责时获取的信息。

习题

一、单选题

1. 下列内部审计机构设置模式中独立性和权威性最强的是（　　）。

A. 财务部门领导模式　　B. 总经理领导模式

C. 监事会领导模式　　D. 董事会/审计委员会领导模式

2. 下列行为中会损害内部审计师独立性的是（　　）。

A. 某内部审计师由于升职将很快负责某分部的业务，但目前仍继续对该分部实施审计

B. 基于预算限制而缩小审计范围

C. 加入某任务小组，为新分销系统的控制标准提供建议

D. 在采购代理合同生效之前审查其草稿

3. 内部审计机构与人员应在（　　）进行成果沟通工作。

A. 审计报告正式提交之后　　B. 审计工作底稿完成之前

C. 审计报告正式提交之前　　D. 草拟审计报告之前

二、多选题

1. 下列属于审计委员会职责的有（　　）。

A. 保证公司对外公布的财务信息的真实性、可靠性，避免对公众产生误导

B. 选择并审查企业的首席审计执行官，审批内部审计章程

C. 参加董事会会议，对董事会的决策提出恰当的建议

D. 监督企业在文化、财务、责任、法律方面有无违规之举

2. 下列不符合内部审计人员职业道德的有（　　）。

A. 内部审计师告知了仓储部门对其进行审计的开始时间

B. 发现存货内部控制的缺陷

C. 内部审计师接受了某项目开工的宣传礼物

D. 在审计报告中根据被审计单位的意愿披露相关事项

3. 内部审计职业道德基本原则包括（　　）。

A. 独立性原则　　B. 客观性原则

C. 公正性原则　　D. 诚信原则

E. 专业胜任能力　　F. 保密原则

三、判断题

1. 内部审计独立性是内部审计职业道德的要求。（　　）

2. 在通常情况下，内部审计人员应当对执业过程中获悉的被审计单位的信息保密，但是如果被审计单位存在违法违规行为，就面临着法律强制内部审计人员披露信息的要求。（　　）

四、思考题

1. 选择适合企业的内部审计机构设置模式的原则与标准是什么？

2. 成为一名具有专业胜任能力的内部审计人员应具备哪些条件？

案例分析

2002年年末，《时代》杂志一年一度的新闻人物评选结果揭晓，当选者既不是叱咤风云的政治人物，也不是自视甚高的商界精英，而是三位鲜为人知的“告密者”——世通的辛西亚·库珀、安然公司的雪伦·沃特金和联邦调查局的柯琳·罗莉。这三位女强人之所以当选，是因为她们不畏权势，勇揭黑幕，敢于“吹哨”。

美国世通公司的内部审计案例，堪称内部审计发展史上的经典案例。2002年6月，世通公司内部审计部门副总经理辛西亚·库珀在例行审计中发现了公司的财务造假行为。她随即向时任首席财务官斯科特·苏利文报告，然而此人也是参与造假者之一，他立刻要求辛西亚·库珀停止审计。出于职业的敏感性与职业道德，辛西亚·库珀没有屈服，而是向公司审计委员会主席报告了实情。该委员会由独立董事组成，且成员均不受雇于公司，于是进行调查，最终发现了超过38.52亿美元的假账。

库珀于1994年受雇于世通公司，从事内部审计工作。她从基层岗位做起，几年

后凭借出色的表现升任世通公司内部审计部门的副总经理，主持内部审计的日常工作，直接对世通公司的首席财务官苏利文负责。根据世通公司的职责分工，只有27个工作人员的内部审计部门仅负责经营绩效审计，从事业绩评估和预算控制，财务审计不在其工作职责范围之内，而是外包给安达信会计师事务所（简称安达信）。库珀对世通公司会计处理的疑虑源于一次意外的会面。2002年3月初，世通公司无线通信业务的负责人约翰·思图帕克拜访了库珀，向她抱怨苏利文的一笔会计处理。为应对电信业不景气可能产生的坏账，思图帕克所在部门按照行业惯例和会计准则的规定，于某一年的第三季度计提了4亿美元的坏账准备。但苏利文勒令思图帕克将这4亿美元的坏账准备冲回，以抬升世通公司对外报告的盈利。思图帕克担心这一做法将使其部门在下一个季度发生大额亏损，但迫于苏利文的压力，他只好屈从。喜欢追根问底、生性倔强执着的库珀就此事致电安达信，但安达信的合伙人肯·艾卫瑞粗暴地拒绝了她的质询，声称他只听命于苏利文。被激怒的库珀遂下令其下属哲恩·摩斯一查到底，并将此事告知了世通公司审计委员主席马克斯·波比特。

2002年3月6日，审计委员会在华盛顿召开了例会，库珀与其顶头上司苏利文分别就这4亿美元坏账准备的会计处理做了陈述。在审计委员会的压力下，苏利文不得不做出让步，同意予以更正。然而第二天，恼羞成怒的苏利文提醒库珀注意自己的职责范围，警告她以后不得再干预无线通信部门的会计处理。出于职业敏感性，尽管与苏利文发生了不愉快的冲突，库珀仍毅然决定秘密地将内部审计的范围由经营绩效审计扩展至财务审计。最终，在这场没有硝烟的战场上，通过自查自纠的延伸审计，审计部门发现了两笔分别为34.5亿美元和20亿美元的虚假利润。于是，经过激烈的思想斗争，库珀决定向审计委员会汇报这一情况，最终董事会听取了审计委员会的陈述，决定向美国证券交易委员会（SEC）通报审计所发现的重大会计处理问题以及相关处理决定。2002年6月26日，SEC发起调查，发现1999—2001年世通公司虚构的营业收入达到90多亿美元。同年7月21日，公司因财务问题申请破产保护，成为美国历史上最大的破产保护案。2003年4月14日，公司更名为MCI，总部从密西西比迁至弗吉尼亚。

2003年7月，美国纳斯达克指数大幅下跌，股市资金严重外流。为了杜绝假账事件，SEC出台了建立公司内部审计制度的措施。7月25日，美国参议院与众议院通过了《萨班斯-奥克斯利法案》；8月1日，SEC又颁布了一套新的上市公司治理标准。新标准强调要通过建立内部审计制度来实现内部控制的要求。至此，世通公司的财务造假案告一段落。在这起造假案中，正是内部审计师首先发现了问题，并最终通过审计委员会维护了内部审计的价值与形象，世通公司内部审计的案例也成为内部审计发展史上的经典案例。

资料来源：黄筱．家族企业内部审计的困境与出路：以美的集团为例．审计与理财，2016（1）：32－34；杨均华，李盈，王超．家族企业治理启示：以美的集团内部审计研究为例．国际商务财会，2022（17）：87－91＋96.

思考：

1. 世通公司审计案例给我们带来哪些启示？

2. 从职业道德的视角看待世通公司的审计案例，其体现了内部审计的哪些职业道德？

第3章

内部审计证据与工作底稿

学习目标

1. 了解内部审计证据的类型和质量特征。
2. 明确收集内部审计证据应考虑的因素和处理审计证据的要求。
3. 掌握内部审计工作底稿编制要求及格式，能够对内部审计工作底稿进行编制和复核。

素养目标

帮助学生了解内部审计证据和工作底稿的内涵和特性，强调获取内部审计证据和编制工作底稿这一基础工作的重要性，以确保内部审计的质量得到有效控制，为形成审计报告、得出审计结论奠定基础。

第1节 内部审计证据

一、内部审计证据与内部审计程序

内部审计结论的得出取决于内部审计证据的收集，只有采取适当的审计取证方法，收集到充分、适当、可靠的审计证据，才能形成客观公正的审计结论。内部审计证据是指内部审计人员在实施内部审计业务中，通过实施审计程序所获取的，用以证实审计事项，支持审计结论、意见和建议的各种事实依据。

内部审计证据为内部审计人员做出审计结论和建议提供了依据，内部审计证据的质量直接决定了在其基础上形成的审计结论和建议的质量。因此，内部审计人员在审计活动中必须保持应有的职业谨慎，运用合理的审计方法获取充分、相关、可靠的审计证据，以此作为依据来证实审计事项、做出审计结论和建议。同时，内部审计活动也是围绕审计证据的收集和评价而进行的，整个内部审计过程也是一个不断获取、处理、评价证据，并对证据做出判断和结论的过程，因此，内部审计人员对收集、归纳和评价审计证据的各项审计技术的运用必然贯穿整个内部审计过程的始终。

内部审计程序是指内部审计人员在实施内部审计的过程中为获取和评价审计证据所采用的各种技术方法的总称，其实质上就是审计的取证方法。例如，内部审计人员可以向相关岗位的员工就某项内部控制是否建立以及是否得到执行进行询问，以获取对该项内部控制在设计和执行层面的初步了解。为更好地实现审计目标，收集充分和适当的审计证据是至关重要的，而能否收集到充分和适当的审计证据取决于内部审计人员选择和实施的审计程序。通过不同的审计程序可以获取不同类型的审计证据，为获取不同类型的审计证据，内部审计人员必须选择适当的审计程序。因此，审计程序的选择是每个内部审计人员在每个审计项目中必然面临的关键决策。关于获得审计证据的审计方法我们将在下一章进行介绍，本章不再赘述。

二、内部审计证据的类型

内部审计人员在执行审计任务时，应当依据不同的审计事项及其审计目标，获取相应种类的审计证据。内部审计证据的种类主要包括书面证据、实物证据、视听证据、电子证据、口头证据和环境证据。

1. 书面证据

书面证据是内部审计人员获取的各种以书面文件形式存在的证据类型，包括会议记录、章程协议、经济业务凭证、会计记录、报告和往来函件等。书面证据按照其获取的来源可以分为内部证据和外部证据。凡是经过被审计单位之外的独立第三方认可的书面证据都是外部证据，被审计单位自行编制和使用的书面证据就是内部证据。由于外部证据具有独立的来源，因此具有较高的可靠性；而内部证据的可靠性则取决于被审计单位内部控制的完善程度。此外，直接送达审计人员的外部证据的可靠性要优于内部人员呈送给审计人员的证据。例如，存在舞弊行为的员工可以自制一张发票给审计人员，而这张发票可能来自根本不存在的供应商。

从实务来看，书面证据往往数量大、来源渠道多、易被篡改。它的价值在于它所记录的内容。因此，审计人员在取证过程中，既要广泛、大量地收集与被证实事项有关的书面证据，又要对证据进行认真仔细的鉴定和分析，以辨别真假；既要充分利用，又不能为其左右。最有效的办法是运用能相互印证或有佐证的书面证据。

2. 实物证据

实物证据是内部审计人员通过观察或盘点等方法获取的用以证明各种以实物形态存在的资产是否真实存在的证据类型。实物证据是验证被审计单位以实物形态存在的各种资产是否真实存在的最具有证明力的证据，如库存现金、有价证券、存货和固定资产等。同时，实物证据也有助于内部审计人员了解实物资产的状况，以判断其计价的合理性，但是实物证据通常不能证明实物资产的所有权状况。

3. 视听证据

视听证据是内部审计人员获取的以录音、录像等影音形态存在的能够证明审计对象真实情况的证据类型。内部审计人员在收集视听证据时，应当关注视听证据的制作方法、制作时间、制作人、制作环境和存放方式与地点等情况。

4. 电子证据

电子证据是以数字形式保存在计算机存储器或外部存储介质中，能够证明审计对象真实情况的证据类型。随着信息技术的飞速发展，以电子形式存在的审计证据越来越多，以往的很多书面证据不再采用纸质文件形式，人们开始大量使用计算机和网络技术进行信息的沟通和存储。这些都使得内部审计人员收集审计证据的形式发生了改变，也要求内部审计人员加强对信息技术的了解，以对不同形式的电子证据的可靠性做出恰当的判断。

5. 口头证据

口头证据是被审计单位人员或相关人员对内部审计人员的提问进行口头答复所形成的证据类型。因为口头证据受被询问人主观偏好的影响较大，其证明力相对较弱，通常不能作为内部审计人员形成最终结论的直接证据。但是，口头证据具有成本较低以及了解情况便捷和迅速等优点，有助于内部审计人员发现进一步审查的线索，从而对某些需审核的情况做进一步的调查，并收集更为可靠的证据。特别是当口头证据是由执行该项任务的人员所提供时，其显然具有一定的说服力。由于内部审计人员的特殊地位，在采集口头证据时需要特别注意询问和沟通的方式和方法。在收集审计证据的访谈过程中，内部审计人员应该注意运用开放式问题，而不要随意显露出自己想要知道的具体控制环节。例如，提问应该是“这项交易是如何进行的”，而不是“处理这项交易时你们是如何划分岗位职责的”。

一般来说，从可靠性和证据的质量来说，独立于被审计业务并熟悉情况的人员能提供比参与该业务的人员更为可靠的口头证据，而来自两个或者两个以上人员的口头证据的可信度要高于来自单个人员的口头证据。因此，审计人员应将各种重要言辞尽快转化为完善的记录，并注明是何人、何时、在何种情况下所做的口头陈述，必要时还应获得被询问人的签名确认。

6. 环境证据

环境证据是反映对被审计单位产生影响的各种环境事实的证据类型。获取环境证据是内部审计人员充分了解被审计单位基本情况的重要手段，但是环境证据属于间接证据，通常不能直接作为内部审计人员形成最终结论的证据类型。环境证据包括：

（1）被审计单位内部控制的完善程度。如果被审计单位内部控制良好，其会计资料及其他资料的可靠程度就相对较高。当内部审计人员确认被审计单位拥有完善的内部控制制度并得到有效执行时，就可以认为被审计单位现行的内部控制制度为会计资料及其他管理资料的真实性提供了强有力的支持。此外，被审计单位内部控制的完善程度和执行情况还影响到取证的数量及内部审计人员的判断。一般来说，内部控制越健全，所需的其他各类审计证据就越少；反之，内部审计人员就要进行大量的取证。

（2）管理人员的素质。被审计单位人员的素质越高，其所提供的证据差错率越低，可靠程度就越高。如果一个单位的管理人员素质高，其管理中的差错也会较少，舞弊的可能性也会很小，内部控制的落实情况也往往比较好。

（3）管理条件和管理水平等。被审计单位的管理条件越好、管理水平越高，其提供的证据的可靠程度也就越高；反之，被审计单位所提供的证据的可靠程度越低。

除以上六种类型的审计证据外，网络证据作为传统审计证据的一种延伸和补充，正逐步进入内部审计人员的视野。网络审计证据是以计算机为载体，以网络信息为依托，并具有一定价值的审计证据。它是传统审计证据的拓展，也是一种新兴的审计证据。由于支撑网络信息的计算机技术含量较高，网络信息具有来源多样性、层次丰富性、内容脆弱性、保存稳定性等特征，导致网络审计证据的唯一性变得模糊，易于被伪造或丢失，且不能自证其客观真实性。因此，在依据网络审计证据得出内部审计结论、形成审计建议时，内部审计人员必须结合其他传统的审计证据，谨慎评价网络审计证据的适当性，谨慎使用网络审计证据。网络审计证据的适当性体现在其支持审计意见所依据的结论的关联性和可采性上。

网络审计证据的关联性是指审计人员对在网络上采集的信息进行整理、分析而得到所需的信息，这些信息与被审计单位及被审计事项相关联。网络审计证据的可采性可以从其客观性和合法性两个方面来理解。客观性要求网络审计证据应该具有客观存在的属性，即网络审计证据的内容客观且以客观的形式存在。这意味着网络审计证据必须以客观事实为基础，是客观事实的具体反映，且必须以人们可感知的形式来反映。合法性要求网络审计证据按照符合法律规定的程序采集，且以符合法律规定的特定形式作为载体。

当然，内部审计证据有多种分类方式，以上关于审计证据的分类是按照证据的形态进行的。此外，审计证据还可按照来源的不同分为内部证据、外部证据、内外证据、外内证据；按照法律标准分为直接证据、旁证、文件证据、意见证据、附属证据、最优证据、佐证证据、确证证据等。

三、内部审计证据的质量特征

内部审计人员获取的审计证据应当具备相关性、可靠性和充分性。

1. 相关性

相关性是指审计证据与被审计事项及其具体审计目标之间具有实质性联系。只有与审计目标相关的审计证据或者对于实现审计目标有用的审计证据，才具有证明力。例如，如果内部审计人员在审计过程中怀疑被审计单位发出了存货却没有给顾客开具发票，为了验证销售记录是否完整，审计人员应当从发货单中选取样本，并追查与每张发货单相应的销售发票副本，以确定每张发货单均有对应的发票。如果审计人员从销售发票副本中选取样本，并追查至与每张发票对应的发货单，由此所获得的证据与完整性目标就不相关。

内部审计人员在判断审计证据是否具有相关性时，必须结合具体审计目标来考虑，具体来说：（1）特定的审计程序可能只为某些审计目标提供相关的审计证据，而与其他审计目标无关。例如，检查期后应收账款的收回记录和文件，可以提供关于存在性和计价准确性的审计证据，但不一定与期末截止认定是否恰当相关。（2）针对同一审计目标可以从不同来源获取审计证据或获取不同性质的审计证据。例如，审计人员可以分析应收账款的账龄和应收账款的期后收款情况，以获取与坏账准备计提有关的审计证据。（3）只与特定审计目标相关的审计证据并不能替代与其他审计目标相关的审计证据。例如，关于存货实物存在性的审计证据就不能作为与存货所有权及计价相关的审计证据。

2. 可靠性

可靠性是指审计证据是真实和可信的。缺乏可靠性的审计证据不具有证明力，也不能作为内部审计人员得出审计结论的依据。审计证据可靠性主要取决于审计证据的来源和性质，并受具体取证环境的影响。内部审计人员在判断审计证据的可靠性时，一般应遵循以下原则：

（1）从外部独立来源获取的审计证据比从其他来源获取的审计证据更可靠。从外部独立来源获取的审计证据未经被审计单位有关员工之手，从而减少了伪造、更改凭证或业务记录的可能性，因而其证明力最强。此类证据包括银行询证函回函、应收账款询证函回函、保险公司等机构出具的证明等。

（2）内部控制有效时生成的审计证据比内部控制薄弱时生成的审计证据更可靠。如果被审计单位具有健全的内部控制制度且该制度在日常管理中得到一贯的执行，那么其会计记录的可信赖程度将会提升。如果被审计单位的内部控制薄弱，甚至不存在任何内部控制，那么其内部凭证记录的可靠性会大为降低。例如，如果与销售业务相关的内部控制有效，审计人员就能从销售发票和发货单中取得比内部控制薄弱时更可靠的审计证据。

（3）直接获取的审计证据比间接获取或推论得出的审计证据更可靠。例如，审计人员通过观察某项内部控制的运行得到的证据比询问被审计单位某项内部控制的运行得到的证据更可靠。因为间接获取的证据有被篡改及伪造的可能性，从而降低了其可信程度。推论得出的审计证据，由于其主观性较强，人为判断因素较多，其可信程度也会受到影响。

（4）以文件、记录形式（无论是纸质、电子还是其他介质）存在的审计证据比口头形式的审计证据更可靠。例如，会议的同步书面记录比事后对讨论事项的口头表述更可靠。口头证据本身并不足以证明事情的真相，仅仅是提供了一些重要线索，用于进一步调查确认。一般情况下，口头证据需要得到其他证据的支持。

（5）从原件获取的审计证据比从传真件或复印件获取的审计证据更可靠。因为审计人员可审查原件是否有被篡改或伪造的迹象，从而排除伪证，提高证据的可信程度。而传真件或复印件容易被篡改或伪造，可靠性较低。

3. 充分性

客观公正的审计意见必须建立在足够数量的审计证据的基础之上。充足的审计证据可以保证审计质量、保障审计结论的正确性。充分性是指审计证据在数量上足以支持审计结论、意见和建议。审计证据的充分性是对审计证据数量特征的衡量，主要与内部审计人员确定的样本量有关。样本量过大会影响审计效率，增加审计成本，而样本量过小又会影响审计效果。需要注意的是，充分性并不意味着审计证据越多越好，而是应以能够说明问题为限。当然，还需要对收集到的纷繁复杂的审计证据进行鉴定、整理和分析，以使审计证据在充分性的基础上提高证明力。

四、收集内部审计证据时应当考虑的因素

收集内部审计证据贯穿审计过程的始终。在实施内部审计前，内部审计人员应该确定内部审计的评价标准，这些标准是衡量被审计事项的真实性、合法性、合理性、有效性的重要依据。这些标准一般依据被审计单位提供或者审计人员收集到的国家相关法律法规、上级单位下发的各种文件资料来确定。在实施内部审计的过程中，内部审计证据主要是通过各种测试获得的。影响内部审计证据收集的因素包括被审计事项的重要性、可接受的审计风险水平、成本与效益的合理程度以及抽样方法的适当性。

1. 被审计事项的重要性

被审计事项越重要，内部审计人员就越需要获取充分的审计证据以形成审计结论和建议。内部审计人员应当从数量和性质两个方面来判断被审计事项的重要性，以做出获取审计证据的决策。从数量上看，内部审计人员可以采用金额或者其他量化指标来反映被审计事项的重要性。一般来说，金额或数量越大的项目越重要。例如，在审查若干个销售分公司的业绩时，销售收入总金额越大，该分公司的业绩作为一个被审计事项就越重要，内部审计人员越需要就其获取更多的审计证据。从性质上看，存在舞弊迹象的审计项目往往更为重要。有些项目虽然金额不是很大，但是如果内部审计人员在对这些项目进行审查的过程中发现了如账实不符、现金经常短缺等问题，那么内部审计人员需要就这些项目获取更多的审计证据，以查明是否存在舞弊行为。

2. 可接受的审计风险水平

审计风险是指内部审计人员得出的审计结论与被审计事项实际情况背离的可能性。审计证据的充分性与审计风险水平密切相关。可接受的审计风险水平越低，内部审计人员所需获取的证据数量就越多；反之，可接受的审计风险水平越高，内部审计人员需要获取的证据数量就越少。因此，内部审计人员应当根据项目审计计划中所评估的审计风险水平，确定审计项目所需要的审计证据数量。

3. 成本与效益的合理程度

内部审计人员在获取审计证据时，应当权衡取证成本与证据效益。任何组织的内部审计资源都是有限的，当收集某一审计证据的成本过高时，内部审计人员可以考虑用能够达到同样的审计目标但是取证成本相对较低的审计证据进行替代。例如，在从组织外部的其他组织或机构获取审计证据时，如果可以采用函证方式，就不需要亲自前往这些组织或机构审查相关的凭证和文件。但是，对于重要的被审计事项，内部审计人员就不应当将审计成本的高低作为减少必要审计程序的理由。为了实现审计目标，内部审计人员必须投入更高的审计成本以取得符合要求的审计证据。

4. 抽样方法的适当性

内部审计人员在实施审计程序以获取审计证据时，可以采取统计抽样和非统计抽样的方法。统计抽样方法要求内部审计人员按照一定的统计模型与规则进行样本量的

确定和样本的选取；非统计抽样方法则需要内部审计人员较多地运用其职业判断，凭借其专业技能和经验来估算所需的样本数量。不同的抽样方法适用于不同的审计目标和被审计事项，因此，内部审计人员在实施审计程序时要根据审计目标和被审计事项，选择适当的抽样方法，以获取充分、相关和可靠的审计证据。

在审计报告阶段，同样涉及审计证据的收集工作，只不过这个阶段的收集工作是在审计证据被鉴定、整理和分析后的进一步审计行为。此时的审计证据应该足以支持审计结论的形成。如果审计证据仍然不足以支持审计结论，就必须进一步收集更加相关、可靠、充分的审计证据，以支持审计结论，最终形成审计报告。

五、对内部审计人员处理审计证据的要求

内部审计人员应当将获取的审计证据的名称、来源、内容、时间等完整、清晰地记录在审计工作底稿中。采集被审计单位电子数据作为审计证据的，内部审计人员还应当记录电子数据的采集和处理过程。

在内部审计项目的实施过程中，内部审计人员往往会遇到一些较为特殊和复杂的问题，如特定资产的评估、工程项目的评估、产品和服务质量的评价、信息技术问题、衍生金融工具问题、舞弊及安全问题、法律问题、风险管理问题等。内部审计人员由于自身专业能力的限制，可能并不具备这些特殊领域的专业知识和经验，此时就需要寻求专家的协助以取得充分、相关和可靠的审计证据。专家对这些特殊问题的鉴定结论可以作为审计证据，内部审计人员可以使用这些证据来证实被审计事项，并提出审计结论和建议。

内部审计机构可以聘请其他专业机构或者人员对被审计项目的某些特殊问题进行鉴定，并将鉴定结论作为审计证据。但是，内部审计人员应当对所引用的专家鉴定结论的可靠性负责。为此，内部审计人员必须按照审计工作的要求，考虑专家的专业胜任能力、独立性和客观性，并对专家的鉴定结论做出评价，慎重考虑其是否能够作为可靠的审计证据。由于内部审计人员必须对审计结论和建议负责，而专家的鉴定结论是形成审计结论和建议的依据，因此，内部审计人员必须对引用的专家鉴定结论的可靠性负责。

为了确保被审计单位更好地理解内部审计结论，并切实地依据内部审计建议对自己在经营管理和内部控制等领域存在的问题做出改进和完善，内部审计人员必须获取能够得到被审计单位认可的审计证据。对于被审计单位有异议的审计证据，内部审计人员必须进一步核实，以确保所获取的审计证据真正具有说服力和证明力。

在必要的情况下，内部审计人员应当要求审计证据的提供者对其提供的审计证据进行签名或者盖章。在内部审计过程中，某些口头证据或者由复印件形成的书面证据往往需要证据提供者签名或者盖章以增强其可信度。内部审计人员应采用合法途径从证据提供者处获取真实、可靠的证据。如果证据提供者出于种种原因拒绝签名和盖章确认该证据，内部审计人员应当了解原因，并在审计工作底稿中注明拒绝的原因和日期。尽管如此，该证据依然有效，可以作为支持审计结论和建议的依据。

内部审计人员应当对获取的审计证据进行分类、筛选和汇总，以保证审计证据的

相关性、可靠性和充分性。内部审计人员在获取审计证据后，必须对其能否成为审计结论和审计建议的合理依据进行评价，即对审计证据证明被审计事项的能力进行判断，目的是使审计证据的潜在证明力转化为现实证明力。

需要审计人员注意的是，任何一个审计证据都是现象与本质的结合体。现象与本质相一致称为真相，现象与本质相背离称为假象。某些审计证据所反映的可能只是一种假象，内部审计人员必须对审计证据进行认真分析，注意分清真相与假象，要做到透过现象看本质，不被假象所迷惑。在审计证据中还可能存在一些伪证。伪证是被审计单位等审计证据的提供者出于某种动机而伪造的证据，或是有关方面由于主观或客观原因而提供的假证据。这些证据或因经过精心炮制而貌似真实证据，或与被审计事项之间存在某些巧合，如果不认真排除，它们往往就会鱼目混珠、以假乱真。因此，内部审计人员应对审计证据进行认真的研究和评价，并进行合理的推理或怀疑，从提供证据者的目的、业务发生的可能性和合理性、业务发生过程的可控性等方面评价审计证据的真伪程度，尤其要善于发现那些经过精心炮制的伪证，以将其剔除。

第 2 节　内部审计工作底稿

一、内部审计工作底稿的概念与意义

内部审计工作底稿是审计证据的载体。它是内部审计人员在审计过程中形成的从计划阶段到报告阶段的全部审计工作记录和获取的各种文件资料，也是内部审计人员形成审计结论、最终发表审计意见的直接依据。其编制意义主要体现在以下方面：

1. 内部审计工作底稿是评价审计工作质量的重要依据

内部审计工作底稿是整个审计过程的反映，更是控制审计进度、展现审计工作内容的重要工具。内部审计项目负责人和审计经理需要了解审计人员做了哪些工作，具体是怎么做的，工作质量如何，是否符合内部审计准则或者规范的要求。通过检查工作底稿，他们既可以对工作质量有一个了解，又可以对已完成的工作给予必要指导。

2. 内部审计工作底稿可以为相关质疑提供佐证

内部审计工作往往会受到时间和审计人员精力的限制，因此对一些具体细节存在疏忽或者遗忘的可能性。如果被审计单位提出质疑，审计人员仅以口头的形式回复往往难以令人信服。如果工作底稿中有佐证资料，或者审计人员能够根据工作底稿明确指出不合理的地方，那么审计工作就更有说服力。

3. 内部审计工作底稿可以作为今后审计工作的路线图，使审计工作更加高效

如果以前年度的内部审计工作底稿编制得符合要求，并且内容全面，那么在再次开展类似的审计工作或者其他相关工作时，审计人员可以将其作为一种参考，以减少审计工作量，提高审计效率。此外，在实施审计工作过程中，如果将记录被事项的工作底稿在各审计工作人员间进行传阅，可以增进彼此的了解，促进相互配合，避免工

作重复或遗漏。此外，将发现的问题及时记录在工作底稿中，还可以避免遗忘和口舌之争，有利于组织下一步的审计工作。

4. 内部审计工作底稿是最终形成审计报告的重要基础和源泉

在审计过程中，如果内部审计工作底稿编制得较好，那么在审计报告阶段，审计人员仅需要将分散的审计证据加以整理、分析，形成审计结论，即可写出审计报告。另外，如果客户对审计结论产生异议，或者审计主管部门对审计工作质量进行检查，甚至发生法律诉讼行为，工作底稿都是支持审计报告、解除审计责任的最好佐证材料。

二、内部审计工作底稿的编制要求

一般来说，内部审计人员在编写工作底稿时，应该注意保持工作底稿的可理解性、相关性、简单高效、完整性与正确性等。

1. 可理解性

可理解性是指工作底稿的编制应让阅读者感觉到工作底稿记载的内容条理清晰，编排整齐简洁，易于理解。具体来说，它要求阅读者能够清晰地确定本次审计工作做了什么、发现了什么、结论是什么，而不需要用更多的备注和额外信息进行说明。当然，在追求简洁的同时，不能牺牲内容的清晰性。内部审计人员在转述客户的意见时，也应当记录自己对于该问题的理解，甚至需要被审计单位或者人员确认这种理解的准确性。

2. 相关性

工作底稿记载的内容应与审计目标和被审计事项直接相关，尤其是那些对审计结论产生重大影响的事项必须记载在内。同时，应删除那些虽然看似有意义但并不直接相关的记录。

3. 简单高效

简单是指即使阅读者是一个外行，也可以轻松阅读工作底稿。为了达到这一要求，应当尽量避免在工作底稿中过多使用专业术语。当然，内部审计人员不应试图在一份工作底稿中解决所有可能出现的问题或测试所有环节。如果被审计单位的某个记录可以证实某个问题，内部审计人员就应该将其纳入工作底稿。如果该底稿还可以用于证明其他问题，那么它也可以作为其他测试的底稿，即合并使用该底稿，使审计工作更有效率。一般情况下，很多单位倾向于将工作底稿标准化，以使内部审计工作更加简单高效。

4. 完整性与正确性

完整性是指在编制工作底稿时，应保证审计信息完整，不得遗漏审计资料和审计程序，对于提出的任何问题都要回答，如果无法回答也要说明理由。一般情况下，为了保证工作底稿的完整性，工作底稿会按照审计程序进行编排，并且通过交叉索引来减少数据的重复。正确性是指审计资料来源可靠，审计计划、程序、工作安排与实际情况相一致。审计人员应客观地描述被审计单位的实际情况，使工作底稿记录的内容与事实保持高度统一。

三、内部审计工作底稿的内容与格式

内部审计工作底稿的内容取决于所审查的经营活动、审计的目的和范围、具体审计测试的性质以及执行该项审计工作的审计人员的偏好。工作底稿应记载审计各个步骤取得的重要资料。工作底稿的内容主要包括：

（1）计划文件和审计程序。

（2）风险矩阵、控制调查表、流程描述、检查清单。

（3）访谈的记录和备忘录。

（4）组织结构图、政策、流程、工作职责方面的描述。

（5）原始文件、重要合同和协议的复印件。

（6）关于经营和财务政策的资料。

（7）审计发现工作底稿。它是指审计过程中关于缺陷的一类工作底稿，也是审计人员在整个审计过程中思考过程的记录，需要特别关注。

（8）确认函和声明书。

（9）交易事项、处理过程和账户余额的分析和检查。

（10）审计程序和结果分析。

（11）审计报告和管理层回复。

（12）审计信息的交流情况。

（13）照片、图表和其他图形展示资料。

（14）审计项目管理的资料，如时间预算与审计资源分配表格。

在实际工作中，工作底稿必须按照一定的格式进行编制。每份工作底稿都应该具备的基本要素包括：描述性的标题；审计过程记录；审计业务标识；索引号；编制日期及内部审计人员、复核人的签字；信息来源等。

（1）描述性的标题。主要指出被审计业务或者审计项目的名称、审计的日期或者期间。

（2）审计过程记录。即记载的审计程序的制定、执行和修改过程，被审计事项的审计情况和收集到的审计证据等。

（3）审计业务标识。审计业务标识是审计人员为便于表达审计程序含义而采用的速记符号。为便于理解，应在工作底稿的恰当位置或在单独的表格中用文字说明其含义。

（4）索引号。索引号是将具有同一性质或反映同一具体被审计事项的工作底稿分别归类，以形成相互联系的体系的一种编号系统。设计索引号应达到的要求是能够使查阅人或者审核人轻松地从一张工作底稿顺查到另一张。有效的交叉索引通常会减少数据重复列示的需求。

（5）编制日期及内部审计人员、复核人的签字。日期应为工作底稿的完成日期，且每张工作底稿都应有内部审计人员、复核人的手写或电子签名。

（6）信息来源。应当清晰标识工作底稿的信息来源。

四、内部审计工作底稿的复核

为了保证审计质量，减少或消除各种审计差错，及时发现并解决存在的问题，降低审计风险，内部审计部门应建立内部审计工作底稿复核制度。

一般来说，内部审计工作底稿复核人应是编制人的上级或同级中比较有经验并熟悉所复核内容的审计人员。复核时应设定明确的复核目标和要点，不能泛泛进行，更不能重复审计工作。如果开展多级复核，则每一级的复核重点应有所区别。复核人对于复核中发现的问题或疑点，应在被复核的工作底稿上或其他地方做出复核记录，并表达明确的复核意见，以完善和补充工作底稿。工作完成后，复核人应签署姓名并注明复核日期，以示负责。

五、内部审计工作底稿格式举例

1. 经济责任审计工作底稿举例

经济责任审计工作底稿示例如表 3-1 所示。

表 3-1　经济责任审计工作底稿示例

索引号：

被审计单位	×××		
审计项目	×××任期内基本建设情况		
会计期间或者截止日期	2023—2024 年		
审计人员	×××	编制日期	
审计基本情况			
审计查出的主要问题及其依据			

续表

审计结论			
审计复核情况			
复核人员	×××	复核日期	

共　页第　页　　　　　　　　　　　　　附件（　　　）

2. 内部控制审计工作底稿举例

内部控制审计工作底稿示例如表3-2所示。

表3-2　××集团内部控制审计工作底稿示例

审计对象：　　　　编制人：　　　　编制日期：　　　　索引号：
审计项目：　　　　复核人：　　　　复核日：　　　　页次：

控制目标	主要控制活动	内部控制设计有效性		内部控制执行有效性		缺陷影响程度			意见及建议	支持文档	反馈结果
		设计情况描述	设计缺陷评价	运行情况检查	运行情况评价	大	一般	小			
总体评价与意见											
被审计单位意见	负责人签字　　　　年　月　日										
审计结论或者建议	审计项目组组长签字　　　　年　月　日										

3. 财务审计工作底稿举例

财务审计工作底稿示例如表 3－3 所示。

表 3－3 财务审计工作底稿示例

审计对象： 编制人： 编制日期： 索引号：
审计项目： 复核人： 复核日： 页次：
会计期间或截止日：

内容	期初数	本期借方发生额	本期贷方发生额	期末数	审定数
合计					
审计结论					
审计说明					

习题

一、单选题

1. 下列属于内部审计证据的质量特征的是（　　）。

A. 相关性　　B. 合理性
C. 合法性　　D. 合规性

2. 内部审计师的工作底稿应该由（　　）复核。

A. 总经理　　B. 内部审计部门的管理者
C. 审计委员会　　D. 组织安全部门的管理者

3. 在业务审计的结论受到质疑时，内部审计师进行事实辩解最为便利的方法是（　　）。

A. 通过审计计划进行辩解
B. 通过工作底稿之间的相互印证进行辩解
C. 通过审计工作方案小结进行辩解
D. 通过审计报告进行辩解

二、多选题

1. 下列属于编制内部审计工作底稿要求的有（　　）。

A. 可理解性　　B. 有用性
C. 相关性　　D. 完整性与正确性

2. 下列关于内部审计工作底稿的说法，正确的有（　　）。

A. 内部审计工作底稿是审计工作质量评价的依据

B. 内部审计工作底稿对外没有任何鉴证意义

C. 内部审计工作底稿是形成审计报告的依据

D. 内部审计工作底稿为未来的审计工作提供了重要的路线

三、判断题

1. 如果发现内部审计工作底稿存在错误，归档人员可以直接更改。（　　）

2. 内部审计工作底稿归组织所有，由内部审计机构或组织内部有关部门保管。（　　）

3. 审计报告的编制应当以经过核实的审计证据为依据，做到客观、完整、清晰、及时、具有建设性。（　　）

四、思考题

1. 收集内部审计证据时应考虑哪些因素？

2. 内部审计工作底稿应包含哪些内容？

案例分析

AQ企业历史悠久，是我国老牌的制造业企业，其主要业务为机床的生产和加工。凭借高端技术和自主品牌，该企业在2000年成功上市，转型为股份制公司。2015年以前，无论是从规模还是技术上，AQ企业都位于行业前列，是国内首屈一指的“机床大户”。

然而，随着国内机床行业的蓬勃发展，AQ企业却未能与时俱进，导致整体业绩呈现下滑趋势。2015年至2018年间，企业连续亏损，资不抵债，面临退市风险。在如此紧迫的形势下，时任董事长林某带领AQ企业铤而走险，进行了财务舞弊。这一行为最终在2021年被中国证监会立案调查，企业被暂停上市，相关责任人也受到了应有的处罚。

除了面临外部挑战之外，AQ企业内部也存在诸多问题。其股权架构设计得不够合理，股权分配失调，导致第一大股东拥有绝对的话语权，形成了“一家独大”的局面。董事会、监事会形同虚设，董事长林某凌驾于治理层和管理层之上，独立董事未能发挥其应有的监督作用。同时，企业在内部控制制度构建及执行上也存在很多漏洞，一些子公司和孙公司甚至存在“两套账”的违规现象。

据调查，AQ企业通过以下四种方式进行财务舞弊：一是跨期确认收入，即与客户或经销商签订合同后，在未发货或未生产的情况下提前确认收入，以虚增当年利润。二是虚计收入，通过与多个客户和经销商签订虚假购销合同，在只收取部分定金的情况下确认收入，然后将定金退回并做退货处理。三是虚抬合同价格，为达到虚增收入的目的，在与客户签订合同后单方面篡改合同价格，AQ企业通过这一方式虚增收入500万元。四是少计辞退福利和高管薪酬，如少计内退员工人数，减少了近3 000万元的管理费用，未按照董事会通过的高管薪酬方案计提高管薪酬，少计管理费用近300万元。

2021年，AQ企业发生高管更替，新任董事长在接管企业后发现企业存在严重的财务舞弊问题。对此，他立即成立了专业的审计小组，对企业的财务情况进行全面调查。调查结束后，AQ企业主动将财务舞弊情况告知了证券交易所，并积极配合监管部门的调查和处理工作。

资料来源：胡明霞，马茜群．国有企业财务舞弊研究：基于昆明机床案例分析．会计之友，2019（11）：138－144.

思考：

1. 你认为造成该公司铤而走险，选择进行财务舞弊的因素有哪些？

2. 针对AQ企业的舞弊行为，内部审计部门需要获取什么样的审计证据，才能引发审计委员会对其行为的重视？

第4章

内部审计技术方法

学习目标

1. 了解内部审计的取证办法。
2. 掌握内部审计的抽样方法，学会推断审计总体的特征。
3. 掌握分析程序的操作细节，明确分析程序的具体流程。
4. 了解内部审计中的大数据分析方法，知晓未来内部审计工作模式的发展趋势。

素养目标

帮助学生掌握内部审计的取证方法，了解分析程序并学会运用，能够组合多种方法来收集审计证据，并认识到新时代大数据分析在审计工作中的重要性，培养利用大数据技术进行数据处理与分析的意识和能力。

第1节　内部审计的取证方法

内部审计的取证方法是审计人员获取审计证据的具体程序，是收集和评价与审计目标相关的审计证据的具体手段，其发展水平是衡量审计工作质量的重要尺度。内部审计人员在向有关单位和个人收集审计证据时，可以采用的取证方法包括（但不限于）审核、观察、监盘、访谈、调查、函证、计算和分析程序。

一、审核

审核是对书面资料的审阅和复核。在内部审计实践中，内部审计人员对书面资料的审核不能仅限于会计资料，涵盖的范围应十分广泛，如经济合同、计划与预算、统计资料、董事会的会议纪要等。内部审计人员通过对书面资料的审核，不仅可以获取直接证据，还可以获取间接证据，即通过审核寻找可能存在的问题和疑点，并将其作为审计线索确定进一步审计的对象和方法，从而获取直接证据。

内部审计人员在审核书面资料时，应当注意书面资料的真实性、完整性以及合法性，如检查资料有无被涂改或伪造的现象，资料是否符合国家有关的法律法规，书面文件记载的经济事项是否真实合理，书面文件之间是否能相互印证，各种具有勾稽关系的资料之间是否存在不协调、突兀之处。对于这些方面，内部审计人员应保持应有的职业谨慎。

例如，内部审计人员在对公务车报销单的审批人笔迹进行审核时发现，其中数笔报销审批人的笔迹系伪造，进一步核实后发现是司机伪造了公务车用车记录并虚报了费用，包括停车费、过路过桥费等。

二、观察

观察是内部审计人员对被审计单位的经营场所、实物资产和有关经营活动或内部控制执行情况进行的实地查看。通过观察，内部审计人员可以取得证据，这些证据有助于他们对审计对象做出合理的判断。当然，观察仅能证明在内部审计人员观察的那一刻被审计单位或者个人是如何做的，但无法确保该员工始终这样做，或者其他员工也这样做。

在现场观察的过程中，内部审计人员既要注意看，也要注意听，更应该进行分析判断，以发现特殊或者异常事项。在利用实地观察所获得的内部审计证据时，内部审计人员应该保持应有的职业谨慎，不能被假象迷惑，应该更多运用分析手段，揭露事情的真相。

在实际工作中，观察方法可以单独使用，但主要还是与审核、监盘、访谈等其他取证方法结合使用。内部审计人员通过观察方法获取审计证据的，应编制观察记录，注明观察事项、内容和结果等。观察记录单的格式如表4-1所示。

表4-1 观察记录单

被审计单位名称：	索引号：	页次：
观察事项名称：	取证人：	日期：
会计期间或截止日：	复核人：	日期：

观察日期	
观察场所	
观察人员	
观察过程及其结果	
被审计单位意见	提供人：　　提供单位（盖章）：　　提供日期：

三、监盘

监盘是内部审计人员在盘点现场监督和观察被审计单位相关人员盘点的过程。在内部审计实务中，绝大多数的实物资产是通过监盘来获取审计证据的。监盘要求内部审计人员必须亲临现场，由被审计单位的人员实施盘点，而内部审计人员仅对盘点的过程进行监督以判断清点结果的可靠性。在发现疑点或内部审计人员认为必要时，应有计划地进行抽查复点。

例如，在财务审计中，内部审计人员可根据实际情况，在会计期间结束时参与被审计单位的盘点并实施监督，也可以在会计期间结束后，在审计时责成被审计单位进行盘点并适当进行抽查。监盘适用于原材料、在产品、产成品、固定资产等财产物资的盘点。通过监盘，内部审计人员可以获取实物证据，但这不能保证被审计单位对该实物资产拥有所有权，而且监盘结果也不一定能证明资产的质量、价值和完整性。

内部审计人员通过监盘方法收集审计证据的，应当编制实物资产盘点清单，以及库存现金、有价证券盘点表等材料，并由内部审计人员和被审计单位有关人员签名确认。库存现金盘点表与存货抽盘表的基本格式分别如表 4－2 和表 4－3 所示，其他资产盘点表可比照设计。

表 4－2　库存现金盘点表

被审计单位名称：　　　　　　　　　　索引号：　　　　　　　　页次：
执行人：　　　　　　　　　　　　　　　　　　　　　　　　　　日期：
会计期间或截止日：　　　　　　　　　复核人：　　　　　　　　日期：

<table>
<tr><td colspan="3">清点现金</td><td colspan="3">核对账目</td></tr>
<tr><td>货币面值</td><td>张数</td><td>金额</td><td colspan="2">项目</td><td>金额</td></tr>
<tr><td></td><td></td><td></td><td colspan="2">截至盘点日现金账面余额</td><td></td></tr>
<tr><td></td><td></td><td></td><td colspan="2">加：未入账收入凭证</td><td></td></tr>
<tr><td></td><td></td><td></td><td colspan="2">欠人现金</td><td></td></tr>
<tr><td></td><td></td><td></td><td colspan="2">职工未领取的工资</td><td></td></tr>
<tr><td></td><td></td><td></td><td colspan="2">减：未入账付出凭证</td><td></td></tr>
<tr><td></td><td></td><td></td><td colspan="2">白条充抵现金（　张）</td><td></td></tr>
<tr><td></td><td></td><td></td><td colspan="2">盘点日账面应有余额</td><td></td></tr>
<tr><td></td><td></td><td></td><td colspan="2">盘点日实有现金数额</td><td></td></tr>
<tr><td></td><td></td><td></td><td colspan="2">长款（＋）或短款（－）</td><td></td></tr>
<tr><td></td><td></td><td></td><td rowspan="3">长短款
原因分析</td><td colspan="2" rowspan="3"></td></tr>
<tr><td></td><td></td><td></td></tr>
<tr><td>合计</td><td></td><td></td></tr>
<tr><td rowspan="4">追溯至
资产负债表日
账面结存额</td><td colspan="4">盘点日现金应有数额</td><td></td></tr>
<tr><td colspan="4">报表日至盘点日现金付出总额</td><td></td></tr>
<tr><td colspan="4">报表日至盘点日现金收入总额</td><td></td></tr>
<tr><td colspan="4">报表日库存现金应有余额</td><td></td></tr>
<tr><td>审计结论</td><td colspan="4"></td><td></td></tr>
</table>

被审计单位负责人：　　　　　会计主管：　　　　　出纳：　　　　　内部审计人员：

表 4－3 存货抽盘表

被审计单位名称： 索引号： 页次：
观察事项名称： 取证人： 日期：
会计期间或截止日： 复核人： 日期：

序号	名称和规格	单位	存放地点	单价	盘点前账面记录		尚未入账数				企业盘点记录	抽盘记录	抽盘结果	
							入库		发出					
					数量	金额	数量	金额	数量	金额			数量	金额
合计														

四、访谈

访谈是内部审计人员以口头询问的方式，面对面地向被审计单位内部有关人员询问有关情况。在审计过程中，如果内部审计人员对某些情况不够了解，或者对某些事项存在疑虑，或者发现不正常情况需要进一步查实，都可以对被审计单位有关人员进行访谈。内部审计人员在进行访谈之前，最好能事先拟定访谈提纲，并恰当地选择访谈对象。在进行访谈时，他们应该注意方式方法，态度要和缓，以取得对方人员的理解和支持。由于被访谈人员在回答问题时可能带有很大的主观倾向性，或存在不实事求是和有意隐瞒等行为，因此内部审计人员对访谈所获信息应认真甄别，并做好充分的记录。

例如，为了获得更多的舞弊审计证据，审计人员可以对舞弊者的同事进行访谈。为了核实应收账款的合理性，以及是否存在销售人员为了提成与客户一起伪造销售数据、炮制虚假合同私下套取差价、声称公司账户变更要求客户将款项打入其指定的账户并挪用资金等舞弊行为，审计人员可以通过发对账单的方式要求客户确认应收款项。在进行专项审计与舞弊审计时，内部审计人员在现场千万不要妄下结论或者随意猜测，即使判断正确，也要先放在心里，注意多倾听。记住，没有证据，就没有发言权。

召开相关人员座谈会也是访谈的一种方式，更是进驻被审计单位后的一项重要工作。在座谈会上，审计人员应向与会者，尤其是那些以后要对报告做出答复的管理人员说明来意、工作目标及范围、时间安排、要求提供的资料和帮助，以及其他为完成任务所做的具体安排和要求。座谈会是非常重要的会议，会议结果将会对内部审计人员与被审计单位能否建立良好的合作关系产生影响。

内部审计人员通过访谈方法获取审计证据时，一般要编制访谈记录单。访谈记录单应载明被访谈人姓名、访谈事项、访谈时间、访谈地点、访谈内容等信息。常用的访谈记录单的格式如表 4－4 所示。

表4-4　访谈记录单

索引号：

被访谈人		工作单位		职务	
访谈事项					
访谈人		记录人			
访谈时间					
访谈地点					
被访谈人（签章）		日期			

五、调查

调查是内部审计人员对被审计事项的有关情况予以了解的过程。在内部审计工作开展过程中，除了审核书面资料和证实客观事物，还需要对被审计单位的经济活动及活动资料中涉及的某些客观事实进行内查外调，以查找线索或取得证据、揭示真相，这就需要内部审计人员深入进行审计调查。

调查方法往往不单独使用，需要与其他方法结合起来使用。

六、函证

函证是内部审计人员通过向有关单位或个人发函来证实与被审计单位有关的书面资料和经济活动的真实性。函证分为积极式函证和消极式函证两种形式。积极式函证要求函证的对方对函证事项必须给予明确的回函答复。内部审计人员可以在函证信中载明函证事项的具体情况，也可以不载明具体情况而要求对方提供该事项的细节。若载明细节，核对工作将由函证对方进行，内部审计人员无法控制；若要求对方提供细节，核对工作则由内部审计人员完成，其可以对核对工作进行控制。对于重要的事项，内部审计人员应该采用积极式函证。消极式函证只要求函证对方在对函证事项有异议时予以回函答复。内部审计人员在消极式函证中应注明，在某一期限之内未予复函即表示函证对方对函询事项没有异议。由于在规定时间内没有回函的原因很多，如并未收到函证信、收到但并未阅读、阅读但并未核对等，消极式函证的可靠性要大大低于积极式函证。为了降低审计成本，内部审计人员对于一般事项可以采用消极式函证。

内部审计人员应恰当地设计函证信，并对函证过程进行严密的控制。函证信一般应以被审计单位的名义发出，但函证的回函必须直接寄给内部审计人员。内部审计人员在发出函证信后要做好函证记录，在收到回函后要立即记录函证结果。对于回函中表明的重大差异，应进一步调查以确定其原因。对于重要的事项，未收到回函的应再次发函，或采取其他替代审计程序。

还有一类函证称为空白函证，它要求第三方对所询问的空白信息进行填空，这也是一种证明力较强的证据。

七、计算

计算是指内部审计人员为了核实数字的正确性而对被审计单位经济业务凭证或会计记录中的数据进行验算或重新计算。由于计算所形成的证据是内部审计人员亲自获取的证据，因此通常被认为具有较强的可靠性。内部审计人员在执行计算程序时，应当结合相关因素评价输出结果的合理性。例如，在对利息收入进行验算时，如果利率超过了法律规定的范围，那么即使计算过程无误，其结果也是不合理的。再如，在进行人力资源审计时，为了核实工资发放的准确性，审计人员会对每个员工的薪资进行检查，包括检查计算公式、数据设置的正确性等。

八、分析程序

分析程序是内部审计人员分析和比较信息之间的关系或计算相关的比率，以确定审计重点、获取审计证据和支持审计结论的一种审计方法。这种方法往往是通过将客户信息与从独立渠道获得的预期信息进行对比，识别其中的差异，并调查差异形成的原因。运用分析程序的前提条件是数据之间存在某种关系。常用的分析程序包括：预期与实际的比较分析；趋势分析；比率分析；回归分析。

1. 预期与实际的比较分析

该方法是通过将计划、预算、宏观经济信息的统计数据、行业标杆或者类似的来源信息与实际执行情况进行比较，以发现其中存在的重大差异。通过分析这种差异，可以评估其合理性和可信性。

比较分析一般采用以下方式：

（1）多期比较。这种方法是将本年数据与上年数据进行比较、将本期数据与上期数据进行比较以及将本期数据与上年同期数据进行比较等。多期比较的前提是进行比较的各期数据具有可比性。当数据出现大幅变动时，说明很有可能存在问题，需要进一步审查。这种方法的局限性在于它只是比较两个时间段或时间点的数据。

（2）预算与实际比较。这种方法的前提是预算合理可靠，有了合理可靠的预算，就可以通过实际情况与预算指标的比较发现异常变动。一旦发现实际与预算存在异常偏差，审计人员就应进行差异分析，并考虑是否存在与预算有关的例外情况，以决定是否扩大审查的范围。

（3）账户间关系分析。复式记账使账户之间自动建立起了联系。通过审查账户之间的内在关系，可以发现账务处理上的错误。

（4）与行业标准比较。行业标准能为评价某些比例和趋势的合理性提供有用的外部标准。例如，对于某生产学习机的企业，若其在学生假期的销售利润率明显低于行业平均水平，且没有合理的解释，则该企业很可能存在隐瞒利润的情况。需要说明的是，由于行业标准具有外部性，所以可以与本企业情况进行对比，但其仅反映平均水平，单凭这一点还不能形成结论，对于一些问题还需进一步分析。

（5）将财务报告中的数据与生产经营数据比较。企业财务报告中的数据与生产经营数据之间存在紧密的联系。审计人员若将源自生产经营部门的数据与财务报告中的数据进行比较，就可以得到一些有价值的信息。例如，将产品销量与存货数量的变动相比较，可以揭示销售收入是否存在虚报的情况；将员工人数与工资费用相比较，可以发现工资费用是否存在明显超支等问题。该种方法有助于评价企业会计核算工作的质量。

（6）将反映企业经营总体情况的数据与经济数据比较。将二者进行比较，有助于审计人员更好地分析和评价有关比率和趋势，从而发现某些不易被察觉的风险。例如，企业制定的某些预算在原来的经济情况下是可行的，但在遭遇突发事件导致整个经济环境恶化的情况下，其可行性和实际执行效果势必会受到不同程度的影响，企业的经营状况自然也会受到影响。

2. 趋势分析

趋势分析是将某一期间的信息与前期比较，调查其中存在的不合理差异，分析产生这种差异的原因。具体而言，就是计算某一审计项目连续若干期数据的变动金额及百分比，分析该项目的变动方向和增减幅度，以获取审计证据。通过进行趋势分析，审计人员可以确定审计项目在审计期间是否发生重大变化，有无新的发展趋势，并判断当前趋势的持续性。例如，利润表趋势分析表的格式如表 4-5 所示。

表 4-5　利润表趋势分析表

被审计单位名称：　　　　索引号：　　　　页次：
取证人：　　　　日期：
会计期间或截止日：　　　　复核人：　　　　日期：

会计报表项目	上期	本期	增减数	说明
1. 营业收入				
减：营业成本				
税金及附加				
销售费用				
管理费用				
财务费用				
加：其他收益				
投资收益				
公允价值变动收益				
资产减值损失				

续表

会计报表项目	上期	本期	增减数	说明
2. 营业利润				
加：营业外收入				
减：营业外支出				
3. 利润总额				
减：所得税费用				
4. 净利润				
分析结论				

趋势分析有一个前提，即假定不同期间的数据是可比的。如果经营业务发生重大变化，或者类似业务的会计处理发生变化，或者价格指数发生剧烈波动，就需要对用于趋势分析的原始数据进行调整，以使它们具有可比性。

3. 比率分析

比率分析是对一些财务或者非财务比率进行分析，评估该比率的合理性。它还包括将当期数据与前期数据、内外部的标杆数据、其他独立来源的信息进行比较。例如，财务比率分析表的格式如表 4-6 所示。

表 4-6　财务比率分析表

被审计单位名称：　　索引号：　　页次：
取证人：　　日期：
会计期间或截止日：　　复核人：　　日期：

项目	比率指标	计算公式	上年同期	本年实际	增减数	说明
获利能力	销售净利率	$\frac{净利润}{销售收入净额}$				
	营业利润率	$\frac{营业利润}{销售收入净额}$				
	核心业务利润率	$\frac{核心业务利润}{核心业务销售收入净额}$				
	成本费用利润率	$\frac{利润总额}{成本费用总额}$				
	总资产报酬率	$\frac{净利润}{平均总资产}$				
	净资产收益率	$\frac{净利润}{平均净资产}$				

续表

项目	比率指标	计算公式	上年同期	本年实际	增减数	说明
获利能力	资本保值增值率	$\frac{\text{期末所有者权益总额}}{\text{期初所有者权益总额}}$				
	核心业务利润占利润的比重	$\frac{\text{核心业务利润}}{\text{利润总额}}$				
	营运指数	$\frac{\text{经营现金净流量}}{\text{经营所得现金}}$				
	销售营业现金流入比率	$\frac{\text{销售商品产生的现金流入量}}{\text{销售收入净额}}$				
	资金安全率	资产变现率－资产负债率				
营运能力	资产周转率	$\frac{\text{销售收入净额}}{\text{平均总资产}}$				
	营业周期	存货周转天数＋应收账款周转天数				
	存货周转天数	$\frac{360}{\text{销售成本}\div\text{平均存货}}$				
	应收账款周转天数	$\frac{360}{\text{销售收入}\div\text{平均应收账款}}$				
偿付成长性	资产负债率	$\frac{\text{负债总额}}{\text{资产总额}}$				
	现金流动负债比率	$\frac{\text{经营现金净流量}}{\text{流动负债}}$				
	销售增长率	$\frac{\text{本期销售收入}-\text{上期销售收入}}{\text{上期销售收入}}$				
	净利润增长率	$\frac{\text{本期净利润额}-\text{上期净利润额}}{\text{上期净利润额}}$				
	资本积累率	$\frac{\text{本年所有者权益增长额}}{\text{年初所有者权益}}$				
分析结论						

4. 回归分析

回归分析是在因变量和一个或多个自变量之间建立相关性的统计分析。例如，内部审计人员可以根据员工人数、平均小时工资率和实际工时来估计工资费用，并将其与记载的工资费用进行比较分析。

在进行回归分析时，首先，内部审计人员需要识别出与审计对象相关的因素。这要求内部审计人员必须具有丰富的专业和行业知识，并对被审计部门有深入的了解，还必须有一定的专业判断。其次，收集和分析相关经济数据，并利用回归技术方法建立回归方程。这要求内部审计人员具有基本的计量经济学相关知识和较强的分析能力。计算机的广泛运用已使这一过程变得更为简便。最后，检验实际数据是否符合回归方程。如果实际数据与回归方程得出的结果相差过大，那么在计划阶段可以据此确定重点审计的范围，在审计实施阶段可以得出关于审计对象的初步结论，并留待进一步审计。除了用于内部审计的确认活动之外，回归分析还可用于更广泛的咨询活动。内部审计人员可以利用分析程序，帮助管理层进行预测、分析和研究，如分析供求关系、预测应收账款、预测制造费用率、分析市场销售、研究价格行为以及研究预留准备金等。

回归分析的优势在于它的科学性，同时它也有不足之处。其缺陷在于技术性较强，同时要求审计人员考虑多种变量之间的因果关系，并收集大量的样本数据。如果这些条件无法得到满足，很容易造成虚假回归，得出错误的数量关系，从而加大审计风险。在一定程度上，内部审计人员可以将回归分析视为前面几种方法的综合运用。在实践中，进行数据的回归分析可能涉及绝对值指标、财务比率指标、趋势指标、结构指标等，这就要求内部审计人员必须熟练掌握前几种方法，以便更好地运用回归分析。

内部审计人员可以采用以上方法获得审计证据，以支持所获得的审计结论。具体采用哪种方法，则取决于审计的具体目标，并且要权衡使用这些方法取得审计证据的成本与效益。在适当的时候，为了获得更加充分、可靠的审计证据，内部审计人员不能仅考虑成本，应该根据问题的性质采用多种方法的组合来收集审计证据。

第2节　内部审计抽样

当内部审计机构面临人员和时间有限，却又需要处理大量被审计事项时，内部审计人员可以在审计目标允许的前提下采取抽样方法。

一、审计抽样的概念和方法

（一）审计抽样的概念

审计抽样是指内部审计人员在审计业务实施过程中，从被审查和评价的审计总体中抽取一定数量具有代表性的样本进行测试，以样本审查结果推断总体特征并得出审计结论的一种审计方法。

在设计审计程序时，内部审计人员应当确定选取测试项目的适当方法，以获取充分、适当的审计证据，实现审计程序的目标。内部审计人员可以使用的方法包括选取全部项目、选取特定项目和审计抽样。内部审计人员可以根据具体情况，单独或综合使用选取测试项目的方法。

选取全部项目就是内部审计人员对总体中的全部项目进行检查，这种方法通常适用于余额的实质性测试。根据对被审计单位的了解、评估的审计风险以及所测试总体的特征等，内部审计人员可以确定是否从总体中选取特定项目进行测试。选取特定项目实施检查通常是获取审计证据的有效手段，但这并不构成审计抽样。审计抽样强调的是从总体中抽取一定数量具有代表性的样本进行测试，以样本审查结果推断总体特征，并得出审计结论。

现代审计中大量采用抽样方法意味着审计人员既没有可能也没有必要对被审计单位的所有经济业务、所有会计记录进行全面的详细审查。他们只需恰到好处地检查部分经济业务和会计记录，就可以推断和估计审计对象的整体情况。因此，选择适当的审计抽样方法和科学地实施审计抽样程序，是内部审计人员在每个审计项目中必须重点关注的问题。

（二）审计抽样的方法

内部审计人员应当根据审计目标的要求以及审计对象的特征，选择恰当的审计抽样方法。审计抽样分为统计抽样和非统计抽样两种。

统计抽样是指以数理统计方法为基础，按照随机原则从总体中选取样本进行审查，并对总体特征进行推断的审计抽样方法。统计抽样主要包括发现抽样、连续抽样等属性抽样方法，以及单位均值抽样、差异估计抽样和货币单位抽样等变量抽样方法。统计抽样的优点主要体现在以下几个方面：（1）通过科学方法确定样本规模，避免了判断抽样法中样本过多或过少的问题；（2）采用随机原则进行样本选择，减少人为偏见；（3）内部审计人员能够量化并控制抽样风险；（4）运用概率统计理论对样本结果进行评价，从而推断总体特征，使得出的审计结论具有科学依据。

非统计抽样是指内部审计人员根据自己的专业判断和经验来抽取样本进行审查，并对总体特征进行推断的审计抽样方法。非统计抽样是审计人员的主观专业判断与统计抽样技术有机结合的产物，即审计人员根据长期的审计工作经验，在对审计对象各事项发生差错和舞弊可能性的大小进行判断的基础上采用抽样技术进行审计的方法。显然，非统计抽样的准确性主要取决于审计人员的判断，而判断的准确性又取决于审计人员的审计经验和对被审计单位的了解程度。因此，非统计抽样不如统计抽样客观，它不能与统计抽样一样保证样本的代表性，从而难以准确推断出总体指标，也不能对差错进行计量和控制，因此存在较大的风险。同时，非统计抽样的实施需要审计人员具备相当丰富的审计实践经验，以及对被审计单位有深入的了解，因此其使用范围不如统计抽样广泛。

统计抽样和非统计抽样审计方法结合使用，可以提高推断的准确性和可靠性。统计抽样方法固然有其科学性，但应用统计抽样方法需要对内部审计人员进行必要的培训；选择样本时，需要对被审计资料进行重新整理，由此导致审计费用增加。此外，统计抽样得出的审计结论只是对总体特征的一种推断，仍然无法达到绝对准确。事实上，抽样审计往往是从非统计抽样方法开始的，它是审计人员凭借自己的主观判断和经验进行选样和推断的一种抽样方法。其主要特点是使用方便、灵活，能够充分利用审计人员的实践经验和判断能力。

二、制定审计抽样方案

内部审计人员应当依据审计目标制定审计抽样方案，审计抽样方案主要包括下列内容。

（一）审计总体

审计总体是指由审计对象的各个单位组成的整体。审计总体的确定应当遵循相关性、完整性和经济性原则。

1. 相关性

相关性是指审计总体必须与审计对象及审计目标相关，这样抽取审计总体中的项目进行审计时才能实现审计目标。如果审计总体中并不包含为实现审计目标而必须对其实施审计程序的审计项目，抽样就无法实现审计目标。例如，如果审计目标是确定每次发货是否都开具了销售发票，审计总体就应当是所有的发货凭证，并从发货凭证中选取样本，追查是否有相应的销售发票；如果审计目标是确定是否存在将未发货的商品计入销售收入的错报，审计总体就应当是所有的销售发票副本，并从销售发票副本中抽取样本，追查是否有相应的发货凭证以确定商品是否已经发出。

2. 完整性

完整性是指审计总体能够全面地反映审计项目的实际情况。由于审计抽样是从总体中抽取部分样本进行检查，因此，如果总体不够完整，那么样本可能不够充分，从而直接影响审计结论的准确性。例如，在针对应付账款的完整性目标实施函证程序时，总体就不应仅限于应付账款期末有余额的项目，因为低估的错误更容易发生在期末余额为零的项目上，所以此时的总体应当包括所有有过业务往来的供货商。

3. 经济性

经济性是指审计总体的确定应当符合成本效益原则。如果每个组成部分的金额很大或者很重要，则可以确定较少数量的总体，并对总体进行全部测试以节省抽样的成本。

（二）抽样单位

审计总体中的项目应具有明显的、共同的可辨识标志，以便于抽样方法的实施。抽样单位是指从审计总体中所抽取的能够代表总体的各个单位。它可以是实物项目，如一张凭证或者一个明细账户，也可以是货币单位，如一元金额。

（三）样本

样本是指在抽样过程中从审计总体中抽取的部分单位组成的整体。抽取的样本应当具有代表性，具有与审计总体相似的特征，只有这样才能确保从样本特征推断总体特征的抽样误差被控制在可以接受的范围内。

（四）误差

误差是指业务活动、内部控制、风险管理中存在的差异或缺陷。在审计抽样方案中，必须对误差进行定义。定义误差的目的在于确定执行审计程序时识别误差的标准，并确保在推断误差时仅将所有与审计目标相关的条件考虑在内。例如，在控制测试中，误差的表现形式是控制偏差，如未经授权的人员进行了签字或签字人员在该领域没有权限；在实质性测试中，误差的表现形式是金额错报，如高估资产或收入的金额。

（五）可容忍误差

可容忍误差是指内部审计人员所能接受的差异或缺陷的最大限度。例如，在控制测试中，可容忍误差表现为可容忍偏差率，即内部审计人员设定的偏离规定内部控制程序的最大比率；而在实质性测试中，可容忍误差表现为可容忍错报，即内部审计人员设定的错报的最大货币金额。在保证程度既定时，内部审计人员确定的可容忍误差越小，所需要的样本量就越大。

（六）预计总体误差

预计总体误差是指内部审计人员预先估计的审计总体中差异或缺陷发生的概率。预计总体误差越大，可容忍误差也应当越大，但预计总体误差不应超过可容忍误差。在既定的可容忍误差下，预计总体误差越大，所需的样本量就越大。

（七）可靠程度

可靠程度是指预计的抽样结果能够代表审计总体特征的概率。内部审计人员可以使用百分比来表示可靠程度，可靠程度与样本量呈正比关系，即样本量越大，可靠程度越高。

因此，内部审计人员应当根据审计重要性标准，合理确定预计总体误差、可容忍误差和可靠程度。

（八）抽样风险和非抽样风险

抽样风险是指内部审计人员依据抽样结果得出的结论与总体特征不相符合的可能性。内部审计人员在选取样本时，应当对业务活动中存在的重大差异或缺陷风险，以及审计过程中的检查风险进行评估，并充分考虑因抽样引起的抽样风险及其他因素引起的非抽样风险，以防止对审计总体得出不恰当的审计结论。

1. 抽样风险的类型及控制

抽样风险主要包括错误接受风险和错误拒绝风险。错误接受风险是指样本结果表明审计项目不存在重大差异或缺陷，而实际上却存在重大差异或缺陷的可能性；错误拒绝风险是指样本结果表明审计项目存在重大差异或缺陷，而实际上并不存在重大差异或缺陷的可能性。

错误接受风险与审计效果有关，它将直接导致错误的和不可靠的审计结论，进而使审计工作质量下降。对此类风险最为有效的控制方法就是改进抽样方法，因为所选用的抽样方法越科学，抽样过程的精度就越高，抽样结果的可靠性也越高。

错误拒绝风险与审计效率有关，它将直接导致测试范围扩大、样本量增加、审计效率下降。对此类风险最为有效的控制方法就是扩大审查的样本规模，因为增大样本量可以提高样本对审计总体特征的代表性，从而使抽样结果更为有效。

2. 非抽样风险的成因及控制

非抽样风险是指由抽样之外的其他因素造成的风险，一般包括以下原因：（1）审计程序设计及执行不恰当。（2）抽样没有按照规范程序执行。（3）样本审查结果解释错误。（4）审计人员业务能力低下。（5）其他原因。

非抽样风险一般难以量化，但可以通过对审计程序和审计方法的科学周密设计以及对审计工作的适当监督指导予以消除或减少。

（九）样本量

样本量是指内部审计人员为对审计总体得出审计结论所抽取的样本单位的数量。内部审计人员在确定样本量时，主要考虑的因素包括：（1）审计总体。审计总体的规模越大，所需要的样本量往往越大。（2）可容忍误差。可容忍误差增大，样本量相应减小。（3）预计总体误差。预计总体误差增大，样本量相应增大。（4）抽样风险。抽样风险减小，样本量相应增大。（5）可靠程度。可靠程度增大，样本量相应增大。

三、选取样本

选取样本的方法对所选样本的代表性有直接影响。由于抽样后要根据样本特征推断总体特征，因此样本的代表性对于抽样结论的可靠性至关重要。无论是使用统计抽样还是非统计抽样，在选取样本时应当使总体中的每个抽样单元都有被选取的机会。统计抽样按照随机原则选样，以确保总体中每个项目具有相同的被选中概率；非统计抽样按照职业判断进行选样，这可能导致总体中某些项目被选中的概率高于其他项目。选取样本的方法包括以下五种。

（一）随机数表选样法

随机数表选样法是指利用随机数表选取样本的一种随机选样方法。随机数表也称乱数表，它是由随机生成的从0到9的十个数字所组成的数表。在这个数表中，每个数字出现的次数大致相同，且它们出现在数表上的顺序是随机的。表4-7展示了五位随机数表的一部分内容。

表 4-7 五位随机数表

行	列									
	1	2	3	4	5	6	7	8	9	10
1	32044	69037	29655	92114	81034	40582	01584	77184	85762	46505
2	23821	96070	82592	81642	08971	07411	09037	81530	56195	98425
3	82383	94987	66441	28677	95961	78346	37916	09416	42438	48432
4	68310	21792	71635	86089	38157	95620	96718	79554	50209	17705
5	94856	76940	22165	01414	01413	37231	05509	37489	56459	52983
6	95000	61958	83430	98250	70030	05436	74814	45978	09277	13827
7	20764	64638	11359	32556	89822	02713	81293	52970	25080	33555
8	71401	17964	50940	95753	34905	93566	36318	79530	51105	26952
9	38464	75707	16750	61371	01523	69205	32122	03436	14489	02086
10	59442	59247	74955	82835	98378	83513	47870	20795	01352	89906

随机数表选样的步骤如下：

(1) 对总体项目进行连续编号。编号的目的在于确定总体项目的标志并确定所使用的随机数的位数。一般情况下，可以利用总体项目中原有的某些编号，如凭证号、支票号、发票号等。在没有事先编号的情况下，内部审计人员需按一定的方法进行编号。例如，对于一个由 40 页、每页 50 行组成的应收账款明细表，可以采用四位数字进行编号。其中，前两位由 01 到 40 的整数组成，表示该记录在明细表中的页数；后两位数字由 01 到 50 的整数构成，表示该记录所在的行数。这样，编号 0534 就表示第 5 页第 34 行的记录。所需使用的随机数的位数一般由总体项目数或编号位数决定。如前例中可采用四位随机数表，也可以使用五位随机数表的前四位数字或后四位数字。

(2) 从随机数表中任意一行或一列开始，按照一定的方向（上下左右均可）依次查找，符合总体项目编号要求的数字即为选中的号码，与此号码相对应的总体项目即为样本项目，直到选足所需的样本量。例如，从前述应收账款明细表的 2 000 个记录中选择 10 个样本，总体编号规则如前所述，即前两位数字不能超过 40，后两位数字不能超过 50。如从表 4-7 第 1 行第 1 列开始，使用前四位随机数向右查找，则选中的样本的编号为 3204，0741，0903，0941，3815，2216，0141，3723，0550，3748 等。

（二）系统选样法

系统选样法又称等距选样法。在使用系统选样法时，内部审计人员首先需要计算抽样间距，然后从第一个间距中选择一个随机起点，以随机起点作为开端，按照计算的抽样间距等距离地选取样本，即在每个抽样间距中选取一个样本。抽样间距的计算公式如下：

$$抽样间距=\frac{总体规模}{样本规模}$$

例如，从前述 2 000 个应收账款记录中选择 200 个记录进行测试，则抽样间距为 10。若从第 1 个间距中选择 1 个随机数 4 作为随机起点，则样本为编号 0104，0114，0124，…，4034，4044 的 200 个记录。

系统选样法具有简便易行的特点，但其样本的代表性依赖于总体特征的随机分布。只有当总体特征随机分布于总体中时，选择的样本才具有代表性。如果测试的特征在总体中的分布具有某种规律性，则选择的样本的代表性可能较差。例如，如果应收账款明细表每页的记录均以账龄的长短按先后次序排列，则使用系统选样法选中的 200 个样本可能多数是账龄相同的记录，从而导致样本的代表性不佳。

为了克服系统选样法的这一缺点，内部审计人员可以采用以下两种办法：一是增加随机起点的个数；二是在确定选样方法之前对总体特征的分布进行观察。如发现总体特征呈随机分布，则采用系统选样法；否则，可考虑使用其他选样方法。

（三）分层选样法

抽样总体中的项目应具有相同或类似的性质。完全不同质的项目在一个总体中，将影响抽样结果的可靠性。当总体项目存在较大的变异性时，内部审计人员可以考虑使用分层选样法，即将具有相同特征的项目分在同一层，并在每个子总体中分别确定样本规模，进行推断，再综合考虑每层的推断错报对总体的影响。内部审计人员还可以利用分层将一个审计总体按照某种适当的标准进行划分，并根据不同层次的特点确定不同的样本量。

分层选样法就是按照一定标准将总体划分为若干层次或类型，然后再对各层次或各种类型的项目进行随机选样。严格地讲，分层选样法并非一种独立的样本选择方法，它必须与随机数表选样法等共同使用。使用分层选样法可以使内部审计人员将样本的选择与总体中的关键项目联系起来，针对不同的层次采用适当的审计技术。此外，由于分层选样法将相对同质的项目划为一类，可以提高样本在其所在层次的代表性。在针对相同总体选择同样规模的样本时，分层选样比纯粹的随机选样产生的误差更小。对于情况比较复杂、项目之间特征差异较大的总体，分层选样更具优越性。分层选样法是国内外内部审计实践中广泛采用的一种方法。

例如，对应收账款进行测试时，将各项记录的金额大小作为分层标准，然后针对不同层次采用不同的测试方法，如表 4-8 所示。

表 4-8　分层选样

层次	分层标准	测试规模（%）	选样方法
1	金额在 100 000 元以上	100	详查法
2	金额在 50 000～100 000 元	20	随机数表选样法
3	金额在 50 000 元以下	1	系统选样法

（四）整群选样法

整群选样法是指先将总体项目按某一标志分成若干群，然后使用随机数表选样法或系统选样法，按群选取样本项目的一种方法。整群选样法与其他选样法的差别主要在于，它不是逐个选取样本项目，而是成组、成群地选取样本项目。

例如，将全年的现金支出凭单按周划分为 52 个组，现从中选出 5 周进行审查。如果利用前面的随机数表，从第 1 行第 1 列的后两位数字开始，按照从左到右的顺序进行选样，那么第 1 行中被选中的周数为 44，37，14，34，5，即样本应由第 5，14，34，37，44 周的现金支出凭单组成。

整群选样法使用起来比较方便，但样本的代表性可能稍差。在需要选取的样本项目较多，且样本特征呈均匀分布的情况下，使用这种方法比较适宜。

（五）任意选样法

内部审计人员在采用任意选样法选取样本时，虽然不使用结构化的方法，但要避免任何有意识的偏向或可预见性。例如，应避免挑选难以查找的项目，或者总是选择或回避每页记录的第一个或最后一个项目，要尽量保证总体中的每一个项目都有相等的被选中的机会。

四、对样本执行审计测试

内部审计人员在选取样本之后，应当按照审计方案实施必要的审计程序，以获取充分、适当的审计证据。内部审计人员在抽取样本之后，要对每一个样本进行审查，从而获得样本差错率，并将这一样本差错率与预期总体误差进行比较，以确定所使用的样本规模是否合适，如不合适应做适当调整。一般来讲，如果样本差错率与预期总体误差大致相同，则说明对总体中的错误估计较为准确，预期总体误差设定合理，以此确定的样本规模是合适的；如果样本差错率小于预期总体误差，则说明对总体中的错误估计过高，预期总体误差设定得过大，以此确定的样本规模也过大，但此时并无缩小样本规模的必要；如果样本差错率大于预期总体误差，则说明对总体中的错误估计不足，预期总体误差设定得过小，以此确定的样本规模也过小，此时必须以样本差错率代替预期总体误差，重新确定样本规模，抽取和审查新增的样本项目，并重新获得样本差错率，再将其与预期总体误差进行比较，直至小于或等于预期总体误差为止。经过上述审查和比较过程后，内部审计人员应把最终的审查结果记录下来，作为推断总体特征即总体差错率的依据。

五、评价样本

内部审计人员应当根据预先确定的误差构成条件，确定存在误差的样本。对于识别出的所有偏差或错报，内部审计人员应当进行调查，了解其性质和产生的原因，并评价其对审计目标和其他方面可能产生的影响。内部审计人员还应当对抽样风险和非抽样风险进行评估，以防止对审计总体形成不恰当的审计结论。

六、根据样本评价结果推断总体特征

审计抽样的最终目的不在于抽取和审查样本，而是希望通过审查样本，从样本特征推断出总体特征，从而形成针对总体的审计结论。因此，内部审计人员应当根据样本误差，采用适当的方法，推断总体误差。他们需要根据样本的审查结果，了解样本的差错率，以此为基础来推断总体的差错率，并在预先确定的可靠程度之上，计算样本推断结果与实际情况之间的误差，将这一误差控制在内部审计人员可以接受的范围之内，从而得出切合实际的审计结论。因此，内部审计人员在根据样本审查结果直接推断总体错报的基础之上，考虑抽样误差和抽样风险，即可得出总体中错报的估计值。

内部审计人员应当根据抽样结果的评价，确定审计证据是否足以证实某一总体特征。内部审计人员应将上面得出的总体中的错报估计值与事先为该总体设定的标准值进行对比，如果错报估计值没有超出标准值，则可认定该总体中的错报数额是可以接受的；相反，则说明总体中的错报数额是不可以接受的。如果推断的总体误差超过了可容忍误差，内部审计人员应当增加样本量或执行替代审计程序。例如，他们可以在特定领域内扩大测试范围或者选择实施更加有效的审计程序。如果内部审计人员对错报的分析表明造成大多数错报的原因相同，或者内部审计人员为谨慎起见希望降低抽样风险，那么可以扩大测试范围，而抽样误差和总体的可接受程度则需按照新的测试结果重新确定。

七、形成审计结论

内部审计人员应当评价样本结果以确定对总体相关特征的评估是否得到证实或需要修正，即确定根据样本推断总体是否可以接受。内部审计人员在上述评价的基础上还应当考虑误差的性质、误差产生的原因以及误差对其他审计项目可能产生的影响等。

第3节　分析程序操作细节

在以风险为导向的现代内部审计中，分析程序凭借其以发现差异、漏洞的迹象为突破口的合理审计视角和成本较低、操作简单的优势，成为非常重要的审计取证方法。

一、分析程序的目标

分析程序是内部审计人员收集审计证据的一种重要审计程序，对于了解被审计单位及其所处环境、识别高风险领域、发现异常项目及审计线索都具有独特的作用。内部审计人员应当合理运用职业判断，根据需要在审计过程中执行分析程序。执行分析程序有助于内部审计人员实现下列目标。

1. 确认业务活动的完成程度

内部审计人员可以通过对被审计单位各项业务活动完成程度的衡量指标进行趋势分析、比较分析，了解各项业务活动的完成情况与以前年度、同行业、预算之间是否存在差异，以及差异的严重程度，据此进一步调查以确定被审计单位各项业务活动的完成情况并提出改进和完善业务活动的意见与建议。

2. 发现意外差异

意外差异就是意料之外的差异，这些差异往往预示着问题和缺陷的存在，甚至体现了舞弊的迹象。各种事项、各类数据之间往往存在着必然联系，内部审计人员通过对存在必然联系的事项、数据执行分析程序，根据它们的现实关系与预期关系的比较，就可以发现意外差异，并将其作为进一步调查问题、缺陷和舞弊的突破口。

3. 分析潜在的差异和漏洞

内部审计人员在执行分析程序时主要关注的是事项之间和数据之间的潜在差异。通过对这些潜在差异的分析，内部审计人员通常可以快速地以较低的成本追查出被审计单位在内部控制和经营管理领域存在的各种漏洞，从而更加有针对性地采取改进措施。

4. 发现不合法和不合规行为的线索

分析程序更多的是对各种事项、各类数据之间的关系进行比较和分析，可能并不会直接揭示被审计单位存在的不合法和不合规的行为，但当内部审计人员发现各种事项、各类数据之间存在不正常关系、不合理状态时，就意味着发现了不合法和不合规行为的线索。这些线索可以引导内部审计人员进一步调查，以确认是否存在不合法和不合规行为，并及时采取防范和治理措施。

二、分析程序可以获取审计证据的审计领域

内部审计人员通过执行分析程序，能够获取与下列事项相关的审计证据。

1. 被审计单位的持续经营能力

任何组织在经营过程中都可能会面临财务困难。当财务困难达到一定的程度时，就会对组织的整体持续经营能力产生威胁。内部审计人员可以通过对被审计单位的各项财务指标进行计算、比较和分析，充分了解财务困难的程度及其对持续经营能力的影响，并据此做出客观的评价。例如，对企业偿债能力指标、现金流量指标以及盈利能力指标进行综合比较和分析，可以揭示一家企业的持续经营状况。

2. 被审计事项的总体合理性

在确定对被审计事项实施哪些具体审计程序和实施这些审计程序的范围之前，内部审计人员可以先对被审计事项实施总体合理性的分析程序。如果分析程序的结果表明被审计事项具有总体合理性，那么内部审计人员可以适当删减实施的具体审计程序；相反，如果分析程序的结果表明被审计事项在总体合理性上存在令人质疑的地方，内部审计人员就必须对其实施更为全面的审计程序。

3. 业务活动、内部控制和风险管理中差异和漏洞的严重程度

内部审计人员可以通过实施分析程序寻找被审计单位在业务活动、内部控制和风险管理领域存在的与预期值或期望值的差异，进而通过对这些差异的深入调查确定在业务活动、内部控制和风险管理领域存在的漏洞的严重程度。

4. 业务活动的经济性、效率性和效果性

内部审计人员可以通过实施分析程序获取对被审计单位业务活动的经济性、效率性和效果性的充分了解，并做出客观的评价。内部审计人员可以通过投入和产出关系的对比分析对被审计单位业务活动的经济性和效率性进行评价，也可以通过业务活动完成程度的对比分析对被审计单位业务活动的效果性进行评价。

5. 计划、预算的完成情况

内部审计人员可以简单地通过实施将被审计单位的实际业绩与计划和预算进行比较的分析程序，了解被审计单位计划和预算的完成情况。内部审计人员还可以根据实际业绩与计划和预算的差异程度对相关管理层经济责任的履行情况进行评价，或者就差异产生的原因进行深入的调查，从而提出切合实际的对策。

三、分析程序所用信息的存在形式

内部审计人员在实施分析程序时，可以采用的信息是多种多样的，这就要求内部审计人员综合、灵活地将这些信息用于分析程序。分析程序所使用的信息按其存在的形式划分，主要包括下列内容。

1. 财务信息与非财务信息

财务信息是对被审计单位业务活动中有关财务活动的状况、变化和特征的反映。财务信息体现了企业所拥有的经济资源的流量和存量。流量信息代表的是企业在某个时期已有经济资源的耗用情况和创造的新经济资源的数量与价值。存量信息代表的是企业在某个时点所拥有或控制的经济资源的总量、构成、形成情况。财务信息通常具有可定义性、可计量性、可靠性、相关性，是能够经过确认、计量、记录、报告程序后进入财务报表的信息，也包括附注中的解释说明和由财务报表扩展而来的信息。非财务信息则是与财务信息相对应的，不以货币为主要计量单位，与企业生产经营活动、利益相关者决策相关的信息。无论是财务信息还是非财务信息，都是对内部审计人员实施分析程序非常重要的信息。

2. 实物量信息与货币量信息

以货币计量是会计的基本假设，因此，财务信息主要表现为货币量信息。但是，货币量信息的形成离不开实物量信息，货币量信息与实物量信息之间不可避免地存在密切的关联。分析程序主要关注的就是信息之间的关系，因此，内部审计人员不仅需要关注被审计单位的货币量信息，也需要同时关注与货币量信息密切相关的实物量信息。通过对它们之间关系的合理性分析，可以发现异常的差异或不正常的关系。

3. 电子数据信息与非电子数据信息

在计算机技术广泛应用的背景下，内部审计人员从被审计单位获取的信息更多地表现为电子数据信息。为确保利用这些信息实施分析程序的有效性，内部审计人员不仅需要关注生成这些信息的电子数据处理系统的可靠性，还需要收集与电子数据信息相关的非电子数据信息。如果不同形式的同类信息具有高度的一致性，电子数据信息的可靠性就能够得到更有力的保证。

4. 绝对数信息与相对数信息

绝对数信息可以反映单个被审计事项的总量，相对数信息则可以反映数据之间的相互关系。内部审计人员可以在实施分析程序时，将绝对数信息进行横向和纵向的比较分析，以了解被审计事项的总体占比或发展趋势；也可以通过相对数信息的计算和比较，以判断数据之间关系的合理性。

四、执行分析程序的要求

分析程序的有效运用必须建立在用于分析的数据之间存在某种相互印证、互为说明和互为因果的关系的基础之上。只有存在某种依存关系的数据，才能够成为分析程序的对象。如果内部审计人员对不存在任何明确关系的数据进行分析，将无法得出合理的分析结果。因此，内部审计人员在执行分析程序时，应当考虑信息之间的相关性，以免得出不恰当的审计结论。

内部审计人员应当合理运用职业判断，根据需要在审计过程中执行分析程序。内部审计人员需要在审计准备阶段执行分析程序，以了解被审计事项的基本情况，确定审计重点，编制项目审计计划和审计方案。内部审计人员需要在审计实施阶段执行分析程序，对业务活动、内部控制、风险管理进行测试，以获取审计证据。内部审计人员需要在审计终结阶段执行分析程序，验证审计程序所得结论的合理性，以保证审计质量。

1. 在审计准备阶段执行分析程序

审计准备阶段的重点工作在于规划整个审计工作。内部审计人员在审计准备阶段实施分析程序可以更加充分地了解被审计单位，识别需要在以后特别考虑的重要事项。例如，在进行存货计价测试之前，先计算存货周转率，可能有助于揭示在随后的测试中需要关注的事项。审计准备阶段实施的分析程序通常使用高度汇总的数据，且程序的复杂程度、实施范围和所需时间会因不同的被审计事项而有所变化。

2. 在审计实施阶段执行分析程序

审计实施阶段的重点工作在于执行审计程序以获取审计证据。内部审计人员在审计实施阶段执行分析程序，对业务活动、内部控制、风险管理进行测试，以获取审计证据。这些测试通常是与其他审计程序一同实施的。例如，可以将每张保险单的预付部分与以前年度的同一张保险单进行比较并作为预付保险费测试的一部分。分析程序提供的保证程度取决于关系的可预测性、预期值的准确性和用于形成预期值的数据的可靠性。在审计实施阶段使用分析程序时，内部审计人员应当在内部审计工作底稿中记录预期值和形成预期值时考虑的因素。

3. 在审计终结阶段执行分析程序

审计终结阶段的重点工作在于对整个审计过程和收集的所有审计证据进行最终的复核，并验证根据审计程序所得出的审计结论的合理性，以保证审计质量。内部审计人员在审计终结阶段执行分析程序的结果，可能表明需要收集更多的审计证据以支持其形成的审计结论。在这种情况下，内部审计人员必须追加审计程序，以确保其得出的审计结论的正确性。

五、分析程序的内容

内部审计人员通过对以前年度信息、行业趋势、被审计单位编制的预算以及非财务信息的考虑，针对被审计单位的信息或者比率形成预期值。然后，内部审计人员再运用下列一种或多种类型的分析程序将被审计单位的信息或比率与预期值进行比较，从而发现异常的差异或不正常的关系。

1. 将当期信息与历史信息相比较并分析波动情况及发展趋势

内部审计人员将被审计单位的当期信息与历史信息相比较，并分析其波动情况及发展趋势，可以了解被审计单位经营管理活动在绩效方面的发展变化趋势，进而查找存在的问题。这是内部审计人员执行分析程序的最基本工作。

2. 将当期信息与预测、计划或预算信息相比较并做差异分析

内部审计人员将被审计单位的当期信息与预测、计划或预算信息相比较，并进行差异分析，可以了解被审计单位预测、计划和预算的执行情况。如果发现差异，内部审计人员可以进一步追查是预测、计划和预算执行不力，还是预测、计划和预算的制定存在问题。

3. 将当期信息与内部审计人员预期信息相比较并做差异分析

内部审计人员将被审计单位的当期信息与内部审计人员的预期信息相比较，并进行差异分析，需要内部审计人员在执行分析程序之前根据数据之间的关联或者数据的发展趋势，推断出被审计单位数据的大致区间。将被审计单位的当期信息与内部审计人员的预期信息进行比较分析，可以发现被审计单位存在的不正常的数据关系，进而对差异做进一步调查。

4. 将被审计单位信息与组织其他部门类似信息相比较并做差异分析

由于被审计单位各部门之间的信息往往存在一定的关联，内部审计人员通过比较来自不同部门的类似信息，可以识别出不合理的差异，从而做出进一步调查的决策。

5. 将被审计单位信息与行业相关信息相比较并做差异分析

内部审计人员将被审计单位信息与行业相关信息进行比较和差异分析，可以充分了解被审计单位的业务，明确其在行业中所处的位置，并识别潜在差异。例如，如果被审计单位的实际毛利率明显高于同行业的平均毛利率，就可能提示内部审计人员，被审计单位在主营业务收入和成本的确认上存在问题。但是，使用行业相关信息也存在一定缺陷，由于行业数据是广泛的平均值，比较可能是毫无意义的。另外，不同的企业可能使用不同的会计处理方法，这会影响数据的可比性。例如，如果行业中的大多数企业使用先进先出法作为存货计价方法以及直线法作为折旧方法，而被审计单位使用后进先出法和双倍余额递减法，那么与行业数据的比较就是没有意义的。因此，内部审计人员在使用行业数据形成预期值时必须保持谨慎。

6. 对财务信息与非财务信息之间的关系、比率的计算与分析

通常情况下，仅使用财务信息并不能全面地对被审计单位经营管理的绩效做出评价，内部审计人员还可以使用与被审计单位经营管理活动存在密切关系的非财务信息，如员工数量、薪酬级别、不同级别的工资费用率与薪酬费用之间就存在非常密切的关系。内部审计人员可以通过对财务信息与非财务信息之间的关系、比率的分析，发现被审计单位在经营管理和内部控制中可能存在的不当之处。

7. 对重要信息内部组成因素的关系、比率的计算与分析

在正常的生产经营过程中，重要信息的内部组成因素之间应当存在合理的结构比率。内部审计人员通过对这些组成因素进行比较分析，可以对各个组成因素是否保持合理的比率进行评价，从而发现预示问题的线索。

六、对分析程序结果的利用

（一）确定对分析程序结果的依赖程度的考虑因素

分析程序主要关注的是被审计事项、数据之间的异常波动或非正常关系，对于发现预示问题、缺陷和舞弊的迹象无疑是非常有效的方法。但是，在发现这些迹象之后，内部审计人员还需要进一步追查才能确认是否确实存在问题。同时，审计证据的有效性在很大程度上取决于内部审计人员在运用分析程序时针对账户余额或比率已经形成什么样的预期值，而不取决于所使用分析程序的类型。因此，内部审计人员应当保持应有的职业谨慎，在确定对分析程序结果的依赖程度时需要考虑下列因素。

1. 分析程序的目标

所有的审计程序都是为了实现审计目标而实施的，分析程序当然也不能例外。内部审计人员在决定实施何种类型的分析程序时，首先需要考虑的就是该分析程序预期可以实现的目标，以及该目标是否与既定的审计目标相匹配。

2. 被审计单位的性质及其业务活动的复杂程度

被审计单位的性质及其业务活动的复杂程度会对内部审计人员实施分析程序产生影响。例如，如果被审计单位的业务活动过于复杂，且没有能够较好地展示这一复杂关系的预测模型，内部审计人员就不宜采用分析程序。

3. 已收集信息资料的相关性、可靠性和充分性

分析程序的特点在于对收集的信息资料进行计算、比较和分析。数据的比较必须建立在数据之间存在相关性的基础之上，对不相关的数据进行计算和比较是毫无意义的。分析程序的结果在很大程度上取决于所使用数据的可靠性和充分性，利用不可靠或不完整的信息得出的分析结果对审计结论的形成来说是非常危险的。

4. 以往审计中对被审计单位内部控制、风险管理的评价结果

内部审计人员在对分析程序的实施做出决策之前，需要考虑以往审计中对被审计单位内部控制、风险管理的评价结果。在内部控制和风险管理的评价结果较好的被审计领域，内部审计人员可以更多地依赖分析程序，并在较大程度上依据分析程序的结果形成审计结论。但是，在内部控制和风险管理的评价结果并不理想的被审计领域，内部审计人员就不能更多地依赖分析程序，而应实施其他更加有效的审计程序。

5. 以往审计中发现的差异和漏洞

对于在以往审计中发现存在差异和漏洞的被审计领域，内部审计人员应当考虑不再运用分析程序，而是直接实施更加有效的审计程序。

（二）影响分析程序效率和效果的因素

分析程序所获取的审计证据主要为间接证据，因此，内部审计人员不能仅依赖分析程序的结果来得出审计结论。鉴于分析程序的特点及其固有局限性，内部审计人员应当考虑下列影响分析程序效率和效果的因素。

1. 被审计事项的重要性

考虑到分析程序存在的固有局限性，对于重要的被审计事项，内部审计人员不宜仅依赖分析程序，还必须将其与其他必要的审计程序配合使用，以确保审计结论的正确性。

2. 内部控制、风险管理的适当性和有效性

分析程序的运用需要被审计单位提供大量数据，这些数据的可靠性决定了分析程序的有效性。如果被审计单位具有适当和有效的内部控制及风险管理系统，其所生成的数据就具有较高的可靠性，分析程序的质量就可以得到保证。

3. 获取信息的便捷性和可靠性

获取信息的便捷性将直接影响内部审计人员能否及时获取支持分析程序的各种信息以及获取这些信息的成本。如果所需信息无法获取，或者获取这些信息的成本过高，将影响分析程序的效率。获取的信息的可靠性也同样重要，使用不可靠的信息执行分析程序，其结果将毫无意义，甚至可能造成对内部审计人员的误导，直接损害审计结论的准确性。

4. 分析程序执行人员的专业素质

分析程序的技术性要求很高，需要内部审计人员熟悉数据之间的关系，掌握分析程序的具体方法。同时，分析程序的运用以及对分析结果的评价和利用还需要内部审计人员具备一定的实践经验。因此，执行分析程序的内部审计人员的专业素质将直接影响分析程序的效率和效果。

5. 分析程序操作的规范性

为确保分析程序的有效性，内部审计机构应当制定分析程序的操作指南，为内部审计人员规范地实施分析程序提供依据。只有在规范的流程下完成分析程序，才能保证其效率和效果。

内部审计人员执行分析程序的主要目的在于发现异常的差异和不正常的关系，因此内部审计人员一旦发现差异，就应当采用下列方法进行调查和评价。

（1）询问管理层，获取其解释和答复。内部审计人员执行分析程序时发现差异只是预示可能存在问题，被审计单位管理层对经营管理的各方面情况比较熟悉和了解，因此，内部审计人员在决定对差异进行深入调查之前应当首先询问被审计单位管理层，以获取其对差异的解释，可能管理层已经关注到了差异的存在并进行了进一步的调查。如果内部审计人员能够从被审计单位管理层外获取合乎逻辑的解释，就可以不再深入调查，从而减少审计时间和成本。

（2）实施必要的审计程序，确认管理层解释和答复的合理性与可靠性。在就差异问题向被审计单位管理层进行询问之后，内部审计人员必须客观地评价管理层给出的解释是否合理、合乎逻辑。如果不能直接做出判断，内部审计人员还需要对管理层做出的解释实施必要的审计程序，对其合理性和可靠性进行验证。

（3）扩大审计范围，执行其他审计程序。如果管理层没有对差异做出恰当的解释，内部审计人员就应当扩大审计范围，执行其他审计程序，对差异的性质、造成差异的原因以及可能造成的严重后果实施进一步的审查，以便得出审计结论。

第4节　内部审计中的大数据分析

大数据时代的到来，为提高内部审计工作的有效性提供了新的契机，促使内部审计改变以往以事后监督为主的被动角色，更好地发挥咨询服务职能。通过海量、动态更新的数据，内部审计人员可以看到抽样统计所无法揭示的细节信息，这有利于内部审计的价值的体现和实现审计全覆盖。大数据分析解决了过去抽样审计所带来的问题。从审计的准确性来说，详查法应该比抽查法更具准确性。但是，由于被审计单位的规模日益增大，在互联网技术没有得到大力发展的背景下，审计人员只能采用抽样审计以节约审计时间并提高审计效率。在计算机和互联网技术得到大力发展的情况下，审计人员开展详细审计成为可能。大数据分析不是抽样分析，而是对所有数据进行分析，是建立在海量数据基础上的信息挖掘。大数据分析的关键在于审计人员是否能够获得海量和动态更新的数据，并将这些原始的数据转化为对其有用的信息。只有完成这种转化，审计人员才能够实施审计程序，审计目标才能实现。

大数据环境下，审计人员除了面临结构化数据，还需处理越来越多的非结构化数据，如会议文档、外部网页、各类音频或视频文件等。单独阅览这些文件并非难事，难点在于如何快速地批量阅读，同时深入分析、发现关联、获得审计线索。R语言、Python是当下比较流行的大数据分析工具，它们能支持不同格式的数据处理，且学习的技术门槛并不高。熟练掌握这些工具后，审计人员可以结合不同的审计场景实现灵活应用。内部审计中的大数据分析程序可以分为数据采集、数据转换、数据清理、数据分析四个阶段。

一、数据采集

数据采集就是搜索所有与业务对象有关的内部和外部数据信息，获取原始数据，并从中选择适合挖掘的数据，以建立数据库。

在数据采集前，审计小组应对计算机信息系统及数据库系统数据方面的基本情况进行调查，并将调查结果形成书面材料分发给审计小组成员阅读，由负责具体调查工作的组员进行讲解。审计小组全体成员应对所需数据进行讨论，再决定初步的数据需求。在实际采集之前，应核实数据的真实性和完整性，并进行相应的验证。此时，被审计单位应当对数据的真实性和完整性做出承诺，并清晰地划分会计责任和审计责任。

二、数据转换

计算机数据往往基于特定的数据结构和数据模式，当采集的基础数据不能直接被数据分析工具使用时，就必须转换数据格式。当审计所需的数据分布在不同的数据库中时，应当将所需的数据筛选出来，尽量整合到同一数据库中，从而为提高数据分析的效率奠定基础。数据转换工具有很多，包括数据库管理工具、审计软件、SQL。当然，转换数据不应损害数据的准确性和完整性。

三、数据清理

由于数据可能是不完全的、有噪声的、随机的，且有复杂的结构，因此，在进行数据分析之前，还要进行数据清理。数据清理通常包括消除噪声、处理缺失数据、消除重复数据等，为进一步分析做准备，并确定将要进行的挖掘操作的类型。

在进行数据清理前，应对数据进行浏览，观察数据的情况，判断存在的问题，确定清理的重点。在清理过程中需要对数据进行分析，如果不备份数据可能会因操作失误而延误数据处理的进度，影响审计工作的开展，那么应在清理前对数据进行备份。在清理过程中，对于那些没有任何经济含义、与审计无关的数据，应予以删除；对于重复记录，应检查是否存在人为虚增业务的情况。如果存在大量重复数据，应考虑是否存在病毒文件传输或复制的问题。

审计中间表是按照审计目标，为便于审计分析而对源数据进行加工整理形成的表格，可直接用于审计项目数据分析。审计中间表是审计人员进行数据分析的对象、资源和平台。由此可见，审计中间表是构建审计数据分析模型的基础。

四、数据分析

数据分析最主要的工作是建立审计数据分析模型。数据分析模型是审计人员用于数据分析的数学公式或逻辑表达式，它是按照被审计事项应该具有的性质、数量关系、逻辑关系，由审计人员通过设定计算、判断或限制条件建立的，用于验证被审计事项的性质或数量关系，从而对被审计单位经济活动的真实情况做出科学的判断。

数据挖掘作为一种深层次的数据分析技术，不仅能对被审计单位的历史数据进行查询，还能够揭示大量历史数据之间的潜在联系和规律，从而促进信息的传递。

习题

一、单选题

1. 当内部审计师要确认存货确实存在时，下列方式中最有说服力的是（　　）。

A. 检查支持存货记录的运输记录

B. 获取管理者的书面声明

C. 实地观察仓库里的存货

D. 检查被审计单位记录里的仓库收据

2. 下列属于分析程序目标的表述是（　　）。

A. 观察每天的现金收入储蓄情况

B. 分析现金短缺模型

C. 评价现金收入是否得到了充分的保护

D. 逐月重新计算银行对账单

二、多选题

1. 在审计抽样中，常见的样本选取的方法有（　　）。

A. 随机数表选样法　　B. 分层选样法

C. 系统选样法　　D. 整群选样法

2. 下列属于分析程序目标的有（　　）。

A. 确认业务活动的完成程度　　B. 分析潜在的差异和漏洞

C. 发现意外差异　　D. 发现不合法和不合规行为的线索

3. 下列各项中，审计人员通常认为适合运用分析程序的有（　　）。

A. 存款利息收入　　B. 借款利息支出

C. 营业外收入　　D. 房屋租赁收入

三、判断题

1. 分析程序就是计算各种财务比率以发现异常。（　　）

2. 重要性是指某一重要的金额。（　　）

3. 观察所获得的审计证据可以支持整体的合理性。（　　）

四、思考题

1. 内部审计有哪些取证方法？

2. 如何判断审计证据的可靠性？

3. 分析程序有哪些操作细节？

案例分析

作为世界500强企业之一，民营企业A公司对内部审计的重视已经上升到了公司战略层面。内部审计是企业进行内部管理和内部控制的重要活动，但随着社会整体环境的变化以及审计工作信息化程度的加深，企业内部审计活动也需要与时俱进，与现代信息技术相结合，以利用信息化来达到发现、规避、防控企业风险的目的。在A公司的内部审计部门中，大数据技术的运用提升了审计效率，使企业在特殊情况下也能尽可能保证内部审计部门业务的连续性与可执行性。聚焦到日常工作中，A公司在不同审计阶段所运用的大数据技术及其作用如下：

一、审计准备阶段

在审计准备阶段，根据宏观行业政策、同行业业务特点、市场风险等不同数据需求进行外部数据采集，通过“数据→关系→框架”的迭代推理过程，识别出新涌现的理论观点和逻辑关系。在整理出的数据库中，根据具体审计项目的要求对数据进行识别、筛选和整理。将外部数据解读与内部数据分析相结合，进行综合判断。在大数据技术的支持下，获得的内部审计证据更为充足。然后，内部审计部门按照风险指标的强弱对已确定的审计业务进行排序，预估所需的审计资源，并进行合理分配，最终通过可视化的形式展现整体的审计计划与具体的审计方案。

二、审计实施阶段

在审计实施阶段，利用审计准备阶段挖掘的数据，通过大数据技术建立审计风险模型，并通过不断学习深化对审计风险点的识别。数据分析技术通过精确的样本选择，帮助内部审计人员解决传统样本测试带来的问题。数据分析能够关联不同交易，帮助突出任何异常或不完整的业务活动，为管理层或被审计部门提供有关业务的新见解。此外，数据分析还有助于简化原本烦琐的合规审计业务。

三、审计报告阶段

在审计报告阶段，应用数据可视化工具帮助内部审计人员更好地理解数据的细节，同时帮助审查人员、管理层及信息使用者识别数据传达的信息。数据可视化的使用使得内部审计人员能够交流关于部门或企业整体业务的新见解。大数据分析技术可以及时地跟进和科学处理不断更新的数据，持续监测和动态把握审计目标的变化，及时汇总和分析审计差异。在形成内部审计报告后，要提高审计结果的利用效率，运用技术自动提取核心信息，结合以往内部审计报告分门别类地整理出具有普遍性的问题，进而追溯问题产生的源头，实时向有关部门进行反馈，并形成一定的威慑力。

资料来源：景翔．新冠疫情背景下内部审计数字化发展趋势分析．农场经济管理，2023（1）：44-47；段晶晶．企业内部审计问题研究：以华为公司为例．理财周刊，2020（37）：226-227.

思考：

大数据分析技术能大幅提升内部审计报告的质量，你认为A公司的审计报告相对于传统审计报告有何优势？

第5章

内部审计工作流程

学习目标

1. 了解内部审计计划的概念和作用，掌握风险导向的内部审计计划的编制方法。
2. 了解内部审计准备阶段的具体工作流程与工作内容，掌握实施内部审计的具体流程。
3. 了解内部审计报告的质量要求，掌握内部审计报告的编制要点。
4. 理解后续审计的必要性，掌握后续审计的关注要点。

素养目标

帮助学生掌握内部审计工作的具体流程，尤其是风险导向的内部审计计划的编制过程，熟悉内部审计报告的质量要求和主要内容，明确内部审计的具体业务流程与重点关注事项，为其未来从事内部审计实务工作奠定基础。

第1节　编制内部审计计划

一、内部审计计划的概念和作用

（一）内部审计计划的概念

内部审计计划是指内部审计机构和内部审计人员为完成审计业务、达到预期的审计目的，对审计工作或具体审计项目做出的安排。为了完成预定的内部审计任务、达到预期的内部审计目标，内部审计机构和人员应当根据组织的风险状况、管理需要以及审计资源的配置情况，编制年度审计计划。

（二）内部审计计划的作用

任何内部审计活动都必须在严密规范的计划框架下实施，缺乏良好计划的内部审计工作很难实现其为组织增加价值的功能定位。内部审计计划可以促进内部审计机构和人员采取有效率、有效果的方式完成内部审计业务，合理、科学的内部审计计划能够促进内部审计工作及时、有效地进行。

（1）内部审计计划是指导内部审计机构和人员以合理的成本收集充分、适当的审计证据的有效方式。通过科学的计划，内部审计机构和人员可以以最低的成本，对重点审计领域进行有针对性的审计，实施重要的审计程序，收集形成审计评价所必需的充分、适当的审计证据。

（2）内部审计计划是保证内部审计机构和人员及时有效地执行审计业务、提高审计效率的有效工具。通过内部审计计划，内部审计人员能够容易地理解自己在内部审计业务中应当完成的具体工作，明确完成这些具体工作的适当方式，同时严格的时间预算可以帮助内部审计人员按进度完成审计工作。通过内部审计计划，项目负责人能够集中精力处理内部审计过程中遇到的重大问题，全面了解内部审计工作的整体安排和各项具体工作的时间安排，合理调配内部审计小组的人员，保证内部审计工作进度。

（3）内部审计计划是协调内部审计机构和人员与被审计单位关系的有效方法。通过内部审计计划，内部审计机构和人员可以就内部审计报告的提交日期，各个内部审计项目的阶段性安排，被审计单位应当提供的资料和人力、物力协助，各重要审计程序的执行日期等，与被审计单位进行充分协调、沟通，避免可能由此产生的误解和矛盾。

（4）内部审计计划是考查内部审计机构和人员工作质量的有效手段。通过内部审计计划，内部审计机构的管理人员可以对内部审计人员的工作绩效进行横向和纵向的比较，从而为其晋升、加薪等提供最具说服力的证据。同时，内部审计机构的主管部门或主管领导可以通过内部审计计划的完成情况，对内部审计机构的工作质量和绩效进行评价。

二、内部审计计划的层次

内部审计计划按层次一般可以分为年度审计计划和项目审计方案。内部审计机构可以根据组织的性质、规模、审计业务的复杂程度等因素来决定内部审计计划的层次。

（一）年度审计计划

年度审计计划是对年度预期要完成的审计任务所做的工作安排，是组织年度工作计划的重要组成部分。内部审计机构负责人负责年度审计计划的编制工作。编制年度审计计划应当结合内部审计中长期规划，以风险评估为基础，根据组织的风险状况、管理需要和审计资源的配置情况，确定具体审计项目及其时间安排。

年度审计计划应当包括下列基本内容：

（1）年度审计工作目标。年度审计工作目标应当根据组织战略、组织年度运营目标，并考虑内部审计工作的需要而确定。年度审计工作目标必须与组织所制定的内部审计工作手册的相关内容保持一致。

（2）具体审计项目及其先后顺序。由于组织的经营活动和内部控制涉及的范围较为广泛，需要执行审计的内容较多，而内部审计机构和人员所占有的资源却是有限的，在一年之内要求内部审计活动覆盖组织的所有审计领域是不现实的，因此，内部审计机构和人员在制订年度审计计划时，需要确定计划年度的具体审计项目及其顺序安排。

（3）各审计项目需要配备的审计资源。内部审计机构所占有的审计资源通常是有限的，如何将有限的审计资源分配到组织内部最需要实施审计的领域是内部审计机构在制订年度审计计划时需要重点思考的问题。年度审计计划应当将有限的审计资源在计划年度的所有审计项目中进行分配，包括明确每个审计项目所需要的审计人员数量和预计耗费的审计工时。

（4）后续审计安排。内部审计并不仅限于发现组织在经营管理和内部控制中存在的问题，更重要的是提出改进和完善的建议，并确保这些建议能够得到有效的贯彻和执行。为了检查内部审计报告所提出意见和建议的后续实施情况，内部审计机构需要执行相应的后续审计。因此，内部审计机构在制订年度审计计划时，需要为后续审计预留必要的审计资源，并将其列入年度审计计划中。

内部审计机构在编制年度审计计划前，应当重点调查了解下列情况，以评价具体审计项目的风险：

（1）组织的战略、目标及业务活动重点。目标是组织运营活动的指针，战略则是组织管理层为实现运营目标所采用的总体层面的策略和方法。为了实现某一既定的运营目标，组织可能有多个可行战略。例如，如果目标是在某一特定期间内进入一个新的市场，那么可行的战略可能包括收购该市场的现有企业、与该市场的其他企业合资经营或自行进入该市场。随着外部环境的变化，组织的目标和战略应做出适应性的调整和变化。经营风险往往源于对组织实现目标和实施战略产生不利影响的重大情况、事项和行动，或源于不恰当的目标和战略。不能因环境的变化而做出适应性调整固然可能引发经营风险，但是在调整的过程中也可能产生经营风险。例如，为应对消费者需求的变化，企业开发了新产品。但是，开发新产品可能会带来开发失败的风险；即使开发成功，市场需求也可能没有被充分挖掘，从而导致产品营销风险；产品的缺陷还可能导致企业遭受声誉损失和承担产品赔偿责任。因此，内部审计机构在制订年度审计计划之前，应当充分了解组织的战略、目标及业务活动重点，并确定对组织战略、目标及业务活动重点具有重要影响的风险领域，以便在年度审计计划中合理安排必要的审计项目。

（2）对相关业务活动有重大影响的法律、法规、政策、计划和合同。任何组织在其运营过程中都需要密切关注并严格遵守国家颁布的相关法律法规、各项政策和计划，以及签订的合同等。某些法规或监管要求可能对组织的经营活动具有重大的影响，如不遵守将导致严重后果。某些法规或监管要求（如环保法规等），以及组织签订的合同规定了组织的责任和义务。某些法规或监管要求还确定了组织需要遵循的行业惯例和核算要求。因此，内部审计机构在制订年度审计计划之前，应当充分了解组织所处的法律环境及监管环境，主要内容包括：①适用的会计准则、会计制度和行业特定惯例；②对经营活动产生重大影响的法律法规及监管活动；③对开展业务产生重大影响的政府政策，包括货币、财政、税收和贸易等政策；④与组织所处行业和所从事经营活动相关的环保要求；⑤组织已经签订的各项合同和协议等。同时，内部审计机构还需要分析这些法律、法规、政策、计划和合同可能对组织相关业务活动产生的重要影响，以确定年度审计计划中具体审计项目的合理安排。

（3）相关内部控制的有效性和风险管理水平。内部审计机构在制订年度审计计划之前，应当充分了解组织内部控制在设计和执行层面的有效性。设计层面的有效性是指一项控制单独或连同其他控制能够有效防止或发现并纠正重大缺陷或舞弊。执行层面的有效性是指某项控制存在且在组织内部得到了一贯运用。

任何组织在运营活动中都会面临各种各样的风险，这些风险会对其生存和竞争能力产生影响。虽然很多风险的产生并不为组织所能控制，但管理层应当确定组织可以承受的风险水平，识别这些风险并采取一定的应对措施。组织进行的风险管理就是识别、评估和管理影响其运营目标实现能力的各种风险。内部审计机构在制订年度审计计划之前，应当充分了解组织对风险评估的设计和执行情况，确定管理层如何识别经营风险，如何评估风险的影响程度和发生的可能性，以及如何采取措施管理这些风险等。

（4）相关业务活动的复杂程度及其近期变化。业务活动的复杂程度是影响差错和舞弊发生率的重要因素。一般情况下，业务活动的复杂程度越高，出现错误和导致舞弊的可能性就越大。因此，内部审计机构在制订年度审计计划之前，应当充分了解组织相关业务活动的复杂程度，分析出现错误和导致舞弊的可能性，并在年度审计计划中对复杂业务的审计做出合理的安排。与此同时，内部审计机构还应当密切关注相关业务活动的近期变化。相对稳定的业务活动出现错误和导致舞弊的可能性通常较小，而近期发生变化的业务活动出现错误和导致舞弊的可能性比较大，内部审计机构在制订年度审计计划时应当充分考虑这一点。

（5）相关人员的能力及其岗位的近期变动。组织在经营管理和内部控制中是否会出现问题以及出现问题的类型与相关人员的能力密切相关，具有较高道德素质和专业胜任能力的人员能够更好地确保经营管理和内部控制的有效运行。为此，内部审计机构在制订年度审计计划之前，应当充分了解与组织业务活动和内部控制相关的人员的能力。如果重要业务活动的重要岗位在近期发生变动，内部审计机构需要对其给予重点关注，这可能预示着接替工作的人员因不够熟练而出现错误，甚至存在舞弊的迹象。

内部审计机构应该根据上述情况确定具体审计项目。在确定具体审计项目时，需要注意几个方面：第一，内部审计计划最终必须经过党组织（党委）、董事会（或者主要负责人）或者高级管理层的批准，应进行事前的充分沟通，以确保最终确定的审计项目符合组织的需求和期望。第二，在资源的分配上，必须考虑管理层临时安排的审计任务，这些任务可能是在审计计划之外的。第三，应该考虑被审计单位的具体审计项目要求，对于因举报而进行审计的项目尤其应该保持职业谨慎，评估其风险及可能带来的影响。

内部审计年度审计计划的模板如表5-1所示。

表5-1　内部审计年度审计计划模板

审计项目	项目目标与内容	审计时间安排	所需时间（小时数）	负责人与参加人	备注
一、重点审计项目					
1. ××审计					
2. ××审计					
二、常规性审计项目					
1. ××审计					
2. ××审计					
3. ××审计					
4. ××审计					
三、其他事项					

（二）项目审计方案

项目审计方案是对实施具体审计项目的审计内容、审计程序、人员分工、审计时间等做出的安排。

内部审计机构应当根据年度审计计划确定的具体审计项目和时间安排，选派合适的内部审计人员开展审计工作。在具体实施审计业务之前，审计项目负责人应当充分了解审计项目的相关情况，并制定详细的项目审计方案。

审计项目负责人应当根据被审计单位的下列情况，编制项目审计方案：

（1）业务活动概况。审计项目负责人应当了解组织的业务活动的目标、性质、复杂程度，经营环境，市场竞争状况，以及业务活动开展的效果、效率等基本情况，以便对审计项目形成总体的了解。

（2）内部控制、风险管理体系的设计及运行情况。审计项目负责人应当了解组织内部控制和风险管理体系的设计是否健全、合理，运行是否有效，并据此对审计重点进行初步判断。内部控制和风险管理体系设计不健全或者运行无效的领域，通常就是审计风险较大的地方，需要在审计中特别予以关注。

（3）财务、会计资料。审计项目负责人应当取得组织的有关财务、会计资料，对组织的经营情况做出判断，了解组织财务方面的基本情况，尤其要对重大投资等资本性支出、重大重组、并购等保持应有的关注。

（4）重要的合同、协议及会议记录。审计项目负责人应当获取重要的合同、协议及会议记录，并通过对这些重要文件的审阅，了解组织在计划年度或相关年度的重要经营活动。

（5）上次审计评价、建议及后续审计情况。通常情况下，大多数审计项目并非初次审计。虽然本次审计的目的、范围以及所涉及的经营活动的内容与上次审计会有所不同，但审计项目负责人应当关注上次实施审计时所得出的结论及给出的建议，了解上次审计中发现的经营活动及内部控制方面的问题，了解是否执行了后续审计，如果执行了后续审计，执行情况如何。如果上次审计提出的问题未得到纠正，那么在本次审计中就要特别关注这些问题的影响以及组织管理层对审计建议的态度。如果上次未执行后续审计，那么在本次审计中需要检查组织是否已经采取纠正措施。

（6）上次外部审计的意见。审计项目负责人应当取得与该审计项目相关的外部审计报告，了解外部审计意见的类型及其提出的相关建议，调查组织是否还存在外部审计提出的问题。另外，由于外部审计与内部审计在范围和内容上可能存在重复之处，为了提高审计效率，内部审计人员可以在与外部审计人员做好协调工作的基础上利用外部审计工作成果，在外部审计意见基础上确定重点审计内容与一般审计内容。如果某些领域已经过外部审计测试，并取得充分、适当的审计证据，审计结果令人满意，那么内部审计人员可以考虑进行一般性的审计测试或者直接利用外部审计工作成果。

（7）其他与项目审计方案有关的重要情况。除了考虑上述情况外，审计项目负责人还要根据审计项目的特点，了解相关重要情况，以制定科学、合理的项目审计方案。

项目审计方案应当包括下列基本内容：

（1）被审计单位、项目的名称。项目审计方案需要首先注明被审计单位和具体审计项目的名称。

（2）审计目标和范围。内部审计的总目标是帮助管理者提高组织的运作效率，为组织增加价值。项目审计方案应当说明项目审计目标。项目审计目标就是在总目标的指导下，内部审计项目小组进行某个审计行动将要重点揭示和解决的问题。例如，审查和评价经营活动及内部控制的适当性、合法性和有效性，确定组织对特定政策、法规、合同等的遵循情况等。项目审计方案还应当说明审计范围，包括审计对象的范围和审计活动的范围。审计对象的范围具体界定了要审计的内容是针对内部控制还是风险管理体系，是人力资源部门的管理还是业务部门的市场营销管理。审计活动的范围则具体说明了审计的时间范围、活动以及具体的账册等。

（3）审计内容和重点审计领域。项目审计方案应当说明审计项目主要涉及的审计内容和重点审计领域。审计项目负责人应当对具体审计项目的重要性和审计风险进行评估，并根据评估结果合理确定审计内容和重点审计领域。重要性是指组织经营活动和内部控制中可能存在的差异和漏洞的严重程度。审计风险是指内部审计人员的审计评价偏离事实的可能性。审计项目负责人应当将重要的业务活动或者内部控制，以及审计风险较高的领域确定为审计重点。

（4）审计程序和方法。项目审计方案应当说明内部审计人员在实施具体审计项目时需要采取的具体审计程序和方法，为内部审计项目的具体执行提供必要的指导。此时的审计程序和方法往往是与具体的审计目标相联系的。如果审计目标侧重于预防，则审计程序和方法应该侧重于控制的节点测试、事中审计，并注重观察流程运行情况。如果审计的目标是发现舞弊行为，则审计程序和方法应该侧重于查找重大疑点、审查基础作业流程中的合规问题，识别其中存在的重大舞弊风险。

（5）审计组成员及分工。项目审计方案应当说明为具体审计项目配备的内部审计人员及其具体的分工，以及对审计时间的安排。项目负责人需要考虑审计项目的性质及特点，以配备具有相应学识、能力及经验的内部审计人员。

组建审计组没有固定的模式和标准，但必须保证审计组成员能够最大限度地完成审计任务，满足审计质量管理要求。审计组的人员数量和构成应根据审计项目的规模和性质而定，审计组内部要有合理的分工。

首先，要确定一名审计主管，负责审计项目的全面策划，包括确定审计目标和审计范围。审计主管通常由内部审计机构负责人担任，其不需要亲临审计现场开展外勤工作，但需要对审计结果负责。

其次，要委派一名审计人员负责协调各项审计工作。协调工作包括任命审计组其他人员，协调审计项目和审计部门的其他工作，处理审计过程中出现的问题，以及复核记录审计工作的文件。这些工作通常由内部审计机构的管理者担任。他们是否亲临被审计单位现场，要依据审计项目的规模和性质而定。

再次，要确定一名外勤审计工作组组长，负责指挥和协调外勤审计工作。外勤审计工作组组长通常由高级审计人员担任。

最后，确定审计组其他成员，他们负责大部分的例行审计工作。当然，上述审计组成员的组成及分工，一般针对的是审计部门人员较多、项目较多的情况，如果人员较少则不存在这种细化。在审计人员较少的情况下，一名审计人员可能要同时负责多项工作。

(6) 审计起止日期。项目审计方案应当说明具体审计项目实施的起止日期，并对时间做好合理的规划，以确保审计工作按时完成。一个有经验的内部审计项目负责人对审计项目所需的小时数会有一个合理的估计。然而，这个估计是理想化的，因为可能会发生许多无法预期的拖延业务的事件。

(7) 对专家和外部审计工作结果的利用。某些审计项目可能涉及特殊的专业领域，这时内部审计机构就需要寻求专家协助。审计项目负责人应当考虑专家的独立性及专业胜任能力，并在项目审计方案中对专家的工作做出合理的安排。如果审计项目中特定范围的工作与外部审计工作重复，在确认外部审计质量符合既定要求的基础上，内部审计可以利用外部审计工作成果，以减少重复审计，提高审计效率。项目审计方案应当说明对专家和外部审计工作结果的利用的具体安排和规划。

(8) 其他有关内容。项目审计方案中还应当根据具体审计项目的实际需要，考虑并说明应当予以阐述的其他有关内容，如需要组织提供的资料和协助等。

项目审计方案模板如表5-2所示。

表5-2 项目审计方案模板

<table>
<tr><td colspan="4">（××项目）审计方案
项目编号：　　　　　　　　　　　　编制日期：</td></tr>
<tr><td>被审计单位</td><td></td><td>审核人</td><td></td></tr>
<tr><td>编制人</td><td></td><td>审批人</td><td></td></tr>
</table>

续表

一、审计目标 (1) ××××× (2) ××××× (3) ×××××
二、审计范围 (1) ××××× (2) ××××× (3) ×××××
三、审计期间
四、审计内容及重点 1. ×××××（审计责任人：×××） 审计程序与方法 (1) ××××× (2) ××××× 2. ×××××（审计责任人：×××） 审计程序与方法 (1) ××××× (2) ××××× (3) ×××××
五、审计组成员及分工
六、审计进度及费用安排
七、对专家及外部审计工作结果的利用
八、其他

三、制订内部审计计划时应该考虑的因素

内部审计机构负责人应当根据具体审计项目的性质、复杂程度及时间要求，合理安排审计资源。

内部审计机构和人员要将有限的审计资源投入最需要审计的领域，即存在较大内部审计风险的领域，从而实现有限的内部审计资源的最有效和最高效利用。因此，内部审计机构负责人必须基于风险来制订内部审计计划，并在制订计划时充分考虑组织的风险管理框架，包括管理层针对不同的业务或部门确定的风险偏好水平。如果组织尚未建立风险管理框架，内部审计机构负责人应当与组织的高级管理层和董事会进行

沟通，并自行做出风险判断。

任何组织都面临各种可能带来不利或有利影响的不确定性和风险。风险可以通过很多方式进行管理，包括接受、避免、转嫁或者控制。内部控制就是降低风险和不确定性所导致的潜在不利影响的常用方法。内部审计机构应当基于对各种可能影响组织的风险的评估来制订内部审计计划。最根本的审计目标是向管理层提供信息，以减少与实现组织目标相关的不利后果，同时对管理层风险管理活动的有效性做出评价。

内部审计计划应当涵盖组织战略计划的各个方面。战略计划可以反映组织对风险的态度以及实现目标的困难程度，通过涵盖组织战略计划的各个方面，内部审计计划能够更好地考虑和反映组织的整体经营目标。

四、制订内部审计计划的要求

内部审计计划必须在审计工作开始前编制完成，只有这样，内部审计计划的指导作用才能得到有效发挥。年度审计计划一般针对下一年度的审计任务，因此应在下一年度开始前编制完成。年度审计计划一般由内部审计机构负责人制订，并且必须报经对内部审计机构具有领导职责的管理层批准。项目审计方案是对具体审计项目的事先安排，应当在项目审计实施前编制完成。项目审计方案一般由审计项目负责人制定，并报经内部审计机构负责人批准。

内部审计机构应当根据批准后的内部审计计划组织和开展内部审计活动。但是，内部审计计划并不是机械的、一成不变的，内部审计机构负责人应当定期检查计划的执行情况，内部审计项目负责人必须密切关注计划的执行和审计环境发生的各种变化，如有必要，应当按照规定的程序对计划进行调整。

五、风险导向的内部审计计划的编制

（一）风险导向的内部审计计划编制的动因及适用范围

为什么要编制风险导向的内部审计计划呢？我们在这里将原有的内部审计计划的编制称为传统内部审计计划的编制，而将风险导向的内部审计计划的编制称为现代内部审计计划的编制。传统内部审计计划的编制过多地依赖审计人员的主观判断，且这种计划的制订是定性的、被动的，采用的方式是自下而上的。以这种方式确定的审计项目大多具有主观臆断性，难以覆盖整个审计范围，难免出现挂一漏万的现象。这种方式也没有与企业的发展战略和风险管理体系相结合，使得内部审计计划的制订缺乏科学性。目前，世界上很多管理成熟度较高的集团公司已经开始采用以风险评估为主要方法的风险导向的内部审计计划，以完善传统内部审计计划。与传统内部审计计划的生成机制相比，风险导向的内部审计计划的制订克服了“凭空想象”的不科学性，并将内部审计计划的内容与高级管理层的战略目标相统一。此外，传统的内部审计范围确定过多地采用自下而上的方式，而风险导向的内部审计计划则采用自下而上与自上而下相结合的方式，通过量化的风险评估对风险进行排序，在考虑可分配的审计资源的前提下制订审计项目计划，从而提高了内部审计计划编制的科学性。

虽然风险导向的内部审计计划具有其独特的优势，但是并非所有的企业都必须采用并执行。这主要是因为风险导向的内部审计计划与企业的风险管理成熟度密切相关。从我国目前大多数企业的实际情况来看，这种方法的运用具有很大的局限性。

对此，英国内部审计师协会曾提出“风险管理成熟度”的概念，将风险管理水平划分为五个层次，即初始级、发展级、成熟级、管理级、优化级。这一划分不仅明确了各个层次的主要特征，也为处于较低层次的机构指明了提高风险管理能力的努力方向。因此，只有对被审计单位的风险管理成熟度进行评估，并针对评估结果选择相应的内部审计计划编制方法，才能得出符合被审计单位实际情况的审计结论。

如果被审计单位的风险管理成熟度处于初始级和发展级，就不应使用风险评估技术来制订内部审计计划。在这种情况下，内部审计部门应将评估结果报告给治理层，并在审计报告中提出提高风险管理成熟度的建议，推动建立风险管理框架。在此过程中，内部审计发挥的是咨询职能，帮助管理层识别风险并建立风险管理系统。但是，不能通过内部控制审计对风险的分析来实施风险导向审计，这不仅是因为内部审计人员不可能识别出所有的风险，更是因为它会让管理层认为风险管理是内部审计部门的责任。对于成熟级及以上的被审计单位，内部审计部门应在确定风险管理评估的流程及其结果有效的前提下，确定是否将风险管理评估的结果作为初步确定审计范围的基础。内部审计部门应首先获取经过修正的企业风险清单，为制订内部审计计划打下基础。

可见，编制风险导向的内部审计计划的前提是企业已经建立完善的风险管理流程，并适时按照监管方的要求及自身管理的需求出具风险管理评估报告。风险管理评估的结果是内部审计人员确定审计范围的重要依据，同时也是避免内部审计计划重复的重要参考。但内部审计人员依赖风险管理评估结果的前提是风险管理评估的流程及结果必须是有效的。因此，内部审计人员需要与风险管理评估的实施者讨论企业的战略目标、威胁组织目标实现的风险、固有的风险和剩余风险评分系统的风险偏好、企业的风险管理成熟度等风险管理评估报告的内容。

（二）风险导向的内部审计计划的生成步骤

一个完整、系统的风险导向的内部审计计划的生成包括以下步骤：

1. 初步确定审计范围

审计范围的确定为识别潜在的审计对象奠定了基础，其与我们前面所讲述的内部审计计划编制时应该考虑的因素基本一致，如董事会和管理层关注的审计重点、外部审计反映的问题、上年度审计反映的问题等，核心在于利用风险评估报告的结果来识别相关风险领域。审计人员需要对已经列入风险评估报告中的风险进行筛选，以确定审计范围。其中，没有超过企业风险容忍度、不需要采取进一步行动的风险不需要审计；基于风险的性质，企业决定承受的风险也无须审计。排除上述风险后，剩下的风险就是需要通过审计活动进行确认的风险，这些风险构成了审计对象选择的基础。

2. 初步确定审计对象

根据已获得的审计线索，审计人员可以遵循重要性原则、有影响力原则、可能出成果原则、胜任原则来初步确定审计对象。

所谓重要性，就是一旦出现问题将会使公司利益遭受重大损失。不同的公司以及同一个公司在不同发展阶段的重要项目是不一样的，因此需要审计人员进行职业判断。如果无法判断，可以参考以下建议：一般来说，领导经常提及的事项，都是重要的；各中层管理人员经常反映的事项，都是重要的；以前出现过重大问题的项目，都是重要的。

所谓有影响力，就是一旦发生就会对公司的经营产生重大影响，就会使公司的其他事务产生连锁反应。确定一个项目是否具有影响力，也需要审计人员的职业判断，其判断标准与重要性原则的判断标准相同。

所谓可能出成果，是指提出的建议具有可操作性，即公司如果想做就能做到，而且不会引发重大的负面影响。每个公司都有很多问题，其中不乏广为人知却没有可行解决办法的问题。审计人员在选择审计项目时，应该选择那些有可能提出可行解决办法的项目，这样更容易为公司创造效益，也更容易得到领导的重视和同事的认可。

最后是胜任原则。内部审计资源总是有限的，如何利用可使用的审计技术、方法和人才等内部审计资源，是内部审计部门在选择审计对象时需要考虑的一个重要问题。许多重要的审计对象可能因为缺乏合格的审计人员或时间不足而无法开展审计。内部审计部门倘若不量力而为，勉强开展审计，很有可能会半途而废，结果是既浪费了审计资源，又损害了审计的权威性。

3. 将初步确定的审计对象与专业板块相关联，形成审计单元矩阵

初步确定的审计对象可能在分类上显得比较混乱和模糊。将审计对象划分为具有可操作性的不同类别的具体对象，更有助于审计对象的选择。在实际工作中，审计对象可以按照一定的标准，如职能部门、业务循环、具体项目、决策中心、价值、专业板块等划分为不同的审计单元。例如，按照职能部门划分，审计单元包括营销、采购、生产、财务、人力资源等；按照业务循环划分，审计单元包括销售与收款、采购与付款、生产、人事与薪酬、投资与融资等；按照具体项目划分，审计单元包括基建项目、基础研究项目、产品开发项目、设备更新项目等；按照决策中心划分，审计单元包括成本中心、利润中心、投资中心等；按照价值（资产总额或销售额）划分，审计单元可以划分为不同等级，并设定不同的审计频率；按专业板块，如石油勘探与生产、炼油与化工、天然气与管道等划分主要适用于大型跨行业的集团企业。

将初步确定的审计对象与专业板块相关联，可以形成审计单元矩阵。审计单元矩阵汇总后，便形成了年度审计计划的初步方案。该方案可以根据审计计划线索的来源为审计对象赋予不同的量化值（例如：5，4，3，2，1 或者 10，9，8，7，6，5，4，3，2，1）来体现先后顺序。例如，公司治理层与高级管理层提出的审计对象赋值为 5；内部审计人员根据风险评估报告披露的结果确定的审计对象赋值为 4；根据举报确定的审计对象赋值为 3；被审计单位提出的审计范围赋值为 1 或 2。内部审计人员可以采用专家打分法，也可以通过科学的层次分析法来赋值，无论采用哪种方法，目标都是体现初步确定的审计对象的先后顺序。

4. 根据风险因素进行风险评估

风险评估是制订风险导向的内部审计计划的核心步骤。内部审计计划中的风险评估不同于风险管理中的风险评估，内部审计计划中的风险评估是确定审计先后顺序的依据，而风险管理中的风险评估是确定风险应对措施的依据。当然，内部审计计划中的风险评估借鉴了风险管理中的风险评估方法，可以通过定性和定量两个方面进行。具体的方法和步骤如下。

（1）确定风险因素。在初步确定内部审计计划后，为了进行风险评估，内部审计部门应首先确定风险的影响因素，并对这些因素进行权重的赋值，以此作为定量风险评估的基础。

风险因素的确定方法有多种，无论采用哪种方法，都应尽量简单易懂，其中部分风险因素应与风险管理中的风险因素的表述保持一致，以利于内部审计人员与管理层和被审计单位更好地进行沟通。

从大多数风险模型来看，确定风险因素时需要考虑以下几个方面：管理层的关注度、财务影响、金额的重要性、资产流动性、管理层的胜任能力、内部控制的质量或者有效性、上次审计的时间（审计频率）和结果、业务的复杂性、管理层实现目标的压力、分支机构与总部的距离、经济业务特征、内外部经营环境、负责人的道德风险、以往的整改结果、舞弊可能性、对战略的影响等。

当然，不同的组织对于具体风险因素的关注有所不同。有的组织可能关注五个因素，而有的则可能关注十个因素。在不同的行业之间，这些风险因素的重要程度也会有所不同。

根据王光远在《有效利用风险评估 合理分配内部审计资源》一文中指出的内部审计风险因素，我们总结出了各行业十大风险因素，如表5-3所示。

表5-3 各行业十大风险因素

序号	银行业/保险业/证券业	制造业	其他
1	内部控制的质量	内部控制的质量	内部控制的质量
2	管理人员的能力	管理人员的能力	管理人员的能力
3	管理人员的正直程度	管理人员的正直程度	管理人员的正直程度
4	会计系统的近期变动	单位的规模	会计系统的近期变动
5	单位的规模	经济环境的变化	经济业务的复杂性
6	资产的流动性	经济业务的复杂性	资产的流动性
7	重要人员的变动	重要人员的变动	单位的规模
8	经济业务的复杂性	会计系统的近期变动	经济环境的变化
9	快速的增长	快速的增长	重要人员的变动
10	政府法规的约束程度	管理人员实施目标的压力	快速的增长

大多数情况下，行业会受到5～10个因素的影响，这主要是因为一些因素难以量化，不能纳入风险因素分析之中。

总之，在将风险转化为可测量的风险因素后，内部审计人员应结合企业风险管理的实际情况，选择最重要的风险因素，也可以将风险因素进一步细分为基本风险因素和次级风险因素，这完全取决于实际需要，以简化为宜。

（2）对风险因素进行定量评估和赋值。在根据企业实际情况确定风险因素后，应该对每个风险因素进行赋值，我们将所赋的值称为风险因素值。赋值的目的是评估风险发生的可能性及其影响程度。可以采用下列公式确定风险因素值：

风险因素值＝风险发生的可能性×风险影响程度

式中，风险发生的可能性的判断标准如表 5－4 所示。

表 5－4　风险发生的可能性的判断标准

文字描述	定量分析	影响重大的事项发生的频率	日常运营中发生的频率	评分
基本确定	≥90％	1 年至少一次	常常发生	5
很可能	60％～90％	1～3 年可能发生一次	较多情况下发生	4
可能	30％～60％	3～10 年可能发生一次	某些情况下发生	3
不太可能	10％～30％	10～30 年可能发生一次	极少情况下才发生	2
几乎不可能	＜10％	30 年以上才可能发生一次	一般情况下不会发生	1

说明：几乎不可能指风险几乎不可能发生；不太可能指风险不太可能发生或发生的可能性很小；可能指风险可能发生但可勉强接受；很可能指风险有较大的可能性发生；基本确定指风险不可接受且发生风险的可能性基本可以确定。

风险影响程度的判断标准如表 5－5 所示。

表 5－5　风险影响程度的判断标准

评分	1	2	3	4	5
定量方法：财务损失（占净利润的百分比）	轻微的财务损失，小于 1％	较少的财务损失，1％～5％	中等的财务损失，5％～10％	重大的财务损失，10％～20％以上	极大的财务损失，20％以上
定性方法：对日常运营的影响（文字描述）	极低	低	中等	高	极高

说明：极低指风险的影响很小；低指风险的影响较小；中等指风险的影响适中；高指风险的影响较大；极高指风险的影响很大。

对风险因素赋值时应注意，无论是采用定量方法还是定性方法，均要为每一个风险因素找到相应的判断标准，目的是供专家打分使用。

根据打分情况，计算所有专家对每一个风险因素所赋的值的总和，然后根据公式计算出每一个风险因素的平均值。公式如下：

$$R=\frac{\sum_{i=1}^{n}R_i}{K}$$

式中，R_i 表示每个专家确定的每一个风险因素的值；K 表示参与评分的人数。

考虑到每一个初步确定的审计对象或者审计单元同一层级风险因素的重要性是不同的，因此应该赋予它们不同的权重。权重的确定可以考虑0－1评分法。0－1评分法是聘请5～9名风险专家对风险因素的重要程度逐一进行打分，重要的风险因素打1分，不重要的打0分，分析的对象自己与自己相比时不得分，用“×”表示。最后，根据每一个参与打分的专家给出的风险因素重要程度权重系数 W_i，可以得到该风险因素重要程度权重系数的平均值 W。

为了避免不重要的风险因素得0分，可将风险因素重要程度累计得分加1分以进行修正。用修正后的总分除以各风险因素重要程度的累计得分即可得到权重系数（见表5－6）。

表5－6 权重系数

风险因素重要程度	F1	F2	F3	重要程度得分	修正得分	权重系数
F1	×	1	1	2	3	0.5
F2	0	×	1	1	2	0.333
F3	0	0	×	0	1	0.167
合计				3	6	1

（3）计算风险值，并依据大小进行排序。某审计对象风险值的计算公式如下：

$$\text{某审计对象风险值}=\sum_{i=1}^{n}\left(\text{该审计对象根据来源确定的值}\times\text{第}\,i\,\text{个风险因素的风险因素值}\times\text{第}\,i\,\text{个风险因素的权重系数}\right)$$

根据这一公式，我们可以得出汇总的风险值矩阵表格，如表5－7所示。

表5－7 风险值矩阵表格

审计对象（赋值）	风险因素1（风险因素值×权重）		风险因素2（风险因素值×权重）		风险因素3（风险因素值×权重）		风险因素4（风险因素值×权重）		总分
	分数	结果	分数	结果	分数	结果	分数	结果	
审计对象1（赋值）									
审计对象2（赋值）									
审计对象3（赋值）									
审计对象4（赋值）									
审计对象5（赋值）									
审计对象6（赋值）									
审计对象7（赋值）									
⋮									
合计									

根据上述表格中的总分，可以得出各个审计对象的风险排序，如表5－8所示。

表5-8　审计对象风险排序表

序号	审计对象	风险值
1		
2		
3		
4		
⋮		

将审计单元的审计对象的风险值汇总，还可以得出按照板块或者职能确定的审计单元排序，并据此形成审计单元风险排序表。

（4）进行审计资源配置。风险评估只是确定了内部审计活动的先后顺序，并不是内部审计计划的全部内容。内部审计计划的确定还要考虑审计资源的约束或者限制。因此，内部审计部门需要考虑为每个审计项目配置适当的审计资源。由于审计资源的衡量具有不同的标准，因此，资源的配置过程往往十分复杂，不仅涉及量化分析，甚至还需要考虑许多定性因素。

审计资源的衡量可以采用多种标准，包括审计人员数量与工时总数，财务预算，开展工作所需要的知识、技术和能力。例如，总体可用的审计工时数可采用如下表格（见表5-9）来确定。

表5-9　可用审计总工时数表

类别	人数	可用工时/人	总工时数
高级审计人员			
中级审计人员			
初级审计人员			
外部专家			
合计			

其中，每人每年审计工时数可计算如下：每人每年审计工时数＝［365－52×2（双休日）－30（法定节假日）］×8＝1 848（小时）。假定审计人员因病假、培训等占用的时间为其工作时间的5%，则实际每人可用于审计的工作时间为1 756小时。

对于高风险的审计项目，应配置有经验的内部审计人员；对于复杂的审计项目，需要考虑借助专家的力量。由于审计资源有限，不可能对所有项目进行审计，因此，内部审计部门要根据风险评估的结果，综合考虑审计资源情况，确定列入内部审计计划的审计项目或审计对象，进而有效地分配审计资源，使审计资源集中于企业最主要的风险领域。此外，内部审计部门还要预留资源以应对计划外确定的审计对象与必审项目。例如，下级审计部门在制订内部审计计划时应预留10%～20%的审计资源，用于本部分和上级审计部门临时安排的审计项目。

（5）内部审计计划的变更。当然，根据风险评估的结果和审计资源的约束制订的内部审计计划并不是一成不变的。审计范围和相关内部审计计划内容的更新应该反映管理层的方针、目标、重点的变化。建议每年对审计范围至少评估一次，以反映组织最新的战略和方针。在某些情况下，内部审计计划需要进行比较频繁的更新（例如，每季度一次），目的是对企业的主要业务、程序、系统和控制等方面的变化做出及时响应。这些变化包括市场竞争形势的变化，行业政策的变化，管理层的方针、目标、重点的变化，公司工作重心的变化，流程中控制风险的变化等。

许多人质疑这种复杂的风险评估是否比经验丰富的内部审计人员的专业判断和与管理人员的协商更加有价值。这是一个值得深入探讨的问题。实施风险分析程序确实要比过去的主观判断耗费更多的时间和精力，但我们必须认识到，投入一定的时间和精力并应用详细的公式来进行风险分析、评估是十分必要的。它改变了过去的主观臆断和过度依赖定性分析的状况，代表着内部审计部门项目管理的精细化程度提升，使得管理层将注意力从缩减审计范围转向分析与评估风险。

第2节 进行内部审计准备

一、审前会议

审前会议是在内部审计项目的现场工作开始之前由审计组召开的项目会议。在审前会议上，审计组全体成员和外部专家将围绕即将开展的内部审计项目进行必要的沟通。召开审前会议的主要目的在于使审计组全体成员知晓本次审计项目的所有相关事宜，明确各阶段应当完成的主要工作，确定审计工作的分工和协调，以确保整个内部审计工作以讲求效率和效果的方式顺利实施。

在审前会议上，内部审计经理和审计项目组组长应当首先说明所有与完成本次审计任务相关的重要事项，包括介绍被审计单位或活动的基本情况、上一次或以前年度审计的结果、组织管理层的特殊要求等。与此同时，审计项目组组长还需要说明审计目标、范围和流程，就完成现场审计工作所需要的时间和预算进行必要的沟通，确定是否需要外部专家的帮助以及被审计单位的配合，如委派专门的联络员、提供审计所需要的资料、协助某些审计程序的实施，以及安排会议或会谈等。

二、审前资料收集

为了更好地开展内部审计的现场工作，收集充分、全面的资料是审前的一项重要工作。资料收集得越充分、越完整，审计的现场工作就越能够有效地进行。因此，审计组在实施项目审计计划和具体的审计方案之前，应当以各种可能的方式，从各种渠道收集与被审计单位所处行业和经营性质相关的资料和信息，充分了解被审计单位的情况和特点，并对获取的各种资料和了解到的各种情况进行必要的分析和研究，以识别和评估风险点，确定审计重点领域，从而进一步完善初步制订的审计计划和审计方案。

三、编制和发送审计通知书

审计通知书是指内部审计机构在实施审计之前，告知被审计单位或者人员将实施审计的书面文件。内部审计人员在实施内部审计之前，应以审计通知书的形式告知被审计单位本次审计项目的审计目的、审计范围以及被审计单位需要事先准备的具体资料和必要的协助等相关信息，以便被审计单位做好相应的准备工作。审计通知书是内部审计机构与被审计单位之间沟通的媒介之一，也是协调与被审计单位的关系、促进合作、保证审计项目顺利进行的手段。

审计通知书应当包括下列内容：(1) 审计项目名称；(2) 被审计单位名称或者被审计人员姓名；(3) 审计范围和审计内容；(4) 审计时间；(5) 需要被审计单位提供的资料及其他必要的协助要求；(6) 审计组组长及审计组成员名单；(7) 内部审计机构的印章和签发日期。

被审计单位接到审计通知书后，应当根据通知书上说明的事项进行准备。如果内部审计项目计划实施的时间表与被审计单位的经营活动发生冲突，并可能产生不利影响，被审计单位可以与内部审计人员协商，更改审计时间表。通过双方的有效沟通，内部审计活动可以尽可能减少对被审计单位正常经营活动的影响。

但是，如果存在证据表明被审计单位要求推迟审计项目实施的目的是逃避审计，或者推迟审计可能会产生某些不利影响，如不利于及时解释某些已经存在的错误和舞弊迹象，从而给被审计单位或组织带来较大风险，那么内部审计机构可以决定不更改审计时间表，继续按照审计通知书规定的审计时间进行审计。

在某些特殊情况下，当内部审计人员认为有必要进行突击审计，如出现突发事件或对舞弊进行查证等，而事先向被审计单位送交审计通知书会使被审计单位的管理层或员工有时间为隐瞒真相做准备时，内部审计人员可以在到达审计现场时再将审计通知书送交被审计单位。另外，特殊审计业务的审计通知书也可以在实施审计时送达。如果审计项目涉及其他相关部门，或者需要其他部门的协助，也可以在必要时抄送给这些部门。经济责任审计项目的审计通知书应送达被审计人员及其所在单位，并抄送有关部门。表5-10为审计通知书的示例。

表5-10 审计通知书示例

关于对×××公司××同志任期经济责任审计的通知
×××公司（被审计单位名称）：
根据×××有关规定，受组织部门、董事会（或审计委员会、纪检监察部门等）的委托，我部门决定派出审计组，自××年××月××日起，对××同志自××年××月至××年××月任职期间的经济责任进行审计，请予积极配合，提供必要的资料与工作条件。
请你单位于审计开始日提供与经济责任审计有关资料，并请通知××同志于审计开始日5日内向审计组提交述职报告。
审计组组长：××× 联系电话： 电子邮箱：
成员：×××，×××，×××，×××
附件1：领导干部经济责任审计提供资料清单

续表

附件 2：被审计领导干部述职报告内容要求

×××公司审计部（盖章）
××年××月××日

主送部门：×××
抄送部门：×××

附件 1：领导干部经济责任审计提供资料清单

1. 公司内部制定的财务规章制度和内部控制制度；
2. 任期内被审计单位在银行和非银行机构设立的全部账户的情况，包括已注销的账户；
3. 企业章程以及有关内部机构设置、职责、分工情况；
4. 任期内历年资产经营计划和经济指标完成情况；
5. 任期内历年财务报表、账簿、凭证等会计资料；
6. 任期内重大投资项目及实施结果、对外投资项目明细表；
7. 任期内全部协议书及经济合同；
8. 任期内各种财产物资盘点表、债权债务清理明细表；
9. 任期内重大经济事项的决策材料及相关会议记录；
10. 任职前后有关经济遗留问题的专门材料；
11. 任期内有关经济监督部门及检查机构做出的重大项目检查的结果、处理意见及纠正情况资料；
12. 任期内内部审计机构或外部审计机构出具的审计报告、验资报告、资产评估报告，以及办理企业合并、分立等事项出具的有关报告等；
13. 个人述职报告；
14. 审计组认为需要的其他资料。

附件 2：被审计领导干部述职报告内容要求

1. 任职期限（包括在何单位、任何职及任职起止时间）；
2. 管理或经营理念及任期经济工作目标；
3. 单位的管理结构及财务收支情况和资产负债、损益情况；
4. 任期履行经济责任情况；
5. 经济方面存在的主要问题（包括遗留问题）；
6. 个人廉洁自律情况。

第3节 实施内部审计

在内部审计的实施阶段，内部审计人员应当依据项目审计方案，采取适当的审计方法，获取充分且适当的审计证据。这些证据将用于揭示审计发现的事实、原因和后果，为形成审计评价和意见以及提出有价值的建议创造必要的条件和基础。具体程序和内容包括以下方面。

一、召开审计进点会

审计进点会是审计组在进驻被审计单位之后，与其管理层和相关人员的初次正式沟通，也是审计工作顺利完成的重要保障。通过召开审计进点会，可以促使被审计单位积极主动地配合审计工作，明确双方的职责，并实现信息的共享和误解的消除。因此，在审计进点会上，审计组应该注意沟通的态度要谦虚、不卑不亢，营造友好、和谐、高效、务实的沟通氛围，避免盛气凌人。

在审计进点会上，审计组应当向被审计单位管理层了解与审计相关的各方面情况，介绍审计组成员，说明审计目标、工作范围、时间安排以及要求提供的资料和协助。双方还可以就对审计具有重大影响的经营战略、经营情况、法律法规、管理状况、内部控制、信息系统等的变化进行共同讨论。当然，审计进点会的沟通不是单向的，而是双向的。被审计单位负责人要对总体情况进行介绍，可以对本次审计工作提出疑问，如果是经济责任审计，被审计人还需进行现场述职。最后，被审计单位需要签署或者回复已经签署完毕的管理当局声明书。

审计进点会结束后，应该形成会议纪要，并进行分享，以明确双方的责任及审计目标。

二、现场观察与走访

审计进点会结束之后，审计组可以要求被审计单位管理层安排人员和时间带领审计组成员对被审计单位的经营场所，如办公地点、车间厂房、存货的存放地点等进行走访。审计组应当充分利用走访的机会，观察被审计单位的经营活动、内部控制和资产状况等。尤其是对于本期发生重大变化的新部门或者新子公司，执行该程序更加必要。在现场观察与走访过程中，内部审计人员应该注意多问多听，少发表评论。此外，内部审计人员还应该注意养成记录的习惯，以备随后在正式的审计过程中继续跟踪可疑事项。

三、对内部控制的了解和测试

（一）了解内部控制

内部审计人员需要对被审计单位的内部控制获得初步的了解，以便充分并合理地规划审计工作。内部审计人员对内部控制进行初步了解的主要目的在于摸清被审计单位内部控制是否存在，而设计是否合理、运行是否有效，则是控制测试的主要关注点。了解内部控制可以通过以下几个阶段来进行。

1. 初步了解内部控制

内部审计人员可以根据以往的知识与经验，通过询问被审计单位的有关人员、查询相关内部控制的资料及文件、检查内部控制的执行记录和纠正备忘录、观察或巡视业务活动及内部控制运行状况等来获取初步信息，对组织的内部控制形成一个基本了解，以便实施更充分的审计。对询问的结果还应进一步核实，因为询问得到的证据只能作为间接证据，而间接证据必须经过进一步复核及调查方可转化为直接证据。

2. 了解内部控制环境

内部控制环境是企业实施内部控制的基础，一般包括治理结构、机构设置及权责分配、内部审计、人力资源政策、企业文化等。内部控制环境作为整个企业内部控制系统的基础，直接影响着企业内部控制的效果及内部控制目标的实现。内部审计人员通过进一步了解内部控制环境，可以深入剖析内部控制的实质。例如，通过获得组织高层管理者对内部控制制度的正面和负面反馈以及对内部控制程序的积极或消极态度，内部审计人员可以了解该组织内部控制的真正执行效果。

3. 借助外部审计加深对内部控制的了解

外部审计包括政府审计和注册会计师审计。它们具有绝对的独立性，并且依照国家法律法规进行，能够提高公正性，审计质量很高。内部审计可以充分借助外部审计力量，发挥各种监督优势。内部审计人员通过查阅企业的历次外部审计档案及文件，可以了解外部审计的程序、范围和深度，以及管理当局对外部审计的回复或反馈。

4. 初步评价控制风险

初步评价控制风险是为了发现和纠正组织内部的重大失误和严重违规违纪行为。内部审计人员可以设定初步评价控制风险的计分标准，通过打分结果来初步判断组织内部控制的效果。

（二）测试内部控制

由上可知，内部审计人员需要确定控制风险的初步水平，如果控制风险的初步水平低于最高水平，就需要执行控制测试。控制测试是为证实被审计单位内部控制设计的适当性及其运行的有效性而执行的测试。内部审计人员可以采用检查凭证或文件、向被审计单位员工询问或观察控制程序的执行情况、进行穿行测试、重新执行某项控制测试等具体程序。

经过这几个步骤，内部审计人员对内部控制的设计以及运行情况会有比较全面的了解。在此基础上，他们要对整个内部控制的情况，尤其是关键控制是否设计良好、关键控制是否有效运行、关键控制的设计和运行是否有利于经营目标的实现这三个问题做出最终评价，以确定控制风险的大小，并根据控制风险的大小确定实质性测试的性质、数量和范围。

四、实施分析程序

分析程序是内部审计人员对被审计单位重要的比率或趋势进行的分析，包括调查异常变动以及这些重要比率或趋势与预期数额和相关信息的差异。内部审计人员发现异常的差异或不正常的关系，往往预示着存在错报的可能性。因此，内部审计人员执行分析程序的主要目的就是寻找审计线索，确定重点审计领域。

五、实施实质性程序

实质性程序是直接针对审计目标实施的程序，如针对交易类别的管理层认定和针对期末余额的管理层认定所执行的实质性测试。在各种审计程序中，实质性程序是内部审计人员获取直接的审计证据的程序，因此是在每个审计项目中必须执行的程序。但是，由于实质性程序的实施成本相对较高，为了降低整体的审计成本，内部审计人员必须寻求能够合理缩减实质性程序实施范围的方法，但是这种缩减应该以保证审计质量为前提。

内部审计人员通过测试内部控制可以发现内部控制的薄弱环节，而实施分析程序可以发现存在异常关系的领域，这些都是可能存在重大缺陷或问题的地方。内部审计人员通过执行对内部控制的测试、分析程序，可以找到审计线索、发现问题存在的迹象，并确定重点审计领域，进而设计出最合理的实质性程序。这样，内部审计人员就可以通过对各种审计程序的合理配置，达到在保证审计质量的同时降低审计成本和提高审计效率的总体目标。

六、召开小结会与撤点会

在项目审计结束前，项目组组长在审计工作过程中至少要召开一次审计组小结会。此次会议旨在归纳审计过程中发现的问题，进行简单分析和总结，为编制内部审计报告初稿做好准备，防止出现重大遗漏，避免对同一问题产生重大分歧。小结会应该以审计发现的讨论为核心，它是召开撤点会的一次预备会议。审计发现的要素要全面。一个审计发现的基本要素包括采用的标准、现实状况、程序与惯例、原因及后果、结论与建议。在召开小结会的前一天，审计项目组组长应注意汇总小组成员的工作底稿，并根据基本要素事前复核相应的审计发现是否足以支持审计评价；如果认为不足以支持评价，则应该在小结会上提示相关人员补足相关证据和底稿。

撤点会是审计项目组在离场前与被审计单位进行的对审计工作情况及主要审计发现的进一步沟通会。一般来说，撤点会与进点会的参加人员是一样的。在撤点会上主要是针对重大的审计发现和存在的问题与相关人员进行沟通，了解他们的意见。如果审计项目组经过确认后仍然与被审计单位存在分歧，应将被审计单位的意见记录在未来的内部审计报告中，并表明审计项目组的意见和态度。

第4节 出具内部审计报告

一、沟通正式的审计结果

内部审计机构应当在内部审计报告正式提交之前，与被审计单位及组织适当管理层进行审计结果的沟通。结果沟通，是指内部审计机构与被审计单位、组织适当管理层就审计概况、审计依据、审计评价、审计发现、审计意见和审计建议进行的讨论和交流。结果沟通的目的是提高审计结果的客观性、公正性，并取得被审计单位、组织适当管理层的理解和认同。为此，内部审计机构应当建立审计结果沟通制度，明确各级人员的责任，确保进行积极有效的沟通。

结果沟通有利于内部审计机构与被审计单位之间建立良好的人际关系，推动内部审计工作顺利进行。内部审计机构通过与被审计单位的有效的结果沟通，可以确保审计结果的客观性和公正性，促进审计建议的最终落实和贯彻。内部审计机构应当将结果沟通的有关书面材料作为内部审计工作底稿归档保存。

内部审计机构应当与被审计单位进行审计结果的沟通，听取被审计单位对审计发现问题的解释，并了解他们对审计意见的看法。如果被审计单位对审计结果持有异议，审计项目负责人及相关人员应当进行核实和答复。如果能够得到被审计单位的理解和支持，则更加有助于审计建议的最终落实和贯彻。与此同时，内部审计机构负责人应当与组织适当管理层就审计过程中发现的重大问题及时进行沟通。由于组织适当管理层通常能够对审计过程中发现的问题采取纠正措施或者确保纠正措施得到执行，因此，取得组织适当管理层的理解和支持是内部审计工作有效性的保证。

内部审计机构与被审计单位在进行结果沟通时，应当注意沟通技巧，进行平等、诚恳、恰当、充分的交流。沟通是一个双向的交流过程，需要注意表达的技巧和倾听的技巧。进行结果沟通的内部审计人员应当能够清晰、完整地表达自己的想法，让对方充分理解自己所要传递的信息。同时，也应当认真听取对方的想法和意见，充分接收和理解对方所传达的信息。在沟通之前，内部审计人员应当做好充分的准备，确定所要传达的信息，并考虑需要从对方处获取哪些信息。同时，还应当选择适当的时间和地点，并根据沟通对象的特点采取适当的沟通方式，以保证达到良好的沟通效果。

二、编制内部审计报告

内部审计报告是指内部审计人员根据内部审计计划对被审计单位实施必要的审计程序后，就被审计事项做出审计评价以及提出审计意见和审计建议的书面文件。是否能够编制内容翔实、条理清晰、结论明确和建议切实可行的内部审计报告，是衡量内部审计工作成败的重要标准。

（一）内部审计报告的质量要求

内部审计报告是内部审计活动正常发挥作用的关键，也是内部审计价值的集中体现。编制内部审计报告应当做到客观、完整、清晰、及时，并体现重要性和建设性。

1. 客观性

内部审计报告的编制应当坚持实事求是的基本原则，不偏不倚地反映审计事项的事实，对审计对象形成客观、公正的审计评价。内部审计报告中的审计评价、审计意见和审计建议的形成都不能受到任何偏见的干扰，应当力求还原事实。只有客观的内部审计报告才能得到被审计单位的认可，也更有利于审计建议的有效贯彻和审计目标的切实实现。

2. 完整性

内部审计报告应当按照规定的格式及结构编制，做到要素齐全、行文格式规范，并全面完整地反映审计中发现的重要问题，使阅读者对审计过程和结论形成完整的认识。

3. 清晰性

内部审计报告应当逻辑、脉络清晰，主次分明、重点突出，用词准确、简洁明了、易于理解。在内部审计报告中，可以适当运用图表来描述事实、归类问题、分析原因，以更直观地传递审计信息。同时，应尽可能避免使用不必要的过于专业的、复杂的语言，只有使用简单易懂的语言才能使内部审计报告便于阅读者理解。此外，还要避免使用空洞的语言，例如，未按照公司规定执行，或者建议按照公司规定执行等。

4. 及时性

内部审计报告应当及时提交，以便相关各方适时采取有效的纠正措施。因此，内部审计人员在执行审计程序时应当提高效率，及时完成审计项目并尽快撰写和提交内部审计报告，以便审计中发现的问题能够及时得到解决，审计建议能够尽快得到落实。内部审计报告的目的就在于告知组织的管理层或治理层审计对象存在的问题以及解决问题的建议，以便管理层或治理层及时采取措施控制风险和解决问题。内部审计报告不及时提交，必然影响内部审计目标的实现。

5. 重要性

在内部审计报告中报告的事项应当充分考虑审计项目的重要性，对于被审计单位经营活动和内部控制中存在的严重问题和重大缺陷以及风险较高的领域，必须在内部审计报告中重点详细地说明。内部审计报告不要事无巨细、面面俱到，以免引起阅读者的反感。

6. 建设性

内部审计报告不能仅仅简单地罗列审计中发现的问题，还应当针对被审计单位业务活动、内部控制、风险管理中存在的主要问题或者缺陷提出切实可行的改进建议，以帮助纠正错误、改善治理与控制机制，从而促进组织实现目标。因此，内部审计机构一定要分析问题形成的深层次原因，而不是就问题谈问题。例如，针对被审计单位业务活动、内部控制和风险管理中存在的主要问题，应深入分析原因，提出可行的改进意见和建议；或者针对审计发现问题之外的其他情形，提出完善的建议，促进组织实现目标。

为了保证内部审计报告的质量，内部审计机构应当建立健全审计报告的分级复核制度，明确规定审计报告的复核层级、复核重点、复核要求和复核责任，并将这一制度与内部审计工作底稿的分级复核制度相结合。

（二）内部审计报告的基本要素

内部审计报告的基本要素包括标题、收件人、正文、附件、签章和报告日期等。

1. 标题

内部审计报告的标题应当能够反映审计项目的性质，力求言简意赅，并便于归档和检索。标题中通常包括被审计单位的名称、审计事项（类别）、审计期间和“审计报告”字样。

2. 收件人

内部审计报告的收件人应当是对审计项目有管理和监督责任的机构或人员，可能是被审计单位的适当管理层、董事会或其下设的审计委员会，或者组织的主要负责人、最高管理层、上级主管部门等。内部审计人员应当考虑组织的治理结构、管理方式的差异，根据具体情况确定适当的内部审计报告的收件人。

3. 正文

内部审计报告的正文是审计报告的核心内容，主要包括审计概况、审计依据、审计评价、审计发现、审计意见和审计建议等内容。

4. 附件

内部审计报告的附件是对审计报告正文进行补充说明的文字和数字资料。附件应当包括针对审计过程、审计中发现的问题所做的具体说明，被审计单位的反馈意见等内容。例如，审计过程中相关问题的计算及分析过程；审计发现问题的详细说明；被审计单位及其相关责任人的反馈意见；记录内部审计人员修改意见、明确审计责任、体现审计报告版本的审计清单；需要提供解释和说明的其他内容。

5. 签章

内部审计报告应当由主管的内部审计机构盖章，并由内部审计机构负责人、审计项目负责人以及其他经授权的人员签字。

6. 报告日期

内部审计报告的日期一般采用内部审计机构负责人的批准报送的日期。但是，如果内部审计人员在本机构负责人审批之后又发现被审计单位存在新的重大问题，或者内部审计报告存在重大疏忽等，则需要使用进一步审计后内部审计机构负责人批准报送的日期。

7. 其他事项

内部审计报告应当声明内部审计是按照内部审计准则的规定实施的。若存在未遵循该准则的情形，应当在报告中做出解释和说明。内部审计报告应当说明是针对被审计单位业务活动、内部控制、风险管理的适当性、合法性和有效性所做出的合理保证。

（三）内部审计报告的主要内容

内部审计报告的主要内容包括审计概况、审计依据、审计评价、审计发现、审计意见、审计建议、附件。

1. 审计概况

审计概况是对审计项目总体情况的介绍和说明。一般包括下列内容：

（1）立项依据。内部审计报告应当根据实际情况说明审计项目的来源，包括：内部审计计划安排的项目；有关单位（部门）委托的项目；根据工作需要临时安排的项目；其他项目。如有必要，可进一步说明选择审计项目的目的和理由。

（2）背景介绍。内部审计报告应当简要介绍有助于理解审计项目立项的审计对象的基本情况，包括被审计单位（或项目）的规模、性质、职责范围或经营范围、业务活动及其目标、组织结构、管理方式、员工数量、管理人员等情况；与审计项目相关的环境，如相关财政财务管理体制和业务管理体制、内部控制及信息系统；以往接受内外部审计及其他监督检查的情况；其他情况。

（3）整改情况。内部审计报告中应当说明上次审计后的整改情况。

（4）审计目标与范围。内部审计报告应当明确说明本次审计目标与审计范围（审计项目涉及的单位、时间和事项范围）。如果存在未审计的领域，要在内部审计报告中指出，特别是某些受到限制无法进行审计的事项，应当说明原因。

（5）审计内容和重点。内部审计报告应当对审计的主要内容、重点、难点做出必要的说明，并适当说明针对这些方面采取了何种措施（主要审计方法、审计程序等）及其产生的效果。

2. 审计依据

审计依据是实施内部审计所依据的相关法律法规、内部审计准则等。内部审计报告应当声明内部审计是按照内部审计准则的规定实施的，若存在未遵循该准则规定的情形，应当做出解释或说明。

3. 审计评价

2023年6月，中国内部审计协会发布了新修订的《第1101号——内部审计基本准则》，在内部审计报告的内容中新增了“审计评价”。审计评价是根据已查明的事实，对被审计单位业务活动、内部控制和风险管理的适当性和有效性做出的评价。应当围绕审计事项做总体及有重点的评价，既包括正面评价，概述取得的主要业绩和经验等，也包括对审计发现的主要问题的简要概括。具体包括：

（1）业务活动评价。业务活动评价是指内部审计人员根据查明的事实，运用恰当的标准，对业务活动的适当性和有效性进行评价。主要包括对财政财务收支和有关经济活动的评价。

（2）内部控制评价。内部控制评价是指对内部控制设计的合理性和运行的有效性进行评价。既包括对组织层面的内部环境、风险评估、控制活动、信息与沟通、内部监督五个要素的评价，也包括根据管理需求和业务活动的特点，对某项业务活动内部控制的评价。

（3）风险管理评价。风险管理评价是指对风险管理的适当性和有效性进行评价。主要包括：对风险管理机制的评价；对风险识别过程是否遵循重要性原则的评价；对风险评估方法的适当性的评价；对风险应对措施的适当性及有效性的评价等。

审计组应当根据不同的审计目标，以审计认定的事实为基础，合理运用重要性原则并评估审计风险，对审计事项做出审计评价。做出审计评价时，需要注意下列事项：

(1) 围绕审计目标，依照相关法律法规、政策、程序及其他标准，对审计事项进行评价。评价应当客观公正，并与审计发现问题有密切的相关性。

(2) 应当坚持全面性和重要性相结合、定性与定量相结合的原则。

(3) 只对已审计的事项发表审计评价意见，对未经审计的事项、审计证据不充分、评价依据或者标准不明确以及超越审计职责范围的事项，不发表审计评价意见。

4. 审计发现

审计发现是对被审计单位的业务活动、内部控制和风险管理实施审计过程中所发现的主要问题的事实、定性、原因、后果或影响等的描述。一般包括：

(1) 审计发现问题的事实。主要是指在业务活动、内部控制和风险管理的适当性和有效性等方面存在违规、缺陷或损害的主要问题和具体情节。例如，经济活动中存在违反法律法规和内部管理制度、造假和舞弊等行为；财政财务收支及其会计记录、财务报告存在不合规、不真实或不完整的情形；内部控制、风险管理或信息系统存在缺陷、漏洞；绩效方面存在问题等。

(2) 审计发现问题的定性。主要是指审计发现问题的定性依据、定性标准、定性结论。必要时，可包括责任认定。

(3) 审计发现问题的原因。即针对审计发现的事实，分析研究导致其产生的内部原因和外部原因。

(4) 审计发现问题的后果或影响。即从定量和定性两个方面评估审计发现问题已经或可能造成的后果或影响。

审计组应当根据审计发现问题及其产生的原因和审计报告的使用对象，从性质和金额两个方面评估审计发现问题的重要性，对其进行合理归类并按照重要性原则进行排序，如实在审计报告中予以反映。

5. 审计意见

审计意见是针对审计发现的被审计单位在业务活动、内部控制和风险管理等方面存在的违反国家或组织规定的行为，在组织授权的范围内提出的审计处理意见；或者建议组织适当管理层和相关部门做出处理的意见。审计组还应当针对审计发现的被审计单位在业务活动、内部控制和风险管理中存在的主要问题、缺陷和漏洞，以及需要进一步完善和改进的事项等，分别提出纠正和改善建议。

审计组对审计发现的主要问题提出处理意见时，需要关注下列因素：

(1) 适用的法律法规以及组织内部的规章制度；

(2) 审计的职权范围（在组织授权范围内的，内部审计机构直接提出审计处理意见；超出组织授权范围的，可以建议组织适当管理层或相关部门做出处理）；

(3) 审计发现问题的性质、金额、情节、原因和后果；

(4) 对同类问题处理处罚的一致性；

(5) 需要关注的其他因素。

审计意见一般包括：纠正、处理违法违规行为的意见；对违法违规和造成损失浪费的被审计单位和相关人员，给予通报批评或者追究责任的意见和建议。

6. 审计建议

审计建议是针对审计发现的被审计单位在业务活动、内部控制和风险管理等方面存在的主要问题，以及其他需要进一步完善提高的事项，在分析原因和影响的基础上，提出的有价值的建议。例如，如果现有系统需要做全部或局部改变，审计建议可以包括改进方案设计、方案实施的要求、方案实施效果的预测以及未实施方案的后果分析等。审计建议应尽量避免使用“必须”“一定”“应该”等词语。

7. 附件

附件是对内部审计报告正文进行补充说明的文字和数据等支撑性材料。一般包括：

（1）相关问题的计算及分析过程；

（2）审计发现问题的详细说明；

（3）被审计单位的反馈意见；

（4）记录内部审计人员修改意见、明确审计责任、体现审计报告版本的审计清单；

（5）需要提供解释和说明的其他内容。

(四) 编制内部审计报告应注意的事项

内部审计机构应当在对特定审计业务进行广泛深入的审计和调查之后，撰写内部审计报告。内部审计报告应当反映事实、揭露问题，并提出建议。内部审计报告并没有固定的格式，不同组织的内部审计人员可以根据实际情况采用不同的编制方式，既可以采用文字描述的形式，也可以采用表格的形式，还可以两者结合使用。在编制内部审计报告时，除了要符合文字规范的要求，一般情况下还需要注意以下几个事项。

1. 逻辑清晰

一份内部审计报告中可能会包含很多信息和内容，内部审计报告的编制者应当对这些信息和内容进行合理的安排，确保报告逻辑清晰、主次分明。由于组织的高级管理层通常不会关注较小的或者风险不是很大的问题，内部审计报告的编制应当始终遵循重要事项优先的原则。在编制内部审计报告时，应当首先说明审计的目的和依据，执行的具体审计程序，审查的主要资料和内容，经过汇总、核对与分析发现的主要问题，事项的严重程度（包括涉及的金额和违反的法规、制度及工作程序），当事人及主管领导的解释，对当前管理与控制状况的归纳，以及对存在的问题提出的改进建议等。

2. 表达简明

为了更好地说明问题，编制内部审计报告时应尽可能使用图片、图形或表格，以将复杂的数据等直观清晰地展示给报告的使用者，同时相关的文字叙述也要尽可能简洁明了。此外，还应该尽量避免过多使用专业术语。

3. 分析详尽

内部审计报告必须以事实和数据为基础，通过对发现的问题的汇总与分析来寻找原因和界定事实。因此，内部审计报告中应当说明已经执行的具体审计程序以及收集的具体数据和资料，如可以注明抽查的数量、发现的问题的数量和涉及的金额。数据和资料越具体，后续的分析和对比就越容易，结论也就越准确。分析时思路要开阔，不要局限于审计项目本身，也不要仅限于组织内部，应当将审计数据放在更大的深度与广度中进行分析，通过多方位和多维度的对比分析获取更全面、更有针对性的结论。

4. 归类合理

如果在内部审计中发现了较多的问题，在编制内部审计报告时应当对这些问题进行归类，避免简单地罗列问题，从而造成内部审计报告内容杂乱无章。若无法集中深入地揭示问题和剖析问题形成的原因，归纳要点，自然也就无法提出有效的对策和建议，被审计单位也就无法采取有效的整改措施。

5. 意见和建议可行

内部审计报告的重点在于针对审计发现问题提出合理的、切实可行的整改意见和建议。如果说审计是为了发现问题，那么整改意见和建议是为了解决问题，整改意见和建议的质量直接影响组织管理层对问题的整改速度和效果。在编制内部审计报告并提出改进意见和建议时，切忌针对性不强，分析问题及成因部分与整改建议之间缺乏相关性，整改建议泛泛而论、流于形式，缺少切实可行和便于操作的整改方案和具体措施。

6. 格式规范

内部审计报告的格式必须规范，符合内部审计报告准则的基本要求，具体包括以下几个方面：

（1）标题。在版头分一行或多行居中排布，回行时，要词意完整、排列对称、长短适宜、间距恰当，标题排列可以使用梯形或菱形。有文头的审计报告，标题编排在红色分隔线下空二行位置；没有文头的审计报告，标题编排在分隔线上空二行位置。

（2）发文字号。由发文组织代字、发文年份和发文顺序号三个部分组成。年份、发文顺序号用阿拉伯数字标注；年份应当标全称，用六角括号（〔〕）括入；发文顺序号不加“第”字，不编虚位（即1不编为01），在阿拉伯数字后加“号”字。例如，×审〔20××〕×号。有文头的审计报告，发文字号在文头标志下空二行、红色分隔线上居中排布；没有文头的审计报告，发文字号在分隔线下右角排布。

（3）密级和保密期限。如需标注密级和保密期限，顶格编排在版心左上角第二行；保密期限中的数字用阿拉伯数字标注，自标明的制发日算起。密级一般分为绝密、机密、秘密三级。保密期限在一年以上的，以年计，如秘密5年；在一年以内的，以月计，如秘密6个月。

（4）收件人。有文头的审计报告，收件人编排于标题下空一行位置；没有文头的审计报告，收件人编排于发文字号下空一行位置。收件人居左顶格，回行时仍顶格，最后一个收件人名称后标全角冒号。

（5）正文。正文编排于收件人名称下一行，每个自然段左空二字，回行顶格。文中结构层次序数依次可以用“一、”“（一）”“1.”“（1）”标注；一般第一层用黑体字、第二层用楷体字、第三层和第四层用仿宋体字标注。

（6）附件。如有附件，在正文下空一行，左空二字编排“附件”二字，后标全角冒号和附件名称。如有多个附件，使用阿拉伯数字标注附件顺序号，如“附件：1. ××××”；附件名称后不加标点符号。附件名称较长需回行时，应当与上一行附件名称的首字对齐。

（7）内部审计机构署名或盖章。一般在报告日期之上，以报告日期为准居中编排内部审计机构署名，如使用机构印章，加盖印章应当端正、居中下压内部审计机构署名和报告日期，使内部审计机构署名和报告日期居印章中心偏下位置，印章顶端应当上距正文或附件一行之内。如不使用机构印章，一般在正文下空一行编排内部审计机构署名及其负责人签名（主要用于征求意见阶段的审计报告），并以报告日期为准居中编排。

（8）报告日期。使用阿拉伯数字将年、月、日标全，年份应当标全称，月、日不编虚位（即 1 不编为 01）。报告日期一般右空四个字编排。

（五）内部审计报告的编制、复核、报送与归档

1. 内部审计报告的编制

内部审计报告的编制是一项严格细致的工作。审计项目负责人应当在审计组实施必要的审计程序后，仔细审阅内部审计人员在审计过程中形成的内部审计工作底稿，并检查内部审计人员是否严格遵循了内部审计准则等规范要求，根据内部审计人员收集的审计证据得出客观公正的审计评价，及时编制审计报告，并向被审计单位征求反馈意见。

编制内部审计报告时，应该按照以下程序进行：

（1）做好相关准备工作。审计组在进行内部审计报告的准备工作时，需要讨论确定下列事项：①审计目标实现情况；②审计事项完成情况；③审计证据的相关性、可靠性和充分性；④审计评价的适当性；⑤审计发现问题的重要性；⑥审计意见的合理性与合规性；⑦审计建议的针对性、建设性和可操作性；⑧其他有关事项。

（2）编制内部审计报告初稿。内部审计报告初稿由审计项目负责人或者其授权的审计组其他成员起草。若由其他人员起草，则应由审计项目负责人进行复核。内部审计报告初稿应当在审计组内部进行讨论，并根据讨论结果进行适当的修改。

（3）征求被审计单位的意见。内部审计组应当就内部审计报告的主要内容与被审计单位及其相关人员进行及时、充分的沟通。审计组应当根据沟通内容的要求，选择会议形式或面谈形式与被审计单位及其相关人员进行沟通，应当注意沟通技巧，进行平等、诚恳、恰当、充分的交流。审计组提出的内部审计报告在按照规定程序审批后，应当以内部审计机构的名义征求被审计单位的意见；也可以经内部审计机构授权，以审计组的名义征求意见。被审计单位应在规定时间内以书面形式对内部审计报告提出意见，否则，视同无异议。内部审计报告中涉及重大案件调查等特殊事项，经过规定、程序批准，可不征求被审计单位的意见。被审计单位对征求意见的内部审计报告有异议的，审计组应当进一步核实，并根据核实情况对内部审计报告做出必要的修改。审

计组应当对采纳被审计单位意见的情况和原因，或者被审计单位未在规定时间内提出书面意见的情况做出书面说明。

（4）复核、修订内部审计报告并定稿。

2. 内部审计报告的复核

内部审计机构应当建立内部审计报告的分级复核制度，加强内部审计报告的质量控制。重点对下列事项进行复核：

（1）是否按照项目审计方案确定的审计范围和审计目标实施审计；

（2）与审计事项有关的事实是否清楚、数据是否准确；

（3）审计评价、审计发现问题的定性、处理意见是否适当，适用的法律法规和标准是否准确，所依据的审计证据是否相关、可靠和充分；

（4）审计发现的重要问题是否在内部审计报告中反映；

（5）审计建议是否具有针对性、建设性和可操作性；

（6）被审计单位反馈的合理意见是否被采纳；

（7）其他需要复核的事项。

内部审计机构负责人在复核内部审计报告时，应当审核被审计单位对内部审计报告的书面意见及审计组采纳情况的书面说明，以及其他有关材料。内部审计机构负责人可以要求审计组补充重要的审计证据，并对内部审计报告进行修改。复核过程中遇有复杂问题的，可以邀请有关专家进行论证。这些专家可以从组织外部聘请，也可以在组织内部指派。被审计单位对内部审计报告有异议的，审计项目负责人及相关人员应当核实，必要时应当修改内部审计报告。内部审计报告经过必要的修改后，应当连同被审计单位的反馈意见及时报送内部审计机构负责人复核。

内部审计报告经复核和修改后，由总审计师或内部审计机构负责人按照规定程序审定、签发。

3. 内部审计报告的报送

内部审计机构负责人或者其他指定的人员在审阅并批准内部审计报告后，应当确定内部审计报告的适当报送对象。报送对象通常根据组织要求、审计类型和审计形式来确定。内部审计报告的报送一般限于组织内部，需要将内部审计报告的全部或部分内容发送给组织外部单位或人员的，应当按照规定程序获得批准。

报送内部审计报告的目的在于保证组织内部能够对审计意见给予关注的管理层了解审计意见。因此，内部审计报告报送对象必须能够针对报告的建议采取纠正措施或促使他人采取纠正措施。报告完成之后，内部审计人员应将报告送交相关人员，报送对象主要包括被审计单位和组织的适当管理层。

（1）被审计单位。被审计单位是内部审计报告的基本报送对象之一。在将报告送交被审计单位时，内部审计机构应当要求被审计单位及时采取纠正措施，在规定的期限内解决审计中发现的问题。

（2）组织的适当管理层。组织的适当管理层主要是指主管内部审计机构的管理层、主管被审计单位的管理层以及有权对审计发现问题采取纠正措施或能对采取纠正措施做出指示的管理层。必要时，内部审计机构也可以将内部审计报告呈送给董事、监事等相关人员。

(3) 组织外部机构和人员。组织外部机构和人员也可能存在了解内部审计报告的需求，例如，政府审计机关或注册会计师事务所出于利用内部审计成果的目的，可能会向组织的内部审计机构提出获取内部审计报告的要求。内部审计机构应当根据具体情况，决定是否将内部审计报告送交组织外部的相关机构和人员，或者将内部审计报告的部分内容呈送组织外部的相关机构和人员。在做出决定时，应当考虑的因素主要有：

第一，外部机构、人员对内部审计报告的使用是否合法、合理，是否会危及组织的相关利益；

第二，外部机构、人员是否承诺对组织的信息和资料保密；

第三，应对外部机构、人员进一步披露内部审计报告所含信息进行限制。

已经分发的内部审计报告若存在重要错误或遗漏，内部审计机构应当及时更正，并将更正后的报告及时送交所有的原报告的接收者。

4. 内部审计报告的归档

内部审计报告是重要的审计资料，内部审计机构应当及时地将内部审计报告归入审计档案，并按照内部审计机构制定的审计档案管理制度加以妥善保存。可以考虑将内部审计报告进行索引编号以便于管理和查找。内部审计机构应当按照中国内部审计协会发布的《第 2308 号内部审计具体准则——审计档案工作》，以及组织的档案管理制度要求，及时收集整理相关信息和资料，将内部审计报告及其他业务文档及时归入审计档案，并妥善保存。

第 5 节　后续审计

在提供内部审计报告后，被审计单位管理层有两种选择：一是采取措施解决审计发现的问题；二是不采取行动并承受因此带来的风险。如果选择实施补救措施，则内部审计部门必须建立一套程序来监控和跟踪措施的执行情况，以确保被审计单位管理层按照他们的意图进行。根据国际内部审计实务标准的规定，如果被审计单位管理层选择接受风险，内部审计部门必须对该决策保持警惕。尤其是当被审计单位管理层接受的剩余风险超过组织可接受的水平时，必须就此事与高级管理层进行讨论。如果经过讨论双方仍无法就剩余风险做出最终决定，审计部门负责人必须报请董事会以寻求解决方案。

一、后续审计的必要性

通常情况下，外部审计出具审计报告就意味着审计工作基本完成。内部审计与外部审计的最大区别之一就是内部审计人员在出具内部审计报告之后，仍然需要对报告中的审计结果和审计建议进行后续跟踪，以监督被审计单位及时、有效地采取纠正措施，解决审计发现的问题。由于内部审计的职能并不仅限于发现组织在经营管理和内部控制中存在的问题，更重要的是促进组织改进以及完善经营管理和内部控制，因此后续审计就成为内部审计必不可少的环节，也构成了内部审计程序的一大特色和优势。

后续审计就是内部审计机构为跟踪检查被审计单位针对审计发现的问题所采取的纠正措施及其改进效果而进行的审查和评价活动。内部审计人员应当进行后续审计，以促进被审计单位对审计发现的问题及时采取合理、有效的纠正措施。如果没有后续审计，内部审计将很难实现闭环管理，审计发现的问题很容易出现屡审屡犯的现象。

二、后续审计中的责任划分

我国《第2107号内部审计具体准则——后续审计》明确规定："对审计中发现的问题采取纠正措施，是被审计单位管理层的责任。评价被审计单位管理层所采取的纠正措施是否及时、合理、有效，是内部审计人员的责任。"

内部审计机构应当在规定的期限内或与被审计单位约定的期限内执行后续审计。内部审计机构负责人应当适时安排后续审计工作，并把它作为年度审计计划的一部分。如果内部审计机构负责人初步认定被审计单位管理层对审计所发现的问题已经采取了有效的纠正措施，则后续审计可以作为下次审计工作的一部分。

当被审计单位出于成本或其他方面的考虑，决定不对审计发现的问题采取纠正措施，并做出书面承诺时，内部审计机构负责人应当向组织的适当管理层报告。

三、后续审计的关注要点

审计项目负责人应当编制后续审计方案，并对后续审计做出安排。根据后续审计的实际情况和具体要求，内部审计机构和人员应当关注以下几点：

1. 根据反馈意见确定后续审计方案

内部审计机构负责人应当根据被审计单位的反馈意见，确定后续审计时间和人员安排，审计项目负责人应据此编制后续审计方案。内部审计人员应当对被审计单位所采取的改进行动进行直接的询问、观察、测试，或检查相关的文件，以对其及时性和有效性进行评价。

编制后续审计方案时，应当考虑的因素主要包括：(1) 审计意见和审计建议的重要性；(2) 纠正措施的复杂性；(3) 落实纠正措施所需要的期限和成本；(4) 纠正措施失败可能产生的影响；(5) 被审计单位的业务安排和时间要求。

2. 原有审计建议的修订

内部审计人员在确定后续审计范围时，应当分析原有审计意见和审计建议是否仍然可行。如果被审计单位的内部控制、风险管理或其他因素发生了变化，使原有的审计意见和审计建议不再适用，内部审计人员应当对其进行必要的修订。

3. 对是否还需执行单独的后续审计的考虑

对于已经采取纠正措施的事项，内部审计人员应当依据问题的重要性、已经获取的有关纠正措施执行情况的证据，判断是否需要深入检查，必要时可以在下次审计中对其予以充分关注，并将其作为制订下次审计项目计划时需要考虑的因素。

4. 对后续审计进行报告

内部审计人员应当根据后续审计的执行过程和结果，向被审计单位及组织的适当管理层提交后续审计报告。后续审计报告可以简单地回顾审计发现的问题以及原来的审计评价和审计建议，重点说明被审计单位针对问题所采取的纠正措施的及时性和有效性，所存在的问题是否已经得到解决，或者尚未解决的原因及其对组织的影响等。

习题

一、单选题

1. 下列不属于内部审计报告的质量要求的是（　　）。

A. 建设性　　B. 重要性

C. 合理性　　D. 及时性

2. 内部审计报告的重点是（　　）。

A. 针对审计发现问题提出合理的、切实可行的整改意见和建议

B. 通过多方位和多维度的对比分析发表更全面、更有针对性的结论

C. 出具一份逻辑清晰、主次分明的内部审计报告，并尽可能使用图片、图形或表格，以将复杂的数据等直观清晰地展示给报告的使用者

D. 根据反馈意见确定后续审计方案，并协助企业对原有审计建议进行修订

二、多选题

1. 年度审计计划中应当包括的基本内容有（　　）。

A. 年度审计工作目标

B. 具体审计项目及其先后顺序

C. 各审计项目需要配备的审计资源

D. 后续审计安排

2. 编制内部审计报告时应当注意的事项包括（　　）。

A. 逻辑清晰　　B. 分析详尽

C. 意见和建议可行　　D. 归类合理

三、判断题

1. 年度审计计划一般由审计项目负责人制订，并且必须报送对内部审计机构具有领导职责的管理层批准；而项目审计方案一般由内部审计机构负责人制定。（　　）

2. 内部审计计划必须在审计工作开始前编制完成，只有这样内部审计计划的指导作用才能得到有效发挥。（　　）

3. 若内部审计报告中涉及重大案件调查等特殊事项，经过规定程序批准，可不征求被审计单位的意见。（　　）

四、思考题

1. 内部审计报告的主要内容有哪些？对其有哪些质量要求？

2. 风险导向的内部审计计划的编制与传统内部审计计划的编制之间的差异表现在哪些方面？

案例分析

S集团是某市一家综合性的大型企业，主营业务涵盖汽车生产、销售、租赁等多个方面，是国内汽车市场中最大的上市公司之一。20××年，S集团根据其年度审计计划安排，对其下属的整车制造企业A公司进行了年度内部审计。为顺利完成此次内部审计任务，S集团实施了以下审计流程。

（1）组建联合审计组：为确保审计任务的及时完成，S集团从A公司抽调了7名财务人员和1名会计主管，与集团内部审计人员共同组成了审计组。

（2）进行审前调查：由于此次审计是S集团内部审计部的年度重点项目之一，且审计内容广泛，因此，审计组在开展内部审计之前，专门派遣人员到A公司，对其组织结构、生产经营情况及财务状况等进行了深入了解，并认真做好审前调查记录。调查人员将详细记录带回审计组，进行集体讨论研究，为制定切实可行的审计工作方案奠定了坚实基础。

（3）制定项目审计方案：审计组负责人及时召开审计组集体讨论会，针对被审计单位在生产经营、财务管理等方面存在的薄弱环节，逐一确定审计重点，并准确制定审计方案。同时，对审计组成员进行了合理分工，以确保审计工作能够高效有序地进行。

（4）发出审计通知书：在制定审计方案并准备入驻被审计单位前，S集团内部审计部向被审计单位发出了审计通知书。

（5）实施审计：在审计过程中，审计组的审计人员采用了审核、观察、计算等多种方法，以获取充分的审计证据。审计组组长全面把关，强化指导，推动整个审计工作的顺利进行；主审则严把复核关，对于问题没有审计清楚的，督促进行补充审计；工作底稿出具不符合标准的，要求重新编制，从而确保审计质量。同时，负责人按时召开审计碰头会，项目组成员及时汇报工作进度及工作情况，共同讨论研究发现的问题，调整审计方案，完善审计方法，协调处理审计实务。

（6）出具审计报告：项目有关负责人对收集的资料进行了深入分析，针对发现的问题，提出了合理的审计建议，并出具了详细的审计报告。

以往，S集团在进行传统内部审计时，审计人员会单独或综合运用检查、观察、询问等程序以获取适当的审计证据，但这一过程往往存在数据采集耗时长、数据处理错误率高以及人力成本高等问题。为了降低内部审计成本并提高工作效率，S集团在部分审计流程中创造性地利用了大数据分析技术，并取得了良好的成果。

首先，在制定项目审计方案时，S集团建立了相对完善的内部审计数据库，该数据库具有数据量大、数据处理速度快、数据准确性高的特点。数据库的建立满足了审计人员在大数据思维模式下使用数据分析方法的需求。

其次，在采集数据信息方面，S 集团实现了非现场审计。审计人员无须亲自前往每一家下属公司进行调查，而是可以整合并分析业务中已经形成的电子化或数据化的资料，通过在网络中进行交流和完善，最后形成远程审计工作报告。

再次，审计人员在分析程序中进行了思维模式的转变。他们借助多维分析等挖掘数据间隐藏的相关关系，充分利用数据的价值，使得审计证据更加充分、质量更高。

最后，在内部审计报告及后续审计中，审计人员通过计算机系统数据对后续改进措施的有效实施进行实时监控，并随时进行抽查监督。通过专业软件，他们持续收集信息，及时掌握被审计单位的运营状况，以便提前发现并解决问题，从而提高内部审计的质量和时效性。

由于 S 集团对 A 公司的内部审计流程规范、执行到位且技术先进，因此及时指出了 A 公司在内部控制中存在的重大问题。在收到报告后，A 公司也做出了相应的整改措施。

资料来源：李小倩．大数据环境下的内部审计模式转型思考：以上海汽车集团销售流程审计为例．审计与理财，2021（9）：11-13；许莉，铁心悦．基于大数据理念的内部审计流程数字化研究：以财务审计为例．中国内部审计，2022（2）：16-21.

思考：

1. S 集团对 A 公司的内部审计体现了哪些内部审计流程？

2. S 集团是如何利用大数据技术克服传统的内部审计缺陷的？具体可以采用哪些手段提升内部审计效率？

第 6 章

内部审计在内部控制中的角色定位

学习目标

1. 了解内部控制概念，掌握内部控制与全面风险管理的关系。
2. 了解内部控制目标和要素，掌握内部控制具体措施和内部控制的局限性。
3. 了解内部审计在内部控制中的角色定位。
4. 了解内部控制审计的内涵和内容，掌握内部控制审计的程序。

素养目标

帮助学生掌握内部控制的定义、要素、局限性、审计内容等，正确定位内部审计在内部控制中的角色，从多个角度深入了解内部控制审计的内涵和程序，为未来从事内部控制及审计实践奠定理论基础和提供工作指引。

第 1 节　内部控制概述

一、内部控制概念

我国《企业内部控制基本规范》(2008) 将内部控制定义为："由企业董事会、监事会、经理层和全体员工实施的、旨在实现控制目标的过程。"内部控制的这一定义基本上是以 COSO① 提出的内部控制整合框架为主体，同时借鉴和吸收了 COSO 在风险管理整合框架中提出的内部控制的概念。内部控制包括五个基本要素：内部环境、风险评估、控制活动、信息与沟通、内部监督。

对上述定义，可从以下几个方面理解。

① COSO 是美国反虚假财务报告委员会下属的发起人委员会（The Committee of Sponsoring Organizations of the Treadway Commission）的英文缩写。

第一，内部控制是一个过程，而不仅仅是规章制度。内部控制是为了达到某个目的而进行的过程，并且是一种动态的过程，也是使机构的经营依循既定的目标前进的过程。它本身是一种手段而非一种目的，更不应被简单地认为是一种结果。在实务中，很多人认为内部控制就是规章制度，这是一种错误的认识。实际上，内部控制是一个将管理制度化、制度流程化、流程岗位化、岗位职责化、职责表单化、表单信息化的过程。规章制度只是内部控制的表现形式，但并不是其主要目的。

第二，内部控制具有一定的目的性，是为实现某个或某些目标而实施的。这些目标包括：合理保证（注意不是绝对保证）企业经营管理合法合规、资产安全完整、财务报告及相关信息真实可靠，提高企业经营效率和改善经营效果，促进企业实现发展战略。

第三，内部控制是一个全员参与的过程，而不是某个部门的职责。它是由企业董事会、监事会、经理层和全体员工（包括内部审计部门）共同实施并负责的一件事。当然，各方在其中有所分工，且各司其职。内部审计部门既要参与其中，又要注意保持独立性，还要对牵头部门所构建的内部控制实施监督评价。企业中的每一个员工既是控制的主体，又是控制的客体；既对其所负责的作业实施控制，又受到内部审计的控制和监督。具体来看，董事会负责内部控制的建立健全和有效实施；监事会则监控董事会建立与实施内部控制的情况；经理层负责组织和领导内部控制的日常运行。企业应当成立专门机构或者指定适当的机构具体负责组织和协调内部控制的建立实施及日常工作，并应当在董事会下设立审计委员会。审计委员会负责监督内部控制实施、内部控制自我评价，以及协调内部控制审计及其他相关事宜等。审计委员会负责人应当具备相应的独立性、良好的职业操守和专业胜任能力。

第四，内部控制不是脱离企业的经营活动而单独存在的。它并非某个事件或某种状况，而是贯穿企业作业活动的一系列行动，是企业经营过程的一部分，与经营过程结合在一起，使经营过程发挥其应有的功能，并监督企业经营活动的持续进行。换言之，内部控制与企业经营活动相互交织，共同为企业基本经营活动的持续有效开展提供合理保证。

二、内部控制与全面风险管理的关系

内部控制是由企业的董事会、管理层和其他员工共同实施的一个过程，其目的是为提高组织经营管理活动的效率、确保财务报告的可靠性、促进组织对法律法规的遵循提供一种合理保证。全面风险管理也是由组织的董事会、管理层和其他员工共同实施的一个过程，它应用于组织的战略制定并贯穿组织的全部活动，目的在于识别那些可能影响组织的潜在风险，并对识别的风险进行评估和管理，以将其控制在组织可以接受的范围之内，为组织目标的实现提供合理保证。

由此可见，内部控制与全面风险管理的相同之处包括：（1）它们都被定义为一个过程，无论是内部控制还是全面风险管理都不是静态的结果，而是实现结果的一种方式。内部控制与全面风险管理都包含渗透于组织各项活动中的一系列行动，这些行动普遍存在于组织管理层对组织的日常管理之中，是组织日常管理活动所固有的。（2）它们都为组织目标的实现提供合理保证。（3）它们都由组织的董事会、管理层和其他员工共同实施，因此都会受到人为因素的影响。（4）全面风险管理具有四大目标：经营目标、报告目标、合规目标和战略目标。其中经营目标、报告目标、合规目标与内部控制的目标相重合。（5）它们的要素存在五处重合，即内部环境、风险评估、控制活动、信息与沟通和内部监督。

根据内部控制与全面风险管理的相同之处，我们不难得出内部控制与全面风险管理既存在横向交叉也存在纵向交融的结论，二者并不是完全独立的。首先，全面风险管理包含内部控制。COSO在其提出的风险管理整合框架中明确指出，全面风险管理包含内部控制，内部控制是全面风险管理不可分割的一部分，内部控制是实施全面风险管理的一种方式，全面风险管理涉及的领域比内部控制更广泛。其次，内部控制是全面风险管理的必要环节。英国特恩布尔委员会指出，全面风险管理对于组织目标的实现具有重要的意义，组织的内部控制在全面风险管理中扮演着关键角色，内部控制应当被组织管理层视为范围更广的全面风险管理的必要组成部分。对于组织所面临的绝大部分运营风险，内部控制都是必要的应对手段。

虽然内部控制与全面风险管理之间存在紧密的联系，但两者并不是完全相同的，它们之间仍然存在许多不同之处。

1. 内部控制与全面风险管理的活动范围不同

相比内部控制，组织的全面风险管理涉及更广泛的领域。例如，全面风险管理包含风险管理目标和战略目标的设定、风险评估方法的选择、管理人员的聘用、有关的预算和行政管理以及报告程序等。相比之下，内部控制只涉及风险管理过程，如对风险的识别和评估、对风险实施的控制活动、信息与沟通、对控制活动的监督评审以及对控制缺陷的弥补等。可见，内部控制与全面风险管理最明显的差异就在于内部控制没有涉及全面风险管理需要考虑的组织战略目标的具体设定，只是负责对目标的制定过程进行评价，特别是对组织目标和战略计划制定过程中的风险进行评价。

2. 内部控制与全面风险管理所涉及的范畴不同

组织的全面风险管理贯穿于事前预测、事中控制和事后整改的整个过程，而内部控制仅涉及事中控制和事后整改，以促进组织目标的实现。显然，内部控制只是组织管理中的一项职能，是组织整体管理机制的有机组成部分。

3. 内部控制与全面风险管理对风险的界定不同

在COSO的风险管理整合框架中，风险被定义为对组织的目标产生负面影响的事件发生的可能性，同时将对组织产生正面影响的事件定义为机会。在风险管理领域，风险与机会是有区分的。但是在COSO的内部控制整合框架中，并没有明确区分风险和机会。

4. 内部控制与全面风险管理应对风险的对策不同

风险管理整合框架引入了风险管理哲学、风险偏好等创新性的内容。在风险评估要素中，风险管理整合框架要求考虑内在风险与剩余风险，以期望值、最坏情形值或概率分布度量风险，并考虑时间偏好以及风险之间的关联作用。在风险度量的基础上，风险管理整合框架有助于确保组织的发展战略与风险偏好相一致，能够将增长、风险与回报联系起来进行资本配置，并利用风险信息来支持业务前台的决策流程等。相比之下，这些内容在内部控制整合框架中并没有涉及。

第 2 节　内部控制目标与要素

一、内部控制目标

1. 促进组织实现发展战略

促进组织实现发展战略是组织设计和运行内部控制的核心目标。任何组织都有其自身的发展战略和期望实现的目标。组织设计、运行与维持内部控制的根本目标就是确保其发展战略和发展目标的实现。

2. 提高经营活动的效率和改善经营效果

任何组织都有自己的经营目标，这些经营目标都围绕着追求经营活动的效益、效率和效果。为实现既定的经营目标，组织必须制订相应的计划并付诸实施。然而，由于经营活动的复杂性，组织往往会受到多种因素的综合影响，在计划的执行过程中难免会发生偏离目标、偏离计划的情况。为此，组织需要采取必要的控制政策和程序，以控制执行计划的人员的行为，及时发现计划执行中存在的问题和偏差，并进行必要的调整，从而提高经营活动的效率和改善经营效果。

3. 确保财务报告及相关信息的真实和完整

设计、实施和维持与编制财务报告相关的内部控制，以使财务报告不存在因舞弊或错误而导致的重大错报是组织治理层和管理层的责任，也是治理层和管理层的重要目标。财务报告及相关信息作为向社会公众提供组织会计信息的重要载体，关系到各利益相关方的经济决策。因此，负责编制和提供财务报告的管理层以及对财务报告生成过程承担监督责任的治理层，应当保证其对外提供的财务报告及相关信息是真实、完整的。为了确保这一目标的实现，组织必须制定相应的制度和办法。这些制度和方法包括必要的控制措施和程序，以保证所有的交易和事项均正确和及时入账，确保财务报告的编制符合适用的会计准则和相关会计制度的规定，保证对资产和账簿记录以及其他记录的接触和处理经过适当的授权，保证账面资产与实存资产定期核对相符等。

4. 保证资产的安全

资产是组织从事正常的生产经营活动的物质基础，也是对组织所有者和债权人权益的保障。如果组织资产的安全受到威胁，组织所有者和债权人的权益也必将受到损害。保护组织所有者和债权人的利益是组织管理层应当履行的基本责任和义务，因此，组织必须建立完善的内部控制以保证组织资产的安全。

5. 维护组织经营活动的合法性与合规性

大多数组织以追求利润最大化为首要目标，但是这一目标的实现必须建立在遵守国家各项法律法规、规章制度的前提下。《中华人民共和国公司法》明确规定，公司从事经营活动，必须遵守法律、行政法规，遵守社会公德、商业道德，诚实守信，接受政府和社会公众的监督，承担社会责任。因此，组织的管理层必须守法经营，并采取必要的控制措施，如明确职责分工、明确不同岗位的权限，从而保证所有的业务活动在适当的授权下进行，组织的各项经营活动都是合法合规的。

二、内部控制要素

按照COSO发布的内部控制整合框架及我国《企业内部控制基本规范》的规定，内部控制的基本要素包括：（1）内部环境；（2）风险评估；（3）信息与沟通；（4）控制活动；（5）内部监督。

1. 内部环境

内部环境是组织内部控制的核心要素之一。组织的行为和活动构成了组织的内部环境，内部环境又反过来限制着组织的行为和活动，两者相辅相成。内部环境影响并制约着组织内部控制建立和运行的有效性，它不仅是组织构建内部控制体系的基础条件，也是组织各种内部影响因素的集合体。内部环境主要包括治理结构、组织机构设置与权责分配、组织文化、人力资源政策、内部审计机构设置、反舞弊机制等。

2. 风险评估

风险管理是组织为实现其目标而确认和分析相关风险，并在此基础上对风险进行管理的过程。风险就是组织目标无法实现的可能性，任何一个组织在发展过程中都会面临来自组织内外部的多重风险因素的影响。组织的风险可能源于多个方面，如国家政策风险、行业风险、市场风险和财务风险等。风险管理的前提条件是制定目标，且各个层次的目标必须保持一致。风险管理的首要工作就是识别影响组织目标实现的各类风险因素，并在此基础上建立风险管理机制。

3. 信息与沟通

为了确保员工能够更好地履行职责，组织必须对内外部信息进行识别、采集并进行适当的交流和沟通。信息与沟通就是及时、准确、完整地采集各种与组织经营管理密切相关的信息，并使这些信息以适当的方式在组织有关层级之间、组织与外部相关方之间及时传递、有效沟通和正确使用的过程。信息与沟通主要包括信息的收集机制，以及组织内部和与组织外部有关方面的沟通机制等。信息与沟通是组织确保内部控制有效实施的重要条件。

4. 控制活动

组织管理层在对组织面临的各种经营风险进行评估之后，需要对所评估的各项风险采取必要的控制措施，从而保证组织目标的顺利实现。控制活动就是组织通过将风险评估的结果与风险应对相结合所安排的具体应对措施，以及用于确保实现组织目标所采取的控制方法。控制活动主要包括职责分工控制、审核批准控制、预算控制、财产保护控制、会计系统控制、内部报告控制、经济活动分析控制、绩效考评控制、信息技术控制等。

5. 内部监督

内部监督是对内部控制运行质量不断进行评估的过程，即对内部控制的设计和运行情况的评价。从监督的方式来看，内部监督包括持续监督、个别评估及综合监督等。持续监督是指在经营过程中的监督，包括例行的管理和监督活动，以及员工为履行其职责所采取的行动。个别评估的范围及频率应当根据评估风险的大小及持续监督程序的有效性来确定。持续监督和个别评估相结合，则称为综合监督。在各种监督方式中发现的内部控制缺陷必须向上级呈报，发现严重问题时，则必须向最高管理层和董事会呈报。从监督的执行主体来看，内部监督包括内部审计机构实施的独立监督和管理层对内部控制的自我评价。在很多组织，特别是规模较大的组织中，内部审计机构在有效监督方面发挥着非常关键的作用。为了使内部审计机构在监督内部控制方面的职能得以有效发挥，内部审计人员必须独立于经营管理部门和会计部门，并直接向组织的高层权力机构报告工作。此外，内部监督还有另外一种分类，即分为日常监督和专项监督。日常监督是指组织对建立与实施内部控制进行常规、持续的监督检查；专项监督是指在组织发展战略、组织结构、经营活动、业务流程、关键岗位员工等发生较大调整或变化的情况下，对内部控制的某个或者某些方面进行有针对性的监督检查。专项监督的范围和频率应当根据风险评估结果以及日常监督的有效性等确定。

第 3 节　内部控制措施与内部控制的局限性

一、内部控制措施

企业应当结合风险评估结果，通过手工控制与自动控制、预防性控制与发现性控制相结合的方法，运用相应的控制措施，将风险控制在可承受范围之内。内部控制措施一般包括不相容职务分离控制、授权审批控制、会计系统控制、财产保护控制、预算控制、运营分析控制和绩效考评控制等。

（1）不相容职务分离控制。要求组织全面系统地分析、梳理业务流程中所涉及的不相容职务，并实施相应的分离措施，以形成各司其职、各负其责、相互制约的工作机制。不相容职务分离的核心是内部牵制，它要求每项经济业务都要经过两个或两个以上的部门或人员的处理，确保单个人或部门的工作与其他人或部门的工作相一致或相联系，并受其监督和制约。因此，任何业务都不能完全由一人经办，钱、账、物应实施分管原则，如仓库保管员负责原材料的收、发、存和管理工作，并负责登记原材料的数量，而相关的账务处理则由会计人员负责。在采购与付款业务中，不相容职务至少包括：请购与审批；询价与确定供应商；采购合同的订立与审批；采购与验收；

采购、验收的相关会计记录；付款审批与付款执行。这些不相容职务分离，能够起到相互制约与监督的作用。

（2）授权审批控制。要求组织根据常规授权和特殊授权的规定，明确各岗位办理业务和事项的权限范围、审批程序和相应责任。组织应当编制常规授权的权限指引，规范特殊授权的范围、权限、程序和责任，严格控制特殊授权。常规授权又称一般授权，是指组织在日常经营管理活动中按照既定的职责和程序进行的授权。特殊授权是指组织在特殊情况、特定条件下进行的授权。组织各级管理人员应当在授权范围内行使职权和承担责任。对于重大的业务和事项，组织应当实行集体决策审批或者联签制度，任何个人不得单独进行决策或者擅自改变集体决策。

例如，在处理材料采购业务时，企业规定材料采购员对于10万元以下的材料采购业务有权根据实际情况进行处理，而金额超过10万元的材料采购业务则必须经过主管领导批准；50万元以上的材料采购业务须经董事长审批并进行招标。前者为一般授权的情况，后者为特殊授权的情况。在进行授权审批控制时，组织应该恰当地确定一般授权和特殊授权的范围。一般授权的范围不宜太大，也不可太小。如果一般授权的范围太大，会使企业领导失去对重要业务的控制，从而承担较大的经营风险，同时还会削弱内部控制的有效性。反之，如果一般授权范围过小，凡事都需要请示、批准，一般授权名存实亡，就会削弱经营管理人员的工作积极性和责任心，甚至会降低工作效率，对企业经营管理产生不利影响。

（3）会计系统控制。要求组织严格执行国家统一的会计准则，加强会计基础工作，明确会计凭证、会计账簿和财务报告的处理程序，保证会计资料真实完整。组织应当依法设置会计机构，配备会计从业人员。会计机构负责人应当具备会计师以上专业技术资格。大中型组织应当设置总会计师职位。设置总会计师的组织不得设置与其职权重叠的副职。

（4）财产保护控制。要求组织建立财产日常管理制度和定期清查制度，采取财产记录、实物保管、定期盘点、账实核对等措施，确保财产安全。组织应当严格限制未经授权的人员接触和处置财产。

（5）预算控制。要求组织实施全面预算管理制度，明确各责任单位在预算管理中的职责权限，规范预算的编制、审定、下达和执行程序，强化预算约束。

（6）运营分析控制。要求组织建立运营情况分析制度。经理层应当综合运用生产、购销、投资、筹资、财务等方面的信息，通过因素分析、对比分析、趋势分析等方法，定期开展运营情况分析，发现存在的问题，及时查明原因并加以改进。

（7）绩效考评控制。要求组织建立和实施绩效考评制度，科学设置考核指标体系，对组织内部各责任单位和全体员工的业绩进行定期考核和客观评价，将考评结果作为确定员工薪酬以及职务晋升、评优、降级、调岗、辞退等的依据。

二、内部控制的局限性

内部控制为什么不能做到绝对保证，而仅能做到合理保证？这主要源于内部控制固有的局限性。内部控制的设计和执行无论多么有效，都不可避免地存在局限性。这些局限性主要表现在以下方面。

1. 内部控制的设计和运行受制于成本效益原则，存在先天不足

所谓成本效益原则，是指内部控制设计、运行的成本不应该超过预期的效益，设计与执行内部控制所产生的收益与为此而投入的成本之比应呈现合理状态。在把握这一原则时，需要考虑以下几点：首先，无论采取哪种控制方式，都应考虑控制收益大于控制成本的基本要求，所有通过设置控制点得到的控制收益应大于为此而投入的控制成本。其次，当有些业务可以通过不断增加控制点来达到较高的控制水平时，应考虑采用多少控制点能使控制收益减去控制成本的值最大化。最后，当控制收益难以确定时，应考虑在满足既定控制的前提下，使控制成本最小化。例如，当设置一个控制职位所投入的成本大于所避免的损失时，应该考虑放弃设置该控制职位。

单纯从控制的角度来看，控制环节和控制措施越严密复杂，控制效果就越好。但由于控制环节越多、控制措施越复杂，相应的控制成本也就越高，同时也会影响企业生产经营活动的效率，因此，在设计和实施内部控制时，企业必然要考虑控制成本与控制收益之间的关系。然而在实践中，控制收益有时难以确切计量。同样，为建立和保持多个内部控制所发生的总成本有时也难以准确计量。因此，关于内部控制的数量，必须运用主观判断做出决策。当企业认为实施某项业务的控制成本大于控制收益而产生损失时，往往不会设置控制环节或控制措施，这样某些小疏漏就可能得不到控制。

2. 内部控制一般针对常规业务而设计

内部控制一般是针对经常重复发生的经济业务而设计的，一旦设置就具有相对稳定性，因此如果出现不经常发生或未预见的经济业务，原有控制就可能不再适用，而特殊控制（如实行专门的审批、报告和执行程序来处理临时性或突发性业务）可能无法及时到位，从而影响内部控制的效果。

3. 形式主义与串通舞弊

很多时候，内部控制制度表面上看设计得非常完美，但实际执行的效果并不理想。例如，企业规定超过一定金额的采购业务必须经过严格的审批程序，但采购部门可能通过分拆的办法来规避这一严格的审批要求。另外，即使对不相容职务采取了职责分开的控制手段，但如果员工企图串通和欺诈，那么内部控制所防范的风险和意外事件仍有可能发生。

4. 环境变化使得内部控制失效

组织的经营环境、适用的法律法规以及市场竞争态势等因素均处于动态变化之中。这些变化有可能导致原有的内部控制措施变得不再适用或失效。例如，新出台的法律法规可能会要求组织调整内部控制流程；市场竞争的加剧可能使组织面临更大的风险，进而需要实施更加严格和完善的内部控制措施。因此，管理者一定要密切注意环境变化，并适时调整和改进内部控制系统。

5. 人为因素的影响

如果企业内部履行控制职能的人员不符合岗位要求，也会影响内部控制职能的正常发挥。内部控制是由人建立的，也要由人来运行。如果履行控制职能的人员在心理上、技能上及行为上未能达到实施内部控制的基本要求，那么即使内部控制设计得再好，也可能因执行人员的粗心大意、精力分散、判断失误、忽视或错用控制程序以及对指令的误解而失效。内部审计人员必须明白，没有任何控制系统可以消除违法行为发生的可能性。内部控制系统是由人和流程共同组成的，因此它会受到人的影响，而人是容易犯错误的或者可能会屈从于压力，这时控制系统就会失灵。因此，在设计和实施内部控制时，必须考虑人的行为因素。具体的做法包括与员工进行沟通，让受影响的员工参与到内部控制的设计过程中。

6. 管理层凌驾于内部控制之上

如果一个企业的治理结构不合理，就可能造成管理层凌驾于内部控制之上，从而使内部控制失效。尤其是在一些小型企业中，员工数量通常较少，这限制了职责分离的程度，管理层凌驾于内部控制之上的可能性较大。

第4节 内部审计的角色定位

一、国际内部审计实务标准的规定

内部审计人员应该监督运营活动和业务流程，评估其实施结果与既定的目标、目的保持一致的程度，从而确定运营活动和业务流程是否按设想得到执行和实施。

在评价组织控制程序的总体效果时，内部审计人员应该考虑：

（1）是否发现重大差异或缺陷，发现后是否进行了纠正或改进。

（2）能否从这一发现及其潜在后果中得出“无法接受的风险水平普遍存在”的结论。

（3）存在重大差异或缺陷不一定能得出“类似情形普遍存在且将为组织带来无法接受的风险”的结论，因为内部审计人员在评估时，不仅要考虑风险的性质和范围，还要考虑其带来的潜在后果。

在提供咨询业务的过程中，内部审计人员应该关注与业务目标相一致的控制，并且对存在的任何重大控制薄弱环节保持警惕。内部审计人员应该将在咨询业务中对控制的了解与对组织的重大风险的发现和评价相结合。

根据对国际内部审计实务标准的分析，内部审计在内部控制中的角色定位是监督、评价与咨询。提供咨询服务的前提条件是内部审计人员不承担管理者建立健全内部控制的职责。

二、COSO框架中的要求

COSO框架中的内部控制五要素中特别提到了“内部监督”，内部审计对控制活动起到了监督作用。因此，COSO的报告指出企业内部控制体系分为以下三个层次。

第一个层次，企业价值链活动按照企业内部控制设计的程序、相互牵制的制度开展，从而建立起第一道监控防线。有关人员在处理业务时，必须明确业务处理的权限和应当承担的责任，并严格按照控制流程进行。

第二个层次，鉴于经济业务最终会反映到财务报表中，因此财务部门要在事中和事后建立起第二道监控防线。这包括对原始数据、凭证、票据进行日常检查稽核，并及时把监控信息反馈给财务负责人。

第三个层次，内部审计部门建立起以监督为主的防线，通过内部控制测试来发现管理流程中的不足和风险，并提出改进措施，以促进内部控制体系完善，这体现了内部审计的作用。

三、我国《企业内部控制基本规范》中的要求

我国的《企业内部控制基本规范》要求，内部审计机构应当结合内部审计监督，对内部控制的有效性进行监督检查。内部审计机构对监督检查中发现的内部控制缺陷，应当按照企业内部审计工作程序进行报告；对监督检查中发现的内部控制重大缺陷，有权直接向董事会及其审计委员会、监事会报告。但是，在现实中，内部审计部门经常被误解为需要对内部控制所涉及的制度建设和流程建设负责，并与内部控制自我评价相混淆。

对此，我国企业内部控制审计准则对内部控制中的责任进行了明确划分。董事会及管理层的责任是建立健全内部控制体系并使之有效运行。内部审计部门的责任是对内部控制设计和运行的有效性进行审查和评价，出具客观、公正的审计报告，促进组织改善内部控制及加强风险管理。

我国《第2201号内部审计具体准则——内部控制审计》明确规定，内部控制审计是指内部审计机构对组织内部控制设计和运行的有效性进行的审查和评价活动。实际上，国际内部审计实务标准并没有对内部控制审计提出要求，而我国的这一要求容易与注册会计师内部控制审计在概念上产生混淆。为了明确界限，我国企业内部控制审计准则特别指出内部审计的职责主要在于对内部控制的设计和运行进行审查和评价，这一职责与国际内部审计实务标准中强调的监督职责是一致的。

可以发现，我国企业内部控制审计准则与国际内部审计实务标准对内部控制评价的要求是高度一致的。这里要说明的是，内部审计部门所执行的内部控制审计与注册会计师在财务报表审计中进行的内部控制鉴证工作是不一样的。内部审计人员开展内部控制审计的核心方法是推动内部控制的自我评价。此外，内部审计人员还需要在此基础上对内部控制的自我评价开展再评估。

内部控制的自我评价工作可以由内部审计部门作为牵头单位来组织，但落地实施的责任则分散在各个业务部门和其他组织之中。如果企业内设内部控制委员会，或者类似的内部控制部门、企管部等，则自我评价工作可以由这些机构来负责。实际的情况取决于企业内部控制建设责任的落实情况，甚至有可能由人力资源管理部门和财务部门承担，这完全取决于企业对内部控制的重视产生于哪个部门和所采用的控制模式。

四、内部审计在内部控制中应该发挥的作用

基于以上分析，内部审计在内部控制中真正应该发挥的作用可从以下两方面来

考虑。

第一，如果企业尚未建立内部控制体系，则内部审计应提供咨询服务。主要工作内容如下：

（1）参与制度梳理项目小组，负责提供建议并监督项目的进度和方向，而并非直接设计内部控制体系。一般认为，如果内部审计人员的角色被严格限制在监督项目进程、及时沟通项目的阶段性结果、监控当前工作与预定时间表的一致性上，那么其客观性不太可能受到损害。一旦内部审计人员承担了内部控制体系建设的责任，就会对其独立性、客观性造成不利影响。

（2）提供风险管理和内部控制知识的培训。这是内部审计人员作为风险管理和内部控制方面的专家应当承担的职责。

第二，如果企业已经建立了内部控制体系，则内部审计应发挥确认（包括监督、评价）和咨询的作用。具体表现为：

（1）在内部控制自我评价机制中，内部审计可以充当发起者和组织者的角色，适当开展相关咨询活动，但要注意避免客观性受损的情况。

（2）在内部控制监督检查机制中发挥作用：一是将日常监督和专项监督相结合，以确保监督检查工作的有序开展；二是定期向董事会提交内部控制监督检查工作报告，为董事会的内部控制自我评价提供依据。

第5节 内部控制审计

内部审计在内部控制中真正应该发挥的作用体现在两个方面：确认服务与咨询服务。其中，内部控制的确认服务在我国体现为内部控制审计。

一、内部控制审计的概念辨析

（一）与注册会计师内部控制审计的联系和区别

五部委联合发布的《企业内部控制审计指引》将注册会计师内部控制审计界定为："会计师事务所接受委托，对特定基准日内部控制设计与运行的有效性进行审计。"这意味着注册会计师在执行内部控制审计工作时，应当获取充分、适当的审计证据，为发表内部控制审计意见提供合理保证。注册会计师应当对财务报告内部控制的有效性发表审计意见，并对内部控制审计过程中注意到的非财务报告内部控制的重大缺陷，通过在内部控制审计报告中增加"非财务报告内部控制重大缺陷描述段"的方式予以披露。

1. 二者的联系

不论是由内部审计机构实施的内部控制审计，还是由注册会计师执行的内部控制审计，都是针对组织内部控制开展的审计活动，都是为了提升组织内部控制在设计和运行上的有效性、促进组织内部控制目标的实现。内部控制审计的对象均为组织的内部控制，审计工作都要以内部控制设计和运行的实际情况为基础来进行，都需要围绕内部环境、风险评估、控制活动、信息与沟通、内部监督等内部控制要素来确定具体的审查和评价内容。两者的主要联系体现在：注册会计师在实施内部控制审计的过程中，可以利用内部审计机构对内部控制的审计结果，来减少注册会计师审计工作量；组织也可以通过加强内部审计机构所实施的内部控制审计工作，来降低注册会计师实施内部控制审计的成本。

2. 二者的区别

（1）性质不同。内部审计机构和注册会计师实施的内部控制审计因具有不同的实施主体，形成了不同性质的业务。由内部审计机构实施的内部控制审计，其本质上是组织对内部控制的内部监督。由注册会计师实施的内部控制审计，在本质上则是对组织内部控制的外部监督，属于由注册会计师提供的、具有独立性和客观性的鉴证业务。

（2）强制性不同。外部监管机构对组织的内部审计机构是否实施内部控制审计并无强制性要求。但是，对于公众利益实体，如上市公司而言，聘请注册会计师实施内部控制审计则是一项强制性要求。五部委联合发布的《关于印发企业内部控制配套指引的通知》明确规定：执行《企业内部控制基本规范》及企业内部控制配套指引的上市公司和非上市大中型企业，应当对内部控制的有效性进行自我评价，披露年度自我评价报告，同时应当聘请会计师事务所对财务报告内部控制的有效性进行审计并出具审计报告。上市公司聘请的会计师事务所应当具有证券、期货业务资格；非上市大中型企业聘请的会计师事务所也可以是不具有证券、期货业务资格的大中型会计师事务所。

（3）遵循的规范不同。内部审计机构在实施内部控制审计时，应当遵循内部审计准则；注册会计师在实施内部控制审计时，应当遵循《企业内部控制审计指引》《中国注册会计师鉴证业务基本准则》和中国注册会计师审计准则等规范。

（4）审计侧重点不同。虽然内部审计机构和注册会计师在实施内部控制审计时，均聚焦于组织内部控制在设计和运行上的有效性，但是注册会计师在实施内部控制审计时，会将发现的内部控制缺陷区分为财务报告内部控制缺陷和非财务报告内部控制缺陷，并对不同的内部控制缺陷采取不同的处理方式。内部审计机构实施的内部控制审计在对内部控制进行全面评价的基础上，关注重要业务单位、重大业务事项和高风险领域的内部控制，不会对内部控制缺陷进行上述划分。

（5）实施的频率不同。内部审计机构实施内部控制审计，并没有每年进行一次的强制性要求，也不需要针对某个特定的基准日，通常是根据组织管理层的需要和内部审计的年度工作计划实施。注册会计师实施的内部控制审计则针对的是被审计单位特定基准日内部控制设计与运行的有效性，通常每年进行一次，并由会计师事务所出具内部控制审计报告，对外披露审计结果。

（6）工作成果的体现不同。内部审计机构在实施内部控制审计之后，应当向组织的适当治理层或管理层报告审计结果。审计报告应当说明审查和评价内部控制的目的和范围、审计结论、审计决定、对改善内部控制的建议，以及被审计单位的反馈意见。

注册会计师在完成内部控制审计工作之后，应当出具内部控制审计报告。审计报告应当对被审计单位是否按照《企业内部控制基本规范》《企业内部控制应用指引》《企业内部控制评价指引》以及被审计单位自身内部控制制度的要求，在所有重大方面保持有效的内部控制发表审计意见。注册会计师出具的内部控制审计报告包括四种类型，即标准内部控制审计报告、带强调事项段的无保留意见内部控制审计报告、否定意见内部控制审计报告和无法表示意见内部控制审计报告。对于发现的非财务报告内部控制的重大缺陷，注册会计师还应当在审计报告中提示投资者、债权人和其他利益相关者予以关注。

（二）与企业内部控制评价的联系和区别

企业实施的内部控制评价又称为内部控制自我评价。对此，由五部委联合发布的《企业内部控制评价指引》将内部控制评价明确为“企业董事会或类似权力机构对内部控制的有效性进行全面评价、形成评价结论、出具评价报告的过程”。在组织的内部控制实务中，内部控制评价是一个极为重要的环节。内部控制审计与内部控制评价之间既存在联系又存在区别。

1. 与内部控制评价的联系

内部控制审计与内部控制评价的联系主要体现在，两者的工作目标均是审查和评价组织内部控制的设计和运行的有效性。与此同时，两者都是围绕内部环境、风险评估、控制活动、信息与沟通、内部监督等内部控制要素来确定具体的审查和评价内容，且两者的工作程序也基本一致。如果组织的董事会或者类似权力机构授权内部审计机构和人员负责内部控制评价的具体组织和实施工作，则此时两者的工作主体也是一致的。

2. 与内部控制评价的区别

（1）责任主体不同。内部控制审计是由组织的内部审计机构和人员实施的一项内部审计活动，它根据组织对内部审计的总体计划进行，其责任主体无疑是内部审计机构；内部控制评价则是在组织内部实施的一项管理活动，其责任主体是组织的董事会，董事会或者类似权力机构实施的内部控制自我评价不属于审计行为。虽然在很多情况下，董事会或其下属的审计委员会可能将内部控制自我评价的工作委托给组织的内部审计机构，但是即便如此，内部控制评价工作的最终责任主体依然是组织的董事会，而不是组织的内部审计机构，即组织的董事会对内部控制评价报告的真实性承担最终的责任。

（2）实施的强制性不同。外部监管机构对组织内部审计机构实施内部控制审计并无强制性要求，内部控制审计往往是根据组织内部治理层和管理层的要求，并结合内部审计机构的工作重点和任务安排实施的。但是，对于公众利益实体，如上市公司而言，实施内部控制评价则是外部监管机构的一项强制性要求。无论是美国的《萨班斯-奥克斯利法案》，还是我国的《企业内部控制基本规范》、企业内部控制配套指引，都对上市公司管理层应当对内部控制有效性进行自我评价提出了明确的要求。

(3) 遵循的规范不同。组织实施内部控制评价时，应当遵循《企业内部控制基本规范》《企业内部控制评价指引》。2008 年，财政部等五部委联合发布的《企业内部控制基本规范》要求组织应当结合内部监督的实际情况，定期对内部控制的有效性进行自我评价，并出具内部控制自我评价报告。2010 年，五部委又联合发布了《企业内部控制评价指引》，对内部控制评价应遵循的原则、评价内容、评价程序等进行了详细规定，为组织开展内部控制自我评价提供了共同遵循的标准，也为参与国际竞争的中国企业在内部控制建设方面提供了自律性规范。

内部审计机构和人员实施内部控制审计应当遵循《中国内部审计准则》，五部委联合发布的《企业内部控制基本规范》及配套指引的出台，对内部控制审计工作提出了明确要求。2013 年，中国内部审计协会对内部审计准则进行了修订，在对内部控制审计相关准则的修订中借鉴了《企业内部控制基本规范》《企业内部控制评价指引》的相关规定。同时，考虑到目前大多数组织内部对内部控制评价主体认识较为模糊的实际情况，以及内部控制审计和内部控制评价在实务中无论是实施主体还是报告方式等都存在一定差异，为突出内部审计机构在内部控制评价中的特殊性和作用，此次修订进一步明确了内部控制审计的定义、定位和主体，突出了内部审计机构在内部控制审计中发挥的作用和优势，进一步丰富了内部控制审计的相关内容。

首先，在内部控制审计的内容方面，此次修订将内部控制审计分为全面内部控制审计和专项内部控制审计，并从组织层面和业务层面对内部控制审计的内容做了较为细致的规定。其中，组织层面内部控制审计的内容主要按照内部控制五要素进行规范，同时借鉴、吸收了《企业内部控制评价指引》中有关内部控制评价内容的规定，力求与《企业内部控制基本规范》及配套指引相衔接。其次，在内部控制审计的程序和方法方面，强调内部审计人员在实施现场审查前，可以要求被审计单位提交最近一次的内部控制自我评估报告。内部审计人员应当结合内部控制自我评估报告，确定审计内容及重点，实施内部控制审计。再次，在内部控制缺陷的认定方面，专章规定内部控制缺陷的认定，对缺陷认定的方法、缺陷的种类和缺陷的报告等内容进行规定。最后，在内部控制审计报告方面，专章规定内部控制审计报告的编制要求，明确指出全面内部控制审计报告一般应当报送组织董事会或者最高管理层，包含重大缺陷认定的专项内部控制审计报告也应当报送董事会或者最高管理层；经董事会或者最高管理层批准，内部控制审计报告可以作为《企业内部控制评价指引》中要求的内部控制评价报告对外披露。

(4) 工作成果的体现不同。由内部审计机构和人员实施的内部控制审计的工作成果体现在内部控制审计报告之中，该报告属于组织内部文件，通常由内部审计机构提交给组织的适当治理层或管理层。组织所进行的内部控制评价的工作成果则体现在内部控制评价报告之中，该报告报经董事会或类似权力机构批准后，方可对外披露或者报送相关监管部门。《企业内部控制评价指引》规定，企业应当以每年的 12 月 31 日作为年度内部控制评价报告的基准日，内部控制评价报告应于基准日后 4 个月内报出。

内部控制是组织提高经营管理水平和风险防范能力，实现可持续发展的基础。内部审计机构对组织内部控制进行审计监督，是优化内部控制自我监督机制的一项重要制度安排，是健全内部控制的重要措施，也是内部审计更好地发挥其在风险管理和组织治理中的作用，实现自身价值和在组织中的职能定位的需要。

内部控制审计是随着组织对内部控制认识的逐步深化而发展起来的。最初，内部审计主要关注的是与会计事项相关的内部控制，审计的着眼点是内部会计牵制，其目的是对财务活动进行日常监督，帮助组织建立健全内部会计控制，同时也帮助外部审计师在内部控制评价的基础上进行审计抽样，以降低审计风险和审计成本。20 世纪 50 年代前后，内部审计实务界开始关注组织的管理活动，将审计重点从财务账簿转向业务活动和管理控制，以提高组织的经营管理效率。相应地，内部控制评价的目标也从服务于财务审计扩展到为提高组织的业务活动和管理控制的效率服务。70 年代以后，内部审计由为管理层提供帮助扩展到为组织提供确认和咨询服务，这就要求内部审计机构站在整个组织的立场上评价和分析问题，对组织内部控制的整体系统进行检查和评价。90 年代以后，内部控制整合框架和相关规范的提出极大地改变了实施内部控制审计的内外部环境，内部审计需要关注与组织目标实现相关的所有风险，因此内部控制审计发展到以风险评估为基础，根据风险发生的可能性和对组织单个或者整体控制目标造成的影响程度，来确定审计的范围和重点。

二、内部控制审计的责任划分

我国《第 2201 号内部审计具体准则——内部控制审计》明确规定：董事会及管理层的责任是建立、健全内部控制并使之有效运行。内部审计的责任是对内部控制设计和运行的有效性进行审查和评价，出具客观、公正的审计报告，促进组织改善内部控制及风险管理。

早在 1971 年，IIA 在其第三号《内部审计人员责任说明书》中就已经将内部控制评价确定为内部审计的主要职责之一。在新修订的《国际内部审计实务框架》中，IIA 进一步明确指出，内部审计机构和人员应当通过评价内部控制的效率和效果、促进其持续改善等工作，帮助组织维持有效的控制系统。在内部审计机构和人员实施内部控制审计的过程中，必须明确内部审计机构和人员与组织治理层和管理层之间的责任划分。具体而言，组织的管理层负责建立健全组织的内部控制并使之有效运行，组织的治理层负责监督组织管理层建立健全内部控制并保证其有效运行的责任的履行情况。内部审计的责任是对内部控制设计和运行的有效性进行审查和评价，出具客观、公正的审计报告，促进组织改善内部控制及风险管理。

三、内部控制审计的内容

建立健全有效的内部控制是组织健康发展的有力保障，对内部控制进行审计的根本目标就是保证组织内部控制目标的最终实现。内部控制审计的目标服务于内部控制的目标，决定内部控制审计的内容。内部控制是组织为实现一定目标所采取的一系列政策和程序，内部控制审计是健全内部控制的重要措施，因此从根本上说，内部控制审计的最终目标与内部控制的目标是一致的，即合理保证组织运营管理合法合规、资产安全、信息真实完整，提高经营的效率和效果，进而促进组织发展战略的实现。

内部控制审计通过健全、完善组织的内部控制以及督促组织内部控制的有效执行，促进组织改善内部控制及风险管理，推动组织目标的实现，进而为组织增加价值。首先，内部控制审计通过对组织整体的内部控制的各个要素，或者某个要素、某项业务活动或业务活动的某个环节的内部控制进行审查和评价，发现组织内部控制的空白点、薄弱点，进而提出改进内部控制设计的建议，从而健全内部控制。其次，内部控制审计通过综合考虑组织内外部环境的变化，结合现有内部控制的设置情况，提出修改或者设计新的内部控制的建议，以促进组织内部控制不断完善、不断适应环境的变化。最后，内部控制审计通过检查组织内部控制的执行情况做出相应的评价，针对执行不当、怠于执行的情况及时提出意见和建议，以督促组织内部控制的有效执行。此外，内部控制审计还可以为组织管理层出具内部控制自我评价报告提供数据基础和信息支持。

通常情况下，组织层面的内部控制是否有效将直接影响业务层面内部控制的有效性，进而影响内部审计机构和人员对组织内部控制所做出的评价和提出的改进建议。因此，内部审计机构和人员在实施内部控制审计时，可以首先审查和评价组织层面的内部控制，在此基础上进一步审查和评价业务层面的内部控制。

（一）组织层面的内部控制审计

内部控制审计的基本内容是审查和评价内部控制在设计层面的合理性和健全性以及在执行层面的有效性。内部审计机构和人员对内部控制合理性进行审查时主要关注组织的内部控制在设计层面是否能够实现控制目标以及是否存在缺陷。内部审计机构和人员对内部控制健全性进行审查时主要关注内部控制在设计层面是否全面、完整，为实现控制目标而应当设置的内部控制是否已经设置。内部审计机构和人员对内部控制有效性进行审查时则主要关注已经建立的内部控制是否得到一贯的有效执行，最终实现控制目标。内部审计机构和人员可以参考五部委联合发布的《企业内部控制基本规范》及配套指引的相关规定，根据组织的实际情况和需要，通过分析内部控制的内部环境、风险评估、控制活动、信息与沟通、内部监督等要素，对组织层面内部控制的设计与运行情况进行审查和评价。

1. 审查与评价内部环境

内部环境奠定了组织内部控制的基调，它代表着组织治理层和高级管理层对内部控制的重视程度，影响着组织内所有层级的员工对内部控制的认识和态度。良好的内部环境是组织实施有效内部控制的基础，只有在良好的内部环境下，组织才能建立完备的内部控制，内部控制才能得到有效的执行。

内部环境包括治理职能和管理职能，以及组织治理层和管理层对内部控制及其重要性的态度、认识和所采取的措施。内部环境由多方面要素组成，如管理层倡导的组织文化和经营理念、组织的性质和类型、法人治理结构、权责分配机制、对胜任能力的重视、人力资源政策与实务等。内部审计人员在开展内部环境要素的审计时，应当以《企业内部控制基本规范》和各项应用指引中关于内部环境要素的规定为依据，关注组织架构、发展战略、人力资源、组织文化、社会责任等，结合组织的内部控制情况，对内部环境进行审查和评价。

（1）组织架构。组织架构是指组织按照国家有关法律法规、股东（大）会决议、组织章程，结合组织实际情况，明确董事会、监事会、经理层和组织内部各层级机构的设置、职责权限、人员编制、工作程序和相关要求的制度安排。组织架构可以分为治理结构和内部机构，内部审计人员应当关注组织架构在设计与运行中的各项风险。例如，治理结构形同虚设，缺乏科学决策、良性运行机制和执行力，可能导致组织经营失败或发展战略难以实施；内部机构设计不科学、权责分配不合理，可能导致机构冗余、职能交叉或缺失、遇事推诿、运行效率低下。内部审计人员在审查和评价组织架构时，应当重点关注以下内容：

● 组织架构的设计是否符合国家有关法律法规的规定，是否明确了董事会、监事会和经理层的职责权限、任职条件、议事规则和工作程序，是否能够确保决策、执行和监督相互分离和形成制衡。

● 组织是否建立了重大决策、重大事项、重大人事任免以及大额资金支付业务等的集体决策或联签制度。

● 组织是否按照科学、精简、高效、透明、制衡的原则，合理设置内部职能机构，并明确体现了不相容职务分离的原则。

● 组织是否对其治理结构和内部机构的设置进行了梳理，是否能够保证其运行的合理性和有效性。

● 组织是否建立了科学的投资管控制度。

● 组织是否定期对组织架构设计及运行的效率和效果进行评估，对存在的缺陷是否进行了优化调整。

（2）发展战略。发展战略是指组织在对现实状况和未来趋势进行综合分析和科学预测的基础上，制定并实施的长远规划。内部审计人员应当关注组织在制定与实施发展战略中面临的各项风险。例如，缺乏明确的发展战略或发展战略实施不到位，可能导致组织盲目发展，难以形成竞争优势，丧失发展机遇和动力；发展战略过于激进，超出组织实际能力范围或偏离主业，可能导致组织过度扩张，甚至出现经营失败；发展战略由于主观原因频繁变动，可能导致资源浪费，甚至危及组织的生存和可持续发展。内部审计人员在审查和评价发展战略时，应当重点关注以下内容：

● 组织在制定发展目标时是否进行了充分的调查研究、科学分析预测并广泛征求了意见。

● 组织是否依据发展目标制定了战略规划。

● 董事会是否下设战略委员会或指定相关机构负责发展战略的管理工作，其职责和议事原则是否明确。

● 组织是否根据发展战略制订了年度工作计划并编制了全面预算。

● 组织是否对发展战略的实施情况进行了监控和定期分析。

（3）人力资源。人力资源是指组织为进行生产经营活动而聘用的各种人员，包括董事、监事、管理人员和普通员工。组织内各层级员工的能力和诚信是内部控制环境中不可或缺的因素，组织所有政策和程序的有效执行都依赖于人力资源。内部审计人员应当关注人力资源管理领域的各项风险。例如，人力资源缺乏或过剩、结构不合理、开发机制不健全，可能导致组织发展战略难以实现；人力资源激励约束制度不合理、关键岗位人员管理不完善，可能导致人才流失，经营效率低下，或关键技术、商业秘密和国家机密泄露；人力资源退出机制不当，可能导致法律诉讼或组织声誉受损。内部审计人员在审查和评价人力资源时，应当重点关注以下内容：

- 组织是否根据人力资源总体规划，结合生产经营的实际需要，制订了年度人力资源需求计划，完善了人力资源引进制度。
- 人力资源选聘程序是否符合职位要求，是否做到公开、公平。
- 组织是否依法与员工签订了劳动合同。
- 组织是否建立了人才培养的长效机制。
- 组织是否建立了人力资源的激励约束机制和绩效考核制度。
- 组织是否制定了定期轮岗制度。
- 组织是否建立健全了员工退出制度。

（4）组织文化。组织文化是指组织在生产经营实践中逐步形成的为整个组织所认同并遵守的价值观、经营理念和精神，以及在此基础上形成的行为规范。内部审计人员应当关注组织在加强组织文化建设过程中的各项风险。例如，缺乏积极向上的组织文化，可能导致员工丧失对组织的信心和认同感，进而削弱组织的凝聚力和竞争力；缺乏开拓创新、团队协作和风险意识，可能导致组织发展目标难以实现，影响可持续发展；缺乏诚实守信的经营理念，可能导致舞弊事件的发生，造成组织损失，影响组织信誉；忽视组织间的文化差异和理念冲突，可能导致并购重组的失败。内部审计人员在审查和评价组织文化时，应当重点关注以下内容：

- 组织是否根据自身发展战略和实际情况培育了具有自身特点的组织文化。
- 董事、监事、经理和其他高级管理人员是否发挥了主导和模范作用。
- 组织文化是否渗透到组织的生产经营全过程，并得到了全体员工的遵守。
- 组织是否定期对组织文化进行评估，并对存在的问题采取措施加以改进。

（5）社会责任。社会责任是指组织在经营发展过程中应当履行的社会职责和义务，主要包括安全生产、产品（含服务）质量控制、环境保护、资源节约、促进就业、员工权益保护等。内部审计人员应当关注组织在履行社会责任方面的各项风险。例如，安全生产措施不到位或责任不落实，可能导致组织发生安全事故；产品质量低劣，侵害消费者利益，可能导致组织面临巨额赔偿、形象受损，甚至有破产的风险；环境保护投入不足，资源耗费大，造成环境污染或资源枯竭，可能导致组织面临巨额赔偿、缺乏发展后劲，甚至陷入停业的困境；促进就业和员工权益保护不力，可能导致员工积极性受挫，影响组织发展和社会稳定。内部审计人员在审查和评价组织履行社会责任的情况时，应当重点关注以下内容：

- 组织是否建立了完善的安全生产管理体系，并强化了安全生产责任追究制度。
- 组织的安全生产措施是否到位、责任是否落实。
- 组织是否建立了严格的产品质量控制、检验制度及售后服务制度。
- 组织是否建立了环境保护与资源节约制度，认真落实节能减排责任，积极开发和使用节能产品，发展循环经济，减少污染物排放，提高资源综合利用效率。

- 组织是否依法保护员工的合法权益。

2. 审查与评价风险评估

任何组织在经营活动中都会面临各种各样的风险，这些风险会对其生存和竞争能力产生重要影响。虽然很多风险的产生并不是组织所能控制的，但是组织的管理层应当确定可以承受的风险水平，识别组织可能面临的风险，评估其潜在影响，并采取一定的应对措施。组织进行的风险评估就是识别、评估和管理影响其运营目标实现能力的各种风险。内部审计人员在开展风险评估要素审计时，应当以《企业内部控制基本规范》有关风险评估的要求，以及各项应用指引中所列举的主要风险为依据，结合组织的内部控制情况，对日常经营管理过程中的风险识别、风险分析、应对策略的制定与执行情况等进行审查和评价。

（1）组织战略和目标的沟通。组织只有制定明确的战略和目标，才能实施有效的控制。组织的战略和目标是由组织的理念及其所追求的价值决定的。组织的风险评估就是对组织战略和目标实现过程中出现的风险进行的评估，而对组织战略和目标的有效沟通保证了风险评估在组织内部的实现。内部审计人员在审查和评价组织战略和目标的沟通时，应当重点关注以下内容：

- 组织目标是否适当，是否与组织的战略、组织所处的内外部环境相适应，组织目标是否已经传达到组织的各个相关层级。
- 组织在具体策略和业务层面的目标与组织整体目标是否保持协调。
- 组织是否已经明确影响整体战略实施的关键因素。
- 组织的各级管理人员是否能够参与组织目标的制定，并明确了相关的责任。

（2）风险评估过程。风险评估过程是组织实施风险评估的过程，包括风险识别、评估风险的严重程度、评估风险发生的可能性以及确定需要采取的风险应对措施。内部审计人员在审查和评价组织的风险评估过程时，应当重点关注以下内容：

- 组织是否建立了完备的风险识别机制。
- 组织是否采用了有效的风险评估方法。
- 组织的风险分析是否通过正式的分析程序进行。

（3）风险管理。组织始终处于一个不断变化的风险环境之中，组织的运营和控制必须不断适应变化的风险环境。因此，组织的风险评估并不是一个静态的过程，而是一个持续、及时识别风险及其变化并不断应对变化中的风险的动态过程。内部审计人员在审查和评价组织对风险的管理时，应当重点关注以下内容：

- 组织是否建立了健全的机制，以识别和应对可能对组织产生重大且普遍影响的风险。
- 组织的风险管理部门是否设立了必要的流程，以识别、评估和应对运营环境中出现的各种风险以及可能发生的重大变化。
- 组织是否建立了对风险管理效果进行定期监督和评价的机制。

3. 审查与评价控制活动

控制活动是内部控制的重要因素，也是实现控制目标的关键。内部控制的有效性在很大程度上取决于控制活动的设计和执行效果。即便组织已经具备了一定的风险和危机意识，并且营造了良好的内部控制环境，但如果没有设置有效的控制活动或者已经设置的控制活动并没有得到有效的执行，内部控制也不会达到预期的目标。

控制活动包括授权审批控制、不相容职务分离控制、会计系统控制、财产保护控制、预算控制、运营分析控制、绩效考评控制以及合同管理控制等。内部审计人员应当审查和评价组织是否设置了必要的控制活动，已经设置的控制活动是否在组织内部得到了开展，控制活动的设置对控制目标的实现产生的影响，以及控制活动在识别和规避风险方面的效能等。内部审计人员在开展控制活动要素审计时，应当以《企业内部控制基本规范》和各项应用指引中关于控制活动的规定为依据，结合组织的内部控制情况，对相关控制活动的设计和运行情况进行审查和评价。

（1）授权审批控制。授权审批控制要求组织按照授权审批的相关规定，明确各岗位办理业务和事项的权限范围、审批程序和相应职责。组织内部各级管理人员必须在授权范围内行使职权和承担责任，业务经办人员亦须在授权范围内办理业务。完善的授权审批控制有助于明确各管理层级的权利和义务，实现责任层层落实、层层把关，从而最大限度地规避风险。内部审计人员在审查和评价组织的授权审批控制时，应当重点关注以下内容：

- 组织对一般授权和特殊授权的界定是否清晰。
- 组织设置的授权审批控制是否有充分的依据，是否做到了依事不依人，授权者对下级的授权是否在自己的权限范围内，是否建立了针对授权的监督保障机制。
- 组织是否存在越权审批、随意审批的情况。
- 组织的授权和审批是否采取了适当的书面形式。

（2）不相容职务分离控制。不相容职务分离控制要求组织全面系统地分析、设立业务流程中涉及的不相容职务，实施相应的职务分离措施，以形成各司其职、各负其责、相互制约的工作机制。内部审计人员在审查和评价组织的不相容职务分离控制时，应当重点关注以下内容：

- 可行性研究与决策审批是否相分离。
- 业务执行与决策审批是否相分离。
- 业务执行与审核监督是否相分离。
- 会计记录与业务执行是否相分离。
- 业务执行与财产保管是否相分离。
- 财产保管与会计记录是否相分离。

（3）会计系统控制。会计系统控制是指利用记账、核对、岗位职责落实和职责分离、档案管理、工作交接程序等会计控制方法，确保组织会计信息真实、准确、完整。健全会计系统控制要求组织严格执行国家统一的会计准则和财务制度规定，加强会计基础工作，明确会计凭证、会计账簿和财务会计报告的处理程序，以保证会计资料的真实和完整。内部审计人员在审查和评价组织的会计系统控制时，应当重点关注以下内容：

- 组织管理层是否严格执行了国家统一的会计准则和财务制度规定。

● 会计政策的选择是否适当，变更会计政策是否有合理的理由。

● 会计估计是否合理。

● 文件和凭证控制措施是否健全，是否对经济业务进行适当记录并且对相关凭证进行连续编号。

● 会计档案的保管是否妥当。

● 组织是否依法设置了会计机构，并配备了合格的会计人员。

● 组织是否建立了适当的会计岗位制度。

（4）财产保护控制。财产保护控制要求组织建立财产日常管理制度和定期清查制度，采取财产记录、实物保管、定期盘点、账实核对等措施，以确保财产的安全和完整。内部审计人员在审查和评价组织财产保护控制时，应当重点关注以下内容：

● 组织是否建立了财产档案，全面且及时地反映财产的变动情况。

● 组织是否建立了实物保管制度，严格限制未经授权人员接触财产。

● 组织是否建立了定期或者不定期的财产盘点清查制度。

（5）预算控制。预算控制要求组织实施全面预算管理制度，明确各责任单位在预算管理中的职责权限，规范预算的编制、审定、下达和执行程序，以强化预算约束。内部审计人员应当关注组织在预算管理中可能面临的各项风险。例如，不编制预算或预算不健全，可能导致组织经营缺乏约束或盲目经营；预算目标不合理、编制不科学，可能导致组织资源浪费或发展战略难以实施；预算缺乏刚性、执行不力、考核不严，可能导致预算管理流于形式。内部审计人员在审查和评价组织的预算控制时，应当重点关注以下内容：

● 组织是否建立和完善了预算编制工作制度，明确编制依据、编制程序、编制方法等，确保预算编制依据合理、程序适当、方法科学，并核实全面预算是否按照相关法律法规及组织章程的规定报经上级部门或相关管理人员审议批准，且以文件形式下达执行。

● 组织的预算执行是否严格遵循既定程序，对于确需调整预算的，是否履行了严格的审批程序。

● 组织是否建立了严格的预算执行考核制度，是否对各预算执行单位和个人进行了考核，切实做到了有奖有惩、奖惩分明。

（6）运营分析控制。运营分析控制要求组织建立运营情况分析制度，经理层需综合运用生产、购销、投资、筹资、财务等方面的信息，通过对比分析、比率分析、趋势分析、因素分析、综合分析等办法，定期开展运营情况分析，以便及时发现问题、查明原因并加以改进。内部审计人员在审查和评价组织运营分析控制时，应当重点关注以下内容：

● 组织采用的运营分析方法是否恰当。

● 组织是否根据发现的问题查找了原因。

● 组织是否在分析问题并查找原因的基础上，提出了改进的措施。

（7）绩效考评控制。绩效考评控制要求组织建立和实施绩效考评制度，科学设置考核指标体系，对组织内部各责任单位和全体员工的业绩进行定期考核和客观评价，将考评结果作为确定员工薪酬以及职务晋升、评优、降级、调离、辞退等的依据。内部审计人员在审查和评价组织的绩效考评控制时，应当重点关注以下内容：

- 考评主体与客体的设置是否恰当。
- 考评的目标是否明确。
- 考评指标是否科学合理。
- 考评标准是否适当。
- 考评方法是否科学合理。
- 考评结果是否公正。

（8）合同管理控制。合同管理控制是指组织通过梳理合同管理的整个流程，分析关键风险点，并采取有效措施，以将合同风险控制在组织可以接受的范围内。内部审计人员应当关注合同管理控制中存在的各项风险。例如，未订立合同、未经授权对外订立合同、合同对方主体资格未达要求、合同内容存在重大疏漏和欺诈，可能导致组织合法权益受到侵害；合同未全面履行或监控不当，可能导致组织诉讼失败、经济利益受损；合同纠纷处理不当，可能损害组织利益、信誉和形象。内部审计人员在审查和评价组织的合同管理控制时，应当重点关注以下内容：

- 组织是否建立了分级授权的合同管理制度。
- 组织合同是否实行统一归口管理。
- 各业务部门作为合同的承办部门是否明确进行职责分工。
- 组织是否建立健全了合同管理考核与责任追究制度，并开展了合同后评估工作。

4. 审查与评价信息与沟通

在高速发展的信息时代，所有组织对其信息与沟通系统的依赖日益增强，信息的真实性与沟通的及时性对组织的运营至关重要。良好的信息与沟通系统能够保证组织在充满风险且瞬息万变的环境中灵活应对。这就要求组织的信息与沟通系统必须能够及时、准确地记录所有的信息，并确保这些信息的安全、有序使用。

内部审计人员在对信息与沟通要素进行审查时，应当分别考虑信息与沟通两个方面的内容。内部审计人员开展信息与沟通要素审计时，应当以《企业内部控制基本规范》和各项应用指引中有关内部信息传递、财务报告、信息系统等的规定为依据，结合组织的内部控制情况，对信息收集、处理和传递的及时性，反舞弊机制的健全性，财务报告的真实性，信息系统的安全性，以及利用信息系统实施内部控制的有效性进行审查和评价。

（1）内部信息传递。沟通的目的在于确保组织所有层级的员工了解其职责等。通过有效的沟通，组织所有层级的员工能够充分了解其在会计系统中的工作任务、与他人的联系方式、向上级报告例外情况的途径。组织内部信息传递的方式主要有组织规章制度、财务制度、备忘录、口头交流以及流程示范等。内部审计人员在审查和评价组织的内部信息传递时，应当重点关注以下内容：

- 内部信息传递系统是否功能完善、结构完整。
- 内部信息传递系统向适当人员提供的信息是否充分、具体和及时，使之能够有效履行其职责。

- 内部信息传递系统是否明确规定了内部信息传递的内容、保密要求及密级、传递方式、传递范围，以及各管理层级的职责权限。
- 内部信息传递系统是否针对不恰当事项和行为建立了沟通渠道。

（2）财务报告。由于组织编制财务报告的过程涉及重大的会计估计和披露，因此编制财务报告的程序应当严格遵循适用的会计准则和相关会计制度要求，确保需要披露的信息能够得到适当的收集、记录、处理和汇总，并在财务报告中进行适当的披露。内部审计人员在审查和评价组织的财务报告时，应当重点关注以下内容：

- 组织是否按照国家统一的会计准则和制度规定进行会计记录和财务报告的编制。
- 财务报告是否内容完整、数字真实、计算准确、没有漏报。
- 组织是否定期对收入、费用、成本、资产、负债、现金流量等进行财务分析，并将分析结果及时送交有关管理层。

（3）信息系统。信息包括内部信息和外部信息。内部信息包括组织管理层形成的记录，经营业务与事项报告，关于资产、负债和所有者权益的记录等。外部信息包括市场占有率、法律法规和顾客反馈等信息。这些信息均源自组织的信息系统，信息系统产生有关运营、财务和合规性的信息，以支持管理层对组织的运营和控制。内部审计人员在审查和评价组织的信息系统时，应当重点关注以下内容：

- 组织信息系统的开发及其变更是否与组织战略计划相适应。
- 管理层是否提供了适当的人力和财力以支持必需的信息系统开发。
- 组织信息系统是否建立了严格的用户管理制度。
- 组织信息系统是否建立了系统数据定期备份制度。
- 组织是否针对信息系统制定了安全策略。

5. 审查与评价内部监督

内部监督是内部控制实施过程中必不可少的环节。通过对内部控制实施过程的监督，组织可以发现内部控制实施过程中可能存在的问题，并及时进行修正，以确保内部控制系统持续、有效地运行。例如，管理层对是否定期编制银行存款余额调节表进行监督，内部审计人员评价销售人员是否遵守公司关于销售合同条款的政策，法律部门定期监控公司的道德规范和商务行为准则是否得到遵循等。内部监督对于保障内部控制的持续有效运行是十分重要的。例如，如果没有对银行存款余额调节表是否及时和准确地编制进行监督，该项控制可能无法得到持续执行。组织通常通过持续的监督活动、专门的评价活动或两者相结合的方式，来实现对内部控制的监督。持续的监督活动通常贯穿组织的日常经营活动与常规管理。例如，销售经理、采购经理和车间主任等，凭借对经营活动的深入了解，会对有重大差异的报告提出疑问，并进行必要的追踪调查和处理。此外，组织也可能利用与外部有关各方沟通或交流所获取的信息来监督相关的控制活动。在某些情况下，外部信息能够显示内部控制存在的问题和需要改进之处。监管机构，如银行监管机构也可能就影响内部控制运行的问题与组织进行沟通。

内部审计人员在开展内部监督要素审计时，应当以《企业内部控制基本规范》中有关内部监督的要求，以及各项应用指引中有关日常管控的规定为依据，结合组织的内部控制情况，对内部监督机制的有效性进行审查和评价，重点关注监事会、审计委员会、内部审计机构等是否在内部控制设计和运行中有效发挥了监督作用。内部审计人员在审查和评价组织的内部监督时，应当重点关注以下内容：

- 组织是否定期对经营业绩以及变化趋势进行监督。
- 组织是否定期开展内部控制评价，评价是否取得了良好的效果。
- 组织管理层是否采纳监督人员的建议，及时纠正内部控制运行中的偏差。
- 组织是否建立了协助管理层进行监督的职能部门，如监事会、审计委员会或者内部审计机构，并评估这些机构的工作职责履行情况和工作效果等。

(二) 业务层面的内部控制审计

内部审计人员在对组织层面的内部控制进行审查和评价之后，应当根据管理需求和业务活动的特点，对采购、资产管理、销售、研究与开发、工程项目、担保、业务外包、财务报告、全面预算、合同管理、信息系统等业务层面内部控制的设计和运行情况进行审查和评价。

1. 确定重要业务流程和重要交易类别

组织在业务层面的内部控制主要是针对重要业务流程和重要交易类别设计和实施的，因此，内部审计人员首先需要确定组织内所有的重要业务流程和重要交易类别，并对围绕这些业务流程和交易类别设计的内部控制进行深入的了解。例如，对于一般制造企业而言，销售业务和采购业务通常被视为最重要的交易类别。

2. 了解重要交易流程

重要交易流程是指每类重要交易在信息技术或人工系统中生成、记录、处理及在财务报表中报告的程序，这是确定在哪个环节或哪些环节需要建立内部控制的基础。交易流程通常包括一系列工作：输入数据的核准与修订，数据的分类，核查、更新账簿信息和客户信息，生成新的交易，归集数据，列报数据等。例如，在销售交易中，交易流程通常包括输入销售订购单、编制货运单据和发票、更新应收账款信息等。相关的处理程序包括编制调整分录，修改并再次处理以前被拒绝的交易，以及修改被错误记录的交易。

3. 确定需要设置内部控制的环节

内部审计人员需要确定组织应当在哪些环节设置内部控制，以保证对重要交易流程和重要交易类别的处理不会发生错误和舞弊。这些内部控制必须设计成可以保证每个业务流程中的具体活动顺利进行的人工或自动化控制程序。组织针对业务流程中所设置的内部控制可分为预防性控制和检查性控制。预防性控制通常用于正常业务流程中的每一项交易，以防止错误或舞弊的发生。例如，在发运货物并开具发票时对销售发票进行人工复核，以确保采用了正确的价格和折扣。检查性控制的建立是为了发现流程中可能发生的错误或者舞弊，是管理层监督流程目标实现情况的内部控制手段。例如，财务总监复核月度毛利率的合理性；信用管理部经理记录每月到期的应收账款，并追查收款情况等。

4. 评价内部控制

设置内部控制就是为了实现控制目标，因此对于每一个重要的业务流程，内部审计人员都需要评价已经设计的内部控制是否实现了与该业务流程相关的特定的控制目标。内部控制是否实现控制目标的重要判断依据就是内部控制是否防止了错误或者舞弊的发生，或者是否发现并纠正了错误或者舞弊，随后内部审计人员需将评价结果反馈给业务流程管理者进行后续处理。

四、内部控制审计程序

内部审计人员只有熟悉内部控制审计程序的各个步骤，才能更好地完成内部控制审计的工作任务，及时发现组织在内部控制的设计和运行方面存在的各种问题，并提出切实可行的改进建议和完善对策。

（一）审计准备工作

1. 对组织的内部控制进行初步了解

顺利开展内部控制审计工作的前提条件是了解组织内部控制的基本情况，这对合理规划整个审计过程有重要的影响。内部审计人员应当获取关于内部控制的充分信息，以识别组织已经设立的各项控制，并了解各项控制如何执行、由谁执行，以及执行中使用的数据报告、文件和其他材料。在了解组织内部控制基本情况时，内部审计人员可以询问相关岗位的员工、审阅与内部控制相关的文件资料，以获取组织内部控制的信息。内部审计人员在判断对内部控制的了解是否足以支持制定有效的审计策略时，应当考虑的因素包括：重要交易类别的复杂性、信息技术应用环境的复杂性和一体化程度、错报发生的可能性和在业务流程中未被发现的可能性，以及该重要交易对重大账户的影响程度等。

2. 制订总体审计计划和具体项目审计方案

为了对整个内部控制审计过程进行有效的规划，内部审计人员需要制订一个总体审计计划和具体的项目审计方案，并在审计的实施过程中不断根据实际情况的发展变化对具体项目审计方案进行适当的调整与修改。内部审计人员应当在项目审计方案中确定内部控制审计的目标、范围、内容，审计的重点和难点，审计中准备采用的主要审计程序和方法，审计组的构成和分工，以及审计的时间安排和预算等。

3. 组建审计组

内部审计机构在确定内部控制审计项目的性质、业务量、难度及时间安排之后，应当根据组织治理层和管理层对内部控制审计任务的特殊要求，安排具有内部控制审计经验的内部审计人员组建审计组。同时，内部审计机构还可以适当吸纳组织内部相关部门中熟悉内部控制情况的业务人员参加内部控制审计的具体工作。组建审计组之后，内部审计机构应当向其成员说明内部控制审计的任务性质、工作量、完成时间、注意事项等，同时进行审计前的法律法规和主要业务培训，为现场审计工作打好基础。

在制定内部控制审计的具体项目审计方案之后，审计组组长应当根据项目审计方案，科学合理地安排审计事项，确定审计范围、内容、重点、方法和步骤，以及审计起止时间。同时，内部审计机构应当根据所有参加审计工作的内部审计人员的特点、专业、特长等对其进行适当的分工，并明确职责，以确保内部控制审计工作紧密围绕审计目标开展，实现统筹安排、综合分析，及时解决审计中遇到的疑难问题。

4. 下达审计通知

审计组应当在实施现场审计前 2～3 日向被审计单位下达内部控制审计通知书。通知书中应当明确被审计单位需要准备的资料、参加审计的人员，同时要求被审计单位安排一名审计工作协调员，负责审计联络工作及有关事项。

（二）实施现场审查

1. 对内部控制进行详细了解

为了确定组织控制政策和程序在设计上是否完整以及是否得到了执行，内部审计人员必须对组织的内部控制进行充分的了解。内部审计人员可以就组织的内部控制设计和执行情况向有关工作人员进行询问或采用问卷调查的方式进行了解，同时还可以对组织的内部控制政策和制度手册、会计凭证和相关原始记录进行审阅，并采用适当的方法将对内部控制的了解记录下来。在此基础上，内部审计人员应当对组织的内部控制系统做出初步评估，并根据评估的控制风险确定在内部控制薄弱的领域扩展审计程序以降低审计风险的具体审计策略。

2. 对内部控制进行测试

内部审计人员对内部控制的了解重点在于关注内部控制在设计上是否完整以及是否得到了有效执行。为了验证内部控制设计的完整性和执行的有效性，内部审计人员需要进行充分的控制测试。内部审计人员可以从以下方面获取关于组织内部控制有效性的审计证据：（1）控制在审计期间的相关时点是如何运行的；（2）控制是否得到一贯的执行；（3）控制由谁或以何种方式执行。

3. 详细记录内部控制审计工作底稿

内部审计人员应当真实、完整地记录审计工作底稿，不得遗漏、虚构、隐匿、毁弃，其他人不得随意删改审计工作底稿。编制的审计工作底稿应当要素齐全、内容完整、简明扼要。审计工作底稿不能流于形式，应当始终围绕内部控制审计实施过程中的具体查证过程和结果，以便清晰地划分审计责任，防范审计风险。内部审计人员在编制审计工作底稿的过程中，应当详细记录内部控制审计的要点，包括审查和评价的要素、主要风险点、采取的控制措施、有关证据资料，以及内部控制缺陷认定结果等。

（三）认定内部控制缺陷

对内部控制缺陷的认定是对内部控制缺陷进行识别和确认的过程，也是判断一项内部控制缺陷是属于重大缺陷、重要缺陷还是一般缺陷的过程。内部控制缺陷，尤其是重大缺陷，代表内部控制的薄弱环节，是组织健全完善内部控制的关键所在。对于这些缺陷，内部审计人员应当在内部控制审计报告中予以反映，并提出改善相关内部控制的建议。内部审计人员在实施后续审计时，应当对重大缺陷的改进情况予以重点关注。

1. 内部控制缺陷的定义和分类

内部控制缺陷是指内部控制的设计存在的漏洞，它使内部控制不能有效防范错误与舞弊；或者内部控制的运行存在的弱点和偏差，它使内部控制不能及时发现并纠正错误与舞弊的情形。内部控制缺陷是组织在设计和执行内部控制过程中已经出现的或暗藏的缺点或不足，会导致组织内部控制有效性减弱甚至丧失，以至于无法为控制目标的实现提供合理保证。COSO也将内部控制缺陷定义为已经察觉的、潜在的或实际的内部控制缺点，抑或通过强化措施能够增加目标实现可能性的机会。

按照内部控制缺陷的成因，可以将内部控制缺陷分为设计缺陷和运行缺陷。设计缺陷是指组织缺少实现控制目标所必需的控制措施，或者已经建立的控制在设计上存在不当之处，即使正常运行也难以实现控制目标。运行缺陷是指设计有效（合理且适当）的内部控制由于运行不当，包括由不恰当的人执行、未按设计的方式运行、运行的时间或频率不当、没有得到一贯有效运行等，影响控制目标的实现。组织的内部控制体系无论是存在设计缺陷还是存在运行缺陷，都会影响内部控制的有效性。

按照内部控制缺陷的严重程度，可以将内部控制缺陷分为重大缺陷、重要缺陷和一般缺陷。重大缺陷是指一个或多个内部控制缺陷的组合，可能导致组织严重偏离内部控制目标。重要缺陷是指一个或多个内部控制缺陷的组合，其严重程度和经济后果低于重大缺陷，但仍有可能导致组织偏离内部控制的目标。一般缺陷是指除重大缺陷、重要缺陷以外的其他缺陷。

此外，按照缺陷影响的内部控制目标，还可以将内部控制缺陷分为财务报告内部控制缺陷和非财务报告内部控制缺陷。财务报告内部控制缺陷是指可能导致内部控制无法及时预防、发现或者纠正财务报表错报的缺陷，其可能影响组织财务报告相关的内部控制目标的实现。非财务报告内部控制缺陷是指可能导致内部控制无法及时预防、发现或者纠正财务报表错报之外的错误的缺陷，其可能影响组织非财务报告相关的内部控制目标的实现。这类缺陷包括战略内部控制缺陷、经营内部控制缺陷、合规内部控制缺陷、资产内部控制缺陷等。

2. 内部控制缺陷的识别

无论是国内还是国外，对内部控制缺陷的定义都一致地将内部控制缺陷的存在形式分为已经出现的和潜在的两种。这两种缺陷的表现形式并不相同：一种表现为组织内部控制过程有可能导致偏离控制目标，只是目前还没有造成危害；另一种则表现为组织内部控制体系已经发生偏离，控制目标的实现受到威胁或干扰。这两种缺陷在表现形式上的不同可以为内部审计人员识别内部控制缺陷打开突破口，针对内部控制缺陷的不同表现形式可以分别采用测试识别和迹象识别两种方法。

（1）测试识别。测试识别是指通过对控制过程的技术分析以及控制测试等手段甄别组织内部控制的设计缺陷与运行缺陷。组织的内部控制在计算机自动控制和手工控制领域都有可能存在设计缺陷，而内部审计人员必须对特定内部控制执行的全过程实施测试，才能发现内部控制运行缺陷。

（2）迹象识别。迹象识别是指通过将已经发现的背离内部控制目标的各种迹象作为判断依据来甄别内部控制的设计缺陷与运行缺陷。这种内部控制缺陷识别方法的本质是以内部控制实际运行结果为基础，对控制的有效性做出判断。各种背离内部控制目标的迹象一旦出现，在很大程度上就意味着组织目前的内部控制存在缺陷，控制目标的实现很可能受到威胁。能够反映组织内部控制缺陷的迹象很多，例如，管理层处于内部控制系统的真空地带，凌驾于内部控制之上，导致现有的内部控制不能发现或虽然已经发现但不能有效地制止管理层的舞弊行为；组织内部出现贪污、挪用公款等事件；组织因违规、违法行为受到相关监管部门的行政处罚、通报批评，或被要求整改；组织的财务报表被发现存在错报或存在报表重述情况；组织的一系列重大诉讼频繁地出现在同一经营领域。通过识别这些表明内部控制存在缺陷的迹象，内部审计人员能够对内部控制缺陷的严重程度做出直接的判断，并以此作为突破口进行内部控制缺陷的认定。

3. 内部控制缺陷的认定标准

内部审计机构和人员对组织内部控制进行审计和评价的关键是找出组织内部控制的缺陷并提出改进措施，以不断完善组织的内部控制，提高组织内部控制的有效性，为组织控制目标的实现提供合理保证。为此，内部审计人员应当根据获取的证据，对内部控制缺陷进行初步认定，并按照其性质和影响程度将其分为重大缺陷、重要缺陷和一般缺陷。

（1）财务报告内部控制缺陷的认定标准。财务报告内部控制缺陷的认定标准直接基于该内部控制缺陷的存在可能导致财务报告错报和经营失败的程度。这种程度主要取决于两个方面的因素：一是该缺陷是否具备合理可能性，导致内部控制不能及时预防、发现并纠正财务报告错报；二是该缺陷单独或连同其他缺陷可能导致的错报的金额大小。基于上述考虑，如果一项内部控制缺陷单独或者连同其他缺陷具备合理可能性，导致不能及时预防、发现或者纠正财务报告中的重大错报，就应当将其认定为重大缺陷。如果一项内部控制缺陷单独或连同其他缺陷具备合理可能性，导致不能及时预防、发现或者纠正财务报告中虽然未达到重大的程度但仍应引起董事会和管理层重视的错报，就应当将该缺陷认定为重要缺陷。上述两类缺陷之外的内部控制缺陷，应认定为一般缺陷。需要说明的是，是否存在内部控制缺陷并不取决于是否实际发生了错报，而是取决于内部控制能否及时预防、发现或纠正错报。也就是说，只要缺陷具备合理可能性，无论组织财务报告是否发生了错报，都应认定财务报告内部控制存在缺陷。

（2）非财务报告内部控制缺陷的认定标准。非财务报告内部控制缺陷的认定具有涉及面广、认定难度较大的特点，因此很难形成统一的认定标准。组织可以根据自身的实际情况，参照财务报告内部控制缺陷的认定标准，合理设定非财务报告内部控制缺陷的定量和定性认定标准。定量标准（即涉及的金额）既可以根据缺陷造成的直接财产损失的绝对金额确定，也可以根据缺陷导致的直接损失占组织资产、销售收入或利润等的比例确定。定性标准（即严重程度）则可以根据其直接或潜在负面影响的性质、范围等因素确定。

（3）内部控制缺陷严重程度的认定标准。内部控制的重大缺陷是指一个或多个控制缺陷的组合，可能导致组织严重偏离控制目标。内部控制重大缺陷的定量认定标准是财务报表的错报金额落在如下区间：①错报≥利润总额的5%；②错报≥资产总额的3%；③错报≥经营收入总额的1%；④错报≥所有者权益总额的1%。内部控制重大缺陷的定性认定标准包括：①缺乏民主决策程序；②决策程序导致重大失误；③违反国家法律法规并受到监管机构的处罚；④中高级管理人员和高级技术人员流失严重；⑤媒体频现负面新闻，涉及面广；⑥重要业务缺乏制度控制或制度体系失效；⑦内部控制重大或重要缺陷未得到整改。

内部控制的重要缺陷是指一个或多个控制缺陷的组合，其严重程度低于重大缺陷，但是仍有可能导致组织偏离控制目标。内部控制重要缺陷的定量认定标准是财务报表的错报金额落在如下区间：①利润总额的3%≤错报<利润总额的5%；②资产总额的0.5%≤错报<资产总额的3%；③经营收入总额的0.5%≤错报<经营收入总额的1%；④所有者权益总额的0.5%≤错报<所有者权益总额的1%。内部控制重要缺陷的定性认定标准包括：①民主决策程序存在但不够完善；②决策程序导致一般失误；③违反组织内部规章，形成损失；④关键岗位业务人员流失严重；⑤媒体出现负面新闻，波及局部区域；⑥重要业务制度或系统存在缺陷；⑦内部控制重要或一般缺陷未得到整改。

内部控制的一般缺陷是指除重大缺陷、重要缺陷之外的其他控制缺陷。内部控制一般缺陷的定量认定标准是财务报表的错报金额落在如下区间：①错报<利润总额的3%；②错报<资产总额的0.5%；③错报<经营收入总额的0.5%；④错报<所有者权益总额的0.5%。内部控制一般缺陷的定性认定标准包括：①决策程序效率不高；②违反内部规章，但未形成损失；③一般岗位业务人员流失严重；④媒体出现负面新闻，但影响不大；⑤一般业务制度或系统存在缺陷；⑥一般缺陷未得到整改。

（4）内部控制缺陷的认定程序。内部审计人员对内部控制缺陷的认定是一个持续的职业判断过程，以下程序可供内部审计人员借鉴：①分析某一审计发现是偶然孤立事件还是系统性重复发生事件，如果是后者，则初步判断该审计发现是否属于内部控制缺陷；②判断某项内部控制缺陷是属于财务报告内部控制缺陷还是非财务报告内部控制缺陷；③如果属于财务报告内部控制缺陷，则判断该缺陷是否存在合理可能性导致财务报告错报，并判断该缺陷（或者汇总的缺陷）可能导致的错报是否对财务报告造成重大影响；④无论是财务报告内部控制缺陷还是非财务报告内部控制缺陷，都要判断是否存在有效运行的可以预防或发现重大错报或者重大错误的补偿性措施，如果存在，则该缺陷不能被认定为重大或重要缺陷；⑤如果不存在补偿性措施，则要综合各种定性和定量的认定标准，判断缺陷的重要程度是否足以引起管理层和治理层的重视，从而决定是否将其归类为重大缺陷或重要缺陷。

（四）汇总审计结果

内部审计人员应当根据内部控制审计结果，结合相关管理层对内部控制的自我评估，进行综合分析后提出内部控制缺陷认定意见，并按照规定的权限和程序进行审核后，对内部控制缺陷进行认定。在此基础上，内部审计人员应当编制内部控制缺陷认定汇总表，对内部控制缺陷及其成因、表现形式和影响程度进行综合分析和全面复核。

（五）编制审计报告

内部审计人员应当对内部控制缺陷及其成因、表现形式和影响程度进行综合分析和全面复核，提出认定意见，并以适当的形式向组织适当管理层报告。内部控制审计报告应当包括审计目标、依据、范围、程序与方法、内部控制缺陷认定及整改情况，以及内部控制设计和运行有效性的审计结论、意见、建议等相关内容。

内部审计机构应当向组织适当管理层报告内部控制审计结果。一般情况下，全面内部控制审计报告应当报送组织董事会或者最高管理层。包含重大缺陷认定的专项内部控制审计报告在报送组织适当管理层的同时，也应当报送董事会或者最高管理层。

经董事会或者最高管理层批准，内部控制审计报告可以作为《企业内部控制评价指引》中要求的内部控制评价报告进行对外披露。

习题

一、单选题

1. 下列关于内部控制审计的说法，正确的是（　　）。

A. 对内部控制进行审计的根本目标是保证组织内部控制目标的最终实现

B. 我国内部控制审计准则与国际内部审计实务标准中的内部控制评价在实施过程中有很大差异

C. 内部审计人员所做的内部控制审计与注册会计师开展鉴证工作所做的与财务报表相关的内部控制审计在审计目标上是一致的

D. 执行《企业内部控制基本规范》的上市公司和非上市大中型企业每年都必须对内部控制进行内部审计，并公开内部控制审计报告

2. 内部控制结构阶段又称三要素阶段，内部控制不包括（　　）要素。

A. 控制环境　　B. 风险评估

C. 会计系统　　D. 控制程序

3. （　　）是主体对确认的风险采取必要的措施，以保证其目标得以实现的政策和程序。

A. 内部环境　　B. 风险评估

C. 控制活动　　D. 信息与沟通

4. 下列关于内部控制审计的说法，错误的是（　　）。

A. 内部审计人员在开展风险评估要素审计时，应重点关注企业的组织架构、发展战略、人力资源和组织文化

B. 对于每一个重要的业务流程，内部审计人员都需要评价已经设计的内部控制是否实现了与该业务流程相关的特定的控制目标

C. 内部审计人员在实施内部控制审计时，可以结合实际情况，综合采用访谈、问卷调查、专题讨论、穿行测试、实地查验、抽样和比较分析等方法收集审计证据

D. 在实施穿行测试法时，样本一经确定就不能随意更换

二、多选题

1. 内部控制重要缺陷的定性认定标准包括（　　）。

A. 民主决策程序存在但不够完善

B. 决策程序导致一般失误

C. 违反组织内部规章，形成损失

D. 内部控制重要或一般缺陷未得到整改

2. 内部控制审计和内部控制评价的区别包括（　　）。

A. 责任主体不同　　B. 实施的强制性不同

C. 遵循的规范不同　　D. 实施频率不同

3. 下列说法中正确的有（　　）。

A. 建立健全内部控制有助于提升企业合规管理的水平

B. 内部控制与风险管理是一回事，是一个硬币的两面

C. 内部控制审计的结果可以绝对保证内部控制目标的实现

D. 内部控制是内部审计工作的重要抓手

三、判断题

1. 应该设置尽可能多的内部控制环节，以增强内部控制效果。（　　）

2. 全面风险管理包含内部控制。（　　）

3. 企业应当结合不同发展阶段和业务拓展情况，持续收集与风险变化相关的信息，进行风险识别和风险分析，及时调整风险应对策略。（　　）

4. 具体规范规定内部控制的基本目标、基本要素、基本原则和总体要求，是制定基本规范和应用指南的基本依据。（　　）

5. 内部审计人员在必要时可以采用突击的形式执行实地查验程序，以取得理想的效果。（　　）

四、思考题

1. 内部控制五要素是什么？

2. 简述内部控制审计与注册会计师内部控制审计和内部控制评价的区别。

案例分析

WFS公司成立于2006年，是一家以农副产品加工为主营业务的生产企业，其整体利润水平在农、牧、渔业内遥遥领先。2012年9月，WFS公司在深圳证券交易所创业板成功挂牌上市，上市初期即吸引了广泛关注。然而，仅一年后的2013年，公司在接受常规稽查时，被意外发现存在两套账本的问题。同年9月，WFS公司因涉嫌违反证券法律法规被相关监管部门立案调查。10月，WFS公司发布公告，承认其在2013年及之前的财务报告中存在造假行为，具体涉及自2009年至上市前（即2012年）的财务报告，累积虚增营业收入7亿元，虚增营业利润1.9亿元，虚增净利润1.7亿元，此举使其成为创业板造假“第一股”。

经过深入调查，WFS公司主要通过以下四种手段进行财务造假：一是假借农民身份开立银行账户，将自有资金打入控制的个人账户，通过虚构销售业务和合同来虚增销售收入；二是利用预付账款和在建工程项目来消化虚增的资产；三是伪造虚假的上下游客户，进行不存在的交易；四是虚构成本，即先设定一个诱人的利润比例，然后反推计算企业成本，并据此编制虚假的采购项目、生产和销售流程，伪造购销合同、入库单、检验单、生产通知单等文件。

WFS公司的控股股东为赵某和杨某夫妇，二人合计持股比例高达59.98%，导致公司决策高度集中于夫妇二人，董事会实际上被架空。赵某作为公司最大股东兼总经理，将公司的所有权与经营权集于一身。其妻杨某的亲属也曾担任公司监事会成员。此外，WFS公司管理层的专业素养普遍较低，会计、法律等专业人才在董事会中的占比较低（仅为22.2%），内部审计力量薄弱，仅有3名审计人员，且难以满足上市公司财务报表的审计要求。为节省开支，公司还合并了财务部、融资部与证券部，削减了战略管理委员会、薪酬考核委员会与提名委员会等机构，进一步扩大了总经理的职权范围。

作为一家集粮食收储、大米和油脂加工、淀粉糖和蛋白粉系列产品生产销售及科研开发于一体的企业，WFS公司所处行业的特点决定了其交易以现金结算为主，且购销活动多涉及小商贩，这使得资金流向难以被有效监管，交易客户的分散性也增加了核查交易金额的难度，为财务舞弊提供了可乘之机。此外，WFS公司内部信息传递不畅，员工对内部控制制度的重视不足，缺乏有效的合作与交流机制。

2015年，因赵某和杨某夫妇二人所借债务逾期不还，法院裁定将其持有的WFS公司3 509万股限售流通股划拨给TY公司以抵偿债务。2017年，WFS公司被实际控制人以11.33亿元的价格出售给JW集团。

资料来源：周安琪．非财务信息视角下企业财务舞弊的识别与防范：以万福生科为例．商业会计，2019（11）：60－63；杨岚晰．内部控制缺陷识别及应对研究：基于财务舞弊的万福生科．中国乡镇企业会计，2023（10）：135－137.

思考：

1. WFS公司存在哪些内部控制缺陷？
2. 如何通过内部控制审计识别内部控制缺陷？

第7章

内部审计在风险管理中的角色定位

学习目标

1. 了解风险的内涵、特征和分类，掌握风险管理的含义和风险管理中不同部门或人员的职责定位。

2. 了解内部审计在风险管理中的角色定位，掌握风险管理审计流程。

素养目标

帮助学生了解风险和风险管理的含义，正确定位内部审计在风险管理中的角色，掌握风险管理审计流程，准确把握风险管理审计基本内容与审计方法；培养学生识别、评估及应对风险的能力，为未来从事风险管理及审计实践奠定坚实的理论基础并提供实用的工作指引。

第1节　风险管理概述

一、风险的内涵

（一）风险的含义

风险是指影响组织目标实现的各种不确定性事件，包括外部风险和内部风险。

外部风险是指外部环境中对组织目标的实现产生影响的不确定性。影响外部风险的主要因素有国家法律法规变化、经济环境变化、科技发展、行业竞争、意外事件等。

内部风险是指内部环境中对组织目标的实现产生影响的不确定性。影响内部风险的主要因素有治理结构、组织特点、信息系统、职业道德、业务素质等。

在管理学领域，风险常被定义为遭受损失的可能性，或者由事物的不确定性导致的潜在危机；也有人认为风险是事物运行的结果与预期目标的背离及可能带来的损失；还有人认为风险是含有不利成分（或可能引发人们不希望看到的结果）的不确定事件。

风险的基本含义包括以下几个方面：

（1）风险是以具备一定发生概率的潜在危机形式存在的可能性，而不是已经存在的客观结果或既定事实。

（2）风险计算涉及其可能带来的损失，而不考虑其可能的附带收益，所以从直接意义上说，风险的效果是净负面的，是风险的承担者、相关者所不需要的，具有不同程度的危害性，即可能给当事人造成损失，而这种威胁是现实的。

（3）风险具有一定的可度量性，风险的测定是在风险转化为现实的危害和损失之前进行的，而不是在其之后。也就是说，风险是损失的机会和概率，它会在一定范围、一定时期内以一定形式出现。风险出现的概率总是在 0～1 之间波动，概率越接近 0，表明发生的可能性越小；概率越接近 1，表明发生的可能性越大。

（二）风险要素

风险要素是指构成风险特征，影响风险的产生、存在和发展的因素，可归结为三个主要方面：风险条件、风险事故和风险损失。它们构成了风险存在的基本条件。理解其概念及相互之间的联系，有助于全面把握风险的本质。

1. 风险条件

风险条件又称风险因素，是指引发风险事故或在风险事故发生时致使损失扩大的条件。风险条件是风险事故发生的潜在原因，通常包括有形风险因素和无形风险因素。

有形风险因素是指直接影响事物物理功能的物质性风险因素，又称实质风险因素。例如，建筑物的结构及灭火设施的分布等对于火灾来说就属于有形风险因素。

无形风险因素是指文化、习俗和生活态度等非物质的，影响损失发生可能性和受损程度的因素，其又可进一步分为道德风险因素和心理风险因素。道德风险因素是指个人和社会基本成员的品德、行为规范、修养、素质等，这些因素在一定条件下能引发或增加风险事件；心理风险因素是一种潜在的无形因素，指人们的心态、思维、对事物的看法等，这些因素同样能引发或增加风险事件。道德风险因素和心理风险因素均与人的行为有关，因此合称为人为风险因素。

2. 风险事故

风险事故又称风险事件，是指直接导致生命、财产损失（如人员伤亡、疾病、环境破坏、经济价值减少）的偶发事件。它是使风险造成损失的可能性转化为现实性的媒介。

3. 风险损失

风险损失是指风险的结果，是风险承担者不愿看到的后果，是非计划（无目标）的、非故意的经济价值的减少。这种损失既包括直接损失也包括间接损失。直接损失又称实质损失，是可以观察、计量和测定的经济价值的丧失；间接损失是由风险导致的直接损失以外的损失，一般指额外的费用损失、收入的减少等。人员伤亡、疾病、环境破坏等带来的损失是无法用货币来衡量的，如亲人逝世给家庭带来的精神痛苦。

尽管如此，在衡量人身伤亡、疾病、环境破坏所带来的损失时，还是要从本人及家庭经济受损或社会经济价值减少的角度给出一个以货币衡量的值。

二、风险的特征

（一）风险的客观性

无论是自然界中的风暴、洪灾、火灾、地震等天灾，还是社会领域中的冲突、战争、过失及意外，都是不以人的主观意志为转移的客观现实。它们的存在和发生就总体而言是一种必然的现象。自然界物体的运动规律以及人类社会的某些发展规律都表明风险的发生是客观必然的，它引起的损失与人们的良好愿望是一对矛盾体。风险是由事物的种种内在要素决定的，远远超出了人们的主观认识范围。风险的客观性表明，风险的存在独立于人们的主观意识，虽然风险的范围、程度、发生频率、形式、发生时间等可能表现各异，但它总会以独特的方式展示自己的存在，是一种必然会出现的事件。因此，客观性是风险的第一大特征。

（二）风险的或然性

风险的另一个重要特征是或然性。风险及其所导致的后果往往以偶然和不确定的形式呈现在人们面前。也就是说，何时、何处、发生何种风险及风险的程度如何，完全是或然的和不确定的。

风险的或然性包含两层含义：一是风险存在的可能性；二是风险存在的不确定性。就风险存在的可能性而言，风险作为一种随机现象具有发生和不发生这两种可能性。无论人们是否意识到，风险的存在或不存在都是一种客观状态。在一定条件下，人们可以根据经济数据的统计分析，发现某一风险存在或发生的可能性具有较规则的变化趋势。这种变化趋势为人们预测风险提供了可能。

风险的或然性的另一表现是风险存在的不确定性，亦即人们对风险事件发生的时间、地点、规模、后果难以确定，无法做出正确的判断与估计。风险发生的时间无法确定，往往带有突发性；风险的程度及后果事先也难以估计，有时甚至是灾难性的后果和全局性的损失。风险存在与发生的不确定性，往往比风险存在与发生本身对人们的影响更大，因为它不仅对社会物质财产和人身安全构成直接威胁，还会使人们在精神和心理上遭受很大的痛苦。因此，或然性是风险的第二大特征。

（三）风险的普遍性

人类面临各种各样的风险，如自然灾害、疾病、战争等。为了生存和发展，人类不得不与各种各样的风险做斗争。斗争的结果一方面是使某些风险得到控制、防范和抑制，另一方面又会催生新的风险。同时，与风险斗争的结果促进了科学技术的发展、生产力的提高、社会的进步。因此，可以说人类的发展历史就是一部与风险不断斗争的历史；人类的文明是在与风险的斗争中得以发展的。随着科学技术的发展和社会的进步，风险非但没有减少，反而呈现出日益增多的趋势，且风险事故造成的损失也越来越大。如今，无论是单位或个人都面临各种各样的风险：企业面临自然风险、市场风险、技术风险、破产风险；个人则面临疾病、失业、意外事故等风险。风险已经渗入社会、个人生活的方方面面，无时不在、无处不在。因此，普遍性是风险的第三大特征。

（四）风险的可变性

风险的可变性是指风险在一定条件下可以转化。一方面，人们识别风险、认识风险、抵御风险的能力增强，可以在一定程度上降低风险所致损失的程度，减少风险存在与发生的可能性和不确定性，从而使某些风险不再存在，或风险即使存在，也为人们所控制。另一方面，随着社会的进步和生产的发展，现代科学技术的迅猛发展及其应用给人们带来了新的风险和损失机会，新的风险事件与风险因素也不断增加。这些新的风险可能导致的损失往往是惊人的，远远超出了一般意义上的自然灾害和意外事故的范畴。因此，从一定意义上说，风险不是一成不变的，由于种种因素的参与和共同作用，原有风险可能会逐渐减少和消除，新的风险可能会不断产生，因此，可变性构成了风险的第四大特征。

三、风险的分类

为了有效地实施风险管理，有必要对风险进行分类，以便对具有不同特征的风险采取不同的处置措施，从而实现风险管理目标。常见的风险分类方式如下：

（一）按风险对象划分

（1）财产风险。通常指财产的损毁、灭失与贬值等所导致的风险。如厂房、设备、运载工具、家庭住宅、家具及其他无形财产因自然灾害或意外事故而遭受损失的风险。

（2）人身风险。指由人的疾病、伤残、死亡所引起的风险。

（3）责任风险。指根据法律、合同或道德上的规定应对他人的财产损失或人身伤亡承担经济赔偿责任的风险。

（4）信用风险。指在经济交往中，权利人与义务人之间因一方违约或犯罪而使对方蒙受经济损失的风险。

（二）按风险产生的原因划分

（1）自然风险。指由自然现象、物理现象造成的物质损毁和人员伤亡的风险。

（2）社会风险。指由个人或团体的行为，包括过失、行为不当及故意行为所导致的风险。

（3）经济风险。指在生产经营过程中相关因素的变动或估计错误，引起产量变化和价格涨跌等所导致的风险。

（4）政治风险。指由种族、宗教、国家之间的冲突、叛乱、战争所引起的风险，也包括政策或制度的变化、政权的更替、罢工、恐怖主义活动引起各种损失的风险。

（5）技术风险。指因科学技术发展的负面作用而产生的各种风险。

（三）按风险的性质划分

（1）纯粹风险。指只有损失可能而无获利机会的风险。

（2）投机风险。指既有损失可能又有获利机会的风险。

（四）按风险产生的环境划分

（1）静态风险。指不是因社会经济活动发生变化，而是因自然力的不规则变动或人们行为的失误所造成的风险，前者如地震、洪水、台风、疾病等，后者如盗窃、坏账、事故等。

（2）动态风险。指以社会经济的变动为直接原因的风险，如经济体制的改变、市场结构的调整、利率的变动等。

（五）按承受风险的能力划分

（1）可接受的风险。经济单位在研究自身承受能力、财务状况的基础上，确认能够接受最大损失的限度，低于这一限度的风险称为可接受的风险。

（2）不可接受的风险。指超出接受限度的风险。

四、风险管理

（一）风险管理的定义

风险管理是健全公司治理以及各个层级管理的重要措施。那么，什么是风险管理呢？风险管理是由董事会、管理层以及其他人员共同实施的，应用于战略制定及组织各个层次的活动。其旨在识别可能影响组织目标实现的各种潜在事件，并按照组织的风险偏好即组织愿意承受的风险水平（位于风险容忍范围之内）来管理风险，为组织既定目标的实现提供合理的保证。

COSO关于企业风险管理的权威定义是："风险管理是一个受实体董事会、管理层和其他人员影响的过程，应用于战略设定并贯穿整个企业，这个过程旨在识别可能影响该实体的潜在事件，并在其风险偏好内管理风险，可为实体目标的实现提供合理的保证。"从COSO的定义中，我们可以得出以下结论：首先，风险管理是一个流程，包含了降低和控制风险的一系列程序，涉及企业风险管理目标的确定、风险的识别与评价、风险管理方法的选择、风险管理计划的实施以及对风险管理计划持续不断的检查和修正。其次，风险管理不仅是企业风险管理委员会或者管理层的责任，实际上，风险管理工作涉及各个层面——企业层面、职能层面和业务单元层面，这需要几乎所有员工的参与。最后，风险管理的目的并不是不惜一切代价降低风险，而是尽量使风险降至可以接受的水平。而且，风险是无法消除的，因此风险管理只能为企业经营目标的实现做出合理而非绝对的保证。

科学的风险管理体系源自西方，最早应用于金融保险企业，后来逐步扩展到制造企业。因此，西方国家的大多数企业实施了不同程度的风险管理，设立了专门的风险管理机构来负责风险的分析和处理工作。这些风险管理机构的工作涉及人力资源管理、财务管理、市场营销、生产作业管理等企业运营的各个方面，旨在最大限度地降低和管理企业运营的各个环节中可能出现的风险。在经营管理活动中，风险通常被定义为生产运营的弊端、失误或失败给组织带来危机的可能性。风险可以通过几种不同方式得到管理，包括：

（1）接受风险。企业要想得到高收益，必然面临高风险。当风险在企业的可容忍范围内时，企业可以接受风险。这种接受并不意味着消极等待风险的发生，而是要积极寻找能够管理风险的方法，例如制定突发事件应急预案，以降低风险发生的可能性和带来的破坏性。

（2）回避风险。当企业处于发展的关键时期时，其首要目标是平稳度过过渡期，因此风险容忍度比较低，管理层会有强烈的风险厌恶情绪，更倾向于寻找能够阻止风险发生的方法来回避风险。

（3）转移风险。转移风险是一种中立的行为，企业既想要风险带来的高收益，又无法承受风险的后果。因此，企业会选择继续开展风险业务，但会利用保险或者与其他企业合作来分担或者转移风险。

（4）控制风险。运用内部控制手段来降低风险的潜在消极影响，或训练员工识别潜在风险并学会应对风险，以减少风险的发生，减少损失。控制风险其实是一种必要的手段，无论管理层是风险厌恶型还是风险偏好型，都应该对风险进行控制，只是控制力度可能有所不同。

（二）风险管理要素

根据 COSO 2004 年的企业风险管理框架，其八大要素包括：内部环境、目标设定、风险识别、风险评估、风险应对、控制活动、信息与沟通、检查监督。这些要素是对传统内部控制框架五要素的拓展，内部控制框架已被企业风险管理框架所涵盖，因此后者范围更广。企业风险管理框架是一个以风险评估为基础的框架，有助于企业理解和管理外在的影响企业的风险，而 COSO 的内部控制框架则被用来理解和管理在企业内部运营层面所设定的控制措施。也就是说，虽然两者都有风险评估要素，但 COSO 的内部控制框架主要关注内部控制相应风险的评估，企业风险管理框架则更为关注企业的外部风险。

1. 内部环境

内部环境是指一个企业的组织文化以及其他影响员工风险意识的因素，例如，员工对风险的看法、管理层的风险管理理念和风险偏好、职业道德规范和工作氛围、董事会和监事会对风险的关注和关于风险的指导等。内部环境是一个比控制环境更大的概念，风险管理理念和风险偏好是内部环境中的两个重要概念，管理层以及董事会必须决定如何实施战略并识别和管理战略实施过程中的风险与收益，他们对风险的态度会影响到企业开展何种经营活动。无论如何，只有将战略实施中的固有风险根据他们的偏好限定在可以接受的水平，这些活动才会是有效的，才有助于战略的实现。

2. 目标设定

目标设定是风险管理的起点和核心，这里的目标是指企业经营目标。建立风险管理系统的第一步通常是重新检查已经设定的目标，保证这些目标定义清晰，且能被所有人正确理解。这些目标包括高层次战略目标以及从战略目标衍生出的低层次经营目标、财务报告目标和合规性目标。这里需要注意的是，在目标设定过程中，企业需要考虑管理层的风险偏好。管理层的风险偏好决定了风险容忍度。风险容忍度是目标实现过程中对风险的接受水平，目标的设定必须与管理层的风险偏好相一致。

3. 风险识别

风险识别是指在理解组织的目标、战略和计划，并分析组织当前所面临的内外部环境后，识别出所有可能发生并对组织目标实现产生负面影响的重要事件。这一关键步骤要求我们具备企业管理以及业务运营方面的综合知识，以了解当前以及未来的环境因素。风险识别这个步骤非常重要，因为那些没有被识别的风险往往得不到及时处理，很容易导致意外的发生。风险识别的一个有效方法是对风险进行分类，这有助于识别出影响组织目标实现的风险范围。需要注意的是，风险识别的重心并不是对风险进行分类，而是解决所有相关风险问题。

4. 风险评估

风险评估是分配与确定风险的权重和优先次序的过程。传统的方法是首先分析风险的潜在影响，然后分析某项风险发生的可能性。最佳的实践是让与运营或项目紧密相关的人员参与风险评估，也就是说，每项风险都应该由受这项风险影响最为直接的负责人进行评估。风险评估分为两个维度：一是既定不利事件发生的可能性或概率；二是如果该事件确实发生，对经营和财务报告、战略可能产生的影响。风险评估可以采用定性和定量两种方法。当能够获取充分的数据支持时，可以采取定量评估；当潜在的可能性很低及影响有限，或者无法取得充分的数据时，可以采取定性评估。定性的方法也可适用于影响很大但需要大量专业知识的风险评估场景。当然，评估时还要考虑两个或多个风险事件同时发生或者相互关联的可能性，也就是说，应该注意风险之间的关系，这是风险评估的重点。不同风险之间的相互影响决定了风险事件最坏的现实后果和发生的可能性。只对单一风险进行评估可能会使组织对结果过于乐观。

定性分析法和定量分析法的优缺点总结如表 7－1 所示。

表 7－1 定性分析法和定量分析法的优缺点总结

	定性分析法	定量分析法
优点	·计算方式简单，易于理解和执行 ·不必精确计算出资产价值和威胁的频率 ·不必精确计算推荐的安全措施的成本 ·流程和报告形式比较有弹性	·评估结果建立在独立客观的程序或量化指标之上 ·可以为成本效益审核提供精确依据，有利于预算决策 ·量化的资产价值和预期损失易于理解 ·可利用自动化工具帮助分析

续表

	定性分析法	定量分析法
缺点	·本质上是非常主观的，其结果高度依赖于评估者的经验和能力，很难客观地分析风险管理的效果 ·对关键资产财务价值评估的参考性较低 ·不能为安全措施的成本效益分析提供客观依据	·信息量大，计算量大，方法复杂 ·没有标准化的知识库，依赖于提供工具者或实施调查者 ·投入大，费时费力

5. 风险应对

风险应对是指企业针对每一重大风险做出的接受、回避、转移、控制等策略选择。策略选择取决于风险与收益的比较、企业付出的代价以及企业管理者的风险偏好。风险应对决策通常需要参考过去的经验，以做出可能的改进。在选择风险应对策略时，应明确每一种风险应对策略并不是旨在完全消除风险，而是将风险发生的可能性和影响控制在可接受的范围之内。从成本效益原则角度考虑，存在一定程度的剩余风险是经济且合理的。

6. 控制活动

控制活动是指管理层针对各种风险所采取的适当控制措施，包括授权审批控制、不相容职务分离控制、职责划分控制、实物控制、业绩考核控制等具体措施。这些控制措施的实施旨在提高风险应对的有效性，从而提高实现目标的可能性。

7. 信息与沟通

信息与沟通是指企业的风险管理过程必须能够提供定期、实时、以例外情况为基础的报告，让风险信息在员工、管理层和董事会之间进行传递，以支持企业的日常决策。有效的信息沟通包括信息的向下流动、平行流动以及向上流动。在一个有效的风险管理环境中，该要素体现为让员工认识到风险管理战略的重要性并严格执行，同时要求员工及时向上级报告企业面临的风险。

8. 检查监督

检查监督是指对企业风险管理要素的有效性进行日常监督和单独评价的过程。通常，内部审计部门是企业风险管理系统单独评价的首选。

事实上，企业风险管理框架为风险管理人员解答日常工作中的常见问题提供了强有力的背景资料，这些问题通常与风险管理框架有关。例如，我们试图实现什么目标（我们的目标是什么）？什么会阻止我们实现这些目标（什么是风险，风险的后果及其发生的可能性如何）？当我们试图应对这些风险时，有哪些方法可供选择（风险管理战略是什么，风险应对策略有哪些）？我们是否有能力实施这些方法（我们是否设计并实施控制活动以执行风险管理战略）？我们如何确认已实现了目标（是否有信息能够证实成功，是否能通过监控绩效来证实成功）？

这五个问题不仅适用于企业的风险管理人员，同样适用于生活中的任何决策场景。对以上问题的回答有助于建立与企业风险管理框架相一致的风险管理导向思维和原则。

从实践来看，企业风险管理框架为内部审计人员评价企业风险管理的有效性提供了一个标准，这个标准并不严格遵守顺序原则，也就是说，并不是一个要素仅影响接下来的那个要素，而是多方向的、反复的，在这个过程中每个要素都会影响其他要素。关于风险管理的核心要素，我们通过风险管理模型（见图7-1）进行阐释。

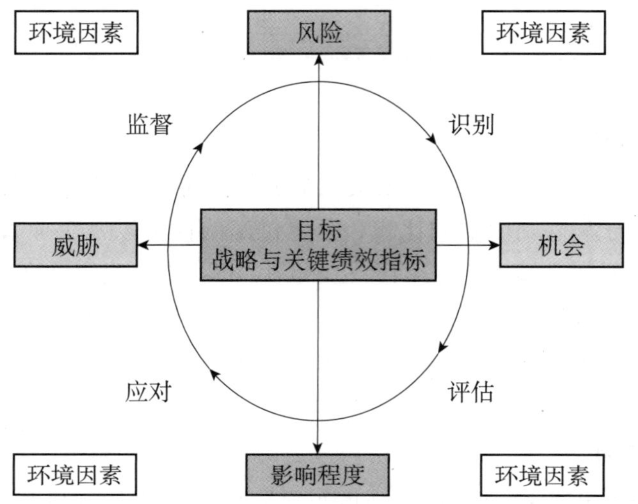

图7-1 风险管理模型

风险是指实现目标的不确定性，一个有效的风险管理系统会时常关注目标的实现情况，而不会弃目标于不顾。风险具有两面性：一方面体现为危险，是影响目标实现的不利一面，我们称之为威胁；另一方面体现为机会，是有利的一面。风险的两面性迫使我们深入思考，哪些风险是重大的，它们是近在咫尺还是远在天边。风险识别作为风险管理的基础，是对企业在不断变化的内外部环境中所面临的风险的辨识。风险评估则是对风险发生的概率及影响程度进行的定性和定量衡量。风险应对是对风险评估结果所采取的应对策略。监督则是风险管理有效运行的持续性保障。

（三）COSO最新企业风险管理框架简介

2017年，COSO发布了新版企业风险管理框架《企业风险管理——战略和绩效的整合》(Enterprise Risk Management—Integrating with Strategy and Performance)。这是自2004年COSO正式公布企业风险管理（Enterprise Risk Management，ERM）框架以来，第一次对ERM框架进行的重大修订和完善。

在现实中，COSO的内部控制体系为实现财务报告的可靠性和有效性提供了合理的保障。然而，从实践经验来看，内部控制体系在支持经营和合规目标方面的效果并不像其在财务目标上那样显著。因此，企业需要从整合风险管理的角度创造价值并合理保障公司战略目标的实现。这也是COSO在2004年制定ERM框架时的初衷。在起草 ERM 框架时，COSO 采用了在原内部控制框架的基础上进行升级和扩充的做法，这直接导致了两个理论框架虽然在愿景和目标上各不相同，但在内容上重合度非常高。这也在实践中引发了一些混淆，如“内部控制就是风险管理”“风险管理就是内部控制”“风险管理是‘大内控’”等误解。2014 年，COSO 开始着手对 ERM 框架进行升级换代，原因在于过去十年间外部环境变化复杂，利益相关方更加关注风险管理对企业价值的贡献，尤其是在战略的制定和执行中风险管理价值的体现，以及风险管理与企业绩效之间协同关系的重要性。COSO 对 ERM 框架进行了颠覆性的修改，具体表现在以下方面。

1. 风险与风险管理被重新定义

新框架将风险定义为“事项发生并影响战略和商业目标实现的可能性”。旧定义只强调了负面影响，而新定义兼顾了正面和负面的影响，这与国际风险管理标准 ISO 31000 及中国风险管理标准 GB/T 24353 是一致的。

新框架将风险管理定义为“组织在创造、保持和实现价值的过程中，结合战略制定和执行，赖以管理风险的文化、能力和实践”。新框架简化了风险管理的定义，旨在提升其可读性和易记性，以便所有读者而不只是风险管理从业者更好地理解。新定义涉及文化和能力而不只是过程，更加强调风险与价值相结合，突出价值创造而不只是损失预防。此外，新定义将风险管理工作从一个过程提升到一种文化、能力和实践，既厘清了风险管理与内部控制之间的关系，又为深刻理解企业战略和风险管理的作用以及战略执行提供了更广阔的视角。

自旧框架发布以来，组织在使用企业风险管理框架的过程中遇到了一些问题，如风险管理工作的定位、范围和目标不明确等。因此，新框架明确了风险管理工作的重要性，包括：战略和业务目标与组织的使命、愿景和价值观不匹配的可能性；选定的战略所蕴含的风险与机遇；执行战略过程中可能遇到的风险。此外，在旧框架中，风险容忍度只是颗粒化的、更细节的风险偏好。在新框架中，风险偏好保留了原来的定义，即主体在追求战略和业务目标的过程中愿意承受的风险，而风险容忍度被重新定义为可接受的绩效变动区间（accepted variation in performance），新的定义更加明确、可度量，有助于组织在给定绩效目标下评估可以承受的风险。

2. 新框架是一个管理框架，而不是控制框架

新框架立足于企业的使命、愿景和核心价值，旨在提升组织的绩效，强调风险管理体系应该嵌入组织的管理业务活动核心价值链。这是一种管理视角的转换，超越了传统的内部控制视角。原风险管理框架主要聚焦于内部控制的主体的运营和对法律法规的遵从，而新风险管理框架主要从风险管理的角度看待一个组织的价值管理。新框架将风险管理理念渗透到公司治理、战略管理、企业文化、绩效管理、危机管理和沟通中，促进了基于风险导向的管理理念的发展。

原框架在一定程度上模糊了风险管理与内部控制的界限，虽然强调了战略的重要性，但还是没有最终落到战略层面。因此，新框架在第一部分应用环境中明确描述了风险管理与内部控制的关系：内部控制主要聚焦于主体的运营和对相关法律法规的遵从，而企业风险管理的相关概念并没有包含在内部控制中。为了避免重复，新框架未再赘述内部控制中比较常见的概念，如与财务报告目标相关的舞弊风险等。同时，对内部控制中的一些重要概念，如企业风险管理中的治理和文化部分，新框架进行了进一步深化。COSO在常见问题的解释中指出，风险管理与内部控制这两个体系并不能相互代替，而是各有侧重，相互补充。同时，它也强调内部控制作为一种经过时间考验的企业控制体系，是企业风险管理工作的基础和重要组成部分。新框架明确了这两个体系的关系，有助于推动风险管理的实践，使企业再也不必因为混淆两个框架而制约风险管理在战略实现和价值创造方面的积极作用。

3. 框架要素的变化

与旧框架相比，新框架从八要素又回归为五要素。与征求意见稿相比，这五要素最大的变化是“去风险化”，即五要素中的“风险”一词均被去掉。

（1）将“风险治理与文化”修改为“治理与文化”。治理与文化是其他要素的基础，由内部环境发展而来，不仅包括内部环境，还明确指出文化是内部环境的关键组成部分。治理奠定了企业的基调，加深了企业对风险管理的认知，并明确了监督职责。文化则通过渗入道德价值观、期望行为以及风险理解等方面影响企业决策的制定。

（2）将“风险、战略和目标设定”修改为“战略和目标设定”。战略和目标设定是对目标制定的拓展，强调风险管理与战略制定和企业目标的关系，指出企业应当考虑目标实现过程中的风险，及时调整战略，以将绩效偏差控制在可接受的范围内。同时，企业还应将风险偏好与战略相结合，并将战略目标应用于实践中，及时识别、评估和应对风险。

（3）将“执行中的风险”修改为“绩效”。绩效是对风险识别、风险评估、风险应对、控制活动的整合，它强调在提高组织绩效的过程中识别并评估可能影响战略发展目标的风险，结合企业风险偏好对风险的严重程度进行排序，选择相应的风险应对措施，从组合的角度预测风险总量。

（4）将“风险信息、沟通和报告”修改为“审查和修订”。在风险识别、评估和应对的基础上，将审查和修订作为日常管理的一部分。企业需要识别和评估那些显著影响战略和目标的风险变化，审查绩效和风险因素，调整风险应对策略，追求企业风险管理水平和绩效的提升。

（5）将“监控风险管理效果”修改为“信息、沟通和报告”。信息、沟通和报告是对信息与沟通的深化。企业风险管理是一个动态的连续过程，需要不断地从组织内外部获取信息以使风险管理发挥作用。这些信息在整个组织内部自上而下、自下而上流动或在组织间横向流动。管理层利用信息系统获取、加工、处理和传递数据，为风险管理提供有用的信息。

4. 框架要素的关系图发生变化

旧的风险管理框架采用内部控制的立方体模型，标明了要素、目标与管理层级之间的关系。新的风险管理框架强调风险管理在企业价值创造和增值过程中的重要作用。通过将风险管理运用于企业价值链中，新框架使风险管理的焦点从控制风险提高到了价值创造层面，更加关注组织绩效背景下的风险，而非单独的风险管理活动。具体来说，新框架摒弃了原有的立方体模型，转而使用更加直观的价值创造链条来阐述要素与企业使命、愿景和核心价值观之间的关系，以及它们如何通过战略制定和具体的业务目标来影响企业绩效。新框架认为，企业风险管理并不是静态的，而是一个不断融入战略制定、日常决策直至最后的绩效评价的重复迭代过程。因此，它强调在企业价值创造的各个环节，即初始阶段、执行阶段以及最终阶段，都要深度融入风险管理，以充分发挥风险控制功能。新的框架图如图 7－2 所示。

图 7－2　企业风险管理框架图

5. 以原则为导向，强调文化在企业风险管理中的作用，具有更大的实践价值

舒伟等认为，新框架以原则为导向，有助于管理者评估和实施风险管理。COSO推出新框架的目的在于促使企业建立有效的风险管理体系，并提供有用的实施标准，以帮助管理层在日益复杂的经营环境中快速、准确地评估和实施风险管理，并保证最终目标的实现。新框架在原有五个要素的基础上提炼出了 20 个原则，这些原则涵盖了从治理到监督的各个方面。这些原则不仅能够为企业董事会和管理层提供明确的行动指南，还便于企业将实际运营状况与既定目标相比较，从而理解与战略相关的风险，并将其控制在可接受的范围内。新框架强调文化在企业风险管理中的作用，有助于风险管理工作的实施。作为企业文化的组成部分，风险管理文化是整个组织在日常运营活动中保持风险意识和诚信的前提条件，也是企业全体员工行为决策的参考标准。企业文化通过强调诚信和道德价值观，影响高层管理者对风险管理的态度和认识，进而在企业内部形成风险管理的高层基调。这种基调的作用是：一方面，约束管理层的行为，确保其言行一致，使其切实承担起风险管理的职责；另一方面，对基层员工参与并维护风险管理体系起到积极的引导作用。

6. 增加了企业绩效、管理决策与风险管理的协同性

新框架探索了企业风险管理如何支持可能对企业绩效产生影响的风险识别和评估

过程。通过确定可接受的偏差范围，它帮助使用者充分理解企业绩效变化与风险变化之间的关系。同时，新框架还强调风险评估和风险报告的目的并不是提供风险清单和列表，而是突出风险对战略和经营目标实现可能产生的影响。因此，新框架提升了企业绩效与风险管理之间的匹配度，并重点论述了风险管理成为企业经营和绩效目标组成部分的原因。为了进一步凸显绩效与企业风险管理之间关系的重要性，新框架创造性地引入了“风险描述图”。该图在既定的战略和经营目标下，详尽描绘了各类风险及其对组织经营的影响。通过整合风险偏好、绩效和风险概念等，“风险描述图”为组织提供了一个动态且综合的风险视角。由于考虑了组织的风险偏好，“风险描述图”有助于组织识别过度集中的风险或寻求新的机遇，从而做出更多基于风险考量的决策。

价值链的每一个阶段都涉及决策。组织要创造、实现价值，就需要围绕战略选择、经营目标设定和资源分配等问题进行决策。在此过程中，将风险管理整合到企业的生命周期中，能够显著增强组织做出基于风险考量的决策的能力。新框架探讨了有关风险的信息是如何提升组织整体决策质量的。这些风险信息包括风险类型和风险程度、经营环境、风险识别与评估、组织的风险文化与风险偏好等。

五、企业风险管理中不同部门或人员的职责定位

（一）董事会

董事会是风险管理中内部环境的一部分，它通常通过下属委员会行使风险管理方面的特定职责，如审计委员会、提名和薪酬委员会等。具体来看，董事会通过下列方式对企业风险管理进行监督：（1）了解管理当局在组织中建立的有效的企业风险管理框架的范围；（2）了解并审核管理当局的风险偏好；（3）审核管理当局的风险组合，并对照其风险偏好进行考查；（4）了解企业所面临的重大威胁以及管理当局是否采取了恰当的应对策略。

（二）管理当局

管理当局对风险管理的有效性负有直接责任和最终责任。他们对风险管理内部环境的塑造具有积极的推动作用，他们的行为会影响董事会、普通员工对风险管理的态度和风险偏好，进而影响企业整个风险管理活动的有效性。

（三）风险管理部门

风险管理部门是建立在业务单元之上的一道更高层次的风险管理防线，包括风险管理委员会、风险管理部等。风险管理部门的职责是领导和协助公司内部各单位的风险管理工作。其职责具体如下：（1）制定企业风险管理政策，包括确定职能与责任、参与设计并执行目标；（2）确定各业务部门在企业风险管理中的权利和义务；（3）度量风险和评估风险的界限；（4）建立风险信息系统和预警系统，确定关键风险指标；（5）负责风险信息的披露、沟通，向总经理报告风险管理相关问题，并提出必要的改进措施；（6）指导企业风险管理与其他经营计划和管理活动的整合。

（四）财务总监

财务总监领导的部门以资金为纽带，对接所有经营和业务部门，通过参与制定组织的预算和计划，从经营、合规和报告的角度追踪和分析业绩情况。财务总监在防止和调查欺诈性的财务报告中起着重要作用，并且影响与财务报告相关的内部控制及其辅助系统的设计、执行和监督工作。

（五）内部审计师

风险管理的核心是风险评估工作。毫无疑问的是，内部审计师这一职业自诞生之日起就一直在从事风险评估工作，展现出了强烈的探索精神，总是在追问何处存在隐患，并据此确定最为有效的控制程序。服务的内向性使内部审计机构和人员对公司面临的风险有着更为清晰的认识，因此他们对实现防范风险目标的责任感也更强。内部审计师可以通过识别以及评估风险的充分性、评价已有风险衡量的恰当性以及评估风险应对措施的有效性，参与企业风险管理。企业的内部审计一般是对各业务部门和风险管理部门的风险管理活动进行再监督，而不是直接参与每项风险的评估与控制过程。

为了确定风险管理过程的有效性，内部审计师需要对组织的目标是否支持组织的使命、重大风险是否得到识别和评估、风险应对方案是否符合组织的风险偏好、风险信息是否在组织内部得到及时沟通四个方面进行评估。

（六）组织内部的其他人员

事实上，企业风险管理在某种程度上是每位组织成员的责任，因此应该成为每个人职位描述中一个明显或隐含的部分。虽然在一个组织中，并非每位成员都是风险责任人，但事实上所有人在风险管理中都发挥着某种作用。他们可能会通过提供识别和评估风险所需的信息，或者采取实现企业风险管理目标所需的行动来贡献力量。

第2节　内部审计的角色定位

在前面我们指出，内部审计是一种独立客观的确认、咨询活动。那么，内部审计师在企业风险管理中的核心作用也体现为确认作用和咨询作用。

一、确认作用

内部审计师在风险管理中的确认作用体现为评估风险管理的有效性。为此，内部审计师必须确认组织的风险管理过程是否围绕以下五个主要目标展开，并从总体上对风险管理过程的有效性发表意见：（1）找出业务战略与活动领域的风险并进行优先排序；（2）协助高级管理层和董事会确定组织可以接受的风险水平，包括为实现组织的战略计划所接受的风险；（3）设计、实施降低风险的活动，把风险降到管理层和董事会可以接受的水平；（4）开展持续的监督活动，定期对风险和控制的有效性进行再评估，以管理风险；(5) 确保董事会和高级管理层定期收到风险管理报告。

二、咨询作用

内部审计师咨询作用的发挥取决于组织的风险管理成熟度和董事会所能获取的内外部资源。随着组织风险管理成熟度的变化，内部审计在风险管理中发挥的咨询作用也会有所变化，具体体现在以下方面。

（一）风险管理流程尚未建立时的内部审计定位

企业意识到需要建立一个系统或流程来确保有条不紊地应对风险，这是风险管理的开端。内部审计师此时应当主动成为倡议者，提醒管理层着手开展相关工作，为内部审计活动在风险管理中发挥作用争取董事会和管理层的支持。审计章程应该记录和规定各方职责。在这一阶段因为企业只有风险管理意识而尚未建立实质性的流程，内部审计无法对风险管理进行评价，即确认作用得不到发挥。但是，内部审计师可以帮助组织识别管理层和董事会关注的问题，并确定如何通过风险管理流程来解决这些问题。同时，让组织注意到缺乏风险管理流程的问题，并对建立风险管理流程提出建议。如果企业有需求，内部审计师可以在协助企业建立风险管理流程方面发挥主动作用，包括制定各部门风险管理流程。即使在高级管理层未对内部审计部门授权的情况下，内部审计师也可以通过提供咨询服务的方式改善主要流程以作为对传统确认作用的补充，从而在风险管理中扮演更为积极的角色。但是，这些推动和协助工作要以不损害内部审计的独立性为前提，不能超出咨询活动的正常范围。

（二）风险管理流程初步建立时的内部审计定位

在建立企业风险管理流程的早期阶段，内部审计发挥其职能的形式非常灵活，当然这需要与董事会或审计委员会进行协商以界定内部审计活动的范围。此时的内部审计职能有三种表现形式：推动、协调与领导、帮助与支持。

1. 推动

内部审计在推动企业风险管理制度的建立和发展中发挥着举足轻重的作用。内部审计部门可以帮助企业提高风险管理能力。内部审计人员可以通过召开研讨会、提出风险管理的构想等方式，推动风险管理在企业内部的深入实施，帮助员工全面地了解与企业经营目标相关的风险，并制定有效的应对措施。

2. 协调与领导

在风险管理框架的开发和建设过程中，内部审计部门可以通过协助制定风险管理的相关制度，并开发出符合企业实际情况的风险管理战略，得到管理层的认可。内部审计部门还可以对每个职能部门的风险管理情况进行综合评估，制定相应的方案，以协助风险管理战略的构建。在具体执行协调工作时，内部审计部门必须明确风险管理由管理层负责，并且不能对其曾负责协调的事项提供确认服务。在扮演领导角色时，内部审计部门应致力于宣传风险管理的重要性，向管理层和员工讲授实施风险管理所需采取的行动，并鼓励他们采取这些行动。

3. 帮助与支持

在风险管理流程初步建立阶段，内部审计往往会主动发挥作用，扮演更积极的角色。在此阶段，管理层负责识别风险和建立良好的内部控制环境，内部审计部门则负责审核风险评估和内部控制的有效性。如果没有明晰的风险评估程序或其未被记录，内部审计部门就可以与管理层合作，共同识别并记录风险评估程序。内部审计部门还可以主动询问为推动风险管理后续需要采取哪些措施，虽然这可能会使其承担更多的任务，但是并不意味着内部审计部门应该承担风险。

（三）风险管理流程被整合到企业经营方式中的内部审计定位

当风险管理流程被整合到企业经营方式中时，标志着企业风险管理成熟度达到了一个新的高度。此时，风险管理不再是一个孤立的概念，而是与企业的日常工作密切相关。企业更倾向于聘请风险管理专家或者设立风险管理部门来负责相关工作，内部审计在推动风险管理方面所起的作用会减少，更多地转向为企业提供确认服务而不是咨询服务。为了实现企业的经营目标，管理层应当确保企业拥有健全的风险管理流程，并且这些流程正在发挥作用。董事会应当肩负起监督的职责，确保风险管理流程恰当有效。而内部审计部门则应该检查、评价上述流程的有效性，提出改进意见以帮助管理层和董事会进行调整和优化。但是，如果内部审计师同时发挥咨询作用，帮助企业识别风险、评价风险并参与风险管理体系的建设和控制，就会出现确认功能与咨询功能相冲突的情况。特别是当内部审计人员参与了政策的制定和执行之后，再对该政策进行客观的评价就变得尤为困难。在这一阶段，虽然内部审计的确认和咨询两大职能可以并行，但会出现矛盾。

（四）风险管理成熟时的内部审计定位

当风险管理发展到成熟阶段时，企业内部会有更多的人员和部门参与到风险管理中来，各种角色和责任变得更加清晰明确，内部审计扮演的角色也会随着企业风险管理成熟度的提升有所调整。

在这一阶段，内部审计仍然兼具确认职能和咨询职能。但随着风险管理成熟度的提高，确认职能逐渐受到更多的重视，并开始占据主导地位。这一时期内部审计工作的重点是复核企业整体的风险管理流程，确认风险管理系统的适当性和有效性。咨询职能在这一时期往往以核心的确认职能为基础，根据确认活动的结果，对企业在风险管理方面的不足提出审计建议。咨询职能有三种表现形式：推动、建议和培训。

虽然内部审计在全面风险管理中的作用体现为确认和咨询，但两者通常不会同时存在，它们随着组织风险管理成熟度的不同有所变化。确认职能和咨询职能能否同时存在，关键在于判断内部审计师是否承担了管理责任，以及内部审计作用的发挥是否对内部审计部门的独立性和客观性造成威胁，是否可能提高组织的风险管理、控制和治理过程的有效性。只要内部审计不承担管理风险的职能，或者说不承担管理层的职责，同时高级管理层积极认可企业的全面风险管理，内部审计就能够提供咨询服务。

关于内部审计确认职能与咨询职能的博弈，我们可以通过图 7－3 进一步说明。

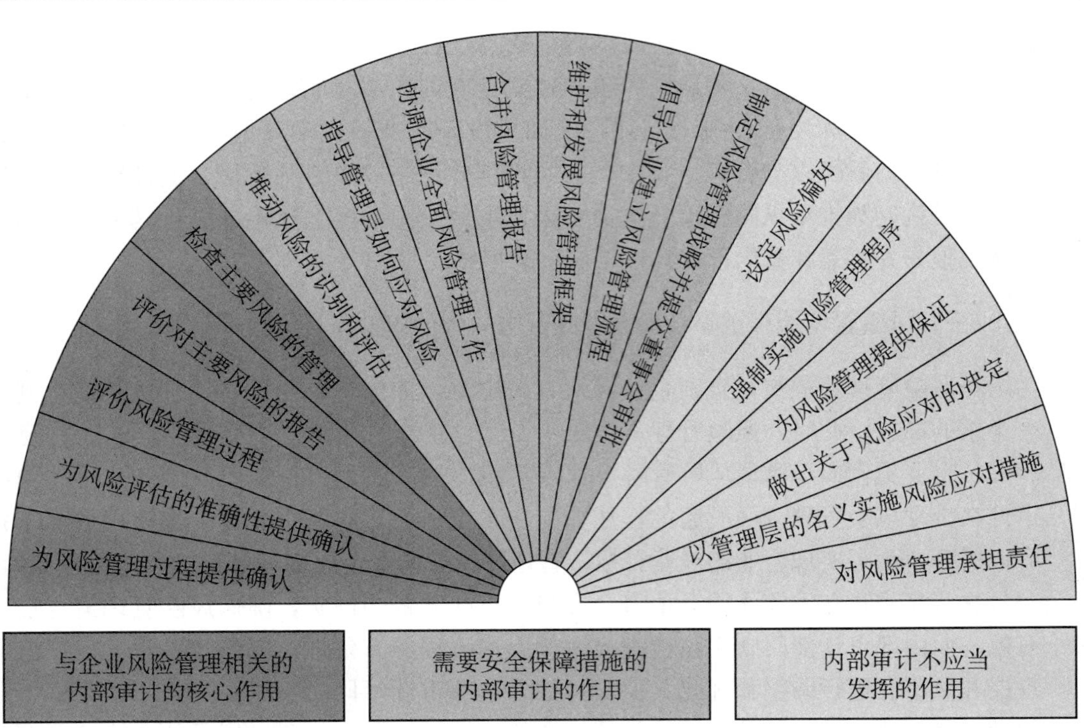

图 7－3 内部审计在企业全面风险管理中的作用

图 7－3 指出了内部审计参与企业全面风险管理活动的范围，以及其应当和不应当发挥的作用。图的左侧是所有确认活动，这些活动从侧面为风险管理提供了更加客观的确认支持。中间部分说明了内部审计在全面风险管理中所应当发挥的咨询作用。一般来说，内部审计咨询活动越偏向转盘右侧，就越需要安全保障措施以维护它的独立性和客观性。内部审计部门可以发挥以下咨询职能：（1）向管理层提供内部审计在分析和控制风险时所用的工具与技术；（2）作为将全面风险管理引入组织的倡导者，充分发挥其在风险管理和控制方面的专业知识及对组织总体认知方面的优势；（3）提供建议，推动专题讨论会，指导组织管理和控制风险，促进共同语言、框架和理解的建立；（4）作为协调、监督和报告风险的中心；（5）协助管理者确定降低风险的最佳方式。

那么，这里所说的安全保障措施指的是什么呢？它是指内部审计部门在满足某些条件时，可以扩大其对企业全面风险管理的参与。这些条件包括：（1）明确管理层对风险管理的职责；（2）内部审计师的职责写入内部审计章程，并由审计委员会审批通过；（3）内部审计部门不代表管理层管理任何风险；（4）内部审计部门提供建议并支持管理层做决定，而不是自行做出风险管理决定。当然，内部审计部门不能同时为其所负责的风险管理框架的任何一部分提供客观的确认服务。这种确认服务应当由其他适当、有资格的人提供；除确认活动之外的任何工作都应当视为咨询服务，并遵循与此服务相关的实施标准。

该扇形图的最右侧强调了内部审计部门在参与风险管理过程中不应该发挥的作用，包括：(1) 设定风险偏好。风险偏好代表一个企业的风险承受程度，这是由公司董事会和高级管理层的风险偏好以及公司的风险承受能力共同决定的。内部审计师既无权设定风险偏好，相比管理层而言对公司战略也缺乏了解。(2) 强制实施风险管理程序。实施风险管理程序是风险管理部门的职能，也是管理层的责任，内部审计部门只起评价、监督的作用。(3) 为风险管理提供保证。首先，风险管理不是内部审计部门的责任。其次，由于风险的不确定性，如果对风险管理提供保证只会给内部审计部门造成负面影响。(4) 做出关于风险应对的决定。风险应对是风险识别、评估后的反应，事关企业的战略，并不是内部审计部门能够胜任的。内部审计部门能做的只是对风险应对进行评估，并在评估后认为风险应对方法不合理时，向管理层提出建议。(5) 以管理层的名义实施风险应对措施。(6) 对风险管理承担责任。

第 3 节　风险管理审计

内部审计师关注风险管理，这对内部审计师的知识和技能提出了更高的要求，即要求内部审计师与风险管理部门共享某些知识、技能和价值观。例如，他们都应了解公司治理的要求，掌握项目管理、分析和推进技巧，重视良好的风险平衡而不是极端地承担或者逃避风险。然而，风险管理部门只为组织的高级管理层服务，而不必为审计委员会提供独立和客观的确认服务。内部审计师在参与到企业全面风险管理时，不仅不能忽视风险管理的专业知识，反而应该学会利用风险管理的知识，并将这些知识用于评价风险管理的有效性。这样，在内部审计领域产生了两个有趣的概念：风险管理审计和风险基础审计。两个概念的含义是否相同？

可以肯定地回答：不相同。简单来说，风险管理审计是对组织的风险管理进行的审计，风险管理是审计的对象；审计的目的是确认组织风险管理流程的有效性，并提供相应的咨询建议。更为确切的风险管理审计的定义是：采用一种系统化、规范化的方法，确定企业风险管理有效性的过程，包括确认和评价企业目标设定、风险识别、风险应对及检查监督等风险管理活动的缺陷和缺陷等级，分析缺陷的形成原因，提出改进风险管理的建议，从而帮助企业实现目标。可见，风险管理审计作为一种具体的审计业务，主要服务于企业的管理层。

风险基础审计是内部审计的一种方法，它是在账项基础审计、制度基础审计之后发展起来的，更重要的是它代表了一种审计思路。这里所说的风险是指审计风险，其含义更加侧重于审计主体而不是审计客体的风险管理。

目前，风险基础审计最主要的应用领域是外部的注册会计师审计，而在内部审计领域中应用风险基础审计则是近些年的新趋势。风险基础审计在内部审计领域的应用，改变了审计人员以往仅依赖审计经验对高风险领域进行定性判断的做法，促使审计人员将定量与定性相结合的分析程序运用于审计的全过程。尤其是在审计计划阶段，审计人员将审计计划的制订与风险评估相结合，将有限的审计资源集中到高风险领域，优先选择将这些领域的项目纳入年度审计计划，从而实现了审计项目的选择与企业战略目标相联系。内部审计部门是组织的一个关键部门，也应从促进企业增值的视角出发，应用风险基础审计来降低审计成本，提高审计效率和改善审计效果。也就是说，内部审计部门在运用这种模式时，要考虑其与外部审计的区别，不能仅仅以降低审计风险为目标，还应兼顾降低企业经营风险的目标，在审计全过程中关注风险，依据风险评估结果选择项目，测试管理层减少风险的方法，并以风险为中心出具审计报告，协助企业进行风险管理。与风险管理审计不同，这种方法的运用主要还是为了服务审计部门，保证审计的效率和效果。

探讨了风险管理审计与风险基础审计的区别之后，下面阐述风险管理审计的流程（见图7-4）。

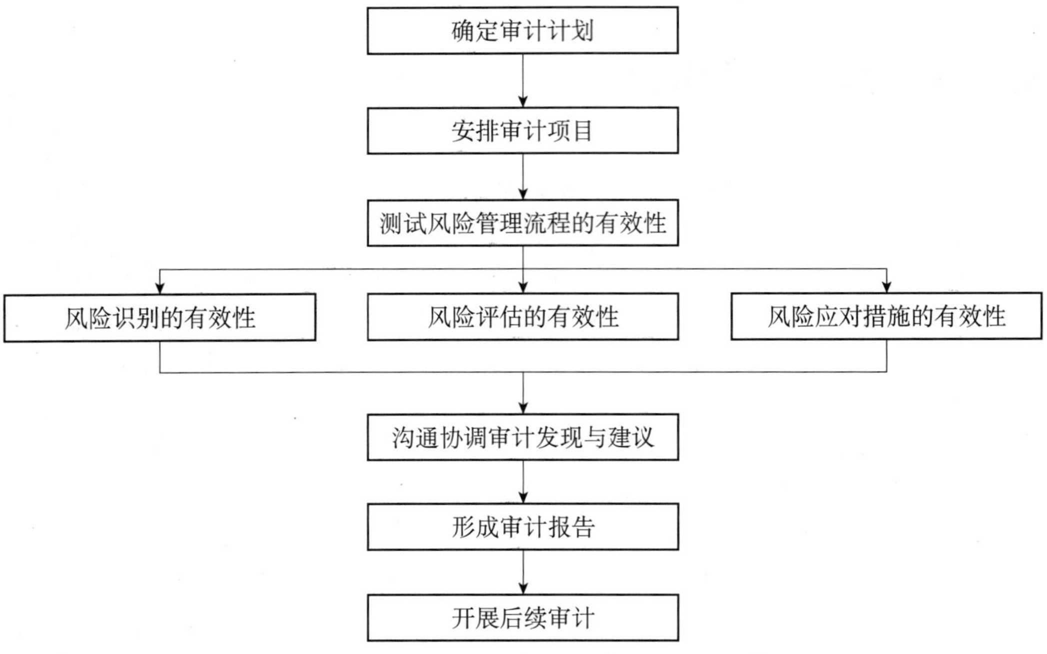

图7-4　风险管理审计的流程

一、确定审计计划

确定审计计划是风险管理审计的第一步，其出发点应紧密围绕公司的发展战略目标。也就是说，审计计划中关于审计资源的配置应围绕战略目标，而不应过多地基于假设和猜测。为了做到这一点，审计人员应了解企业发展战略实施过程中哪些是促进其实现目标的因素，哪些是阻碍其实现目标的因素，企业如何管理这些因素，并将这些因素控制在期望的水平。这样的分析将极大地帮助审计人员确定哪些风险管理审计内容最能促进组织价值的实现，哪些内容最有助于提高企业整体风险管理的有效性。

对这些因素的考虑有助于内部审计师制订出一份内容全面又不失重点的年度风险管理审计计划。

具体的审计计划应该根据上年度风险管理审计的结果、公司治理层与管理层的特别要求、初步的风险评估的结果、可安排的有效审计资源等因素确定。

二、安排审计项目

安排审计项目主要基于初步的风险评估结果。风险评估可分为三个步骤：第一，根据风险清单确定审计范围；第二，确定列入审计范围的风险事项发生的可能性及其影响程度；第三，根据风险发生的可能性、影响程度及可安排的审计资源确定哪些风险事项需要优先安排审计。

根据风险清单确定审计范围时，可以根据风险性质进行审计抽样。根据杜邦“沸腾壶”模型，风险结构一般为高风险占 10%，敏感风险占 30%，适中风险占 40%，低风险占 20%。在进行审计资源配置时，对处于高风险领域的风险因素一般实施详细审计，对处于敏感风险领域的风险因素一般抽样 50%进行审计，对处于适中风险领域的风险因素一般抽样 25%进行审计，对处于低风险领域的风险因素一般抽样 10%进行审计。

在安排审计顺序时，可以考虑以下几个因素：(1) 上次审计日期及结果（距上次审计时间越长，风险越大，应先审计）。(2) 财务暴露的问题（涉及金额大的，说明内部控制存在问题，应先审计）。(3) 可能出现的损失和风险（可能出现的损失和风险大的，应先审计）。(4) 管理层的要求（管理层有要求的，应先审计）。(5) 经营、方案、制度和控制系统的重大变动（有重大变动的，应先审计）。(6) 获得审计效益的机会（能使审计机构获得较大审计效益的，应先审计）。(7) 审计人员的变动及工作能力。

当然，企业面临的风险众多，而内部审计资源有限，可安排的审计资源更加有限。因此，通常根据不同级别的内部审计师可提供的专业服务小时数来计算和分配审计资源。

三、测试风险管理流程的有效性

测试风险管理流程的有效性是风险管理审计实施阶段的核心内容，但并不是实施阶段的全部内容，还应包括风险管理机制的审计。风险管理机制是企业进行风险管理的基础，良好的风险管理机制是企业风险管理有效的前提。因此，内部审计师需要通过审查风险管理组织结构的健全性、风险管理程序的合理性、风险预警系统的有效性来确定企业风险管理机制的健全性及有效性。

测试风险管理流程的有效性包括以下三个方面的内容。

(一) 测试风险识别的有效性

风险识别是对企业面临以及潜在的风险进行判断、归类和鉴定其性质的过程。对风险识别过程的测试，是对组织所面临的内外部风险是否已得到充分、适当的确认进行的审查和评价。

测试风险识别的有效性可以从三个方面进行：风险识别原则的合理性、风险识别的充分性、风险识别方法的适当性。内部审计师可以采用多种必要的审计程序来审查风险识别过程，如就组织各层次的目标、经营情况等询问管理层及相关人员，以充分了解组织内部环境；审核组织各管理层进行风险识别时所形成的书面文件，关注其充分性。必要时，还可以运用分析性复核方法，以确认组织经营活动与内部控制面临的重大差异和缺陷。

（二）测试风险评估的有效性

风险评估是指应用各种管理科学技术，采用定性与定量相结合的方式，估计风险的大小，找出主要的风险源，并评价风险的可能影响，以便对风险采取相应的对策。内部审计师应当实施必要的审计程序，对风险评估过程进行审查与评价，并重点关注风险发生的可能性和风险对组织目标实现产生影响的严重程度（简称风险的影响程度）这两个要素。

衡量风险发生可能性与风险的影响程度有定性和定量两种方法。定性方法是指运用定性术语评估并描述风险发生的可能性及风险的影响程度；定量方法是指运用具体数值来评估并描述风险发生的可能性及风险的影响程度，主要包括专家打分法、层次分析法、计分法、风险价值法、蒙特卡洛模拟法等。风险发生的可能性是指影响组织目标实现的不确定性事件成为现实的可能性，而风险的影响程度是指该不确定性事件发生时给组织目标带来影响的严重程度。风险发生的可能性可以用极可能、很可能、可能、可能性低、可能性极低等几个等级来界定。风险的影响程度可以用灾难、重大、中等、轻微、近乎没有等几个等级来界定。定量方法中，可能性一般用概率表示，如90％、10％；风险的影响程度一般用金额表示。一般情况下，定量方法会比定性方法提供更为客观的评估结果。

使用定性方法时，内部审计师应多方面收集相关风险资料，在充分考虑相关部门及人员的意见后，形成综合判断。使用定量方法时，内部审计师需要判断和描述风险影响的金额是否恰当、相关历史数据的充分性与可靠性。此外，内部审计师还应审查和评价管理层进行风险评估的技术能力，结合定性与定量成本和效益方面的考虑，对已有的风险衡量结果进行审核，以确定其是否恰当，并对不恰当的估计予以更正。

（三）测试风险应对措施的有效性

风险应对措施是指针对经过识别和衡量从而确定的关键风险，从一系列风险管理工具中挑选出的能够最大限度降低风险损失或取得风险报酬的工具的集合。根据风险评估结果，采取的风险应对措施主要包括回避、降低、分担、承受等。

测试风险应对措施的有效性，就是对有关部门针对风险所采取的防范措施进行检查，评价其是否有助于企业目标的顺利实现。审计人员可以将现有的风险应对措施与业界最佳实践进行对比，将现有风险应对措施的实施情况与期望进行对比，并根据分析对比得出的差距，系统评估特定风险应对措施的有效性。对于风险缺乏有效控制措施的情况，审计人员还应进一步分析差距产生的原因，提出改进措施和建议，以强化企业的风险管理，降低风险损失。

审计人员在评估风险应对措施的有效性时，应重点考虑以下因素：采取风险应对措施后的剩余风险水平是否在组织可以接受的范围内；采取的风险应对措施是否符合组织的经营管理特点；成本效益的考核与衡量是否合理。

根据 IIA 的要求，内部审计师应收集充分、适当的审计证据，确认风险管理流程是否有效、目标是否实现，以此形成对风险管理流程有效性的意见。在收集此类证据的过程中，内部审计师应充分考虑下列方法和程序：

（1）研究、评估与组织业务有关的当前发展情况、未来发展趋势、行业信息以及其他恰当的信息，以确定是否存在可能影响组织的风险，是否存在用于减少与再评估这些风险的相关控制程序。

（2）检查公司政策、董事会和审计委员会的会议记录，以确定组织的经营战略、风险管理理念和方法、对风险的偏好以及对风险的接受度。

（3）检查管理层、内部审计师、外部审计师以及其他有关方面以前发表的风险评估报告。

（4）与行政经理和业务部门经理交谈，以确定业务部门的目标、相关的风险以及管理层开展的降低风险的活动和控制监督活动。

（5）收集信息，独立评估降低风险、监督、风险报告和相关控制活动的有效性。

（6）评估针对风险监督活动建立的报告专线的恰当性。

（7）评估风险管理报告的充分性和及时性。

（8）评估管理层的风险分析是否全面，评估为纠正风险管理过程中发现的问题而采取的措施的完整性，并提出改进建议。

（9）确定管理层自我评估过程的有效性，可以通过以下方式进行：实地观察、直接检测监控程序、测试监督活动所用信息的准确性以及使用其他恰当的技术。

（10）评估与风险有关、可能说明风险管理实务中存在薄弱环节的问题。

四、沟通协调审计发现与建议

在出具正式的审计报告前，内部审计师需要就风险管理审计中发现的问题及所提出的建议与被审计单位交换意见，并及时进行沟通。在适当的情况下，还需与高级管理层、审计委员会和董事会就此进行讨论。如果内部审计师认为高级管理层接受的风险水平与组织的风险管理战略和政策不一致，或该风险水平不能被组织接受，那么应该就此事与高级管理层进行讨论。如果经过讨论双方仍无法就剩余风险做出决定，内部审计师必须报请董事会解决。

五、形成审计报告

风险管理审计工作的最终结果表现为风险管理审计报告。风险管理审计报告在内容与格式上虽与其他类型的审计报告基本一致，但也有其独特之处，即能够对存在的风险进行分析，深挖风险根源，并提出防范风险和化解危机的具体建议。风险管理审计报告应当主要反映整个审计的要点，既要肯定企业风险管理的优点，又要针对风险管理中的漏洞和不足之处进行分析，并提出改进建议。

风险管理审计报告的主要内容包括审计概况、审计情况、审计评价和审计建议。审计概况主要描述风险管理审计的依据、审计目的和范围、审计重点和标准、实施的主要程序等内容；审计情况主要反映审计期内被审计单位风险管理流程的运行情况、存在的问题以及问题的成因；审计评价主要描述通过审计得出的对审计期内被审计单位风险管理的结论性评价，如有效、基本有效、有缺陷、有重大缺陷、失效等；审计建议主要是针对已查明的审计事实和审计评价提出的改进和完善内部风险管理的建议，这些建议主要包括回避、降低、分担、承受等。

六、开展后续审计

后续审计实质上就是对被审计单位执行审计决定的一种继续监督。通过后续审计，既可以监督审计决定的执行情况，又可以帮助被审计单位解决一些棘手的问题，帮助其落实有关措施。后续审计是内部审计的重要环节，因为风险是时刻变化的，若不及时落实有关措施，风险可能会加大。进行后续审计可以提高内部审计工作的质量和审计监督的权威性，保证审计决定的正确执行以及企业面临的风险得到有效控制。风险管理后续审计的目的是查明管理层风险应对措施的落实情况，以及因不采取措施而产生的风险带来了哪些影响。如果首席审计官认为高级管理层接受的剩余风险超过了组织可接受的水平，必须与管理层就此事进行讨论。如果经过讨论双方仍无法就剩余风险做出决定，首席审计官必须报请董事会解决。若后续审计发现被审计单位管理人员由于各种原因没有执行审计建议，管理人员应承担由此产生的后果。

习题

一、单选题

1. 下列关于“风险”的说法，正确的是（　　）。

A. 风险具有客观性和普遍性，所以风险是不能衡量的

B. 风险计算涉及其可能带来的损失，而不考虑其可能的附带收益

C. 风险存在的基本条件包括风险条件、风险管理和风险损失

D. 按照风险产生的原因可以将风险划分为财产风险、人身风险、责任风险和信用风险

2. 在风险管理中，（　　）对风险管理的有效性负有直接责任和最终责任。

A. 董事会　　　　B. 管理当局

C. 风险管理部门　　　　D. 内部审计师

3. （　　）是指采用一种系统化、规范化的方法，确定企业风险管理有效性的过程，包括确认和评价企业目标设定、风险识别、风险应对及检查监督等风险管理活动的缺陷和缺陷等级，分析缺陷的形成原因，提出改进风险管理的建议，从而帮助企业实现目标。

A. 风险管理审计　　B. 风险管理
C. 内部控制　　D. 内部控制审计

4. 风险管理审计实施阶段的核心内容是（　　）。
A. 测试风险管理流程的有效性
B. 组建风险管理审计小组
C. 确定审计计划
D. 形成审计报告

5. 下列说法中，错误的是（　　）。
A. 风险是无法消除的，对企业经营目标的实现只能做出合理而非绝对的保证
B. 内部审计师在企业风险管理中的核心作用体现为确认作用和咨询作用
C. 风险管理的目的是不惜一切代价降低风险
D. 测试风险管理流程的有效性主要包括测试风险识别、风险评估以及风险应对措施的有效性

二、多选题

1. 风险的特征包括（　　）。
A. 客观性　　B. 随机性
C. 或然性　　D. 可变性

2. 风险管理审计报告的主要内容包括（　　）。
A. 审计概况　　B. 审计情况
C. 审计评价　　D. 审计建议

3. 内部审计在风险管理中的核心作用有（　　）。
A. 检查主要风险的管理
B. 评价对主要风险的报告
C. 评价风险管理过程
D. 为风险评估的准确性提供确认
E. 为风险管理过程提供确认

4. 下列说法中，正确的有（　　）。
A. 风险识别是对企业面临以及潜在的风险进行判断、归类和鉴定其性质的过程
B. 可以采用定量和定性两种方法进行风险评估
C. 风险管理审计报告仅仅需要肯定企业风险管理的优点
D. 风险管理审计的后续审计实质上是对被审计单位执行审计决定的一种继续监督

三、判断题

1. 风险识别的重心并不是对风险进行分类，而是解决所有相关风险问题。（　　）

2. 企业的风险管理是一个过程，其本身并不是目的，而是实现目的的一种方式。（　　）

3. 企业风险管理仅仅是企业风险管理委员会或管理层的责任。（　　）

4. 内部审计师确认作用的发挥取决于组织的风险管理成熟度和董事会所能获取的内外部资源。（　　）

5. 风险管理审计报告的主要内容包括审计概况、审计情况、审计评价和审计建议。（　　）

四、思考题

1. 简述风险管理审计与风险基础审计的联系和区别。

2. 简述风险管理审计与内部控制审计的区别。

案例分析

A公司是一家大型商用车重卡集团公司，其主要经营范围涵盖整车的研发、生产和销售，同时还涉足与其相关的金融服务。2017年，A公司下属的财务公司向全国范围内的代理商推出了整车存货的融资服务。

A公司原本采用“预付账款”的销售方式，然而该方式给经销商带来了较大压力。为提高汽车企业的供应链管理效率，A公司于2017年构建了以“单车融资”为依托的商用车重卡财务管理体系。“单车融资”是指基于一辆汽车的借贷业务，在售出后按时收回借款的经营模式。与“预付账款”相比，“单车融资”的优势在于：第一，能有效缓解汽车销售企业面临的存货资金压力。经销商在从整车公司购进车辆的当天，即可从财务公司获得贷款，用于向整车公司付款，并进行开票和提车，从而提高了整个商用车重卡产业链的资金使用效率。第二，在“单车融资”方式下，A公司将部分风险转移给了财务公司，使整车公司能更专注于生产、制造和营销。财务公司凭借其风险管控能力，对经销商进行信用融资和风险控制，更有效地管理集团风险。

财务公司对经销商信贷业务的风险识别和控制主要分为三个环节：贷前准入、贷中审核放款和贷后管理。在贷前准入阶段，财务公司根据整车公司提供的经销商名单进行实地调查，为符合条件的经销商开立账户并设定信用额度。在贷中审核放款环节，财务公司信贷审批部按照贷款条件对经销商进行审批，并安排贷款发放。在贷后管理环节，经销商需根据财务公司的规定，将贷款所购汽车存放在指定地点，待售出后方可出库，并必须及时向财务公司还款。

为了防范在“单车融资”中可能面临的各种风险，财务公司采取了以下风险应对措施：

一是，在财务公司实地调查经销商信用时，一些信用较差的经销商冒充高信誉顾客以获得融资。为此，财务公司建立了商用车重卡融资参与主体的信息沟通平台，拓宽了融资企业的资讯来源，并在信用评估中加入了交互审核模式，使商用车重卡的借贷参与者的信息更加透明。

二是，如果经销商出现拖欠款项的情况，财务公司会立即进行干预，协助其解决部分欠款问题，但剩余欠款仍需经销商自行筹措。然而，此时经销商可能面临银行的融资和工厂的供应被暂停的风险，正常业务运营也会受到影响，导致原本脆弱的现金流状况进一步恶化，严重时甚至可能导致企业倒闭。为了激励经销商按时还款，财务公司选择加强对其动态风险监控，利用信用评级等方法，对经销商进行实时的风险监测和跟踪，同时对车辆本身进行实时监控，以降低拖欠风险。

资料来源：牛艳丽．商用车重卡经销商库存融资业务风险管理研究：以 A 公司为例．中国总会计师，2023 (7)：174 - 177.

思考：

1. A 公司在进行“单车融资”的过程中，可能会面临什么风险？
2. 如何通过风险管理审计确定财务公司风险管理的有效性？

第8章 内部审计在公司治理中的角色定位

学习目标

1. 了解公司治理的概念及要素，掌握公司治理的标准及原则。

2. 了解内部审计与公司治理的关系及内部审计在公司治理中的重要作用，掌握内部审计在公司治理中的角色。

3. 了解公司治理审计的概念，掌握公司治理审计的分类。

素养目标

帮助学生了解公司治理的相关内容，正确定位内部审计在公司治理中的角色，重点把握不同类别的公司治理审计；培养学生处理各种审计关系的能力，以有效促进内部审计职能的发挥，从而提高公司治理审计的工作效率。

第1节 公司治理与内部审计

一、公司治理的概念及要素

（一）公司治理的概念

伴随着现代公司制企业所有权与经营权的分离，由于不同利益主体利益目标不一致以及交易成本的存在，委托代理契约成为不完全契约。如何建立合理的公司组织结构以解决委托代理问题，成为两权分离制度下公司面临的新问题。在这种情况下，公司治理应运而生。

作为现代公司治理运动的主要发源地，英国在其《公司法》中将公司治理制度描述为由董事、股东和审计员三方构成的制度。

1999年，经济合作与发展组织（OECD）在其发布的《公司治理原则》中，对公司治理给出了如下定义：“公司治理是一种据以对工商业公司进行管理和控制的体系。

它明确规定了公司各参与者的责任和权力，包括董事会、经理层、股东和其他利益相关者，并且清楚说明了决定公司事务时应该遵循的规则和程序。同时，它还提供了一种结构，使之用于设置公司目标，也提供了达到这些目标和监控运营的手段。”这一定义强调，激励与监督是规定和调整包括股东在内的利益相关者之间利益关系的重要制度安排与手段。

在我国，理论界尚未对公司治理形成统一的定义，但普遍认为，公司治理本质上是一种协调公司各利益主体关系的制度安排。从狭义角度来看，公司治理是基于公司所有权与经营权分离而形成的所有者、董事会和高级管理人员（即高级经理人）之间的一种权力分配与制衡的制度安排。从广义角度来看，公司治理则涉及股东、债权人、供应商、客户、员工、政府和社区等所有利益相关者，是一种通过建立一整套包括正式或非正式的、内部的或外部的制度或机制来协调公司与利益相关者之间的关系，保证公司决策的科学性，最终实现维护各方利益的综合治理。

（二）公司治理的要素

2002年7月23日，IIA在向美国国会提交的《改善公司治理的建议》中特别指出，健全的治理结构建立在有效治理体系四个基本主体的协同这一基础之上，这四个基本主体是董事会、高级管理层、外部审计和内部审计，它们构成了公司治理赖以存在的四大基石。

1. 董事会

在以两权分离为基础的现代企业制度下，股东与董事之间、董事与高级管理层之间存在双重委托代理关系。在这样的双重委托代理关系中，董事会成为公司治理结构的核心，在公司治理中扮演着确保控制系统有效、确定并监控经营风险与绩效指标的角色。董事会一方面接受股东会的委托，监督管理企业的经营决策；另一方面委托企业的高级管理层管理企业的日常经营活动。

董事会是股东为防止高级管理层损害其利益而设立的常设机构，负责执行股东会的决议，做出公司的重要经营决策并监督高级管理层。其成员通常包括执行董事和非执行董事。执行董事一般是指负责管理公司日常经营事务的董事，其同时担任董事和高级管理者，又称内部董事。而非执行董事一般是指不参与公司日常经营管理但承担与执行董事相同法律义务和责任的董事，包括股东董事、职工董事和独立董事。

我国《公司法》明确规定，股东人数较少或者规模较小的有限责任公司，可以设一名董事，不设董事会，该董事可以兼任公司经理。董事会设董事长一人，可以设副董事长，董事长和副董事长由董事会以全体董事的过半数选举产生。

董事会每年度至少召开两次会议，董事会会议应有过半数的董事出席方可举行。董事会做出决议，必须经全体董事的过半数通过。董事会对股东会负责，行使下列职权：

（1）召集股东会会议，并向股东会报告工作；

（2）执行股东会的决议；

（3）决定公司的经营计划和投资方案；

（4）制定公司的年度财务预算方案、决算方案；

（5）制定公司的利润分配方案和弥补亏损方案；

（6）制定公司增加或者减少注册资本以及发行公司债券的方案；

（7）制定公司合并、分立、解散或者变更公司形式的方案；

（8）决定公司内部管理机构的设置；

（9）决定聘任或者解聘公司总经理及其报酬事项，并根据总经理的提名决定聘任或者解聘公司副总经理、财务负责人及其报酬事项；

（10）制定公司的基本管理制度；

（11）公司章程规定的其他职权。

2. 高级管理层

在公司日常的经营管理中，高级管理层作为决策的执行者，往往比董事投入更多的时间且更了解公司的实际情况，是公司治理的重要组成部分。有限责任公司的高级管理层由董事会选派，股份有限公司的高级管理层则由董事会聘任或解聘。高级管理层通常指的是公司的高级管理人员，包括总经理、副总经理、财务负责人及公司章程规定的其他人员。

董事会与高级管理层之间也存在委托代理关系，其本质是一种聘用关系。董事会做出决策，高级管理层在授权范围内负责执行。高级管理层对董事会负责，行使下列职权：

（1）主持公司的生产经营管理工作，组织实施董事会决议；

（2）组织实施公司年度经营计划和投资方案；

（3）拟定公司内部管理机构设置方案；

（4）拟定公司的基本管理制度；

（5）制定公司的具体规章；

（6）提请聘任或者解聘公司副总经理、财务负责人；

（7）决定聘任或者解聘除应由董事会决定聘任或者解聘以外的管理人员；

（8）董事会授予的其他职权。

3. 外部审计

外部审计又称独立审计，一般是指独立于公司的审计机构（如会计师事务所）接受委托进行的审计。这种审计活动的主要目的是独立出具审计报告，对公司财务会计信息的合法性和公允性、内部控制系统的有效性发表审计意见，从而监督董事会、高级管理层的受托责任履行情况。

外部审计是公司治理的重要组成部分，代表的是所有者的利益，其作用在于提高财务会计信息的真实性和可信性，为公司的内外部治理提供可靠的会计信息，减少委托代理契约各方的信息不对称，缓和代理冲突。独立性和权威性是外部审计制度的价值所在。完善的外部审计制度能够为公司多方面的利益相关者提供重要的利益保障机制，从而提高公司治理的效率。

4. 内部审计

内部审计的工作多由审计委员会负责。审计委员会是董事会按照股东会决议下设的一个专门议事机构，其基本职责在于加强董事会对高级管理层的监督，确保董事会有效行使重大决策权，实现对公司经营权的制衡和监督。

审计委员会代表的是股东利益，承担着对公司管理层进行监督的职能，旨在减少因信息不对称而带来的内部人控制现象。审计委员会并不直接进行审计监督工作，而是依靠工作程序来保证内部审计和外部审计的独立性、客观性和有效性。审计委员会是在公司董事会内部建立的一种对公司内部审计、外部审计、会计信息质量、对外信息披露进行控制的机制。

审计委员会大多数由具有丰富经验和专业财会知识的独立董事组成，设主任委员一名，由独立董事委员担任，负责主持委员会的工作；主任委员在委员内选举，并报请董事会批准产生。审计委员会的主要职权是：

（1）提议聘请或更换外部审计机构；

（2）监督公司内部审计制度及其实施；

（3）负责内部审计与外部审计之间的沟通；

（4）审核公司财务信息及其披露；

（5）审查公司内部控制；

（6）对公司重大关联交易进行审计；

（7）董事会授予的其他职权。

二、公司治理的标准及原则

（一）公司治理的标准

如何判定公司治理是否良好？目前理论上还没有统一的标准，实务中不同的公司其治理结构也不尽相同。但是，我们可以从有效的公司治理中找出以下三方面的共性。

1. 剩余索取权与控制权相匹配

公司所有权包括剩余索取权和控制权。公司股东所享有的剩余索取权和控制权应当尽可能对等，即拥有控制权的人应当承担相应的风险，从而对利益相关者形成相匹配的激励效果，否则，对结果不负责任的控制权将导致代理成本的增加。

2. 薪酬与公司业绩相配比

不受约束的高薪将增加经营者的道德风险与逆向选择，导致经营者处于失控状态。有效的公司治理能够通过一定的手段和机制监督和激励经营者，将经营者的利益与公司的业绩挂钩，使其行为选择与公司的目标相一致，从而维护公司各利益相关者的利益。

3. 权力相互制衡

公司治理需要解决的一大问题是如何合理地配置所有者与经营者之间的权力与责任。因此，公司治理主体间的权力制衡是实现良好公司治理的关键。只有公司内部建立起明确的关系框架和制度安排，才能为实现有效的公司治理提供条件。

（二）公司治理的原则

1. 确保公司治理框架有效

公司治理框架应促进形成透明和高效的市场，遵守法律和监管要求，并明确不同管理者、监督者和执行机构之间的责任分工。

公司在制定治理框架时，应该考虑其对整体经济绩效的影响，以及对市场透明度和效率的促进作用，明确各管理部门之间的责任划分，并以专业和客观的方式履行职责，维护利益相关者的利益。

2. 保护股东的权利

公司治理框架应保护股东权利，并促进股东权利的行使。股东权利主要包括：（1）股东身份权；（2）股份转让权；（3）及时、定期地获取与公司相关的重要信息；（4）参加股东会并投票；（5）重大事项决策权；（6）选举和更换董事会成员；（7）分红权。

3. 公平对待股东

有效的公司治理应该保证所有股东都得到公平对待，股东均有权要求董事会和管理层披露任何影响公司重大利益的交易或事件。当控股股东的行为损害到中小股东的利益时，中小股东有权要求获得有效的补偿。股东会的程序应该公平对待所有股东，并严格禁止内幕交易。

4. 保护利益相关者的权利

公司治理框架应保护利益相关者的权利。当利益相关者参与公司治理时，他们应有权及时、定期地获得相关、充分、可靠的信息，并能自由地向董事会传达他们对非法或不道德行为的看法。

5. 进行信息披露

公开透明的信息披露制度是有效的公司治理的重要保证，它要求信息及时地传递给信息使用者。公司对外披露的信息既包括财务信息，也包括非财务信息。财务信息通常是指财务报告所反映的公司财务状况、经营成果、现金流量、所有者权益变动、报表附注及其他信息；非财务信息包括但不限于公司的基本情况，治理结构及原则，目标，经营状况，董事、高级管理者等关键人员的情况及其薪酬，与员工及其他利益相关者有关的重要问题，以及可预见的重大风险等。

6. 明确董事会的责任

董事会对股东会负责，其职能是对管理层的决策进行监督，监督的重点是决策的科学性。董事会要对公司、股东负有勤勉义务和诚信责任，保护公司的长远利益，负责对公司重大经营事项做出战略选择，公平对待所有利益相关者。董事会的决议违反法律法规或者公司章程，致使公司遭受严重损失的，参与决议的董事对公司负赔偿责任。董事会必须具备客观独立的判断力，掌握行业和专业知识，以保证决策的质量。

第 2 节　内部审计的角色定位

一、内部审计与公司治理的关系

内部审计是良好的公司治理赖以存在的基石，而良好的公司治理则是内部审计发挥作用的必要条件，二者相互促进、相互依存。

（一）公司治理与内部审计的产生均源于受托责任

随着公司所有权与经营权的分离，股东与董事会、董事会与高级管理层、股东与债权人等之间都存在委托代理关系。在每一层委托代理关系中，受托方都要承担受托责任，并按照契约和委托人的意志来完成受托任务。然而，各利益主体间难免会产生利益冲突，因此委托人需要建立一套制度，以合理配置委托人与受托人之间的权利与责任，通过有效的公司治理来保护委托人的利益免受代理人利己行为的损害。同时，在两权分离制度下，经营者掌握着公司的充分信息，而所有者只能获得相对大致的了解，难以掌握公司真实的经营状况及其他内部信息。公司不同利益相关方的目标不一致及委托代理过程中存在的信息不对称，很容易导致代理人的逆向选择和道德风险。由此，内部审计对受托经济责任履行情况进行监督与评价，成为公司治理的一种手段。

因此，在存在受托经济责任关系的条件下，公司治理对于公司的存续与成长具有关键作用。同时，受托经济责任关系也是内部审计产生和发展的前提和基础。

（二）公司治理与内部审计具有相同的理论基础

公司治理和内部审计的产生都源于委托代理过程中产生的委托代理关系。委托代理理论认为，委托代理关系的存在并不一定导致代理问题，出现代理问题的真正原因是委托代理契约不完备、信息不对称、存在不确定性等。为了使受托责任得到履行，公司治理从委托人的角度出发，通过一套约束机制来监督公司利益相关者并使他们相互制衡。在存在委托代理关系的条件下，为了更好地监督代理人，并客观地评价代理人的经营管理活动和内部控制行为，内部审计应运而生。

因此，公司治理和内部审计都是委托代理关系的产物，二者在委托代理理论这一基础上产生与发展。

（三）内部审计是完善公司治理的必然要求

在两权分离制度下，公司所有者不参与日常经营活动，而是将经营权交由经营者。然而，在最初的公司治理结构中，尽管借助了外部审计（即独立审计），舞弊、欺诈等依然频繁发生，这显示出对经营者的监督仍存在很大漏洞。随着这一问题的日益突出，所有者最开始的查错防弊的需求逐渐发展为对管理层的经营活动进行全方位监督的需求。由于内部审计与建立内外部监督制约机制、对公司进行综合管理的公司治理目标相契合，其可以作为一种内部管理手段促进公司治理的完善，因此，内部审计越来越受到重视，其在公司治理需求的变化中得到了长足的发展，成为公司治理的四大基石之一，是完善公司治理的必然要求。

（四）内部审计与公司治理的目标相同

公司治理以平衡股东、管理者、债权人、员工、供应商、客户、政府等各利益相关者的利益，在公司内外部建立有效的权力制衡机制为目标；内部审计是完善公司治理的必然要求，也是提高公司治理有效性的重要手段。在公司治理结构中，内部审计通过应用系统化、规范化的方法，评价并改善风险管理、控制和治理过程的效果，为增加公司价值、实现公司目标提供独立、客观的确认和咨询服务，协助公司治理的完善。提高整个公司治理的有效性是内部审计作为公司治理基石的使命，二者相互依赖、相互促进，最终共同服务于公司目标的实现。

二、内部审计在公司治理中的重要作用

内部审计是公司治理的四大基石之一，在公司治理中发挥着重要作用。

（一）有利于强化内部控制

检查和评价公司内部控制的健全性和有效性是内部审计部门的职责之一，内部审计是保证内部控制有效性的一个重要环节。通过检查内部控制制度，内部审计能够确保公司处于一个健康的运营环境中，保障公司合法合规经营，经济高效地实现目标，保护资产的安全，保证财务报告的质量及相关信息的真实完整，促进公司战略的实现，及时揭露公司内部的违法违规现象并提出建设性的防范措施，从源头上强化公司的内部控制。因此，评价内部控制的有效性是检验公司治理是否有效的关键，也是公司治理的重要内容之一。

（二）有利于改善风险管理

不同于外部审计机构，内部审计部门更熟悉公司的业务、生产流程、经营管理制度、会计核算制度以及内部管理层级和职责分工，更清楚各项业务活动的关键控制点。公司所处的环境复杂多变，在运营过程中往往面临各种风险，内部审计部门利用自身的这些优势进行观察和判断，更善于发现公司管理层在执行业务过程中的漏洞，能够相对准确地识别高风险领域，在相对薄弱的管理环节进行有针对性的审计，及时向管理当局提出防范措施，对风险管理过程进行监督和协调。因此，内部审计对加强公司治理、实现组织目标具有重大作用。

（三）有利于完善公司治理

内部审计是委托代理关系的产物，也是公司治理发展的必然需求。在传统的公司治理中，内部审计的目标主要是查错纠弊，揭露和查处舞弊、欺诈行为，履行监督的基本职能，以减少受托责任制产生的信息不对称问题。随着公司治理的发展，为促进

公司治理的完善，内部审计的职能发展为帮助组织增加价值并改善运营。内部审计站在更高的角度，检查经营管理风险并提出改进建议，对经营者的业绩进行考核评价，保证激励机制的有效运行，帮助董事会监督各战略发展阶段重大决策的制定、执行并评价其效果，确保战略举措的可行性和计划的可操作性。因此，内部审计对于公司治理的完善具有重要的促进作用。

三、内部审计在公司治理中的角色

（一）是一个控制系统

在股东和经营者构成的层层授权和代理关系的公司治理结构下，内部审计扮演着控制系统的角色，确保公司治理的关系框架及制度安排得以有效执行。控制作用是指内部审计作为一种管理控制，通过内部审计人员独立的检查和评价活动，衡量和评价其他内部控制的适当性和有效性。

内部审计贯穿公司的生产经营活动，实现事前、事中、事后的控制，能够对代理人起到一定的约束作用，减少其行为选择与公司预定目标的错位甚至背离，降低代理风险；审查公司在经营者的管理下，各项工作的执行情况是否与计划相符，指出工作中的缺点和错误，并督促及时整改；对公司内部控制的科学性、可执行性和有效性进行评价；针对薄弱环节及时向管理层提出完善建议，加强风险管理；协助决策者进行科学决策，提高经济效益，推动实现科学、高效的公司治理。

内部审计是组织整体内部控制系统的重要组成部分，与其他控制形式相比，更具全面性、独立性和权威性，是对其他控制的一种再控制。控制本身就是一种重要的管理职能。内部审计已经成为管理当局更好地管理企业的一种重要工具或手段，可以说，内部审计是组织内部一个重要的具有管理性质的职能部门。内部审计人员代表企业管理当局，从组织发展的全局分析和考虑问题。正如曾任美国审计总署内部审计总监的劳伦斯·索耶指出的那样："现代内部审计人员所做的事情，只不过是公司总经理想做而未能做的事情。"由此可见，内部审计在公司治理中的控制职能具有举足轻重的地位。

（二）是一种监督手段

监督职能是内部审计最原始也最基本的一种职能。无论是早期的查错防弊，还是现代的各种检查和评价活动，都蕴含着监督的性质。随着分权化管理的推进，部门责任制、经营责任制应运而生，各级管理部门和直属单位享有更多的自治权，企业最高管理者对这些部门和单位掌管的资产的使用情况以及他们制定的方针政策、下达的命令指示的贯彻执行程度，表现出越来越多的关注和担忧。于是，内部审计人员被授权代表企业最高管理者进行监督检查，去做那些企业最高管理者想做而未能做的事情。

内部审计在公司制度安排中扮演着内部监控者的角色，负责监察和督促组织内部人员在其授权范围内有效地履行职责，以保证企业的各项活动符合组织的方针、政策、程序，政府法律条例，以及一般公认管理原则，从而减少管理层的逆向选择和道德风险。监督是内部审计最基本的职能，内部审计主要负责审查公司的财务收支活动，重点资金、重点经营环节、重要岗位及重点部门的业务活动，同时对公司内部控制制度的执行进行有效的监督管理。在外部审计资源有限的情况下，内部审计还需配合外部审计及时发现企业财务信息披露中的虚假行为。在日常经营中，内部审计帮助企业发现存在的问题，并予以揭示和查处，督促企业及时修正战略方针，促进组织加强管理，实现组织经营的良性循环，从而更好地实现公司目标。

（三）是一种信息反馈系统

为适应公司治理的发展需求，内部审计从传统的查错防弊逐步延伸至治理层面。在委托代理问题中，内部审计为解决信息不对称问题扮演着信息反馈系统的角色。内部审计的信息反馈作用主要体现为内部审计的评价职能。

内部审计的评价职能是指内部审计人员依据一定的审计标准对所检查的活动及其效果进行合理的分析和判断。为实现组织目标所从事的一切生产经营管理活动都是评价的对象。例如，决策、计划、方案的制定是否符合实际；各种活动是否遵照既定的程序、标准进行，是否达到预期的效果，实现既定的目标；各种信息是否真实、准确、完整，处理信息的方法是否恰当；资源是否被经济、有效地使用；等等。不同的审计类型所依据的评价标准不同。内部审计人员通常运用的评价标准包括：组织内部制定的各种方针、政策、程序、计划制度以及签订的合同；政府发布的法律法规和条例；行业标准和规范以及一般管理原则；等等。通过评价和改进风险管理、内部控制和公司治理的效率，内部审计协助组织实现目标，达到增值的目的。这一功能对于公司治理至关重要，且是外部审计无法替代的。

在受托责任制下，公司的所有者负责重大决策的制定，扮演决策者的角色；经营者则处在受控者的地位，负责公司日常的经营管理，是决策的执行者。其中，内部审计通过独立的评价和信息反馈机制，对公司治理发挥着重要作用。

（1）促进公司治理中决策机制的运作。公司治理中的各项机制最终都是立足于科学决策、实现公司价值最大化而建立的。在受托责任制下，决策的制定与执行对信息质量提出了很高的要求。内部审计在公司治理结构中处于相对独立的地位，有能力为股东和董事会提供及时、全面、准确的信息，帮助股东会和董事会做出科学的决策。因此，内部审计通过信息的反馈作用，促进公司治理中决策机制的有效运行。

（2）客观评价和反馈管理层的业绩指标完成情况和经营行为。董事会对股东负责，按照股东的意志制定公司战略并监督战略的实施。管理层受董事会聘用，负责战略的具体实施，同时对下属员工实施控制。在这种一层一层的委托代理关系中，为了保障董事会及时、全面地获取经营管理的真实信息，内部审计部门作为相对独立的一方，对管理层的经营业绩以及是否在风险管理方面有效履行其职责进行评价，从而降低企业风险水平。股东则要根据内部审计部门提供的信息，对管理层是否在风险管理领域有效履行其职责做出评价，并对存在的漏洞提出改善建议。内部审计部门及时、准确、全面地收集和处理信息，最终通过报告等形式向公司治理的参与者、相关者提供信息，帮助信息使用者做出科学决策。

（3）保障公司治理中激励机制的运行。为减少委托代理契约中的代理成本，委托人在采取监督手段的同时，也会建立合理的激励机制，以促使代理人有效履行受托责任。凭借自身的权威性和独立性优势，内部审计可以完成客观的绩效评价，防止管理层在业绩指标导向作用下因道德风险和逆向选择而提供虚假的经营成果信息，从而保护股东的利益不受损害。

因此，内部审计在公司治理中为激励机制的建立奠定了坚实的基础，并且有助于激励机制的有效运行。

第 3 节　公司治理审计

一、公司治理审计的概念

公司治理审计是指内部审计机构对公司的治理环境、治理状况进行系统、有组织的监督与评价，并提出改善公司治理的意见或建议，以提高公司的治理能力，促进组织价值的增加，保证经营目标的实现。

二、公司治理审计的分类

根据治理理论、代理理论及审计理论，从治理主体角度出发，可将公司治理审计分为股东主导的治理审计、董事会主导的治理审计、监事会主导的治理审计、监事会与董事会相结合的治理审计。

（一）股东主导的治理审计

在以所有权和经营权相分离为基础的现代企业制度下，公司股东将经营权委托给管理者，但是二者的利益目标并不一致。在信息不充分的条件下，这可能导致逆向选择和道德风险问题。为了保护股东利益，股东主导的治理审计应运而生。

股东主导的治理审计是指以股东会为公司治理的核心，由股东和其他利益相关者委托审计人员对董事会、经营者开展的责任审计。股东主导的治理审计强调股东会在公司治理中的作用。

根据审计主体的不同，股东主导的治理审计还可以进一步细分为股东主导的内部治理审计和股东主导的外部治理审计。

1. 股东主导的内部治理审计

股东主导的内部治理审计是由公司内部审计机构开展的治理审计，包括监事对董事会、经营者开展的财务审计、绩效审计等，旨在检查并评价其财务活动和绩效，并向股东会报告。在这种审计方式下，通常是由监事会领导或者由监事会授权财务总监领导内部治理审计团队，对经营者的责任进行审计。

2. 股东主导的外部治理审计

股东主导的外部治理审计是由公司外部审计机构开展的治理审计，包括独立审计师审计、政府审计等。

（二）董事会主导的治理审计

在公司股权相对分散的情况下，股东难以充分发挥作用，对公司的控制能力较弱，此时董事会便成为公司的核心治理机构，由此产生了董事会主导的治理审计。

董事会主导的治理审计是指以董事会为公司治理核心，由董事会委托审计人员对经营者开展的责任审计。它主要涵盖财务审计和管理审计，审计内容包括经营者的财务活动、财务信息及经营者对经营政策的落实执行情况，以实现对经营者的控制。董事会主导的治理审计强调董事会在公司治理中的作用。

根据审计主体的不同，董事会主导的治理审计还可以进一步细分为董事会主导的内部治理审计和董事会主导的外部治理审计。

1. 董事会主导的内部治理审计

董事会主导的内部治理审计是由公司内部审计机构开展的治理审计，通常有以下三种实现途径：（1）董事会直接领导内部治理审计；（2）董事会授权财务总监领导内部治理审计；（3）建立审计委员会。董事会主导的内部治理审计对整个公司的财务活动和经营活动进行审计，旨在监督日常经营管理活动，协助经营者加强内部控制、改善经营管理、提高经营效率。

在以上几种实现董事会主导的内部治理审计的途径中，董事会直接领导内部治理审计是一种相对理想的治理审计模式，因为它能确保审计工作的独立性。董事会授权财务总监领导内部治理审计涉及财务总监的独立性问题，必须保证财务总监独立于经营者主导的财务管理，以实现审计控制。建立审计委员会开展内部治理审计时，审计委员会由独立董事组成，其主要负责监督公司的财务状况、内部控制以及公司内外部审计的沟通和监督工作，并领导开展内部治理审计工作。在这种以内部力量为主导的审计委员会中，保持独立性是关键。

2. 董事会主导的外部治理审计

董事会主导的外部治理审计是由公司外部审计机构开展的治理审计，一般由董事会直接委托独立审计师对经营者提供的财务报告、内部控制情况进行审计。然而，董事会应当对股东负责，这种审计模式的存在必须以董事会的功能正常发挥、保持足够的独立性、以维护公司利益和所有者利益为出发点为前提条件。

（三）监事会主导的治理审计

在德国，监事会由股东会直接选举产生，由股东代表和职工代表组成，并负责决定执行董事的人选。在这种模式下，监事会拥有决策权，董事会负责决策的执行。监事会成为公司的核心治理机构，因此产生了监事会主导的治理审计。

根据审计主体的不同，监事会主导的治理审计还可以进一步细分为监事会主导的内部治理审计和监事会主导的外部治理审计。

1. 监事会主导的内部治理审计

在以德国为代表的治理模式下，监事会可以充分发挥其监督作用，为实施监事会主导的内部治理审计提供条件。德国的《股份公司法》规定，监事会代表公司股东和职工的利益，主要负责监督执行董事是否按公司章程行使经营权，并对资本增减、筹资与投资等重要财务事项进行决策；审核账簿、核对资产，并在必要时召开股东会。在德国的治理模式下，职工对公司监控的参与程度相对较高，这有利于加强对经营者的监督。监事会作为股东、公司职工真正行使监督权与控制权的机构，对经营者进行审计，目的是维护股东和职工的利益，从总体上促进企业安全有效经营、保护资产安全完整、保证会计信息合法。

2. 监事会主导的外部治理审计

监事会主导的外部治理审计是由监事会聘请独立审计师，监事和独立审计师从不同角度对公司财务报告合法性、内部控制有效性进行审计，同时开展绩效审计和管理审计，并向委托人提供审计信息的活动。

(四) 监事会与董事会相结合的治理审计

在以日本为代表的双层治理结构下，监事会主要负责监督董事和高级管理人员的工作情况，检查公司的财务状况等。而董事会则代表股东利益，有权对经营者进行绩效考核。因此，产生了监事会与董事会相结合的治理审计。

根据审计主体的不同，监事会与董事会相结合的治理审计还可以进一步细分为监事会与董事会相结合的内部治理审计和监事会与董事会相结合的外部治理审计。

1. 监事会与董事会相结合的内部治理审计

监事会与董事会相结合的内部治理审计是由监事和专职董事共同对经营者进行监督检查的活动。在该模式下，监事会与董事会负有监督职能，有权检查公司的业务及财产状况和账目，检查信息披露的真实性，并对经营者的经营管理行为进行监督和纠正，确保其合法合规，同时关注内部控制的有效性等。此外，董事会下可以设立审计委员会等专门委员会，以协助董事会开展专门工作。在这种审计模式下，监事会与审计委员会相结合，形成相互制衡和监督的机制，从而增强了监控力量。但在实践中，必须对监事会与审计委员会的职责和权限进行合理划分、协调，以避免机构职能重复、工作低效。

2. 监事会与董事会相结合的外部治理审计

监事会与董事会相结合的外部治理审计是由监事会与董事会聘请独立审计师或由利益相关者对经营者提供的财务报告进行审计，并对内部控制的有效性进行评价的活动。在这种审计模式下，外部审计对监事会与董事会审计的效率和效果进行评价是一种重要的制度安排，也是这种审计模式有效运行的保障。同时，保持独立性仍然是外部治理审计的关键。

习题

一、单选题

1. 公司治理的要素中不包括的主体是（　　）。

A. 董事会　　B. 高级管理层

C. 外部审计　　D. 监事会

2. 在现代企业中，董事会与高级管理层的关系主要表现为（　　）。

A. 承包经营关系　　B. 信任委托关系

C. 委托代理关系　　D. 地位相同关系

3. 下列说法中，错误的是（　　）。

A. 现代内部审计的职能是帮助组织增加价值并改善运营

B. 现代内部审计的职能是查错纠弊，揭露和查处舞弊、欺诈行为，减少因受托责任制而产生的信息不对称问题

C. 内部审计是组织整体内部控制系统的重要组成部分

D. 内部审计在组织内部与其他控制形式相比，更具全面性、独立性和权威性

4.（　　）是指内部审计作为一种管理控制，通过内部审计人员独立的检查和评价活动，衡量和评价其他内部控制的适当性和有效性。

A. 控制作用　　B. 评价作用

C. 监督作用　　D. 检查作用

二、多选题

1. 有效的公司治理的共性包括（　　）。

A. 剩余索取权与控制权相匹配

B. 薪酬与公司业绩相配比

C. 全体员工严格遵守企业规章制度

D. 权力相互制衡

2. 公司治理审计分类包括（　　）。

A. 股东主导的治理审计

B. 董事会主导的治理审计

C. 监事会主导的治理审计

D. 监事会与董事会相结合的治理审计

3. 下列关于内部审计在公司治理中的角色定位的说法，正确的有（　　）。

A. 内部审计作为一个控制系统，贯穿公司的生产经营活动，能够对代理人起到一定的约束作用

B. 控制是内部审计最基本的职能

C. 内部审计的信息反馈作用主要体现为内部审计的评价职能

D. 内部审计的评价职能是指内部审计人员依据一定的审计标准对所检查的活动及

其效果进行合理的分析和判断

三、判断题

1. 代理问题因委托代理关系的存在而产生。（　　）
2. 受托经济责任关系是内部审计产生和发展的前提和基础。（　　）
3. 在以内部力量为主导的审计委员会中，关键是要保持独立性。（　　）
4. 董事会负责拟定公司内部管理机构设置方案和公司的基本管理制度。（　　）

四、思考题

1. 简述内部审计在公司治理中发挥的重要作用。
2. 简述公司治理审计与风险管理审计的联系和区别。

案例分析

JZD公司成立于1998年，主要专注于复合肥、缓控释肥和土壤调理剂等土壤所需产品的研发、生产与销售。2010年，该公司在深圳证券交易所成功上市。在上市后的一段时间内，JZD曾是国内化肥行业的龙头民营企业，在2017年中国化肥企业百强榜中位列第七，且在民营企业中排名第一，同时被认定为国家创新型企业和国家重点高新技术企业。

然而，2022年年初，中国证监会公布了年度首份罚单，处罚对象正是昔日的肥料大王——JZD。经调查，在2015年至2018年上半年期间，JZD通过虚增发出的商品、未按规定披露与关联方的交易以及虚减应付票据等手段，累计虚增收入231亿元，虚增成本211亿元，虚增利润总额20亿元。

从内部治理的视角来分析，JZD出现财务舞弊的原因主要有以下几点：

首先，JZD内部的股权结构失衡。2019年，其第一大股东临沂JZD投资控股有限公司持股比例高达38.85%，第二大股东WLB持股比例为18.15%，二者合计持股比例占JZD前十大股东持股比例的83.22%，形成了一种高度集中的股权结构。而进一步的调查显示，WLB实际上持有临沂JZD投资控股有限公司28.72%的股份，是其实际控制人。WLB仅用29.51%的分红权就取得了JZD 57.03%的控制权，导致公司重大事项的决策极易受到大股东的影响，为公司内部治理埋下了巨大的隐患。

其次，公司内部监事会与内部审计委员会的监督职能失效。JZD的三位监事会成员虽然在监事会任职时间较长，但均未能及时发现公司经营过程中存在的财务造假风险。监事会对各项决议文件的审议流于形式，缺乏实质性的审查和监督。直到2020年6月，DX会计师事务所出具两份非标准意见后，监事会才在工作报告中承认公司的内部控制存在重大缺陷。此外，监事会主席李某曾担任公司董事和副总经理，这使得她在担任公司监事时缺乏独立性，进一步削弱了监事会的监督职能。

最后，JZD的核心高管违反了伦理道德，且缺乏优秀企业文化的正确引导。2015年，尽管JZD发展势头强劲，但当年国家取消了对化肥行业的优惠政策，且市场供过于求，导致生产成本大幅上升。在此背景下，核心高管纷纷寻求后路，开始实施财务造假。他们与关联方以预付货款的名义进行大额资金往来，但实际上并未收到货物。2020年的报告显示，80亿元的往来款项被计提了27亿元的坏账准备，而这些往来款项大多来自未曾披露的关联方。这显示出整个管理层有预谋、有计划地实施造假，以满足其占用上市公司资金，从而牟取自身利益的目的。公司董事长WLB更是带头与财务总监等多部门人员利用信息披露制度的漏洞，隐瞒关联方及关联交易，有预谋地实施财务舞弊，这严重损害了广大投资者的利益。

针对上述违法行为，2022年1月4日，中国证监会考虑到JZD财务舞弊违法行为跨越新旧《证券法》适用的特别情形，对JZD处以150万元的罚款，对以董事长为首的参与造假的7名公司高管共计罚款605万元，并对相关人员做出了市场禁入的惩处。

资料来源：陈朝骞，倪亚杰．公司治理视角下金正大财务舞弊的成因与对策研究．中国市场，2023（30）：162-165；崔珊珊．基于舞弊三角理论的金正大财务舞弊案例研究．财务管理研究，2023（9）：67-71.

思考：

1. 请从内部治理角度谈谈JZD财务舞弊对你的启示。
2. 如何通过公司治理审计识别公司治理的重大缺陷？

第9章

舞弊审计

学习目标

1. 了解舞弊的定义和特征，掌握舞弊的分类、动因。
2. 了解舞弊审计的概念，掌握舞弊审计的责任划分。
3. 了解舞弊审计的程序，掌握舞弊审计的方法和报告。
4. 了解舞弊预防的意义、会计舞弊预防系统的局限性和舞弊防范措施，掌握舞弊监控的意义、职能和形式。

素养目标

帮助学生了解舞弊审计的内涵和特征，认识到舞弊审计在内部审计中的重要性，提升审计职业道德素养，重点掌握舞弊的预防和监控，以使他们在未来从事审计工作时能够保持应有的职业谨慎，从而推进内部审计事业的长远健康发展。

第1节　舞弊概述

一、舞弊的定义

（一）IIA对舞弊的定义

IIA对舞弊的下列定义被广泛接受："任何以欺骗、隐瞒或违背信用为特征的非法行为。这些行为不受暴力威胁或胁迫。个人或组织为获取金钱、财产或服务，为避免付款或提供服务，为获得个人或组织私利等都有可能实施舞弊。"

（二）美国注册公共会计师协会对舞弊的定义

美国注册公共会计师协会从狭义的角度对舞弊进行了定义，该定义特别强调"编制虚假财务报告及侵占资产的舞弊行为"。鉴于注册会计师审计侧重于财务报表审计，并且目前已经扩展至与财务报告相关的内部控制审计，美国注册公共会计师协会从评估舞弊对组织财务报告的影响的视角对舞弊进行定义是合理的。

编制虚假财务报告的影响机制是被审计单位管理层通过操纵利润误导财务报告使用者对被审计单位业绩或盈利能力的判断。例如，被审计单位管理层利用高估收益和资产的方式使财务报告呈现出较好的财务状况和经营成果，或者通过低估收益和资产的方式隐藏应纳税所得额以减少上缴的所得税。

侵占资产是指被审计单位的管理层或员工非法占用被审计单位的资产。虽然在很多情况下，侵占资产的金额对于财务报告而言并不重大，但其导致的资产损失必须引起被审计单位的高度重视。侵占资产的舞弊行为多发生在被审计单位的员工层面，而高层管理人员侵占资产的舞弊行为也屡见不鲜。由于高层管理人员通常对组织的资产具有较大的控制权，因此他们侵占资产的舞弊行为往往涉及更大的金额。

（三）美国注册舞弊审查师协会对舞弊的定义

美国注册舞弊审查师协会对舞弊的定义特别强调了职业舞弊，即发生在工作岗位上的舞弊。职业舞弊包括较大范围内的员工、管理者的欺诈行为。简单的职业舞弊可能表现为小额的现金偷窃，复杂的职业舞弊则可能涉及编制虚假财务报告。职业舞弊通常包括四个因素：（1）舞弊行为是秘密进行的；（2）舞弊者没有承担其在组织中应当承担的责任；（3）舞弊者实施舞弊的直接或间接目的是获得财务利益；（4）舞弊者的舞弊行为导致了组织的资产、收入或者储备的损失。

（四）我国内部审计准则对舞弊的定义

我国《第2204号内部审计具体准则——对舞弊行为进行检查和报告》明确规定，本准则所称舞弊，是指组织内、外人员采用欺骗等违法违规手段，损害或者谋取组织利益，同时可能为个人带来不正当利益的行为。我国制定这一具体准则的主要目的在于规范内部审计机构和人员协助组织预防、检查和报告舞弊的行为，以更好地发挥内部审计机构和人员在预防、检查和报告舞弊工作中的优势，提高审计效率和效果，协助组织管理层更加有效地遏制舞弊行为，同时进一步明确内部审计机构和人员以及组织管理层在预防、发现及纠正舞弊行为中的责任，从而降低组织的舞弊风险。

二、舞弊的特征

要正确理解舞弊的定义，必须把握舞弊的以下特征：

（1）舞弊是一种违反法律法规的行为，即行为人的行为不符合国家法律法规的要求。

（2）舞弊是一种故意的行为，这也是区分错误和舞弊的根本特征之一。错误通常是由行为人不精通财务会计知识，不了解相应法律法规，或在操作过程中不细心、不谨慎、不规范等造成的，动机上是非故意的，手段上具有偶然性，是一种过失行为。舞弊则是指行为人故意采用非法手段，如涂改凭证、伪造单据或规避规章制度等，对事实进行篡改、歪曲，以实现占有或挪用公共财产的不良企图。

（3）舞弊行为通过不正当的手段谋取或损害组织利益，无论其动机对组织是否有利，曝光后都会给组织带来伤害。

（4）舞弊行为可能给舞弊者带来不正当利益，包括直接或间接的非法获利。

（5）舞弊的实施者既可能是组织内部人员，也可能是组织外部人员，通常外部人员实施的舞弊行为也会损害组织的利益。

三、舞弊的分类

（一）按照舞弊的行为主体分类

按照实施行为的主体，舞弊可以分为雇员舞弊和管理层舞弊。

雇员舞弊是指靠近生产一线的雇员，利用职务之便或管理缺陷，非法获取公司资产或其他个人利益的行为。雇员舞弊通常通过伪造单据、越权处理、与他人共谋或串谋等方式进行，一般都与其职务密切相关。内部控制缺陷是这类舞弊发生的常见环境条件。这类舞弊在公司中较常见，既包括占用办公用品等非重大舞弊，也包括挪用公司巨额资产进行非法活动等危及公司生存的重大舞弊。

管理层舞弊是指管理层蓄谋的舞弊行为，主要通过发布带有误导性或严重歪曲事实的财务报告来欺骗投资者、债权人、政府及社会公众等外部利益团体。管理层舞弊往往是集体行为，比雇员舞弊更为隐蔽。管理层舞弊有三个典型特征：通常不受内部控制机制的约束；经常以财务报告为手段，制造公司健康和繁荣的假象；如果涉及资产的非法侵吞，这种行为往往被复杂业务交易的糊涂账掩盖，而且经常牵涉相关联的第三方。

（二）按照舞弊的行为对象分类

按照实施对象，舞弊可以分为财务报告舞弊和侵占资产舞弊。

财务报告舞弊是指管理当局为迎合市场预期或特定监管需求，对财务信息做出虚假报告，以欺骗投资者、债权人等的一种舞弊类型。它主要包括：（1）对财务报告据以编制的会计记录或凭证文件进行操纵、伪造或更改；（2）误报或忽略财务报告中的交易事项或其他重要信息；（3）故意误用与数量、分类、提供方式或披露方式有关的会计原则，这是审计人员最为重视的舞弊类型，也是大部分审计工作的重点。

侵占资产舞弊是指被审计单位管理层或员工非法占有公司资产的行为，包括贪污、窃取、挪用等。这类行为可以通过伪造凭证或编制错误的记录来实现。行为人大多是公司的雇员，但管理当局也可能进行此类舞弊，如设立“小金库”等。

侵占资产舞弊与财务报告舞弊的主要区别在于：前者通常是雇员欺骗管理当局，而后者通常是管理当局欺骗财务报告使用者。

（三）按照对组织的影响分类

按照对组织的影响，舞弊可以分为损害组织经济利益的舞弊和谋取组织经济利益的舞弊。

损害组织经济利益的舞弊是指组织内外部人员为谋取自身利益，采用欺骗等违法违规手段使组织经济利益遭受损害的不正当行为。具体的表现形式主要包括：（1）收受贿赂或者回扣；（2）将正常情况下可以使组织获利的交易事项转让给他人；（3）贪污、挪用、盗窃组织资产；（4）使组织为虚假的交易事项支付款项；（5）故意隐瞒、错报交易事项；（6）泄露组织的商业秘密；（7）其他损害组织经济利益的舞弊行为。

谋取组织经济利益的舞弊是指组织内部人员为使本组织获得不当经济利益，采用欺骗等违法违规手段，损害国家和其他组织或者个人利益的不正当行为。从局部和短期来看，某些舞弊行为可以使组织的经济利益暂时增加，而这种舞弊行为的防范工作不像前一种舞弊行为那样受管理层重视。甚至在内部审计机构和人员发现该类型舞弊时，管理层可能还会给予舞弊者某种程度的保护。但是，从长远来看，这种舞弊行为会损害国家或其他组织、个人的经济利益，一旦被揭露，组织会受到损害，如失去资本市场的信任、组织形象受损、支付违法违规罚款等。因此，内部审计机构应当向适当的管理层说明该类型舞弊给组织长远发展带来的负面影响，争取管理层支持，以便对该类型舞弊进行有效的预防和检查。

谋取组织经济利益的舞弊具体的表现形式主要包括：（1）支付贿赂或回扣；（2）出售不存在或者不真实的资产；（3）故意错报交易事项、记录虚假的交易事项，使财务报告使用者误解并做出不适当的投融资决策；（4）隐瞒或者删除应当对外披露的重要信息；（5）从事违法违规的经营活动；（6）偷逃税款；（7）其他谋取组织经济利益的舞弊行为。

（四）按照舞弊者与公司的关系分类

按照舞弊者与公司的关系，舞弊可以分为内部舞弊和外部舞弊。内部舞弊是指公司内部经营管理者或业务人员从事的舞弊行为。外部舞弊是指外部人员通过多开账单、重复报账或用低价商品替代等手法所实施的欺瞒公司的行为。

在现实中，内部人员与外部人员可能相互勾结，共同从事舞弊活动，最常见的例子如采购人员与供应商勾结，高价采购或采购低劣原料，导致公司多负担成本，而个人则从中受益。由于审计对象往往限定在某一单位之内，因而内部舞弊对审计的影响更大、更直接。然而，对于外部舞弊和内部舞弊的结合，也必须给予高度关注。

四、舞弊的动因

（一）舞弊冰山理论（二因素论）

舞弊冰山理论将舞弊比作海里的冰山，其中只有一角露出海面，而更大的部分则隐藏在海面之下。该理论从结构与行为两个方面将舞弊因素划分为两大类。第一类因素即海面上的结构部分，这部分一般能较为直观地被识别，是人人都能看见的客观存在，包含组织的内部管理等。第二类因素即海面下的行为部分，这部分需要被谨慎对待，因为它是更庞大且危险的部分，包括行为人的态度、感情、价值观、满意度等。它通常隐藏在海面以下，且越是主观化、个性化的内容，就越容易被掩饰。

该理论说明，一个公司是否发生舞弊，不仅取决于其内部控制的严密性和健全性，更取决于是否存在财务压力、是否有潜在的败德可能性。

（二）舞弊三角理论（三因素论）

舞弊三角理论由美国注册舞弊审查师协会创始人、曾任美国会计学会会长的史蒂文·阿伯雷齐特提出。他认为，组织中舞弊行为的产生必须具备三个因素：动机或压力、机会和借口（见图9-1）。这就像燃烧必须同时具备一定的热度、燃料、氧气一样。这三个因素相互联系、相互作用，共同促成了组织内部舞弊的发生。

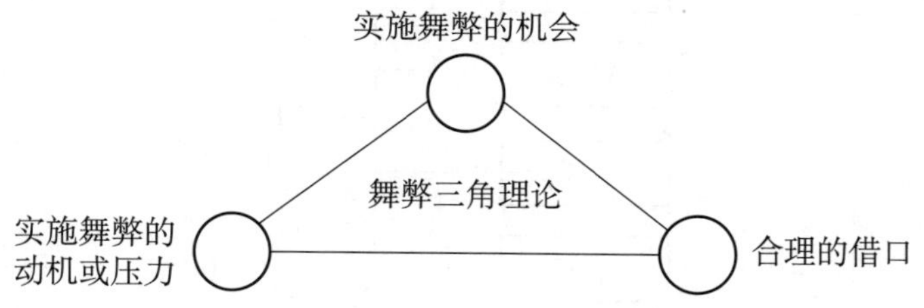

图9-1　舞弊三角理论

1. 实施舞弊的动机或压力

理性的人必然知晓舞弊是违背法律或道德的行为，因此，在没有特殊的动机或压力的情况下，舞弊是不会发生的。比如，发生侵吞、挪用资产等损害组织经济利益的舞弊行为，其动机可能是维持个人正常生活，或是满足对奢华生活的欲望；而发生谋取组织经济利益的舞弊行为，则可能是因为管理者面临组织外部或内部实现特定利润目标的压力，特别是当没有实现特定的财务目标将会对管理者产生重大不利影响时，如影响到管理者个人的经济利益或职务升迁。

2. 实施舞弊的机会

只存在实施舞弊的动机或压力尚不足以导致舞弊的发生，舞弊者还必须具有实施舞弊的机会。比如，如果内部控制可以被处于关键管理职位或熟知内部控制某个薄弱环节的人员规避，那么就存在损害或谋取组织经济利益的机会。

3. 合理的借口

即便实施舞弊的前两个条件都已经具备，也并不意味着舞弊必然会发生。舞弊者还需要为舞弊行为寻找貌似合理的借口，以使舞弊行为看上去、听上去或感觉上合理，从而求得内心的解脱。比如，当某人侵占资产时，他可能会认为所在组织未能给予其应有的待遇或补偿。这些貌似合理的借口往往与舞弊者特定的性格特征和价值取向有关。

该理论指出，舞弊三因素缺一不可、互为依存，缺少任何一项都不会真正形成舞弊。

（三）舞弊GONE理论（四因素论）

舞弊GONE理论由杰克·波罗格纳等人在1993年提出。该理论认为舞弊行为由贪婪（greed）、机会（opportunity）、需求（need）、暴露（exposure）四个因素组成，这四个因素相互作用、密不可分，共同决定了舞弊风险（见图9-2）。四个因素实质上揭示了舞弊产生应当具备的四个条件：当舞弊者有贪婪之心，有需求迫切需要满足，而机会出现并且事后难以暴露时，就会出现舞弊。在现实情形中，舞弊四因素会产生不同的不利影响，而当特定环境中全部因素组合起来形成重大不利影响时，必然会导致舞弊行为的发生。

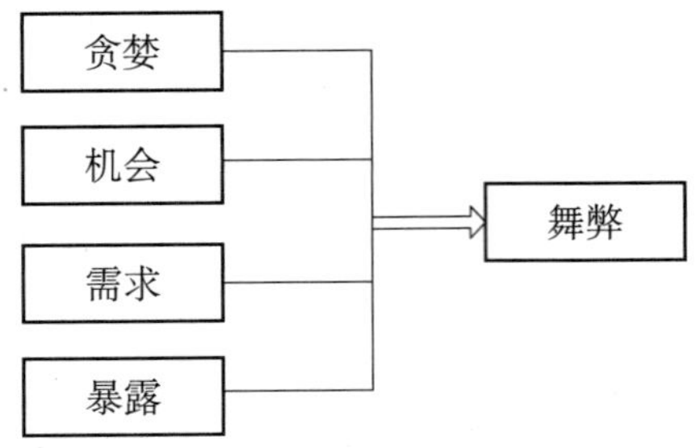

图9-2 舞弊GONE理论

在舞弊GONE理论中，贪婪和需求与个体有关，机会和暴露则与组织环境相关，这一点与二因素论是相通的。与三因素论相比，四因素论更加细化，它将舞弊动机解释为个人需求，把道德和价值取向视为贪婪的根源，并且增加了暴露因素，即舞弊行为被发现并揭露的可能性，以及被发现并揭露后受到的惩罚的力度，这些因素在很大程度上会影响舞弊者是否做出舞弊行为。这使得GONE理论在实际操作中更加具有可行性。

（四）舞弊风险因子理论

舞弊风险因子理论是杰克·波罗格纳等人在GONE理论的基础上进一步发展形成的，被认为是迄今为止最为完善的舞弊动因理论。该理论认为，企业舞弊的可能性和舞弊的影响程度是由作用于企业的一般风险因子和特殊风险因子共同决定的。一般风险因子包括舞弊机会、舞弊被发现的概率、舞弊者受罚的程度，这些因素是组织或企业所能控制的；特殊风险因子则包括道德品质及动机，这些因素通常因人而异，是组织或企业所不能控制的，并且多与行为人个体相关。当一般风险因子与特殊风险因子相结合，且舞弊者认为实施舞弊有利时，舞弊行为就会发生。

第2节 舞弊审计概述

一、舞弊审计的概念

对于舞弊审计，各国审计准则尚未给出统一的明确定义。美国会计学专家杰克·

波罗格纳和加拿大会计学专家罗伯特·林德奎斯特在他们合著的《美加两国查处舞弊技巧与案例：舞弊审计与法庭会计新工具和新技术》一书中指出，舞弊审计是指用前摄的手段和方法辨别舞弊，即一种寻找舞弊证据的审计，其目的是查处舞弊行为。

从社会公众对舞弊审计的需求来看，舞弊审计可分为三个层次。

（1）内部控制审核（internal control review）。内部控制审核是指审计师接受专门委托，对被审核单位在特定期间内的内部控制设计和运行有效性进行审核，并发表审核意见。内部控制审核可分为两种情况：①审核和报告被审核单位与财务报表相关的内部控制情况；②执行商定的与内部控制效果有关的其他程序。内部控制审核的目的是评估内部控制的设计与运行效果，从而帮助管理层从源头上制止舞弊行为的发生。

（2）舞弊关注审计（fraud awareness auditing）。舞弊关注审计是指审计师在接受委托执行财务报表审计时，应当关注舞弊发生的可能性，从而为财务报告不存在重大错报提供合理保证。它是财务报表审计必不可少的组成部分，目标是确定舞弊对审计风险的影响以及舞弊对财务报表合法性和公允性的影响，以保证发表正确的审计意见。

（3）舞弊专门审计（fraud specific auditing）。舞弊专门审计属于商定程序范畴。在舞弊专门审计中，审计人员接受委托对特定信息执行与委托人或业务约定书中所指明的其他报告使用人商定的程序，并就执行的商定程序及其结果出具报告。舞弊专门审计的审查范围和提供保证的程序都取决于商定的结果。舞弊专门审计具体可分为两种情形：①反馈式舞弊审计（reaction fraud auditing），也称舞弊审核（fraud examination），指审计师依据法律、犯罪学以及组织舞弊、职务舞弊的各种知识，相应地设计审核程序，以证实或者解除舞弊怀疑。②前馈式舞弊审计（proactive fraud auditing），指在未发现舞弊迹象时进行的审计。舞弊专门审计包括两个过程：一是舞弊风险的识别和评估；二是对已识别的舞弊展开调查，确认舞弊事实，并出具审计意见。

舞弊关注审计是财务报表审计的必要组成部分，而舞弊专门审计则是在财务报表审计的基础上进一步发展而来的。舞弊审计融入财务报表审计是大势所趋。例如，《国际审计准则第 240 号》要求审计人员在整个审计过程中以职业怀疑态度计划和实施审计工作，充分考虑舞弊导致财务报表发生重大错报的可能性。《中华人民共和国国家审计准则》也规定，审计人员执行审计业务时，应当保持应有的审计独立性。

舞弊审计的对象是舞弊行为。舞弊审计并不是简单地核对表格。从广义上说，舞弊审计是一种意识，即将许多要素，如人员、组织行为、舞弊知识、证据和验证标准融合在一起而形成的一种意识。这种意识不仅要求审计人员具备挖掘舞弊潜在可能性的洞察力，还要求审计人员具备觉察危险信号的能力。

舞弊审计并非内部审计的常规任务，而是一种发现性的活动，通常通过其他审计来发现线索。它在审计主体、审计目标、取证来源、证据充分性等方面与财务审计及其他常规审计明显不同，具有层次性、特殊性、困难性、复杂性、风险性等特点。

从更广义的角度来看，舞弊审计是一门集会计学、审计学、法学、管理学、心理学、犯罪学等为一体的综合学科。它不仅注重审计方法的应用，更强调审计人员的思维方式，要像警察抓小偷那样，从内部控制链条最薄弱的环节入手，以揭露舞弊行为。

二、舞弊审计的责任

（一）组织管理层的责任

预防、发现和纠正舞弊行为是组织管理层的责任。建立健全并有效实施内部控制，是预防、发现或遏制舞弊行为的有效途径。组织的管理层有责任建立健全内部控制，并且应当根据内部审计人员的报告和建议，对已发生的舞弊行为予以制止和纠正，对可能发生的舞弊行为进行预防，进一步完善组织的内部控制。

（二）内部审计机构和人员的责任

实施舞弊审计是内部审计人员的基本职责之一。内部审计机构是组织内部控制的重要组成部分，内部审计机构和人员的责任就是通过审查和评价组织内部控制的适当性、合法性和有效性来协助组织管理层遏制舞弊行为，并揭示组织内部控制中的重大缺陷。即使是在不以揭露舞弊行为为主要目标的常规内部审计中，内部审计人员也要以应有的职业谨慎态度，合理关注组织内部可能发生的各种舞弊行为，以协助组织管理层预防、检查和报告舞弊行为。

根据前述舞弊风险因子理论，组织内部舞弊行为最有效的应对方法就是建立健全组织的内部控制，而内部审计机构及人员的职责就是保证内部控制在设计和执行上的恰当性和有效性。

1. 审查和评价组织规章制度的可行性

根据舞弊风险因子理论，过大的压力会促使员工做出舞弊行为。例如，在制度缺乏可操作性的情况下进行频繁检查，员工可能会弄虚作假以蒙混过关。将对员工的高额奖励与不切实际的业务考核指标挂钩，也可能导致员工为获取奖励而实施舞弊。因此，内部审计人员在发现组织制定的内部制度存在不合理之处时，应及时与管理层沟通并建议改进制度安排，以防止由制度缺陷引发的舞弊行为。

2. 审查和评价管理层态度的科学性

根据舞弊风险因子理论，如果管理层对员工人为操纵导致的错误记录和不当行为持模糊态度，且没有实施严厉的惩罚措施，则舞弊者被发现后所付出的代价很小，这可能会诱导舞弊者为自己的行为找借口，从而助长舞弊行为。因此，内部审计人员应当定期审查和评价组织对舞弊行为是否采取严肃的态度，并确保组织对所发现的舞弊行为进行严厉的惩罚，以杜绝员工为自己的不当行为寻找借口。

3. 审查和评价员工行为的规范性

根据舞弊风险因子理论，如果员工道德素质较低，且组织又没有制定合理的行为准则来规范员工的行为，那么员工在具有借口和面临压力的情况下可能会实施舞弊。因此，内部审计人员应当审查和评价组织是否针对员工制定了全面且有效的道德和行为规范，并促使员工行为合规。

4. 审查和评价经营活动授权制度的合理性

根据舞弊风险因子理论，如果舞弊者没有机会，就不可能发生舞弊行为。显然，合理的授权和健全的内部控制制度能够防止权力过分集中，避免权力滥用和职务舞弊。因此，内部审计人员应当审查和评价组织是否坚持不相容职务分离原则并实施了适当的授权审批制度，以杜绝舞弊行为。

5. 审查和评价风险管理机制的有效性

有效的风险管理不仅能够弥补内部控制的缺陷，还能显著降低舞弊行为的发生概率。当内部审计人员对内部控制进行检查时，需要关注风险管理中是否存在可能诱发舞弊的漏洞，包括管理层是否正确识别和分析了对经营、财务状况有影响的内部或外部风险，是否对外部风险因素和内部风险因素（如员工素质、组织活动性质、信息系统处理的特点）进行了检查。

6. 审查和评价管理信息系统的有效性

为了使员工能够有效履行自身的职责，组织需要对内外部信息进行收集、分析和交流。外部信息包括市场份额、法规要求和客户反馈等方面的信息。内部信息包括会计核算制度等方面的信息。会计核算制度是由管理层建立的，用于记录和报告经济业务和事项，以及核算资产、负债和所有者权益的方法。由于完善的管理信息系统能够有效预防舞弊行为的发生，因此，内部审计人员必须定期审查和评价组织设计和运行的管理信息系统的有效性。

（三）应有的职业谨慎

应有的职业谨慎是内部审计人员应当具备的素质。组织内部舞弊行为的发生与组织内部控制存在的缺陷和漏洞直接相关，这些缺陷和漏洞通常会有一些迹象。如果内部审计人员保持应有的职业谨慎，就能够对这些缺陷、漏洞或迹象保持警觉，进而提醒管理层采取措施预防或发现舞弊行为。为此，内部审计机构和人员在检查和报告舞弊行为时，应当在下列方面保持应有的职业谨慎：

（1）具有识别、检查舞弊的基本知识和技能，在实施审计项目时警惕相关方面可能存在的舞弊风险。对舞弊风险的警觉和识别要求内部审计人员不仅具有丰富的财务知识，还对管理和组织运营具有相当程度的了解，有丰富的工作经验以及对任何异常现象都不轻易放过的态度。

（2）根据被审计事项的重要性、复杂性以及审计成本效益，合理关注和检查可能存在的舞弊行为。内部审计人员所开展的日常审计工作并不是专门用来预防、发现和报告舞弊的，只依靠日常工作程序不能保证发现所有可能引发舞弊的内部控制漏洞或所有已经存在的舞弊行为，还需要采用其他必要程序。另外，由于检查和发现舞弊的成本远高于日常审计，组织不可能针对所有交易业务进行舞弊行为测试。同时，舞弊的揭示不能依靠推理，需要有明确的证据，这也增加了揭示舞弊的成本。因此，不可能要求审计人员对所有可能存在舞弊行为的疑点都保持同等程度的关注，他们只能根据可能对组织造成危害的程度和揭示舞弊的成本等因素综合考虑各疑点，并保持合理的关注和警觉。

(3) 运用适当的职业判断确定审计范围和审计程序，以检查、发现和报告舞弊行为。在内部审计工作中，如果内部审计人员发现组织存在控制薄弱环节，就需要进一步追查，以揭示可能存在的舞弊行为。内部审计人员需要考虑被审计事项的重要性、复杂性和审计的成本效益等因素，运用职业判断确定审计范围与程序。

(4) 发现舞弊迹象时，内部审计人员应当及时向适当的管理层报告，并提出进一步检查的建议。适当的管理层是指有权进行相应决策，能够制止、纠正舞弊行为，或者完善相关的内部控制以预防舞弊行为的管理层。内部审计人员在发现舞弊迹象时，应及时向适当的管理层报告，并提出相应的调查、纠正舞弊行为，以及完善制度等相关建议，以供管理层参考。

内部审计人员在检查和报告舞弊行为时，除应保持合理的关注和谨慎态度外，还应当做好保密工作。通常，舞弊的检查工作由组织适当的管理层进行统筹安排和协调，内部审计机构和人员只是参与组织对舞弊行为的检查工作。由于内部审计人员了解组织的内部控制，且不少舞弊行为都能根据资金进行追踪，他们恰好是这方面的专业人士，因此，内部审计人员往往是参与舞弊行为检查的主要人员。但内部审计人员只是承担舞弊检查的部分工作，整个检查过程需要组织的管理层进行协调与指挥。鉴于舞弊事项的敏感性，组织的相关人员需要对舞弊检查过程及发现的问题保密，以防止舞弊者掩盖或销毁舞弊痕迹，或对内部审计人员的工作设置障碍。

（四）内部审计在履行检查和报告舞弊行为责任中的局限性

由于内部审计并非专为检查舞弊行为而进行，因此即使内部审计人员以应有的职业谨慎执行了必要的审计程序，也不能保证发现所有的舞弊行为。防范和遏制舞弊要依靠组织所建立的内部控制。

内部审计的日常工作对象是组织的经营活动和内部控制，其工作并非专门用来检查和发现舞弊。在对内部控制进行日常审计的过程中，内部审计人员通过对内部控制设计和运行有效性的检查来协助预防、发现和报告舞弊。由于舞弊者可能刻意掩饰舞弊行为，内部审计人员需要对审计证据的可靠性予以特别关注，防止被舞弊者误导。在检查舞弊的过程中，内部审计人员会注意到内部控制的薄弱环节和效率问题，但其注意力应更多地集中在已经发生的事件上，关注可以证明舞弊存在的具体细节。这种工作重心与工作程序、方法的特殊性，使内部审计人员难以保证通过日常工作发现所有的舞弊行为。内部控制具有局限性，受时间、环境或执行人等的影响，组织的内部控制可能会失效，从而为舞弊行为的发生提供可乘之机。这种局限性使得内部审计人员即使以应有的职业谨慎执行了审计程序，也无法保证发现所有的舞弊行为。

第 3 节 舞弊审计的程序、方法与报告

一、舞弊审计的程序

（一）舞弊风险分析

1. 对舞弊发生的可能性进行评估

内部审计机构和人员在内部审计活动中应当对可能存在的舞弊风险进行识别与评估。风险的识别是指内部审计人员考察组织在哪些方面存在舞弊风险的过程，其实质就是对组织可能存在的舞弊风险、舞弊行为以及组织的风险管理和内部控制状况进行分析的过程。舞弊风险的识别与评估是认知和感知风险，并对风险进行进一步分析和度量的过程。感知风险是风险识别的基础，包括分析存在哪些风险、哪些风险需要特别关注；分析风险是风险评估的关键，包括分析引起风险的主要原因、风险事故的后果，以及确定风险识别的方法等。

内部审计人员在审查和评价业务活动、内部控制和风险管理时，应当从以下方面对舞弊发生的可能性进行评估：

（1）组织目标的可行性。组织目标设置不当，超出执行人的能力范围，就会对执行人产生压力，执行人为了达到目标可能采取各种手段，甚至是舞弊的手段。因此，内部审计人员在对舞弊发生的可能性进行评估时，应当充分考虑组织的客观环境与实际情况，评价组织目标设置的适当性和可行性，确保执行者通过合理的努力就可以达到目标，以消除导致舞弊的压力。

（2）组织控制意识和态度的科学性。组织控制意识和态度是否正确、科学，决定了组织能否设计出符合实际情况且有效的内部控制。因此，内部审计人员在对舞弊发生的可能性进行评估时，应当评价组织控制意识和态度的科学性，特别是要关注负责建立并保证组织控制有效运行的高级管理层对控制的重视程度。

（3）员工行为规范的合理性和有效性。组织制定的各种针对员工的规章制度是对员工行为的直接指导和规范。员工行为是否合理、有效，决定着员工的行为能否与组织目标保持一致。因此，内部审计人员在对舞弊发生的可能性进行评估时，应当评价组织针对员工行为制定的各种规章制度的合理性和有效性。

（4）业务活动授权审批制度的有效性。组织对业务活动设置的授权审批制度是对各种舞弊行为最为直接的监控手段。各种职责的分离、授权审批等控制措施确保了各个层次的执行人难以滥用职权和发出超越权限的指令，从而限制了舞弊行为的发生，同时降低了舞弊行为发生时的损失。因此，内部审计人员在对舞弊发生的可能性进行评估时，应当评价组织在业务活动中设置的授权审批制度在设计和执行上的有效性。

（5）内部控制和风险管理机制的有效性。内部控制和风险管理机制是组织用于应

对、消除各种风险的方法和策略，对于最大限度地消除风险、降低风险带来的损失具有重要的影响。因此，内部审计人员在对舞弊发生的可能性进行评估时，应当评价组织内部控制和风险管理机制的有效性。

（6）信息系统运行的有效性。组织的信息系统不仅处理组织内部的信息，还处理组织外部的信息。信息在组织内部的交流与沟通可以使员工更好地履行其职责。同时，信息系统对信息的收集与整理使得员工的工作受到一定的监督和约束，可以减少舞弊行为发生的机会。因此，内部审计人员在对舞弊发生的可能性进行评估时，应当评价组织信息系统运行的有效性。

2. 对可能导致舞弊发生的情况的考虑

在对舞弊发生的可能性进行评估的基础上，内部审计人员需要考虑可能导致舞弊发生的各种情况，并评估其影响程度和实际发生的可能性。尽管组织已经建立并运行了内部控制，但是我们必须认识到内部控制存在固有的局限性。例如，出于成本效益的考虑，内部控制在某些环节可能存在缺失的风险；在决策过程中，人为判断可能会出现错误，导致内部控制失效；行使控制职能的人员不符合岗位要求也会影响内部控制功能的正常发挥；内部控制一般都是针对经常且重复发生的业务设置的，如果出现不经常发生或未预计到的业务，原有控制就可能不适用；在不相容职务分离的环境下仍然可能存在串通舞弊的情况；高级管理层可能会利用职权超越内部控制；等等。这些内部控制的固有局限性使得舞弊者能够绕开内部控制做出舞弊行为。特别是在管理人员品行不佳，管理人员遭受异常压力，经营活动中存在异常交易，组织内部个人利益、局部利益和整体利益存在较大冲突，以及内部审计机构在审计中难以获取充分、相关、可靠的证据等情形下，舞弊行为发生的可能性更大。

3. 对评估结果的报告

内部审计人员应当在日常工作中对可能存在的舞弊行为保持警惕。当发现舞弊的迹象时，应当向适当的管理层进行报告，并督促管理层尽快采取措施，以遏制舞弊行为造成的影响。报告的形式可以是口头的，也可以是书面的，但无论采用何种形式，内部审计人员在做出报告时都应有合理的证据来支持其结论。

（二）实施检查程序

舞弊的检查是指实施必要的检查程序，以确定舞弊行为是否已经发生。需要注意的是，预防、发现及纠正舞弊行为是组织管理层的主要责任，决定是否以及如何进行舞弊检查也是组织管理层的责任。内部审计机构和人员只是协助管理层履行这一职责。在某些情况下，由内部审计人员负责检查舞弊可能更为有效，但针对舞弊的检查与内部审计人员的日常工作内容毕竟有所不同，因此需要内部审计人员与其他专业人士共同努力才能完成这一任务。

1. 评估舞弊涉及的范围及复杂程度

内部审计机构和人员应当评估舞弊涉及的范围及其复杂程度，以避免为可能涉及舞弊的人员提供信息或被其提供的信息所误导。由于舞弊者通常会设法消除舞弊痕迹，或者破坏、篡改记录，甚至提供虚假的信息，内部控制也可能遭到破坏或者被绕过，因此，在常规审计中可以信赖的审计证据或在同样条件下取得的可靠审计证据，在舞弊检查中可能就不足以信赖或变得不可靠。为此，内部审计人员应当对舞弊者消除舞弊痕迹、篡改记录、提供虚假信息以及破坏相关内部控制的行为保持警觉，以获取客观、真实、可靠的审计证据。

2. 设计适当的舞弊检查程序

内部审计机构和人员应当设计适当的舞弊检查程序，以确定舞弊者、舞弊程度、舞弊手段及舞弊原因，并收集充分且可靠的审计证据。舞弊检查与常规审计的不同在于其属于发现性工作，需要专门技术与专业人员的支持。针对已经发现的舞弊线索，舞弊检查会采取特殊的审计程序与方法。在日常审计工作中，内部审计人员可能更注重审计整体的合理性和有效性。但在舞弊检查中，除了从整体的分析中寻求线索外，内部审计人员还需要侧重于微观、细节的合理性分析，如对经济利益流出和流入组织的环节给予重点关注。

在常规的审计程序之外，舞弊审计中还经常采用延伸性程序，以追查、彻底揭露舞弊行为。延伸性程序并没有特别的限制，主要取决于审计人员的思维、设计能力以及企业管理当局的合作程度。只要是审计人员认为必要且合法的程序，都可以成为追踪舞弊的审计程序。常用的延伸性程序包括：

（1）在一日之内或近期内突击进行两次现金盘点。第一次盘点很容易让舞弊者事先有所准备，从而备齐余额。而在出其不意的第二次盘点中，就可能发现贪污或挪用公款的行为。

（2）对供应商及客户进行调查，可以发现企业采购部人员或其他人员虚构的供应商，同时可以揭露一些企业内部员工虚构的客户。

（3）特别函证支票的二次背书。如果被背书人不属于组织内部的授权人员，就可能形成一条舞弊线索。

（4）对应收账款的总账和明细账进行加总核对。

（5）测算现金收入送存银行拖延的时间。可以检查现金日记账，比较现金收入和该笔收入解存银行的时间。如果发现时间有拖延又无法解释原因，也许就意味着现金被挪用。

（6）实施舞弊审计询问程序（fraud audit questioning，FAQ）。在进行询问时，应保持谨慎，特别注意不要与有可能涉及舞弊的管理人员讨论舞弊的可能性。可以在平常的审计中设计一些针对舞弊的常规问题，让相关人员解答，这样就不会引起舞弊者的警觉，而审计人员可以从这些问题的解答中获得线索。

（7）对被怀疑对象的财产净值进行追踪分析。一旦发现舞弊行为或值得怀疑的对象，就应对怀疑对象的个人财产进行净值分析，即对其个人资产总额减去个人负债总额得到的净值进行期初、期末的比较，并分析差额及净值变动的原因。

（8）进行收支分析。这种分析类似于财产净值分析，只是比较方法不同。将正常的收入与所有支出进行比较，如果支出超过合法收入，可能就意味着存在舞弊所得。

3. 与相关各方保持必要的沟通

内部审计机构和人员应当在舞弊检查过程中与组织适当的管理层、专业舞弊调查人员、法律顾问及其他专家保持必要的沟通。在舞弊检查过程中，发现的问题不同，涉及的人员与专业领域也就不尽相同，因此，内部审计人员应当与参与检查舞弊的各方人员保持有效沟通，利用其他专业人士的经验与能力，使检查工作达到预期的效率和效果。

4. 保持职业谨慎

内部审计机构和人员应当保持应有的职业谨慎，以避免损害相关组织或人员的合法权益。内部审计人员应当了解相关的法律法规，避免由于采取了不恰当的审计程序和方法，组织和人员的合法权益受损，使自己处于不利地位。

（三）分析审计证据

舞弊审计检查阶段的成果是审计工作底稿。这些工作底稿详细记录了检查工作过程及其发现的问题，并附有审计人员初步分析的结论。工作底稿应是可追溯的，同时应是可综合和再加工的，从而为形成审计报告提供依据和素材。因此，工作底稿是审计报告与被查事实之间的桥梁。工作底稿的编制和复核应由不同的审计人员完成。在检查工作结束前，审计小组负责人应对工作底稿进行验收。验收的目的是查看工作底稿所收集的证据是否揭示了被查事项的基本情况，是否达到了预期目标，是否符合委托人的要求。具体处理措施包括：

（1）对于事实清楚、证据确凿的有关问题，做出定性、定量结论，并提出处理、处罚建议。

（2）对于证据不足、尚不能定案的事项，一般要追加审计程序，进一步深入审查，直到获得相关证据为止。

（3）若经过深入审查，短时间内仍无法获得必要证据，则不宜做出相应结论。

（4）对于存有较大疑问且采取措施后仍无法查实的事宜，审计人员可以把它们作为专门问题在审计报告中列示，或将其作为特例另行立案查处。

总之，审计结论应建立在充分、适当的审计证据基础之上，不能捕风捉影或任意添加。审计人员应当通过加工处理合理使用审计证据，还要注意对关键证据进行再度验证、复核；对于通过函证和技术鉴定获取的证据，要完备有关手续；口头证据要与实物证据、书面证据相衔接、吻合；各种证据不能相互矛盾，而应相互支撑、验证，形成有共同指向的证据链。

此外，审计人员必须理解证据之间的相关性，并且知道如何保存和提供这些证据。作为舞弊审计证据的只能是相关的资料，不应包括无关的内容，因此，对资料的整理工作就显得非常重要。整理证据时应遵循以下基本原则：

（1）应汇总所有重要或与案件相关的证据。

（2）要保存原件并准备复印件以备平时翻阅时使用，非必要不使用原件。

（3）要形成良好的文件管理体系，当涉及大量文件时，这一点尤为重要。不能丢失任何重要文件，应按顺序将每个文件盖章保存。

（四）出具审计报告

舞弊审计工作结束时，应提交审计报告。审计报告应包括所有发现的问题、结论、建议和应采取的纠正措施。为了保证舞弊审计结论的合法性，降低审计人员的法律风险，有关舞弊情况的报告须提交法律顾问进行审查。

1. 撰写审计报告初稿

审计小组成员应共同讨论审查结果，并责成一位组员执笔，撰写审计报告初稿。对于查出的事实，审计人员应认真核对有关法律法规，以确保得出严密的审查结论。审计报告的内容主要包括舞弊行为的性质、涉及的人员、舞弊手段及原因、检查结论、处理意见、提出的建议及纠正措施。在提交的报告中，内部审计人员应当展现对舞弊的检查过程及其职业判断，不仅要阐明舞弊的成因、责任人、性质，还应当提出改进建议和纠正措施。后者体现了内部审计机构的建设性职能，也是为了实现组织利益的最大化。审计报告应遵循对委托人负责、对被审计单位负责、对审计人员自身负责的原则撰写。审计报告不应有言过其实之处，未查实的问题可以不予反映，查出的问题查至什么程度就反映到什么程度，切不可夸大其词，任何夸大都将成为审计风险。审计人员可以对一些次要问题略做保留，在报告中不予提出或不做重点表述，以便突出问题的主要方面，同时也有利于争取主动，规避审计风险。

2. 听取被审计单位对审计报告的意见

审计报告初稿完成后，一般应在一定范围内与被审计单位的人员见面（注意，不是与当事人见面），以听取被审计单位对报告初稿的意见。审计人员要注意观察被审计单位的态度：如果报告中存在弃真风险（即将被审计单位不存在财务造假和违法乱纪行为误判为存在的可能性），被审计单位的反应往往会比较强烈，迅速指出审计报告的不实之处，并积极协助审计人员进行纠正；而对于误受风险（即将被审计单位存在财务造假和违法乱纪行为误判为不存在的可能性），被审计单位可能会视而不见，保持沉默，并很快表示全盘接受。如果审计人员查出了被审计单位的违法乱纪事实并进行了处理处罚，而被审计单位态度冷漠，对审计报告几乎不加审阅便表示同意，这种情况应引起审计人员的高度警惕。一般来说，被审计单位在面对审计报告时，都会进行一番解释，有时甚至会“据理力争”很长时间，这可能会影响审计人员的正常工作。因此，审计人员应冷静观察被审计单位有关人员的心态和动机，以判断是否存在未查出或未查实的问题。

3. 完成并递交审计报告定稿

在征求被审计单位的意见后，审计报告即可定稿，并递交委托人或委派者，同时可以下达审计处理决定和审计意见书。根据委托人和委派者的要求，审计人员不仅应提交审计报告，还应积极督促审计相关决议的落实。具体包括：要求被审计单位迅速调整错误的会计账目，限期整改混乱的内部控制与财务管理，撤换不称职的财会人员，补缴偷漏的税款，并上交一定的罚款；没收非法所得，要求归还非法侵占的国家资财等；有关当事人违反党纪政纪的，要移送有关部门并给予党政处分，触犯法律应追究其法律责任的，应移交司法机关，移送应办理有关手续，留下有关凭据，并将其逐一归入审计工作档案以备查考。

二、舞弊审计的方法

在舞弊审计中经常会采用一些财务审计的方法，如顺查、逆查、函证、盘点、核对、调节等。还有一些在财务审计中不被重视，或在舞弊审计中的应用不同于常规审计的方法，包括访谈法、审阅法、直接检测法、咨询法、抽查法等。

除了上述方法外，在舞弊审计中还可以采取一些特殊方法，如红旗标志法、制造错误法、数据库分析法等。

1. 红旗标志法

红旗标志法是一种识别和分析舞弊信号的重要方法。该方法以一整套文字进行表述，指出在何种条件下舞弊发生概率会比较高。标志是在总结以往舞弊审计经验的基础上得出的。出现警报并不表明舞弊存在，但它提示审计人员应给予必要的关注。尤其是当红旗标志中出现较多的警报时，审计人员必须根据不同的情况，从多角度、多层面进行风险分析。使用这种方法有助于编制审计计划，特别是在估计舞弊的可能性时，可以重点突出那些易受侵占的资产。

2. 制造错误法

在舞弊审计中，可以采用制造错误法来故意制造错误，以观察其能否通过控制系统，并据此评估控制系统的缺陷和易受舞弊破坏的环节。这种方法能够使组织中可能存在的舞弊问题暴露无遗。此外，审计人员还应走出办公室，到现场进行调查，而不能仅在办公室进行报表、账簿、凭证、档案等内部资料的检查。

3. 数据库分析法

一种常用的数据库分析法是将本福特定律应用于各类数据的分析。1881年，天文学家西蒙·纽康发现书本的前几页要比其后的页面更容易弄脏。1938年，弗兰克·本福特对纽康的发现进行了大量实证测试，发现数字1～9在多位自然数的最高位中出现的概率存在显著的递减规律，即本福特定律。后来，马克·尼格里尼将其应用到舞弊审计中，成功地检测出了大量舞弊案例。事实上，本福特定律精确地揭示了各类财务数据的一个特点：以数字1开头的数据约占30%，而以数字9开头的数据仅占6%。这说明如果把10 000张发票的开头数字的分布与本福特定律预测的分布进行比较，发现70%的发票是以数字8或9开头的，则有可能存在舞弊行为。

总而言之，虽然对于舞弊的审计已有很长的历史，但随着科学技术的不断发展、公司内外部环境的日益复杂，审计人员只有不断研究探讨舞弊审计领域的新问题、新方法、新经验，才能在新形势下胜任舞弊审计工作，及时发现舞弊行为，并对其进行纠正，做到防患于未然。

三、舞弊审计的报告

舞弊审计的报告是指内部审计人员以书面或者口头形式，向组织适当的管理层或者董事会报告舞弊检查的情况及结果。

(一) 舞弊审计的报告形式

由于舞弊检查具有机密性，因此舞弊审计的报告对象应是适当的管理层，如组织的高级管理层或董事会。舞弊审计的报告形式可以是口头的，也可以是书面的。可以在检查工作结束后进行报告，也可以在检查工作进行过程中进行报告。采用口头报告和在检查过程中报告的目的是使组织管理层及时知晓所发现的情况，以便决定是否采取措施和采取何种措施来遏制舞弊行为。在完成舞弊检查工作后，应编制并提交正式的书面报告。

(二) 需要向适当的管理层报告的情形

内部审计机构和人员的工作是检查舞弊，自身没有权力对如何处置舞弊行为做出决策。因此，当内部审计机构和人员确信舞弊行为已经发生或舞弊行为已经导致对外披露的财务报表严重失实时，应及时向组织适当的管理层报告，以便管理层决定是否需要采取进一步的措施。此外，在发现犯罪线索并获得应当提交给司法机关的证据时，更需要及时向组织适当的管理层报告，以便管理层决定是否向外部权力机构通报所发现的问题。

(三) 对舞弊的性质与金额的考虑

基于成本效益原则，内部审计人员对不同性质和金额的舞弊行为的处理应当采取不同的方式。若发现的舞弊行为性质较轻且金额较小，可以将其纳入常规审计报告；若发现的舞弊行为性质严重或金额较大，则应出具专项审计报告。如果涉及敏感的或对公众有重大影响的问题，则应征求法律顾问的意见。需要强调的是，对舞弊性质和金额的判断同等重要，对于某些金额较小但性质严重的舞弊行为也应给予足够的重视。在决定采取何种方式报告舞弊检查结果时，内部审计人员需要运用专业判断。

第4节 舞弊的预防与监控

一、舞弊的预防

《内部审计具体准则第6号——舞弊的预防、检查与报告》规定，舞弊的预防是指采取适当行动防止舞弊的发生，或在舞弊行为发生时将其危害控制在最低限度以内。

（一）舞弊预防的意义

1. 掌握反舞弊工作的主动权

过去，由于缺乏对舞弊现象的及时跟踪监督和迅速反应机制，往往在舞弊问题已经暴露、出现许多反常迹象之后，违法乱纪的人和事才被“突然”或“意外”地发现。这种缺乏全面性、预见性和前瞻性的监督方式，导致我们不能对舞弊活动有所把握和准备，不能有效地部署反舞弊工作，使得反舞弊行动总是比舞弊行为滞后。而会计舞弊预防系统的建立，标志着我们在反舞弊工作上朝着“整体协调、有的放矢”的方向迈进了一大步。这一系统的建立有助于减少反舞弊工作的盲目性，为审计人员提供了明确的工作指导，使他们能够占领技术、管理的制高点，牢牢掌控反舞弊工作的主动权。

2. 体现谨慎性原则

会计舞弊预防系统的建立并不意味着企事业单位的舞弊现象就不会发生。根据会计核算、财务管理和风险防范的谨慎性原则，虽然我们无法确认和计量舞弊现象不发生的概率及其带来的积极效应，但是必须预计其发生所带来的负面影响并为此做好准备。重大会计舞弊事件对企事业单位的打击是巨大的，有时甚至是其不堪承受的，因此必须采取预防措施，这是谨慎性原则的具体体现，也是市场经济条件下理性的、利大于弊的选择。我们应坚持防范为主、查处为辅的原则，将可能发生的损失降至最低。

3. 保证生产经营、业务管理和会计核算系统健康运行

决策系统、业务系统、核算系统和监督系统在组织内部各自发挥着不同的功效。它们并行运作、相互作用、相互制约，共同确保组织经济活动的安全、健康、有序和高效。任何一个子系统的弱化都可能造成系统功能发生偏差，进而影响整体运作的结果。会计舞弊预防系统既是组织的监督保障系统，又是信息反馈系统。它能够让管理者了解业务运营的基本状态，揭示各个经营管理子系统运行中存在的偏差和暴露的问题。通过为管理者做出决策、调整管理行为提供全方位的数据，会计舞弊预防系统大大增强了各子系统抵御风险和自动纠偏的能力，确保了各子系统运作的衔接和整体功能的优化。

4. 防止会计舞弊积累

会计舞弊预防的着眼点在于防患于未然，它既监督领导者和财会人员，又维护他们的利益，旨在帮助和挽救可能犯错误的领导者和财会人员。通过及早发现并揭示舞弊行为，为各级领导者和财会人员及时纠正客观存在的会计舞弊提供机会，同时也为会计舞弊的行为人改正错误提供途径，这一做法符合组织利益最大化的原则。如果缺乏预警功能，等到事态发展到需要审计调查或司法介入的地步，管理者即使想保护和挽救其部下也已无能为力，甚至还有可能承担失察、渎职的责任，这也是管理者最不愿看到的结果。

5. 减轻事后检查与处理处罚压力

目前我国各级审计机关审计人员配备不足，审计的覆盖面有限，因此对企事业单位财务收支的经济监控主要依靠经常性的内部监控来完成，依靠内部控制来遏制舞弊行为的发生。会计舞弊预防系统的建设可以将一些会计舞弊活动控制在萌芽状态，防止其发展到十分严重的程度，从而避免最棘手的制度性和系统性舞弊问题的出现。这样做不仅减轻了外部监察机构的办案压力，还为优化社会环境、整顿经济秩序提供了保障。

6. 有利于治本目标的实现

事后的检查和惩处能够起到惩戒和威慑的作用，但要实现治本目标还需要大量的基础性建设。会计舞弊预防作为一项制度性、基础性工作，对于规范经济秩序、严明财经法纪，建立客观、科学、诚信、高效的会计核算体系，净化社会风气，铲除会计舞弊的土壤，具有深远的意义。

（二）会计舞弊预防系统的局限性

人们认知事物总有一个过程，客观存在与能动意识的产生往往存在一个时间差。因此，会计舞弊预防不可能覆盖所有领域，也不可能解决所有问题。指出会计舞弊预防系统的局限性，并不意味着否定该系统，而是强调应关注该系统运行的规律及其效用，科学设定工作目标，扬长避短，充分发挥该系统的功效，避免依赖过度或信赖不足。会计舞弊预防系统的局限性主要表现在以下几个方面：

1. 预防系统存在误差

在任何时间、任何情况下，会计舞弊预防系统都无法做到百分之百精准。这种误差与成本有关联，在一定条件下，增加成本会减少误差，但当误差降低到一定程度（较低水平）后，成本的进一步增加对减少误差的影响开始递减，直到基本不起作用。因此，追求完全准确是不现实的。

2. 对非规则性舞弊行为的有效性弱

会计舞弊预防系统是在总结已发生的舞弊行为规律的基础上设计的。会计舞弊行为具有一定的规律性，其主体、客体、行为、环境等诸方面都表现出鲜明的特性。然而，它也存在一定的变异性和随机性，稳定性与变动性并存。会计舞弊主体为了避免被发现，会不断改进和变换手法，因此会计舞弊的侦测变得更加困难，特别是对于那些偶发性、突发性、不规则性、变异性的会计舞弊行为，侦测的难度显著增加。

3. 受限于成本支出

会计舞弊预防的精确程度在很大程度上取决于成本的投入。企事业单位管理者既没有必要也不可能在该系统上投入过多，尤其是在没有发现会计舞弊或者舞弊迹象时。即使预设了会计舞弊预防系统，其一般也仅处于常规警戒状态。成本支出是维系该系统的必要条件，它制约着系统功能的发挥。因此，成本支出有可能使该系统的准确性和有效性受到限制。

4. 受限于系统环境

会计舞弊预防系统必然处于一定环境之中，输入系统的信息和操作指令来自系统之外，系统处理这些信息并输出结果，供管理者决策使用。由此可见，该系统无法脱离外部环境而独立存在，也无法免受各种环境因素的影响。如果外部环境不利于系统发挥作用，或者系统运行所需要的条件得不到基本满足，甚至出现人为障碍，那么系统的作用肯定会大打折扣，甚至形同虚设。特别是在运行之初，系统尚在调试、磨合之中，功能尚未完全显现，自动运作机制尚未形成，更容易受到外部因素的影响，因此该系统所发挥的实际作用会因时间、环境的不同而有所差异。

5. 受限于系统操作人员的素质

会计舞弊预防系统的功能和作用能否充分发挥，与管理者及员工的素质密切相关。人员素质是系统发挥功效的重要影响因素。素质较低的人员可能无法准确操作系统，难以发挥系统的最大效能。此外，从风险防范的角度来看，较低的人员素质，特别是在道德方面出现问题，很可能引发系统风险，将系统的薄弱环节暴露于违法乱纪者面前，使组织的管理防线门户洞开。因此，会计舞弊预防系统是一个动态的系统，需要不断地改进和完善，而这一切都是以人员素质的提高为前提。

6. 受限于管理者的忽视

会计舞弊预防系统对财务收支及其会计核算进行适时监测，并迅速将侦测到的信号反馈给管理者，促使管理者采取措施，制止和纠正舞弊行为，避免其可能造成的后果。显然，系统的运行是以管理者对系统的关注和支持为条件的，如果管理者忽视系统侦测到的信息，那么舞弊预防的作用无从谈起。

（三）管理层舞弊防范措施

内部控制是防止和发现舞弊的第一道防线。企业内部控制的健全程度与舞弊的发生概率有直接联系。一般来说，企业内部控制越薄弱，逾越内部控制的风险越小，舞弊就越可能发生。

1. 建立、执行、评估、完善内部控制

在防范舞弊的方法中，建立良好的内部控制被广泛认为是最有效的，因为几乎所有舞弊事件都与内部控制的薄弱环节相联系。防范舞弊的主要机制就是加强和完善内部控制。内部审计人员需要寻找企业内部控制的薄弱环节，加强和完善这些环节，并及时跟踪检查，从而在一定程度上降低舞弊的发生概率。

内部控制是会计舞弊防范系统的一部分，旨在预防错误并且确保尽早发现错误。常见的控制措施包括：（1）职责划分或交互牵制；（2）授权批准制度；（3）独立稽核；（4）实物防护；（5）使用凭证和记录等。

需要指出的是，无论在内部控制的设计和实施上投入多大的精力，都做不到完全防范舞弊。即便设计最完善的内部控制，其有效性仍取决于执行人员的能力和可信任度。无论内部控制多么完善、信息多么畅通，只要有心寻找，总能发现其薄弱环节。尤其是当管理层凌驾于内部控制之上时，会产生内部人控制的问题，由此产生的舞弊对企业造成的危害会更大。

2. 保证信息及时、准确沟通，减少信息不对称

信息不对称是指每个人掌握的信息不为他人所知，从而具有某方面的信息优势，但也具有其他方面的信息劣势。在企业中，由于所有权与经营权分离，经营者负责处理企业的日常运作事宜，而企业的所有者则不直接参与日常经营，只对关系到企业发展的重大问题做出决策。因此，在经营者和所有者之间存在一定程度的信息不对称。经营者掌握的关于企业生产经营的信息远多于所有者，因此所有者处于信息劣势。在这种情况下，如果经营者具有损人利己、损公肥私的意图，舞弊行为就可能会发生。一旦经营者进行舞弊，他们就会刻意隐瞒一些重要信息，从而使信息不对称更为严重。信息及时、准确地在企业内部传递可以提高组织内部运作的效率和透明度，这在一定程度上可以减少信息不对称。因此，企业应在内部建立有效的信息与沟通系统，确保员工能取得他们所需的信息，并促进信息在员工之间的自由交换。

（四）雇员舞弊防范措施

雇员舞弊防范措施主要包括：进行道德建设，倡导诚实正直的企业文化；评估舞弊风险并明确具体对策，以降低风险、消除舞弊机会。

1. 进行道德建设

人是社会经济活动中最活跃的因素，一切违法、不当行为最终都可归结为人的问题。虽然制度能改变人以及社会的一些行为，但无法左右所有行为。制度的这种局限性可由文化、道德等非正式制度来部分弥补。身处一个诚信度低、控制差、会计责任松懈、压力大的环境中，人们会变得越来越不诚实。为从根本上遏制舞弊行为，企业必须在内部营造一种诚信的氛围。首先，企业的管理者要坚持以身作则。管理者往往是其他员工效仿的对象。其次，企业在雇用员工时要考虑其道德品质。企业要想有效防范舞弊，应当具备能够有效区分个人道德素质高低的雇佣政策，尤其是对关键职位的招聘。再次，企业应定期传达管理当局对员工的要求，明确正确的价值观和道德观，并对员工进行培训。舞弊教育有助于增强员工的舞弊防范意识，并确保已经发生的舞弊能够尽早被发现。最后，企业还应针对舞弊制定并实施行之有效的处罚政策。有效的舞弊处罚政策应当确保彻底调查事情真相，严肃处理舞弊者，评估风险并改进控制措施，同时进一步加强内部的沟通和培训。

2. 评估舞弊风险并明确具体对策

在舞弊三因素论中一旦将机会因素消除，舞弊就难以发生。企业可以通过准确识别舞弊源头并评估风险，确定风险最大的区域并采取相应的措施来降低风险。为了实现这一目标，企业可以实施适当的防范措施和发现舞弊的控制措施，如营造良好的控制环境、建立有效的会计信息系统以及执行适当的控制程序。此外，企业还可以发动员工进行全面监督，因为研究表明，大多数舞弊事件都是由员工和管理人员而不是审计人员发现的。为了进一步加强防范，企业可以实施独立稽核和有效的审计程序。实施防范性舞弊审计的企业应确保员工了解到他们的行为随时都可能受到检查，从而通过增加员工的畏惧感来有效减少舞弊行为的发生。

二、舞弊的监控

（一）舞弊监控的意义

1. 构建舞弊防范与治理机制的核心要件

舞弊行为具有深厚的社会根基，展现出很强的渗透力和传染性。要阻止其进一步蔓延、铲除其根基、消除其影响，不是一蹴而就的，而是需要付出长期努力。因此，必要的监督和控制是保证反舞弊政策和措施得以落实、保证目标得以实现的重要手段。在舞弊的防范和治理过程中，监督和控制的地位尤为重要。

2. 验证政策、制度和措施

舞弊监控主要针对企事业单位各项政策、制度和措施的执行过程，保证其实施效果，同时针对政策、制度和措施本身，验证其合理性、科学性和可行性。通过对执行过程的直接监督和控制，舞弊监控能够实现对政策、制度和措施的间接监督和控制。对执行过程中出现的问题进行及时的分析和判断，不仅可以改进管理和控制环节，还能够检验政策、制度和措施所达到的水平，保证企事业单位各项政策、制度和措施能够与时俱进，不断根据环境的变化而调整，以适应本行业、本单位的业务发展，从而达到最佳的执行效果。

3. 及时发现和纠正薄弱环节

监控的重要目的在于避免执行过程中出现偏差，同时发现、分析已出现的偏差，并纠正可能产生的越轨行为，避免小的偏差积累成为大的误差，从而威胁整体目标的实现。监控能预防差错和问题的产生，减少事故发生的频率，保证生产经营和业务管理的正常运作，检查各岗位人员履行职责的情况，及时发现和揭露舞弊活动，形成一种不利于舞弊生成的环境，从而将舞弊消灭在萌芽状态。

4. 保持对舞弊的压力

实施监控无疑会增加管理成本，并且有可能降低生产经营和管理的效率和效果。但保持对造假者或潜在造假者的压力是减少舞弊的必要手段，也是舞弊监控所能发挥的独特功效。如果失去了这种压力，打假治乱就失去了屏障。无数实践证明，没有监督和控制，潜在的舞弊就会演变为现实的舞弊，小规模的舞弊就会发展为较大规模的舞弊，局部舞弊就会演变为全局舞弊。

5. 为舞弊预警系统的运行设定前提条件

舞弊监控是舞弊预警系统的基础和前提。没有舞弊监控，舞弊预警的质量和效果就会大打折扣。对舞弊的监督和控制是一项经常性的工作，通过日常汇集信息可以为有针对性地检测会计舞弊提供基本数据。而舞弊预警系统则是监控结果的后续处理系统，其预警的内容和缓急程度源于监控信息。如果监控工作做得扎实，就能为舞弊预警系统的运行提供保障。

（二）舞弊监控的职能

1. 制约职能

为舞弊的生成制造一系列障碍与困难，形成不利于其发展的外在条件，制约或延缓舞弊的出现，减少其发生频率或者使其在发生后更易于被发现和查处。

2. 预防职能

为了增强生产经营和管理业务防范舞弊的机能，必须提高其“免疫力”，改善舞弊多发易发部位的“虚弱”状况，确保其在复杂环境下正常运作、不受侵扰。

3. 纠正职能

一旦发现舞弊的苗头或倾向，应及时查找根源，落实防范与治理责任，进而采取矫正和调整措施，迅速堵塞漏洞，杜绝此类问题再度发生。

4. 警示职能

监督和控制不应就事论事，而应举一反三，即通过对典型事例的监控，达到预防、警戒、提醒的多重功效，使打假治乱的效果产生倍增效应。

5. 促进职能

通过监督和控制，有力推动企业财务收支及其反映的经济业务走向规范化、制度化、程序化、科学化。这不仅有助于企业提升整体运营水平，还能通过揭露薄弱环节、查处造假行为，达到加强管理、改善经营、提高素质、增进效益的目的。

6. 反馈职能

作为舞弊的第一道防线，监控工作能够产生大量相关的经济信息，并将个别、分散的数据汇集整理为指向清晰、结论明确的数据，及时向管理当局报告。这些数据不仅为领导者制定决策、改进工作提供了重要依据，还可以成为群众自我教育、自我提高的参考资料。

（三）舞弊监控的形式

舞弊监控有多种形式，可以按照不同的标准划分为不同的类型。

1. 内部监控与外部监控

按照监控主体的不同，舞弊监控可以划分为内部监控与外部监控。内部监控是指由本单位成员执行的监督和控制，其目的是加强内部管理，防范经营风险和财务风险；而外部监控是指由非内部人员执行的监控，其目的是加强被监控单位的财经法纪，维护经营秩序，打击舞弊活动。这两类监控在程序与方法上也有若干区别。

2. 事前监控、事中监控和事后监控

按照监控实施时间的不同，舞弊监控可以划分为事前监控、事中监控和事后监控。事前监控是指在经济业务活动开始之前所进行的监控，如对业务方案的严密性、实施程序的科学性、预算方案进行监督和控制等。事中监控是指在经济业务活动过程中所

进行的监控，如对会计核算的若干环节进行监控，对成本费用的归集、计算进行监控等。事后监控发生在经济业务完成后，主要是对其结果进行监控，如对财务报告进行审计、对工程质量进行检查等。

3. 自我监控、相互监控和轮流监控

按照监控者与被监控者关系的不同，舞弊监控可以划分为自我监控、相互监控和轮流监控。自我监控是指执行监控的主体同时具有监控者和被监控者的双重身份，即按照监控系统相关要求，对自己经办的业务实施操作性监控。相互监控是指两人或两人以上交互实施的监控，即监控者与被监控者交叉、互换，相互监督，相互牵制。轮流监控是指按照一定周期和轮回方式，对某些人员及其所经手的业务实施的监控。

4. 定期监控和随机监控

按照监控时间规律的不同，舞弊监控可以划分为定期监控和随机监控。定期监控是指有时间规律性的监督和控制活动，如期末审计监控、期中进度检查等。随机监控是指没有时间规律性的监督和控制活动，如随机性凭证检查、对产品质量的任意抽查等。

5. 专业人员监控和业余人员监控

按照监控人员水平的不同，舞弊监控可以划分为专业人员监控和业余人员监控。专业人员监控是指由受过专业技能训练的专职人员实施的监控，如内部审计人员进行的审计监控、产品和工程质量检查人员进行的相关检查等。业余人员监控是指由非专业人员进行的监控，上述的相互监控、自我监控等均属此类。

6. 单项监控和综合监控

按照监控内容及复杂性的不同，舞弊监控可以划分为单项监控和综合监控。单项监控是指具有特别对象、内容单一的监控活动，如对采购业务的单项检查、对销售业务规范化的监督与检查等。这类监控的内容较为简单，涉及面较为有限。综合监控是指对被监控单位的会计核算与财务管理等进行较为全面、综合的监督和控制，其涉及面较为宽泛，相关因素众多，操作相对复杂。

7. 经常性监控和重点监控

按照监控的频率和重要性的不同，舞弊监控可以划分为经常性监控和重点监控。经常性监控也称常规性监控，是指对一般经济业务和管理活动的普遍监控，其分布面广，监控点多，层次和内容复杂。重点监控是指对单位生产经营与管理业务中的重要环节和重点人员的监控，即对舞弊易发、多发、重发部位的特别监督和控制，其监控点不多，但监控力度较大，资源投入较多。

8. 资料监控和业务监控

按照监控对象载体的不同，舞弊监控可以划分为资料监控和业务监控。资料监控是指对会计核算和财务管理活动的载体，如会计凭证、账簿和报表的监控，目的是保证资料信息的准确和完整。业务监控则是指对生产经营和管理业务的实物运动、信息

运动的监控，主要是监控业务经办的规范性、严密性和有效性。

以上各类监控在舞弊监控中并非孤立存在、彼此分裂，而是相互并行和交叉。在某一监督和控制过程中，常常汇集了多种监控手段。综合、重复和交叉运用各种监督和控制形式，往往能取得意想不到的效果。

习题

一、单选题

1. 舞弊审计的对象是（　　）。

A. 内部审计人员　　B. 财务报表

C. 舞弊行为　　D. 审计证据

2. 按照对组织的影响，舞弊可划分为（　　）。

A. 雇员舞弊和管理层舞弊

B. 财务报告舞弊和侵占资产舞弊

C. 损害组织经济利益的舞弊和谋取组织经济利益的舞弊

D. 内部舞弊和外部舞弊

3. 下列说法中，错误的是（　　）。

A. 舞弊审计的程序应该包括舞弊风险分析、实施检查程序、分析审计证据和出具审计报告

B. 舞弊检查中的审计证据与在常规审计中可以信赖的审计证据或同样条件下取得的可靠审计证据一样可靠

C. 审计小组成员应共同讨论审查结果，并责成一位组员执笔，撰写审计报告初稿

D. 在管理人员品行不佳和遭受异常压力的情形下，舞弊行为发生的可能性更大

4. 舞弊监控职能中的（　　）能够增强生产经营和管理业务防范舞弊的机能，提高其“免疫力”，改善舞弊多发易发部位的“虚弱”状况，确保其在复杂环境下正常运作、不受侵扰。

A. 预防职能　　B. 纠正职能

C. 促进职能　　D. 反馈职能

二、多选题

1. 舞弊监控的职能包括（　　）。

A. 预防职能　　B. 纠正职能

C. 促进职能　　D. 反馈职能

2. 受（　　）的影响，会计舞弊预防系统具有局限性。

A. 预防系统存在一定的误差，不能完全追求准确

B. 会计舞弊预防的精确程度在很大程度上取决于成本的投入

C. 管理人员很有可能忽视信息系统侦测到的信息

D. 管理人员想从企业中获得超额非法利润

3. 下列关于舞弊审计方法的说法，正确的有（　　）。

A. 舞弊的线索易于掩盖，可能无法通过某些手段发现线索

B. 通过文件审阅可获得书面证据

C. 有舞弊迹象的被审计单位往往会在严谨的分析程序面前露出马脚

D. 在舞弊审计中，应重点关注企业的报表、账簿、凭证、档案等内部资料检查，为了不影响企业员工工作，不能经常走出办公室进行调查

三、判断题

1. 实施舞弊审计是内部审计人员的基本职责之一。（　　）

2. 会计舞弊常常是偶然发现的，而不是通过财务审计或审计计划发现的。（　　）

3. 顺查、逆查、函证、访谈、审阅等都是舞弊审计中经常采用的财务审计的重要方法。（　　）

4. 舞弊审计报告的提交对象应是适当的管理层。（　　）

5. 风险管理是防止和发现舞弊的第一道防线。（　　）

四、思考题

1. 简要说明舞弊审计的程序。

2. 如何预防和监控舞弊？

案例分析

YM集团股份有限公司是河南省一家大型煤炭企业，主营业务涵盖煤炭的生产与销售、发电与供电、铁路运输等。2020年之前，该集团的信用评级一直为AAA级。然而，尽管在2020年第三季度末，集团拥有高达496.68亿元的货币资金，并按时偿还了同年10月到期的3只债券，但在2020年11月10日，该集团却发布公告称，由于现金流紧张，无法按期兑付“20YMSCP003”债券的本息合计10.439亿元，构成了实质性违约。同月23日，上清所也发布公告，指出该集团当日未能兑付“20YMSCP004”和“20YMSCP007”两只债券的本金和利息20.57亿元。此外，“20YMSCP005”等6只债券也均未能按时偿付。

从外部因素来看，首先，2014年以后，我国通过降准降息的方式下调了存贷利率，并且加大了对市场的资金投入，这促使债券市场迎来了快速发展，形成了2014年至2016年的牛市。在此期间，该集团也进行了大量的融资活动。然而，截至2018年，该集团的流动资产已经低于其流动负债，加之企业经营受挫，甚至出现了借新债还旧债的现象。其次，新冠疫情的暴发对煤炭行业下游的建材行业造成了明显的冲击。同时，随着可再生能源使用量的逐步提升，我国对煤炭的需求量也有所下降。下游需求减少导致煤炭价格波动较大，这进一步影响了行业的整体利润。2020年1月至10月，整个煤炭行业实现利润1 772亿元，同比下降了27.7%。该集团煤炭板块的营业利润也同比下降了10.97%，下降幅度较为明显。最后，对该集团的债券监管存在疏漏，这也为其后来的债券违约埋下了隐患。

从内部因素来看，首先，该集团在致力于打造核心业务煤炭板块的同时，还专注

于多元化业务的拓展。近年来，尽管公司核心业务的盈利能力一直比较强，但是物流贸易板块等的盈利能力却较弱，这严重吞噬了公司的整体利润。其次，该集团的总债务规模持续上升，债务结构的不合理导致其短期偿债压力不断增加。再次，该集团与关联方往来账款规模较大。截至2020年9月底，该集团的其他应收账款规模达到269.42亿元，同比增加52.64%，这表明公司资金拆借规模较大，对公司资金造成了一定的占用。最后，该集团在2017年至2020年9月末期间存在虚假披露货币资金和受限资产的情况，这使得其实际的现金流情况更加糟糕。

在该集团"20YMSCP003"债券违约的当天，ZCX国际就对其信用评级进行了调整，将其从AAA级降至BB级，并下调了其他债券的评级。次月，又将其评级降至B级，并列入可能降级的观察名单。此外，此次违约事件发生后的2天内，该集团及其母公司HN能化的债券价格大幅下降。而此次违约事件也牵扯出了众多失职以及违法违规的行为。经调查审议后，中国银行间市场交易商协会对该集团进行了公开谴责，暂停其债务融资相关业务1年；对HN能化进行了严重警告，暂停其债务融资相关业务7个月；同时对ZCX国际、DH基金、XY会计师事务所等6家机构进行警告，并暂停XY会计师事务所融资相关业务3个月。

资料来源：姚芃，刘名旭．企业债务违约的成因和经济后果分析：以永城煤电和永泰能源为例．科技和产业，2022 (9)：201-205；李雪，赵联果，任侨妮．永煤控股财务舞弊案例反思．合作经济与科技，2023 (22)：151-153.

思考：

1. 该集团具有哪些舞弊动机?
2. 该集团可以实行哪些舞弊审计流程来预防舞弊?

第10章

基本建设项目审计

学习目标

1. 了解开工前审计的基本内容，掌握基本建设项目程序执行情况、资金来源和概算的审计要点。

2. 了解在建项目审计的基本内容，掌握投资包干、财务、物资以及建设工程招投标和工程承发包的审计要点。

3. 了解竣工决算审计的基本内容，掌握竣工决算报表、项目投资及概（预）算执行情况和项目结余资金的审计要点。

4. 了解投资效益审计的基本内容，掌握建设速度、建设质量、建设成本和投产后效益的审计要点。

素养目标

帮助学生了解基本建设项目审计的基本流程和投资效益的审计方式，提升学生在审计实务中的操作能力，培养他们对基础建设行业的审计敏感性，使学生能够深入项目实际，精准把握基本建设项目业务流程，学会评价基本建设项目的经济效益。进而，通过学习和实践，提升学生的审计实力，有效识别并规避项目风险，提高基本建设项目审计的质量和效率效果。

基本建设项目审计是内部审计机构对基本建设项目投资活动进行检查、评价和监督的过程，以保证基本建设项目质量，提高基本建设项目的投资效益。鉴于基本建设项目通常具有投资金额大、建设周期长、建设过程复杂等特点，审计人员有必要对相关投资活动开展全过程的审计。基本建设项目审计可分为开工前审计、在建项目审计、竣工决算审计和投资效益审计，以使审计工作实现对基本建设项目投资活动的全面监督。

第 1 节　开工前审计

基本建设项目开工前审计是内部审计机构针对基本建设项目在开工之前必要的审批手续、开工准备进行审查的过程。通常情况下，基本建设项目在申请开工前，需要向审计机构报送已获批准的项目建议书、可行性研究报告、初步设计方案、概算资料、资金来源证明等文件资料，以便接受审计机构的开工前审计。这一审计过程具体包括对基本建设项目程序执行情况的审查、对基本建设项目资金来源的审查以及对概算的审查。

一、审查基本建设项目程序执行情况

基本建设项目程序包括从建设项目方案的提出、批复、项目建设到完工的全过程。其中，大多数程序集中在项目开工前，因此，审查基本建设项目程序执行情况的工作主要在开工前审计阶段开展。具体而言，在开工前，基本建设项目需要经过三个层次的审查：项目建议书的审查、可行性研究报告的审查、初步设计方案的审查。因此，开工前审计的重点或关键控制点应集中在基本建设项目程序的执行和批准单位或部门的权限方面。

（一）对项目建议书的审查

项目建议书是由项目筹建单位或项目法人根据国民经济的发展、国家和地方中长期规划、产业政策、生产力布局、国内外市场、所在地内外部条件，就某一具体基本建设项目提出的建议文件。它是对拟建项目的总体设想。对于项目建议书，审计人员应当重点关注两点。

1. 项目的立项是否合理

（1）是否顺应国家的产业政策、建设方针和长期规划；

（2）是否满足市场需要；

（3）建设地点是否合适，有无重复建设或布局不合理的现象；

（4）项目的经济效益评价是否合理。

2. 项目建议书是否得到相关部门的批准

项目建议书要按规定的管理体制、隶属关系进行分级审批。原则上，项目建议书应先由主管部门提出意见再由主管部门上报，或与综合部门联合或分别上报。具体规定如下：

（1）对于大中型基本建设项目、限额以上更新改造项目，委托有资格的工程咨询、设计单位初评后，经省、自治区、直辖市、计划单列市发展改革委及行业归口主管部门初审后，报国家发展改革委审批。其中，特大型项目（总投资额在 4 亿元以上的交通、能源、原材料项目，2亿元以上的其他项目)，由国家发展改革委审核后报国务院审批。对于总投资在限额以上的外商投资项目，项目建议书分别由省发展改革委、行业主管部门初审后，报国家发展改革委并会同商务部等有关部门审批；对于超过1亿美元的重大项目，上报国务院审批。

(2) 对于小型基本建设项目、限额以下更新改造项目，项目建议书由国务院主管部门或地方发展改革委审批。对于小型项目中总投资额在1 000万元以上的内资项目、总投资额在500万美元以上的生产性外资项目、总投资额在300万美元以上的非生产性利用外资项目，项目建议书由地方或国务院有关部门审批。

（二）对可行性研究报告的审查

项目建议书经审批、纳入初步计划项目后，计划部门需要进行项目的可行性研究。基本建设项目可行性研究是基本建设程序中建设前期工作的重要组成部分，它要求对拟建项目做全面深入的市场分析、技术分析、经济分析，并进行多方案比较，从而筛选出最佳方案，对项目是否合理和可行得出结论，为最终决策提供可靠的依据。

对可行性研究报告的审查主要包括以下两方面：

1. 合规性审查

重点审查可行性研究报告的内容是否符合国家有关规定，承担可行性研究的单位是否具备合法的资质证书和营业执照，是否存在越权审批的现象等。

2. 合理性审查

重点审查可行性研究报告的内容和深度是否符合项目建议书的要求，是否能够满足项目审批机关投资决策的要求，是否对市场、经济、技术的可行性得出明确结论，建设条件（如资金、原材料、施工地等）是否完备，确定的设计方案以及估算的投资、成本和利润是否合理等。

（三）对初步设计的审查

项目通过计划部门的可行性论证后，需按照审定的建设方案进行初步设计。初步设计的内容主要包括：设计依据及指导思想；建设规模和资源配置；工艺流程和主要设备选型；主要建筑物；占地面积和土地使用情况；外部协作条件；生产组织和劳动定员；建设顺序和期限；各项经济技术指标；工程总概算；等等。对初步设计的审查包括：

(1) 初步设计文件是否按规定报送上级有关部门并获得批准；

(2) 设计单位的选择是否合法合规，其是否具备承担项目初步设计的资格；

(3) 设计图纸是否规范，是否达到各设计阶段的要求；

(4) 设计合同对双方的责权利要求是否严格、合理；

(5) 规模标准与国内外同类工程相比是否合理；

(6) 设计是否经济实用等。

二、审查基本建设项目资金的来源

（一）基本建设项目资金的来源

1. 基本建设基金

基本建设基金是指国家设立的用于固定资产投资的专项资金。该资金根据基本建设投资计划，由国家预算划拨给建设单位或建设部门，供其无偿使用。基本建设基金可分为中央级基本建设基金和地方级基本建设基金。

2. 基本建设贷款

基本建设贷款是指银行利用信用资金对基本建设项目发放的贷款。基本建设贷款根据国民经济发展的需要和国家的经济政策，不同行业实行差别贷款利率。同时，银行会根据贷款单位实际支用的贷款金额，采用复利计息方法计收利息。

3. 自筹资金

自筹资金是指各地区、各部门和各单位自行筹集的项目资金，包括地方财政自筹的资金和各主管部门、各单位自筹的资金两大类。自筹资金需要按规定程序报批并严格使用。

4. 发行有价证券

发行有价证券是指政府、政府有关部门或经过批准的大型经济联合体以发行债券、股票等方式将市场上分散的资金筹集起来，用作基本建设项目的专项基金。

5. 利用外资

利用外资有两种方式：一是通过外国政府贷款、国际金融机构贷款、出口信贷等渠道借用国外资金；二是通过中外合资经营、合作经营、设备租赁等吸引外国资本直接投资。

（二）审查要点

由于基本建设项目的资金来源广泛，审计人员对资金来源的审查应当十分严格。他们需要监督基本建设项目资金是否严格按照基本建设项目程序、年度基本建设项目投资计划、工程概（预）算、工程进度进行拨款，从而避免资金获取的随意性。审计时，应重点关注以下方面：

（1）资金的拨付或筹集有无合法文件依据，如贷款协议、中外合资经营合同等；

（2）有无虚报项目、采用非法手段骗取资金的现象；

（3）资金的使用范围是否与下达的投资计划相一致，资金是否及时到位，有无转移、侵占和挪用资金的问题；

（4）部门、企事业单位自筹基本建设项目资金的，要审查企业或部门的年度财务报表等有关资料，根据经营情况和利润分配的有关规定，测算建设期内可能筹集到的资金是否满足投资需要；

（5）建设单位在资金管理上是否做到专人负责、专户存储、专账核算、专款专用，有无基本建设项目资金与其他资金混存混用的情况。

对于资金来源不足、年度投资未落实的项目，不能同意其办理开工手续，以防止基本建设项目造成浪费。

三、审查概算

概算是初步设计的重要组成部分，需要按照初步设计的要求概略地计算建筑物、构造物等的造价和从筹建到交付使用所发生的全部费用。在审查概算前，审计人员应当注意两点：一是判断初步设计所依据的可行性研究报告是否经过批准，初步设计是否得到上级部门的审批；二是明确概算编制的依据、指标、定额和费用标准等是否符合国家或地方颁布的概算编制办法的规定。

在审查概算内容时，审计人员应重点关注概算内容的完整性、计算的准确性、费用支出的合规性等。一般来说，概算审计涵盖建筑安装工程单位概算书、设备及工器具购置概算和总概算。

（一）审查建筑安装工程单位概算书

建筑安装工程单位概算书是根据已批准的设计图纸和已确定的施工方案，按照国家或地区对工程概算的有关规定以及现行定额，计算出各分部分项工程量，并计算出建筑安装工程部分所需要的全部投资额的文件。建筑安装工程费用主要包括直接费、间接费、计划利润和税费。

1. 直接费

直接费是指与建筑安装工程直接相关的、直接用于工程实体或有助于其形成的直接材料费、直接人工费、施工机械使用费等。审计人员主要从以下方面对直接费进行审查：

（1）直接费的分类是否准确；

（2）工程量的测算是否准确，是否存在高估工程量的情况；

（3）概算定额的套用是否科学、合理、准确；

（4）安装设备的数量和型号是否与套用的定额匹配；

（5）其他直接费的发生是否合理，如夜间施工增加费是否切实需要。

2. 间接费

间接费是指不能直接归属于工程实体的施工管理费及其他间接费。间接费的计算方法按计算基数的不同可分为以下几种：

（1）以直接费为计算基数，即

间接费＝直接费×间接费费率(%)

（2）以人工费和机械费合计为计算基数，即

间接费＝人工费和机械费合计×间接费费率(%)

（3）以人工费为计算基数，即

间接费＝人工费×间接费费率（%）

审计人员在审查间接费时，要考虑以下几个方面：

（1）间接费的计算基数是否正确；

（2）间接费费率的套用是否准确，不同的工程、不同资质等级的施工队伍应套用不同的间接费费率；

（3）间接费定额与直接费定额是否匹配，有无高估间接费的现象等。

3. 计划利润

计划利润是指施工企业完成所承包工程后预期获得的利润。审计人员在审查计划利润时，主要关注以下几点：

（1）利润的计算方法是否合理。

（2）计算利润的基数是否准确，是否存在将不能作为基数的费用计入基数的问题。

（3）利润率的设定是否合理合规，是否超出了国家规定的标准。

（4）施工企业为扩大生产能力，新增机械设备所需的资金应主要取自生产发展基金。对于某些工程中必需的大型机械设备，可进行租赁，在特殊情况下经投资主管部门批准，可由建设单位在项目概算中列支，并在购置后租给施工企业使用。审计人员应核实施工企业在实行计划利润后，是否存在计列施工技术装备费的情况。

4. 税费

税费是指国家税法规定的应计入建筑安装工程造价的城市维护建设税及教育费附加等。审计人员在审查税费时，应重点关注：（1）计税基础是否准确；（2）税率是否正确。

（二）审查设备及工器具购置概算

设备及工器具购置费由设备购置费和工器具及生产家具购置费组成。设备购置费是指为建设工程购置或自制的达到固定资产标准的设备的费用。它由设备原价和设备运杂费组成，其中设备运杂费通常用设备原价乘以运杂费费率来计算。固定资产标准是指使用年限在一年以上，且单位价值在国家或各主管部门规定的限额以上。对于新建项目或扩建项目的新建车间购置或自制的全部设备，无论其是否达到固定资产标准，均计入设备购置费中。工器具及生产家具购置费是指新建项目或扩建项目初步设计中规定的必须购置的不够固定资产标准的仪器、工卡模具、器具、生产家具和备品备件的费用。工器具及生产家具购置费通常以设备购置费为基数，乘以一定费率进行计算。

在审查设备及工器具购置概算时，需要关注以下方面：

（1）所列设备投资的合规性、完整性、真实性，即检查设备投资是否符合设计文件要求，是否存在少列、漏列、多列的情况；

（2）设备的原价是否准确，是否符合各部委、地方对有关产品出厂价格的规定；

（3）设备运杂费费率的确定是否符合各部委、省、自治区、直辖市对不同行业、不同性质设备的规定；

（4）工器具及生产家具购置费费率是否合理等。

（三）审查总概算

总概算是以整个项目为对象的概算，由各单项工程综合概算及其他工程和费用概算汇编而成。由于各地区、各行业、各部门在执行标准、定额、编制方法上没有统一的规定，因此对审计人员的专业水平、工程技术知识提出了较高的要求。审计人员在对项目总概算开展审计时，应当做好充分的前期准备工作，包括收集有关资料，掌握必要数据，了解项目的建设规模、工艺流程和各项经济技术指标，熟悉概算的内容、编制依据、方法和费用构成，同时深入现场进行调查研究，摸清概算的实际执行情况。

在审查项目总概算时，应重点关注以下方面：

（1）概算编制依据是否符合国家现行的方针、政策、法规、制度等有关规定。

（2）总概算文件及所附说明性资料是否齐全，需要说明的内容是否已阐述清楚。

（3）概算文件的内容是否真实、完整地反映了设计要求，是否存在少列、漏列、夹带计划外工程、扩大建设规模、擅自提高建设标准的情况。

（4）所用的定额、指标、设备材料价格、取费标准是否与项目所在地和行业的规定相一致。

（5）总概算中各部分投资及费用是否与单项工程综合概算的汇总数一致。

（6）其他费用的计列是否合规、合法，即核实在基本建设项目投资中支付并列入基本建设项目总概算的除建筑安装工程费和设备及工器具购置费以外的费用的计列，如联合试运转费中是否计列了应由设备安装费开支的试车费用，勘察设计费的计列是否严格按照国家规定的工程勘察设计收费标准和有关部委、省区市计委、建委的规定执行。

（7）核实预备费的选用及计算。预备费（又称不可预见费）是指在初步设计和概算中难以预料的工程费用，其计算公式为：

预备费＝(单项工程费用总计＋工程建设其他费用)×预备费费率

审计人员应关注：参照各专业工程的预备费标准，预备费的计算基数是否正确；预备费费率的套用是否合理，是否满足各主管部门和省、自治区、直辖市所制定的标准。

第2节　在建项目审计

在建项目审计是在项目开工后至竣工决算前的施工建设阶段，审计人员对尚未交付使用的固定资产建筑工程和安装工程进行的审查、监督活动。在建项目审计主要包括投资包干审计、财务审计、物资审计以及建设工程招投标和工程承发包审计等。

一、投资包干审计

基本建设项目投资包干责任制是指按照国家建设计划确定的建设项目，由建设单位对建设规模、投资总额、建设期限、工程质量、材料消耗、生产能力等负责包干建设的责、权、利相结合的经营管理制度。它是我国基本建设投资的一种管理体制。

基本建设项目投资包干责任制的核心在于“五包”：包投资、包工期、包质量、包主要材料消耗量以及包完成综合生产能力。具体的包干形式由各地区、各部门、各单位根据建设项目的特点和具体条件，灵活选择。常见的包干形式包括建设单位对上级主管部门包干、施工企业对上级主管部门包干、施工企业对建设单位包干等。投资包干审计的要点如下。

(一) 投资包干合同的签订审计

1. 合同主体

审查建设项目的主管部门是否按规定的要求公平、公正地选拔总承包单位；审查总承包单位资质情况，包括其是否具备良好的信誉，是否拥有精通相关业务、善于管理、高素质的人员等。

2. 合同的签订依据

审查投资包干合同的签订依据是否齐全，即有无经过权力机关批准的项目建议书、可行性研究报告、初步设计文件和总概算文件；审查建设项目是否列入部门、地区的基本建设投资计划；审查建设项目的规模、工期、质量、材料消耗和总投资额等是否已在合同中明确。

3. 合同内容

审查投资包干合同是否对责任各方就包保的内容、条件、责任和经济权益等做出了明确规定；审查投资包干条款是否合理合法，是否与项目设计文件相一致。

(二) 投资包干合同的执行审计

投资包干合同的执行审计的重点包括：

(1) 建设项目所采取的包干形式是否与国家批准的设计概算或审定的施工图预算的投资额及项目的具体情况相匹配。

(2) 投资资金的使用是否得到统筹安排。

(3) 工程的建设进度是否与国家计划或上级主管部门确定的工期相一致。

(4) 有无与工程质量相关的指标、制度和人员对工程质量进行监督和控制，工程质量是否达到了规定的标准。

(5) 计划部门、财政部门、物资和设备供应部门、银行等是否对包干的建设项目所需资金、物资、设备、材料等及时供应。

(6) 建设过程中的材料用量是否按照设计文件规定的主要材料用量清单，或包保双方商定的主要材料清单执行；在材料的采购、仓储、领用环节是否制定了相应的管理制度，相关经济责任是否得到落实。

(7) 工业项目的主体工程、配套工程、“三废”治理工程是否按照规定同时完工，形成综合生产能力；非工业项目能否合格交付使用；有无专门的机构及时进行验收。

（8）建设项目的主管部门能否有效保证主要建设条件的落实，即做到保建设资金，保设备、材料，保外部配套条件，保生产定员配套，保工业项目投料试车所需的原料、燃料供应等。

（三）投资包干节余审计

1. 审查投资包干节余分成的合法性

审查投资包干节余分成的合法性，主要关注投资包干节余的分成是否符合以下规定：

（1）建设项目由工程承包公司或施工单位实行投资包干后节余的投资，全部作为企业收入。

（2）国家预算内拨款改贷款的投资和银行贷款安排的建设项目，由建设单位负责还款的，包干节余的投资全部留给建设单位，其中50%用于归还贷款；建设单位不负责还款的，包干节余的投资留成50%，其余交给还款单位，用于归还贷款。国家拨款改贷款的投资经国家批准豁免还款的建设项目，建设单位包干节余投资上缴财政20%，上缴主管部门30%，留成50%。小型项目节余额不多的，与开户银行协商后报主管部门批准，可以提高留成比例或全额留成，留成部分一般应按6∶2∶2的比例分别作为生产发展基金、集体福利基金和职工分成收入。

（3）建设工期长的项目，其单项工程竣工后有节余的，可按竣工决算预提一部分。

（4）建设单位包干节余中用于职工个人的分成收入，应按贡献大小进行分配，不拉平、不封顶。

（5）用包干节余资金建造职工住宅和集体福利设施等因已包括在建设项目总投资内，可不计入自筹基建控制指标。

（6）建设项目总承包单位完成包干任务后按材料消耗定额节余的物资，除了本单位需要留用的，由项目主管部门会同物资管理部门作价收购或处理；由施工单位实行包工包料的建设项目的节余物资，归施工单位所有；引进成套设备项目节余的进口材料，由建设单位和施工单位协商分成。

（7）建设项目经主管部门批准提前投产期间实现的利润，由生产筹建单位和项目承包单位分成。

（8）承担包干项目设计任务的勘察设计单位，设计质量优，能按时或提前交付设计资料和图纸，配合现场施工好，对缩短工期、降低造价有显著成绩的，可由总承包单位从建设项目的包干节余中给予一定的奖励。

2. 审查投资包干节余的准确性、真实性

重点内容包括：

（1）审查建设项目是否按照设计方案完成了全部建设活动；

（2）审查竣工决算的编报是否及时、完整、准确，是否存在尾工款；

（3）审查总承包合同中的包干指标，落实包干节余，防止将未完工程的投资作为包干节余参与分配；

（4）审查是否存在将提前竣工奖列入工程成本的现象。

二、财务审计

基本建设项目财务审计是指审计人员依据相关政策、法律法规和技术标准，运用审计技术对项目财务核算全过程进行的审查、监督。财务审计在基本建设项目中的工作包括资金来源审计、收入审计、支出审计、交付使用资产及往来情况审计。

（一）资金来源审计

关于资金来源的审查，本章第 1 节主要从资金来源的合法合规性方面进行了详细介绍。具体到财务审计方面，审计人员首先应取得与资金来源审计有关的资料，包括汇总资金平衡表、资金来源明细表、项目资本金政策文件、政府拨款文件、年度投资计划、各种借款合同、反映资金来源的账簿及原始凭证等。在实施审计时重点关注以下方面：

（1）资金的拨付是否及时到位；

（2）有无转移、侵占和挪用建设资金的问题；

（3）各种来源的建设资金是否完整记录；

（4）与建设资金来源有关的会计核算是否正确；

（5）所有资金来源是否在正确的会计期间进行记录；

（6）是否存在虚报项目、骗取财政资金的现象；

（7）各项资金来源是否进行了正确分类，并在会计报表中予以充分披露。

（二）收入审计

基本建设项目收入是指建设单位在基本建设过程中取得的各项工程建设副产品的收入、试运行收入以及其他收入，如油田钻井建设中的原油收入、电站建设中移交生产前的电费收入、铁路监管期间的运营净收入、为检验设备安装质量进行负荷联合试车的销售收入等。为了调动建设单位的积极性，国家规定基本建设项目收入的一部分上缴财政，一部分留给建设单位及其主管部门。

审计人员在审查基本建设项目收入时，需要关注以下方面。

1. 合法性

审查基本建设项目的相关收入是否符合财务制度规定的基本建设项目收入范围；建设单位所取得的收入是否符合国家有关法律法规规定，并按规定缴纳有关税费；留成收入的分配使用是否符合国家财务制度规定。

2. 真实性

审查基本建设项目收入是否真实发生，与收入有关的成本费用是否真实发生，是否存在虚增收入、少计成本费用的问题。

3. 完整性

审查基本建设项目取得的收入是否全部入账，是否存在隐匿收入的行为。

4. 准确性

核对收入的原始凭证、记账凭证、明细账、总账以及报表，检查所反映的内容是否一致、数字是否正确、与收入有关的税费计算是否正确等。

（三）支出审计

支出审计主要包括建筑安装工程投资审计、设备投资审计、待摊投资审计和其他投资审计。

1. 建筑安装工程投资审计

建筑安装工程投资是指构成基本建设实际支出的建筑工程和安装工程的实际成本，以及为项目配套而建造专用设施所发生的投资支出。审计人员应关注以下方面：

（1）“建筑安装工程投资”科目的核算是否正确，投资额是否与合同规定支付的工程进度结算审批数额一致；

（2）是否存在将预付备料款、预付工程款等未形成工程进度的支出计入投资完成额的情况；

（3）施工单位编制的工程进度结算表（书）是否经工程项目经理、监理、财务部门以及建设单位负责人审核、签字；

（4）同一机构管理的不同项目之间以及扩建、技改项目的生产成本与建设成本之间是否存在费用混淆的情况；

（5）是否存在将工期奖、质量奖、竣工奖等应从投资包干节余或投资后效益中支出的项目列入建筑安装工程投资额中的情况；

（6）对于采用招投标方式发包的工程，中标价与建筑安装工程投资额是否一致。

2. 设备投资审计

设备投资是指建设单位按照项目概算内容发生的各种设备的实际成本，包括需要安装的设备、不需要安装的设备和为生产准备的不够固定资产标准的工器具的实际成本。其中，需要安装的设备和工器具只有开始安装后，才能列支为设备投资完成额；不需要安装的设备和工器具经验收合格后可直接计入设备投资完成额。审计人员在审查设备投资时，要重点关注以下方面：

（1）购入的设备、工器具是否在采购计划范围内，规模、型号、数量是否与计划一致；

（2）工程设备在采购过程中是否遵守结算规定，结算方式是否合规，有无不合法、不合理的预付定金和超标费用支出现象；

（3）需要安装的设备、工器具是否在开始安装后计入设备投资完成额，不需要安装的设备、工器具是否经过验收并入库；

（4）支出原始凭证是否真实、合法，原始凭证、记账凭证、总账及明细账反映的设备名称、型号、数量、金额等是否一致；

（5）签字审批手续是否齐全。

3. 待摊投资审计

待摊投资是指建设单位发生的构成基本建设实际支出的、按照规定应当分摊计入交付使用资产成本的各项费用支出，包括建设单位管理费、土地征用及迁移补偿费、勘察设计费、研究试验费、可行性研究费、设备检验费、负荷联合试车费、合同公证及工程质量监理费等。

对于能够确定应由某项交付使用资产负担的待摊投资，应直接计入该项交付使用资产的成本；对于不能确定负担对象的待摊投资，则应在采用科学、合理的方法分摊后计入受益的各项交付使用资产的成本。待摊投资的分摊方法通常分为按概算数的比例分摊和按实际数的比例分摊两种。按概算数的比例分摊即按照概算中所列的建筑安装工程投资、需要安装设备投资和其他投资中应负担待摊投资的部分以及应分摊的待摊投资，计算出预定分配率进行分摊；按实际数的比例分摊即按照上期结转和本期发生的建筑安装工程投资、需要安装设备投资和其他投资中应负担待摊投资的部分以及应分摊的待摊投资，计算出实际分配率进行分摊。

由于待摊投资相对于投资总额而言金额小，但种类多、范围广，核算较烦琐，舞弊风险较高，因此，审计人员应当加强对这部分支出的检查，重点关注以下方面：

（1）建设单位待摊投资的费用列支是否正确，是否夹带了无关的费用支出项目；

（2）建设单位管理费是否仅为建设单位在建设项目筹建、建设、联合试运转、验收总结等阶段所发生的管理性质的开支，且只有建设单位经过批准单独设置管理机构时，才能列支此费用；

（3）费用的支付是否经过严格的审批、签字，结算方式是否合规；

（4）各项费用支出的范围是否正确、合理，超过控制标准的，是否报经批准，有无擅自提高标准的现象。

4. 其他投资审计

其他投资是指建设单位发生的构成投资完成额并单独形成交付使用资产的各项其他投资支出，主要包括房屋购置费用、基本畜禽支出、林木支出、办公和生活用家具器具购置费用等。审计时应重点关注以下方面：

（1）各项购置费用是否在已批准概算的范围内；

（2）各项购置费用支出的原始凭证是否真实、合法；

（3）所购置的房屋是否为现成房屋，若是自行建设的房屋，则应计入建筑安装工程投资；

（4）各项购置资产的种类和数量是否与设计文件规定相符。

（四）交付使用资产及往来情况审计

1. 交付使用资产审计

交付使用资产是指建设单位已完成购置、建造，并已交付或结转给生产、使用单位的资产。这些资产包括固定资产，为生产准备的不够固定资产标准的流动资产，无形资产等。审计人员应重点审查以下方面：

（1）交付的固定资产是否真实存在，是否办理了验收手续；

（2）已竣工的单项工程是否属于批准的设计文件规定的工程，是否超计划、超标准采购设备，是否擅自提高建筑标准；

（3）完工固定资产是否及时组织移交，移交手续是否齐全；

（4）交付使用资产的成本核算是否正确；

（5）交付使用资产明细表与交付使用资产账户反映的内容是否一致。

2. 各项应收、应付账款审计

对于基本建设项目在建设期间发生的往来款项，审计人员应重点审查以下方面：

（1）往来单位是否真实存在；

（2）各项应收、应付款项的发生是否真实、合理；

（3）各项往来款的形成有无合法依据，若有供销合同，合同中的各项条款是否符合《中华人民共和国民法典》的有关规定，违约责任是否明确；

（4）预付工程款是否符合合同规定；

（5）有无将基本建设资金挪作他用、擅自对外借款等问题。

三、物资审计

基本建设项目物资包括基本建设所需的设备、材料及工器具等，这些物资通常由建设单位或总承包单位根据初步设计的要求进行采购、定做或自制，用于基本建设项目，并构成设备与安装工程投资完成额。基本建设项目物资审计主要从物资采购、物资领用与核算以及物资储备三个方面开展。

（一）物资采购审计

基本建设项目物资的采购环节包括订货、付款、结算、运输和验收入库，采购成本费用包括物资采购价格、手续费、包装费、运输费、装卸费和采购保管费等。物资采购审计主要审查采购环节内部控制的健全性和有效性，采购资料依据的充分性和可靠性，以及采购环节各项经营管理活动的真实性、合法性等。

在实施审计前，审计人员需要取得与审计项目采购环节有关的采购计划，采购招标文件，中标通知书，专项合同书，采购、收发和保管等内部控制制度文件以及相关会计资料等。审计时重点关注以下方面：

（1）订货合同中所列物资名称、规格、型号、数量等内容是否与概算和年度物资采购计划清单一致；

（2）采购程序是否规范，采购的审批权与采购权等不相容职务是否分离，以及相关内部控制制度是否健全有效；

（3）是否按照公平竞争、择优择廉的原则来选定供货单位，供货单位是否具有国家规定的资质等级；

（4）订货合同的签订是否合法、真实；

（5）合同价格是否合理；

（6）物资的验收程序是否严格，验收记录是否真实、完整、有效；

(7) 采购成本的核算是否正确，相关间接费用的计算、分摊是否正确；

(8) 采购款的支付是否按照合同条款执行，有无任意提高采购费用和开支标准的问题等。

(二) 物资领用与核算审计

物资领用与核算是物资管理的重要环节，审计人员应重点关注以下方面：

(1) 基本建设物资领用制度是否健全，出入库手续是否完备，保管与安全措施是否完善；

(2) 是否建立物资台账，并对物资收发存进行管理；

(3) 基本建设物资的会计核算是否正确；

(4) 是否存在将基本建设物资用于非相关项目的现象；

(5) 基本建设物资的领用是否符合设计标准，是否存在以小充大、偷工减料等影响质量或以大代小、造成浪费的现象；

(6) 材料成本差异的分摊是否合规、合理、正确。

(三) 物资储备审计

物资储备审计的重点包括：

(1) 仓库是否设有相关的物资储备管理制度及其是否得到有效执行，相关经济责任是否明确；

(2) 库存物资是否真实存在，且符合账实相符、账账相符的要求；

(3) 是否存在将不属于审计项目的物资列入审计项目账内的情况；

(4) 基本建设物资的库存量是否经济合理，是否存在超储积压现象；

(5) 外销的物资是否确属设计变更、重复购置、不适用的多余物资，是否存在出售紧俏物资或以各种名义非法倒卖物资的情况；

(6) 外销物资的价格是否合理，是否存在抬高价格赚取差价或者压价赚取回扣的现象。

四、建设工程招投标和工程承发包审计

(一) 建设工程招投标审计

建设工程招投标审计是对基本建设新建项目的招投标流程、管理工作、合同文件等方面进行的审查监督，也是建设工程项目全过程审计的重要内容。根据项目招投标的环节，相关审计工作主要从招投标条件、招投标范围、招标方式、招标代理机构、开标工作、评标工作、定标工作以及工程合同等方面开展。

1. 招投标条件审计

根据《中华人民共和国招标投标法》(简称《招标投标法》) 的规定，招投标项目按照国家有关规定需要履行项目审批手续的，应当先履行审批手续，取得批准。因此，审计人员需要审查审计项目是否具备招投标的条件，主要关注以下几点：

（1）招标项目的合法性，即建设项目本身是否按现行项目审批管理制度的规定办理了审批、核准或备案手续，是否取得批准；

（2）与招标项目有关的资金或者资金来源是否能够落实；

（3）工程场地的征用、拆迁等准备工作是否完成；

（4）项目招标工作机构的组建是否合法，控制管理体系是否完整。

2. 招投标范围审计

《招标投标法》规定，大型基础设施、公用事业等关系社会公共利益、公众安全的项目，全部或者部分使用国有资金投资或者国家融资的项目，使用国际组织或者外国政府贷款、援助资金的项目，其勘察、设计、施工、监理以及与工程建设有关的重要设备、材料等的采购，必须进行招标。但由于《招标投标法》中没有对各类情况下的具体工程规模做出明确的规定，而是由地方政府相关部门根据实际情况自行确定招投标的具体范围和标准，容易产生腐败问题，因此，工程招投标范围需要审计人员给予关注。

3. 招标方式审计

招标方式包括公开招标和邀请招标。根据相关规定，国务院发展改革部门确定的国家重点项目和省、自治区、直辖市人民政府确定的地方重点项目不适宜公开招标的，经国务院发展改革部门或者省、自治区、直辖市人民政府批准，可以进行邀请招标，除此以外的工程均要公开招标。因此，审计人员要核实审计项目的招标方式是否符合要求。

4. 招标代理机构审计

招标代理机构审计的重点包括：

（1）招标代理机构是否合法成立；

（2）招标代理机构是否具有相应的资质和信誉，能否胜任项目的建设；

（3）代理操作过程是否规范；

（4）招标文件的编制是否合规；

（5）有无故意抬高造价、向施工单位泄露标底、串通投标等行为。

审计人员可以通过查阅比对标底和各投标单位的投标文件来发现其中的问题。

5. 开标工作审计

开标工作审计的重点包括：

（1）开标时间是否与投标文件截止时间一致；

（2）开标程序是否合法合规，有无暗箱操作现象；

（3）唱标过程是否真实、合法；

（4）投标文件是否齐全、密封；

（5）投标人是否按要求提供投标保证；

（6）组成联合体投标的，投标文件是否附上联合体各方共同投标协议等。

6. 评标工作审计

评标工作审计的重点包括：

(1) 评委的来源、人数、构成是否符合要求；

(2) 与投标人有利害关系的人员是否进行了回避；

(3) 评标过程是否规范、是否遵循评标规则。

审计人员可通过从招投标管理机构取得评标记录、观看评标现场录像等方式，开展相关工作。

7. 定标工作审计

定标工作审计的重点包括：

(1) 定标的程序、方法是否合法；

(2) 是否切实做到优价中标；

(3) 是否存在在评标委员会依法推荐的中标候选人以外确定中标人的现象；

(4) 是否存在在确定中标人之前，招标人与投标人就实质性内容进行谈判的现象等。

8. 工程合同审计

《招标投标法》规定，招标人和中标人应当自中标通知书发出之日起三十日内，按照招标文件和中标人的投标文件订立书面合同。招标人和中标人不得再行订立背离合同实质性内容的其他协议。审计人员进行工程合同审计时，应当重点关注：

(1) 合同主体是否合法，合同签订日期以及合同内容是否完整、明确；

(2) 合同的主要条款是否与招标文件中的合同主要条款一致，有无实质性变更，特别是结算条款的变更。

(二) 工程承发包审计

1. 工程承发包概述

工程承包是指具有施工资质的承包者通过与工程项目的项目法人（业主）签订承包合同，负责承建工程项目的过程。工程发包是指建设单位遵循公开、公正、公平的原则，通过采用公告或邀请书等方式提出项目内容及其条件和要求，约请有兴趣承包的单位按规定条件提出实施计划、方案和价格等，再采用一定的评价方法择优选定承包单位，最后以合同形式委托其完成指定工作的活动。

由于我国建筑市场竞争激烈，在工程招标过程中可能会出现私人资本和有资质企业之间“合作联营”等违规行为，这些违规行为通常表现为以下三种形式：

(1) 非法转包，是指承包单位承包建设工程后不履行合同约定，直接将全部工程转包出去或将其承包的全部建设工程肢解以后以分包的名义分别转包给他人的行为。

(2) 违法分包，是指下列行为：总承包单位将建设工程分包给不具备相应资质条件的单位；建设工程总承包合同中未有约定且未经建设单位认可，承包单位就将其承包的部分建设工程交由其他单位完成；施工总承包单位将建设工程主体结构的施工分包给其他单位；分包单位将其承包的建设工程再分包。

(3) 挂靠经营，是指建筑施工企业超越本企业资质等级许可的业务范围或者以任何形式用其他建筑施工企业的名义承揽工程，或者建筑施工企业以任何形式允许其他单位或者个人使用本企业的资质证书、营业执照，以本企业的名义承揽工程的行为。

2. 工程承发包审计

结合工程承发包的要求和可能出现的违规行为，审计人员可从以下方面开展工程承发包审计：

（1）审查承发包合规情况。主要检查工程发包与承包的招标投标活动是否遵循公开、公正、平等竞争的原则；承包单位及其工作人员是否存在利用不正当手段承揽工程的行为；承包单位是否为经过合法招投标程序确定的中标单位；承包单位是否持有依法取得的资质证书，并在其资质等级许可的业务范围内承揽工程；承包单位的资质和财务状况是否真实；施工主体是否为以分公司、项目部、工程处等名义挂靠的分包队伍。

（2）审查合同签订情况。主要检查承发包合同的内容与标书内容是否一致，如有调整，调整是否符合相关规定；有无单位或个人滥用权力、干预发包的情形；承包合同中是否明确了各方的责、权、利；是否存在分别应付检查和结算支付的内容不一致的“阴阳合同”；合同的内容是否完整，比如合同是否对工期、质量、造价、工艺、资金、物资等做出说明。

（3）审查人员构成情况。主要从施工人员、技术人员和管理人员等方面入手，了解施工队伍是否由社会闲散人员临时组成，是否由包工头代为领取工资，有无拖欠工资现象，拖欠工资是否为层层转包所致等；工程、质检、安全、财务等技术人员是否具有任职资格，是否按照分工履行职责并签署各类工程记录、检验资料等；管理人员和技术人员的数量是否明显低于正常水平，是否主要由分包单位的人员构成；项目经理等主要管理人员与施工单位之间有无合法人事关系等。

（4）审查技术装备和物资采购情况。主要调查施工单位是否拥有从事相关建筑活动应有的主要技术装备，抽查施工现场技术装备的来源，检查主要工程建筑材料、设备等物资是否由承包单位组织采购和供应。

（5）审查发包单位职责履行情况。主要检查发包单位及其工作人员在建筑工程发包中是否存在收受贿赂、回扣或者索取其他好处的舞弊行为；有无将建筑工程肢解发包的现象；是否存在指定中标人或对中标人施加压力，要求其将工程转包给他人的行为。

（6）审查工程监理单位职责履行情况。主要检查工程监理单位与建设单位、承包单位、供货单位之间是否存在隶属关系或者其他影响独立性的关系，在经济上是否依附于监理工作的对象；工程监理单位是否进驻施工现场，是否对来历不明的人员、设备进行核实；工程监理单位有无转让监理业务的行为；当建设方和承包方发生利益冲突或矛盾时，工程监理单位能否以事实为依据，公平、客观地处理冲突问题；工程监理单位是否参与了工程竣工验收并签署监理意见；工程监理单位有无对工程质量提出异议、未发表意见或拒绝发表意见的情形。

（7）审查分包程序和管理。检查经建设单位认可或在合同中已有约定的分包清单是否完整真实，是否存在分包清单之外的分包；分包工程是否为非主体工程或非关键性工程；事实存在的分包和劳务是否履行了建设单位和监理审查的程序；承包单位是否将分包工程的质量、技术、安全、进度、成本核算纳入正常管理轨道，有无以包代管现象；是否出现过因分包管理不善而造成的责任事故；承包单位与分包单位是否订立书面合同并提供分包工程涉及的图纸及技术规范。

（8）审查资金往来和财务结算。主要检查发包方与承包方、供货方之间以及与其他单位之间的资金往来中是否存在异常交易，结算业务是否真实发生，结算凭证是否齐全，结算程序是否合法合规等。

工程承发包内容广泛，发包方式多样，相关的法律法规也需要审计人员有所了解。在审计过程中，审计人员需要尽可能全面地获得与工程项目相关的资料文件，如施工日志、监理日志、项目部会议纪要、收发文登记以及会计凭证和会计账簿等，详细审阅资料，寻找审计线索；积极进行现场调查，在走访施工现场的过程中，多观察、多了解，广泛获取信息，从多方获取审计证据；了解可能存在的问题，如建设单位指定分包和施工单位违规转分包、地方领导利用职权插手工程招投标以谋取私利等舞弊倾向，通过了解多方面的信息，为审计工作的开展提供思路和突破口。

第 3 节　竣工决算审计

基本建设项目竣工决算是指在工程项目竣工验收并交付使用阶段，由建设单位编制的从项目筹建到竣工验收、交付使用全过程中实际支付的全部建设费用。竣工决算是整个建设工程的最终价格，也是建设单位财务部门汇总固定资产的主要依据。通过编制竣工决算，一方面能够正确反映建设工程的实际造价和投资结果；另一方面可以与概算、预算进行对比分析，考核投资控制的工作成效，总结经验教训，为提高未来建设工程的投资效益提供有力支持。

基本建设项目竣工决算审计是基本建设项目审计中的一个重要环节，是指在项目正式竣工验收前，由审计人员依法对项目竣工决算的正确性、真实性、合法性进行的检查、评价和分析。其主要目的是保障建设资金合理、合法使用，提高项目管理水平。竣工决算审计的主要内容包括竣工决算报表审计、项目投资及概（预）算执行情况审计以及项目结余资金审计。需要注意的是，在进行基本建设项目竣工决算审计前，审计人员应当对前期的开工前审计、在建项目审计工作的落实情况进行必要的了解，以确定前期发现的问题是否已得到整改等。也就是说，竣工决算审计是在前面所述审计内容的基础之上开展的。

一、竣工决算报表审计

（一）审查竣工决算相关资料

在开展竣工决算审计前，审计人员应收集以下资料作为审计依据，并检查竣工决算相关资料的完备性和真实性：

（1）项目立项申请批文、规划许可证；

（2）初步设计审批文件、经批准的概（预）算书、中标通知书；

（3）施工图设计及变更洽谈记录；

（4）国家颁发的各种标准和现行的施工验收规范；

（5）有关管理部门的审批、修改、调整文件；

（6）施工合同、物资采购合同等合同文件；

（7）现场签证；

（8）隐藏工程记录；

（9）设计变更通知单；

（10）竣工图；

（11）工程结算书、决算财务资料；

（12）会议纪要等。

（二）审查竣工决算报表

大中型建设项目竣工决算报表一般包括竣工工程概况表、竣工财务决算表、建设项目交付使用资产总表及明细表，以及竣工决算分析说明等；小型建设项目竣工决算报表一般包括竣工决算总表和交付使用资产明细表。在审查竣工决算报表时，审计人员应重点关注以下要点：

（1）决算编制工作的责任单位，以及报表的编制依据是否符合规定；

（2）报表种类、内容是否完整，是否存在漏报现象；

（3）报表之间的勾稽关系是否正确；

（4）报表数据的可靠性和准确性，重点关注实际投资核算，包括建筑安装工程投资、设备投资、待摊投资核算的真实性和准确性；

（5）报表是否按规定的期限及时编制。

在具体审查竣工决算报表时，审计人员需要根据其不同组成部分的内容区分审计重点。对于竣工工程概况表，主要审查其完整性、真实性，即建设时间、新增生产能力、完成的主要工程量、建设成本、主要材料消耗和主要技术经济指标等内容是否完整、客观地呈现，是否存在遗漏或虚报；对于竣工财务决算表，主要审查其真实性和准确性，即其口径与年度财务决算报表的口径是否一致，交付使用资产、库存物资、往来款项、基建收入、拨借款支出等项目的核算是否正确等；对于建设项目交付使用资产总表及明细表，主要审查其真实性，即所列内容是否真实、正确，交付使用资产的数量、价值与实际交付使用的数量、价值是否相符，有无虚报、重报的问题等；对于竣工决算分析说明，审计人员则要依据已审定的报表数据，审查说明文件中对竣工决算情况的分析是否正确，具体包括项目概况、资金来源情况、基本建设概算、投资计划执行情况、建设成本和投资效益分析、经验教训等，注意其中对工程进度、质量、安全、造价等方面的总体评价以及各项财务和技术经济指标的分析。

二、项目投资及概（预）算执行情况审计

在审查项目投资及概（预）算执行情况时，审计人员主要关注项目建设是否按照批准的概算进行。审计人员将取得的项目竣工决算报表及实际投资的明细表，与概（预）算进行对比，将存在较大差异的项目作为审查重点，逐项分析超概算或节约的具

体内容与原因，弄清是否按照批准的设计方案进行建设，是否存在概算外项目，是否擅自扩大工程规模、提高建设标准，有无重大工程质量事故和经济损失或投资浪费等情况。

三、项目结余资金审计

项目结余资金是指项目竣工后剩余的货币资金、库存物资以及往来账款等。审计人员在进行项目结余资金审计时，其重点在于结余资金的真实性，具体包括以下两个方面：

(1) 审核库存物资的实际成本，防止隐匿、转移、挪用库存物资或将库存物资成本差异摊入竣工工程成本，防止压低库存物资单价以虚减结余资金。

(2) 审核货币资金及往来账款，检查是否隐匿、转移、挪用项目结余资金，是否存在虚列债权和债务的问题。

第 4 节 投资效益审计

基本建设项目投资效益审计是指审计人员对项目本身耗用的投资与取得的成果进行比较分析，对项目的投入产出进行全面评价的活动。投资效益审计工作可以从建设速度、建设质量、建设成本以及投产后效益等方面开展。

一、建设速度审计

建设速度是反映项目投资效益的一项指标。通常认为，在保证项目质量的前提下，加快项目建设速度，快速形成生产能力，能够加快资金周转速度，从而提高投资效益。对建设速度进行审计时，审计人员主要关注建设工期与达到设计生产能力的年限这两个指标。

(一) 审查建设工期

建设工期一般是指建设项目中构成固定资产的单项工程、单位工程从正式施工到按设计文件全部建成，并经过竣工验收交付使用所需的全部时间。建设工期是建设项目管理的目标之一，相关指标包括建设项目定额工期率和单项工程定额工期率，计算公式分别如下：

$$\text{建设项目定额工期率}=\frac{\text{竣工建设项目实际工期}}{\text{竣工建设项目设计定额工期}}\times 100\%$$

$$\text{单项工程定额工期率}=\frac{\text{竣工各单项工程实际工期}}{\text{竣工各单项工程设计定额工期}}\times 100\%$$

审计人员可通过以上两项指标的计算结果，审查实际建设工期与计划或定额工期是否一致，是否存在拖延工期的现象，进而分析原因，提出审计建议。除此之外，对建设工期进行审计时还需重点关注以下几点：

(1) 施工合同中是否明确了整体工程及各分工程的开工日期、计划总工期和计划竣工日期；

（2）对于工期拖延造成的损失的计算是否合理、准确；

（3）是否制定了保证计划工期落实的措施，相关的措施是否具备可行性、合理性。

（二）审查达到设计生产能力的年限

达到设计生产能力的年限是指生产性建设项目或单项工程、单位工程从投产之日起到实际生产能力达到设计能力所需的全部时间。这一指标反映了建设项目的投资效果及管理水平。对达到设计生产能力的年限进行审计时，主要关注以下两点：

（1）达到设计生产能力的年限的计算是否准确，即建成投产时间与实际产量达到设计能力时间的确定是否准确；

（2）达产期超过预计年限造成的经济损失的计算是否合理、准确。

二、建设质量审计

建设质量主要是指项目的设计、勘察、施工、监理的工作质量以及项目本身的性能、寿命、安全性、可靠性等。因此，建设质量审计通常从工程质量管理和工程质量两个角度展开。

（一）工程质量管理审计

工程质量管理审计属于程序性审计，主要审查建设、勘察、设计、施工、监理等各个部门是否建立了相应的质量保证制度以及这些制度是否得到有效执行。审计的重点包括以下内容：

（1）工程发包承包制度是否健全，承包单位资质的审核是否严格；

（2）招标投标制度是否坚持公平、公开、公正原则；

（3）施工文件审查制度是否严格；

（4）是否建立了对工程施工材料、配件检验试验的质量检查和管理制度；

（5）工程监理制度是否规范、明确；

（6）竣工验收制度是否对工程质量要求、质量标准及验收程序做出详细说明；

（7）工程质量保修制度是否合理合规，承包单位的责任是否明晰；

（8）工程档案制度是否健全规范等。

（二）工程质量审计

在工程质量管理审计的基础上，审计人员需要对工程本身的质量进行审计。工程质量审计包括实体检测和工程计算两种不同层次的审计。

1. 实体检测

实体检测主要审查建设工程的结构、构造、建筑材料以及施工方法是否符合国家标准或设计要求，以及工程质量是否存在缺陷。审计人员可要求建设单位提供完整的工程质量检验、建设项目竣工验收资料。根据国家对建设工程质量检验的相关规定，审计人员对工程质量做出初步判断，对不符合规定的项目进行实体检测。

实体检测分为有损检测和无损检测。前者又称破坏性检测，会对构筑物整体产生一定的破坏；后者则是利用专业设备、专业技术进行的检测，包括超声波法、雷达法、钻芯法等。对于审计人员而言，实体检测难度很大，并且审计成本较高，特别是在涉及隐蔽工程等时。

2. 工程计算

工程计算又称工程验算，是为了判断质量缺陷是否对工程质量产生实质性影响及其影响程度，而对相关项目进行的工程结构荷载计算及各种荷载作用下结构的内力分析。在基本建设项目审计过程中，当通过工程质量管理审计、实体检测不能准确认定质量缺陷的严重程度，并且缺少量化的数据作为审计证据时，需要进行更深层次的工程计算，以量化缺陷对工程质量的影响。

三、建设成本审计

建设成本审计主要是对基本建设项目的消耗水平和效益进行的审查、核实，相关指标涉及建设总成本、单位生产能力投资、报废工程支出率。

（一）审查建设总成本

建设总成本的审查通常以总投资概算为依据，通过将投资概算与投资完成情况、建设成本进行对比分析，评价建设过程中人、财、物的消耗水平是否合理，从而确定项目是超支还是有所节约，进而分析原因，明确责任方。

可以通过计算工程成本降低率来进一步分析建设成本管理的有效性。其计算公式如下：

$$\text{工程成本降低率}=\frac{\text{预算总成本}-\text{实际总成本}}{\text{预算总成本}}\times 100\%$$

（二）审查单位生产能力投资

单位生产能力投资是指基本建设投资额与设计的生产能力的比率，即每一单位的生产能力所消耗的基本建设投资额。其计算公式如下：

$$\text{单位生产能力投资}=\frac{\text{基本建设投资额}}{\text{设计的生产能力}}$$

该指标值越小，说明建设费用越低，投资效果越好。审计人员可以将审计项目的单位生产能力投资与同类项目或历史水平进行比较，分析产生差距的原因。

（三）审查报废工程支出率

报废工程支出率是指在项目建设过程中，由于主客观原因发生的报废工程支出与建设总成本的比率。其计算公式如下：

$$报废工程支出率=\frac{报废工程支出}{建设总成本}\times 100\%$$

通过计算这个指标，审计人员可以明确报废工程支出所占的比重，查找导致报废的主客观原因，并提出防止损失和浪费的建议。

四、投产后效益审计

投资一个基本建设项目，其初衷往往是希望该项目能够推动经济的发展，提高人们的生活水平。同时，投资活动的开展还需要遵循可持续发展的原则，这意味着在决策过程中，不仅要考虑项目对经济和社会的推动作用，还要关注项目对生态环境的影响。因此，开展投产后效益审计时，需要从经济效益、社会效益以及环境效益三方面对基本建设项目进行综合评价。

（一）经济效益

基本建设项目的经济效益，是指基本建设项目投入与产出的比较，即项目取得的成果与消耗的资源之间的比例关系，主要包括财务效益和国民经济效益。

1. 财务效益

基本建设项目财务效益审计是从财务的角度出发，审查项目的财务效益状况，这也是进行基本建设项目国民经济效益审计的基础。在进行财务效益审计时，审计人员主要关注以下几点：财务数据及财务报表的准确性，这是进行财务效益审计的基础；项目资金的筹措方式和数额是否满足项目的实际需要；流动资金占用量和周转期是否合理；是否能够按计划收回投资成本等。

此外，一般采用项目投资净现值和项目投资回收期这两项财务指标对项目的财务效益进行定量分析。

（1）项目投资净现值。项目投资净现值是指按行业的基准收益率或设定的目标收益率，将项目计算期内各年的财务净现金流量折算到建设初期的现值之和。它是反映项目盈利能力的动态评价指标，其计算公式如下：

$$项目投资净现值=\sum_{t=0}^{n}\frac{现金流入量_t-现金流出量_t}{(1+折现率)^t}$$

一般情况下，项目投资净现值大于或等于零，表示项目在财务上是可行的。

（2）项目投资回收期。项目投资回收期是指项目从投资开始到全部收回这些投资所需要的时间。其计算公式如下：

$$项目投资回收期=\frac{项目投资总额}{项目投产后年平均收益额}$$

式中，项目投产后年平均收益额是计算期内利润、税额和折旧的总和。在基本条件相同的情况下，投资回收期越短，说明项目的经济效益越好。审计人员可以比较审计项目与同类项目的投资回收期，找出差异并分析原因。

2. 国民经济效益

基本建设项目国民经济效益审计是从整个国民经济的发展目标出发，确定项目的宏观经济效果，评价项目投资对国家和社会的贡献大小，从国民经济整体的角度评价投资决策的正确性。通常采用以下指标对国民经济效益进行评价：

（1）经济内部收益率（EIRR）。经济内部收益率是指在项目寿命期（或计算期）内各年累计的经济净现值等于零时的折现率，它是反映项目对国民经济净贡献的相对指标。一般情况下，项目的经济内部收益率大于或等于社会折现率，表明项目对国民经济的贡献达到或超过了要求的水平。

（2）经济净现值。经济净现值是指用社会折现率将项目计算期内各年的净效益折算到建设初期的现值之和，它是反映项目对国民经济净贡献的绝对指标。该指标值最好大于或等于零。

（3）投资净增值率（DVR）。投资净增值率是指项目在达到正常生产规模的年份所带来的国民收入净增值与项目的总投资之比，用来衡量项目单位投资带来的国民收入净增值，是一种静态评价指标。计算得出的投资净增值率应该高于国家规定的有关标准，且数值越高越好。

（4）投资净收益率（TVR）。投资净收益率又称投资利税率，是指项目在达到正常生产规模的年份所获得的社会净收益（包括利润与税费）与项目的总投资之比。其计算公式如下：

$$投资净收益率=\frac{项目在正常生产规模年份的社会净收益}{项目的总投资}\times 100\%$$

（二）社会效益

审查基本建设项目的投资效益不应仅停留在经济效益层面，还应当站在整个社会的角度，评审其社会效益。一般来说，一个基本建设项目的投资应当满足以下要求：项目能够顺应国家的产业政策；建设项目有助于推动社会经济的发展。

具体到不同类型的基本建设项目的社会效益，还应从不同的角度进行评价。比如，对于农业投资项目，一般关注农业生产效率是否提高，项目是否满足当地的需要，项目的收入分配是否有利于低收入群体等；对于教育、医疗、文化、体育等社会事业项目，一般关注项目是否提高了社会公共服务水平，当地居民对其满意度如何；对于能源、交通和大中型工业项目，通常采用有无对比法，即对比实施该项目与不实施该项目对社会的影响有何不同。

社会效益的定量审查通常采用收入分配效果、劳动就业效果和综合能耗三类指标。

1. 收入分配效果指标

收入分配效果是指项目建成后所带来的国民收入净增值在企业、个人、地区以及国家等各利益主体之间的分配情况。该指标包括以下具体指标：

（1）职工分配率。职工分配率是指正常生产年份职工所获得的工资及福利的增值在项目年度国民收入净增值中所占的比例。其计算公式如下：

$$职工分配率=\frac{职工的工资收入及福利增值}{国民收入净增值}\times 100\%$$

（2）企业分配率。企业分配率是指正常生产年份企业的净利润、折旧及其他收益在项目年度国民收入净增值中所占的比例。其计算公式如下：

$$企业分配率=\frac{净利润+折旧+其他收益}{国民收入净增值}\times 100\%$$

（3）国家（包括地区）分配率。国家分配率是指正常生产年份项目上缴国家的税额（流转税和所得税）、净利润、折旧、上缴国家的收益在项目年度国民收入净增值中所占的比例。其计算公式如下：

$$国家分配率=\frac{净利润+税额+折旧+上缴国家的收益}{国民收入净增值}\times 100\%$$

2. 劳动就业效果指标

劳动就业效果指标主要指项目建成后能为社会提供或创造的新的就业机会，评价指标为总就业效果。其计算公式如下：

$$总就业效果=\frac{总就业人数}{项目总投资}$$

或

$$总就业效果=\frac{项目总投资}{总就业人数}$$

前者计算出的总就业效果指标表示每万元投资所能提供的就业人数，通常该指标值越大，说明效果越好；后者计算出的总就业效果指标表示每就业一人所需的投资，通常该指标值越小，说明效果越好。

3. 综合能耗指标

综合能耗指标一般用国民收入综合能耗来表示，即投资项目在正常生产年份为获得单位国民收入净增值所需消耗的能源。一般来说，该指标值越小，表示能源利用效率越高。其计算公式如下：

$$国民收入综合能耗=\frac{能源消耗量}{国民收入净增值}$$

（三）环境效益

环境效益审计应从国家角度出发，检查环境保护措施与主体工程建设的同步性以及实施的有效性。具体内容包括测评与审计项目有关的环境保护的内部控制制度是否健全有效；审查建设项目所采取的防治环境污染的措施是否及时有效；审查建设项目投产或交付使用对自然环境和人文环境的影响，如对当地水质、周围地区空气质量、土壤、动植物、噪声水平以及人体健康状况等的影响。

对环境效益的评价可以采用有无对比法、环境目标对比法以及成本效益分析法。

1. 有无对比法

采用有无对比法评价环境效益，是指对比分析项目实施前后对环境的影响。在评价环境效益时，有无对比法通常采用国家标准和行业标准作为目标值，与实际值进行比较，以确定项目对环境的影响。具体流程如下：按评价重点内容确定环境评价因子，根据有项目与无项目来分析环境评价因子，比较有无项目对环境的影响的差异，并对照国家和地方发布的环境影响指标，评价项目对环境的影响程度，最终确定环境损益情况。

2. 环境目标对比法

环境目标对比法是指在项目前期做过环境影响评估并确定环境保护目标的前提下，通过对比项目实施后的环境评价指标值与事前确定的目标值，评价项目的环保措施是否达到了预期目标，最终确定环境损益情况，并对环保措施的有效性和经济性做出评价的方法。

3. 成本效益分析法

成本效益分析法是指通过比较环保措施的费用支出与环保措施带来的直接经济效益，对项目的环境效益做出评价的方法。计算公式如下：

经济损益值＝各项环保措施的直接经济效益－各项环保措施的费用

$$PVNB=PVDB+PVEB-PVC-PVEC$$

式中，$PVNB$ 表示环保措施净效益的现值；$PVDB$ 表示环保措施直接经济效益的现值；$PVEB$ 表示环保措施使环境改善的效益的现值；PVC 表示环保措施费用的现值；$PVEC$ 表示污染损失的现值。

审计人员可以采用定性和定量相结合的方法，以我国现有的环境保护法律、法规、标准为依据，对基本建设项目的环境效益做出全面评价，针对项目对环境的影响提出审计意见。

习题

一、单选题

1. 基本建设项目物资审计无须从（　　）方面开展。

A. 物资采购　　B. 物资领用与核算

C. 交付使用资产及往来情况　　D. 物资储备

2. 下列不属于财务审计在基本建设项目中的工作的是（　　）。

A. 资金来源审计　　B. 招标方式审计

C. 收入审计　　D. 交付使用资产及往来情况审计

3. 下列关于在建项目审计的说法，错误的是（　　）。

A. 投资包干的内容包括：包投资、包工期、包质量、包主要材料消耗量以及包完成综合生产能力

B. 在审计投资包干合同的签订时，应当着重审计合同的主体、内容和签订依据

C. 审计人员在审查基本建设项目收入时，需要关注收入的合法性、真实性、及时性和准确性

D. 招投标项目在立项之前，需要按照国家有关规定履行项目审批手续

4. 假设A项目的初始投资额为1 000万元，预计项目投产后年平均收益额为300万元。B项目的初始投资额为800万元，预计项目投产后年平均收益额为200万，从投资回收期的角度计算，应选择（　　）。

A. A项目　　B. B项目

C. 两个项目投资回收期相同　　D. 无法计算

5. 对环境效益的评价方法不包括（　　）。

A. 有无对比法　　B. 环境目标对比法

C. 投资净现值对比法　　D. 成本效益分析法

二、多选题

1. 在项目招投标的环节中，相关审计工作包括（　　）。

A. 招标方式　　B. 开标工作

C. 定标工作　　D. 工程合同

2. 下列说法中，正确的有（　　）。

A. 基本建设项目财务效益审计是基本建设项目国民经济效益审计的基础

B. 可行性研究报告的审查主要包括合规性和合法性的评价

C. 建筑安装工程费用包括直接费、间接费、计划利润和税费

D. 审查项目投资及概（预）算执行情况时，审计人员主要关注项目建设是否按照批准的概算进行

3. 投产后效益的审计要从（　　）方面综合评价。

A. 法律程序　　B. 社会效益

C. 经济效益　　D. 环境效益

三、判断题

1. 审计人员需要审查被审计项目是否具备招投标的条件，而无须关注与招标项目有关的资金或者资金来源是否能够落实。（　　）

2. 基本建设项目竣工决算审计是基本建设项目审计的一个重要环节，是指项目正式竣工验收前，由审计人员依法对项目竣工决算的正确性、真实性、合法性进行的检查、评价和分析。（　　）

3. 建设质量审计通常从工程质量管理和工程质量两个角度展开。（　　）

4.《招标投标法》中对各类情况下的具体工程规模都做出了明确的规定，从而有效防止腐败问题的发生。（　　）

四、思考题

1. 简述基本建设项目审计的几个组成部分。

2. 简述在投产后效益审计中应重点关注哪些方面。

案例分析

Y高铁站作为我国建设现代化物流体系的重大项目，其目标定位是成为我国最重要的货运和客运枢纽之一。该项目由B市与S公司共同出资设立的A公司负责投资建设。

Y高铁站的投资额共计700亿元，这笔资金将用于外观建筑、结构稳定性设计、电气和机械系统、车站周边配套设施建设、A公司基地建设以及铁路轨道施工等。基于这一投资背景，A公司决定对Y高铁站的工程建造全过程进行审计。通过深入的调研，A公司掌握了Y高铁站的基本情况，特别关注其内部审计的情况，以期发现目前可能存在的问题，并针对这些问题提出有效的解决方案。

以下是A公司对Y高铁站审计流程的具体规划：

在项目决策阶段，审计工作的重点将放在对Y高铁站建设的初步可行性研究、可行性研究报告、概算以及预计购买的设备和工器具上。在这一阶段，审计人员需要审查的资料众多，信息的准确性和方案的科学性将直接影响到决策的正确性。因此，A公司决定在访谈、调查问卷、实地走访和考察等方面投入大量的时间和人力，以确保能够获取真实可靠的信息，为后续的审计工作和项目决策提供坚实的基础。

在项目设计阶段，A公司的审计重点放在高铁站施工图纸和概算编制上。审计人员需要细致审查施工图纸的经济性和适用性，概算编制的合规性、一致性和完整性。在充分了解和掌握Y高铁站的建设规模、防震情况、工艺流程以及各项经济技术指标的基础上，A公司将对高铁站的施工图纸和概算编制展开全面且详细的调研工作。

在项目施工阶段，A公司决定对Y高铁站的建设工程招投标进行严格的审计，主要对工程预算编制、招标控制价格设定、工程量清单、投标文件和施工合同等进行审查。其中，招标的规定条件、范围、方式、代理机构，以及开标、评标、定标等环节将成为审计的重点。审计人员在整个审计过程中应保持谨慎客观的审计态度，严格执行标准的审计流程，以有效规避舞弊、腐败等问题，确保项目建设的顺利进行。

在项目竣工阶段，审计人员将收集大量、完整的项目送审资料。从竣工决算报表到投资和概算执行情况，再到结余资金情况，都应进行全面且细致的审查。此外，在Y高铁站投入运营后，A公司还将对高铁站的客流情况、收入状况、民众满意度等进行后续的审计和评估，以确保高铁站的整体运营效果和社会效益达到预期目标。

资料来源：张祥生，覃宪姬，卫建国，等. 价值链、工程项目与增值型内部审计：基于广州地铁公司的案例研究//全国内部审计理论研讨优秀论文集2014，2014：15；何海. 工程审计问题及案例分析. 工程造价管理，2014（5）：20-22；马婧宇. N地铁集团内部审计案例研究. 北京：中国财政科学研究院，2019.

思考：

1. A公司对Y高铁站的审计流程规划中，体现了基本建设项目审计的哪些过程？
2. A公司还可以采取哪些手段对Y高铁站的建设进行更加准确客观的审计？

第 11 章

经济责任审计

学习目标

1. 了解经济责任和经济责任审计的概念，掌握经济责任审计的基本特点。
2. 了解经济责任审计的基本内容和评价，掌握经济责任审计的评价方法和评价指标。
3. 了解经济责任审计报告的基本内容和格式。

素养目标

帮助学生理解经济责任审计的基本理论，认识经济责任审计在内部审计中的重要性，学会编制经济责任审计报告。培养学生树立正确的价值观和责任感，增强廉洁意识，为其未来从事经济责任审计及审计实践工作奠定坚实的理论基础和提供明确的工作指引。

第 1 节　经济责任审计的概念和特点

一、经济责任审计的概念

（一）经济责任的内涵

经济责任是指领导干部在本单位任职期间，对其管辖范围内贯彻执行党和国家经济方针政策、决策部署，推动本单位事业发展，管理公共资金、国有资产、国有资源，防控经济风险等有关经济活动应当履行的职责。

在所有权与经营权相分离的现代企业制度下，所有者将经营权委托给受托方，受托人掌握重大的决策经营权，负责企业的日常经营管理活动。这种委托代理契约的存在，使得受托人承担起了经济责任，而委托方为避免受托方的道德风险和逆向选择行为，便产生了对受托方经济责任履行情况的监督需求。具体而言，受托方的经济责任主要有以下几个方面。

1. 经济政策执行责任

经济政策执行责任是指企业领导干部在任期内对贯彻落实习近平新时代中国特色社会主义思想，执行国家和地方法律法规、重大经济政策以及重要决策部署应承担的责任。

2. 经营决策责任

经营决策责任是指企业领导干部在任期内对重要经营决策的制定和执行以及存在的主要问题应承担的责任。

3. 经营管理责任

经营管理责任是指企业领导干部在任期内对企业资产的安全完整和保值增值情况，企业财务收支的真实性、合法性，企业效益，配置企业人、财、物资源的合理程度，行使管理职权的有效性，以及存在的主要问题应承担的责任。

4. 经济监督责任

经济监督责任是指企业领导干部在任期内对企业内部管理和控制制度的执行情况、企业贯彻执行国家财经法规和政策规定的情况以及存在的主要问题应承担的责任。

（二）经济责任审计的概念

经济责任审计是指内部审计机构、内部审计人员对本单位所管理的领导干部在任职期间经济责任履行情况的监督、评价和建议活动。经济责任审计通常由内部审计机构根据人事部门的书面建议或与人事部门协商后，拟定经济责任审计项目安排，并将其纳入年度审计计划，报本单位党组织、董事会（或者主要负责人）批准后组织实施。开展经济责任审计，有利于促进企业领导干部全面履职、廉洁自律，加强对企业受托人的监督管理，健全权力制约机制和监督机制，为问责制的贯彻落实提供保障。

具体而言，经济责任审计主要是对企业领导干部任职期间企业的管理状况、经营绩效和经济责任的监督和评价。财务审计、企业绩效评价、经济责任评价构成了经济责任审计的三大任务。

1. 财务审计

财务审计是指内部审计机构在开展内部控制测试的基础上，对企业领导干部任职期间企业资产、负债、损益的真实性、合法性进行审计监督，对被审计单位提供的会计信息依法做出客观、公正的评价，形成审计报告并出具审计意见。财务审计的目的是查处企业财务收支中的各种违法违规问题，客观地反映企业真实的财务状况和经营成果，督促企业领导干部合法行使经营管理职权。

2. 企业绩效评价

在财务审计的基础上，内部审计机构对企业领导干部任职期间的企业绩效进行评价。具体来说，内部审计机构采用企业绩效评价方法和指标体系，对企业的盈利能力、偿债能力、发展能力等进行全面分析和客观评价。

3. 经济责任评价

结合财务审计和企业绩效评价的结果，内部审计机构对企业领导干部任职期间应承担的经济责任进行评价。具体来说，内部审计机构综合考虑企业的经营特点、经营环境、发展状况等，对企业领导干部在遵守财经法规、重大经营决策、资产管理、财务收支、内部控制建设等方面的履职情况和经营业绩做出客观的评估。

经济责任审计通常在企业领导干部任期届满、调任、免职、辞职、退休，企业制定改制、兼并、出售、拍卖、破产等重大资产变动决策，或者企业的经营状况产生重大异常的情况下开展。

二、经济责任审计的基本特点

（一）经济责任审计的基础是财务审计

经济责任审计是在财务审计的基础上展开的，其关注点是领导干部职责履行情况，旨在进一步明确领导干部任职期间在本部门、本单位经济活动中应当负有的责任，查清领导干部任职期间对国家财经法规的遵守情况，财务收支工作目标的完成情况，审视财务活动、资产管理活动及履行日常生产经营责任的情况，有无违法违纪问题等。

（二）经济责任审计的主体由多部门组成

经济责任审计不同于财务审计，它不仅要求本级或上级内部审计机构参与，还要求企业的纪检、监察、人事、组织等部门共同承担审计工作。其中，内部审计机构主要负责组织实施经济责任审计，并对企业领导干部任期内存在的违反财经法规的行为进行处理、处罚；纪检、监察部门主要负责对企业领导干部任期内存在的违反党纪政纪的行为进行处理；人事、组织部门主要协助内部审计机构制订经济责任审计计划并落实审计决定。

（三）经济责任审计的客体包括企业及其领导干部

审计客体即审计监督的对象。在传统财务审计中，审计客体为被审计单位的财务活动；而在经济责任审计中，审计客体则包括被审计人以及被审计人所在单位。被审计人即企业领导干部，是经济责任审计的直接对象，被审计人所在单位是被审计人开展经济管理活动的平台，因此，对被审计人经济责任的审计包括对其所在单位的审计。也就是说，一般意义上的审计概念是“对事不对人”，而经济责任审计中的审计概念则是“对事更对人”。

（四）经济责任审计的内容十分广泛

经济责任审计包括财务审计、企业绩效评价和经济责任评价三方面内容。其中，财务审计是依据，企业绩效评价是方法，经济责任评价是结论。具体而言，财务审计是对被审计单位会计信息的真实性、合法性进行审计监督。企业绩效评价是通过对企业的投入产出进行定量与定性的对比分析，评估企业在被审计领导干部任期内的盈利能力、资产质量、债务风险、经营增长与管理状况等。在财务审计和企业绩效评价的基础上，审计人员结合前两项工作任务的成果，最终对企业领导干部的履职情况和经营业绩做出综合、客观、公正的评价。

第 2 节 经济责任审计的基本内容及评价

一、经济责任审计的基本内容

内部审计机构应当根据被审计领导干部的职责权限和任职期间经济责任的履行情况，结合被审计领导干部的监督管理需要、履职特点、任职期间所在单位的实际情况等，依规依法确定审计内容。一般来说，企业领导干部经济责任审计的基本内容包括以下方面。

（一）贯彻国家法律法规及宏观经济政策，推动企业可持续发展情况

对贯彻国家法律法规及宏观经济政策情况的审计，主要检查企业领导干部贯彻执行相关法规、政策的及时性和有效性；检查企业领导干部在参与经营管理过程中是否积极贯彻执行国家有关经济方针政策和决策部署，推动企业可持续发展；检查企业重大经济决策的内容是否符合国家有关法律法规、政策及规定；检查企业是否存在违反财经纪律的行为等。通过监督和评价企业贯彻国家法律法规及宏观经济政策的情况，达到促进企业领导干部依法经营的目标。

（二）发展战略的制定、执行和效果情况

发展战略的制定、执行和效果情况审计的目标是通过审核评价企业发展战略的制定和执行过程，提高企业战略管理的效率和效果，提升企业战略管理能力。具体包括以下内容：

（1）在审计企业发展战略的制定情况时，应重点关注发展战略是否具有完整性、适当性、充分性和明确性。完整性是指企业制定的发展战略包括与企业未来发展相关的所有方面，在每一单位层级都能得到有效应用。适当性是指企业发展战略制定的程序科学规范，充分展开了调查研究和科学分析预测。充分性是指企业制定的战略贯彻落实国民经济和社会发展规划，综合考虑了宏观经济政策、国内外市场需求变化等影响因素。明确性是指战略清晰明了，明确了发展的阶段性和发展程度，包含了各发展阶段的具体目标等。

（2）在审计企业发展战略的执行情况时，一是要考虑执行战略时是否严格按照战略规划进行，是否能够完成年度目标；二是要考虑经营管理的思路是否清晰，目标的实施是否得到了有效分解、明确传达到了组织适当层级；三是要考虑战略保障措施和战略宣传是否有效。

（3）在审计企业发展战略的效果时，要重点关注被审计领导干部任职期间所在的

机构或分管领域主要发展战略指标的数据来源是否可靠，数据是否真实，是否存在弄虚作假的情况。

（三）治理结构的建立、健全和运行情况

治理结构的建立指的是组织内部制定了完整科学的管理结构、体系以及相关的政策和程序，包括组织内各层次的权力和责任分配、决策流程、监督机制等。一个健全的治理结构能够应对来自内外部的挑战，确保组织的稳健运作，并有效管理风险。在治理结构运行过程中，要考虑其是否有效，即组织内部的管理和监督机制是否按照既定的治理结构运行，是否能够实现预期的效果。

（四）管理制度的健全和完善，特别是内部控制和风险管理制度的制定和执行情况

管理制度是组织、机构、单位进行管理的工具，内部控制和风险管理是管理制度中的重要内容。企业内部控制审计是经济责任审计的重要组成部分，内部审计机构通过对被审计领导干部所在企业内部控制设计和运行情况的审计，评价其内部控制的健全性、适当性和有效性，并结合领导干部的职责要求，确定其在内部控制建立及执行中应承担的责任，查明是否存在因内部控制不健全、执行不严格引发相关问题而应由该领导干部承担的经济责任。内部控制审计的开展有利于促使企业经营管理活动符合内部控制规范，督促领导干部切实履行经济管理和监督职责，加强对风险的管理和控制。

（五）有关目标责任制完成情况

目标责任制是将目标管理理论与责任制相结合的现代管理方法。它通过设定组织目标，并将组织目标进行逐级分解，最终落实到每个个体上，使组织目标转化为个体目标，以完成个体目标为基础来推动组织整体目标的完成。在审计目标责任制的完成情况时，应注意：

（1）目标责任制建设情况：一是要考虑被审计单位是否建立了完善的目标责任制，目标责任制考核制度是否健全、工作流程是否清晰，管理部门和人员的职责是否明确；二是被审计单位的目标责任体系与公司整体的战略导向是否一致；三是目标内容是否与审计对象的岗位职责相匹配。

（2）目标责任制执行情况：一是要考虑其是否自上而下签订目标责任书或绩效合约，内容是否包括经营目标责任制等明确要求领导干部落实的重要工作任务；二是要考虑审计对象所在的领域是否已经建立健全了目标责任落实的保障措施；三是要考虑其是否建立了检查、督导机制，责任是否明确，工作是否落实。

（六）重大经济事项决策及其效果情况

在激烈的市场竞争环境下，为了企业的生存和可持续发展，企业领导干部在日常经营管理中需要做出很多重大的经济事项决策，如投资、筹资、资产重组、大额采购、对外担保、资产抵押等，这些决策活动都会对企业的经营发展产生重大影响。因此，

对被审计领导干部任期内重大经济事项决策情况和效果进行评价，是经济责任审计的重要内容。具体评价内容包括：

（1）企业是否建立了重大经济事项决策机制和决策制度，是否遵守科学民主集体决策程序和严格的审核批准流程；

（2）企业重大经济事项决策的落实情况，关注有无因决策失误、执行不严格、管理不到位等出现结果严重偏离目标的情况；

（3）重大经济事项决策是否存在重大风险及其应对措施，决策执行的结果是否达到目标要求，是否给企业造成损失等。

（七）重要经济项目的投资、建设、管理及效益情况

在对企业重要的经济项目投资、建设、管理和效益情况的审查中，应重点关注国家重大经济投资项目及科研项目的完成情况，包括重要经济项目投资和在建工程的风险管控情况、项目投资回报水平、工程建设进度、资金拨付情况及招投标等容易触发风险的环节；对于长期亏损、不分红、无回报的股权投资，应审查是否采取了加大清理退出力度等应对措施；关注在建工程项目审核批准程序及报请相关政府部门审批的手续是否完善，对重要工程项目投入的控制情况与预算执行情况进行分析取证，确定恰当的披露方式，评价内部控制流程及执行情况。

（八）财务收支的真实、合法和效益情况

财务收支是指被审计单位日常的经济活动及相应的资金收支和管理活动。审查企业财务收支的真实性、合法性和效益性，是经济责任审计的一项内容。在财务审计过程中，审计人员应结合企业财务收支活动与被审计领导干部的经济职责，做到区别于传统财务审计的“对事不对人”。

（1）在财务收支活动的内部控制方面，通过审查企业内部控制的健全性及有效性，判断被审计领导干部是否认真履行了推动企业制度建设的责任，是否积极完善内部控制制度并监督其运行，是否及时采取措施防范风险、堵塞漏洞。

（2）在收入方面，主要审查企业的收入是否真实发生并且完整地记录于正确的会计期间，收入方面是否存在重大错报、漏报、虚报、瞒报等导致的会计信息失真（审计人员应关注这些结果是否与被审计领导干部履职不到位或不正确履行职责有关），被审计领导干部是否存在违反国家有关收费政策、指使财务人员虚报或隐瞒收入、私设“小金库”、设置账外账等违法违规行为。

（3）在支出方面，主要审查企业财务支出范围的合法性、合规性、合理性，同时，审计人员应关注导致虚假支出、多列支出、支出异常等结果的原因，分析这些原因是否与被审计领导干部擅自扩大支出范围、审核不严、违规发放津贴补贴、利用虚假发票套取资金、挪用公款、贪污等行为有关。

（4）在收支规模与绩效方面，主要分析收入、支出规模的增减变化情况，将收支结果与历年数据进行对比分析，判断是否存在战略规划不当导致的收支波动异常、盈利能力下降等情况，查明被审计领导干部的经济职责履行程度是否对企业的发展造成

了实质性影响。

（九）资产的管理及保值增值情况

受托经济责任是企业资产的所有权与经营权相分离的产物。在两权分离制度下，企业领导干部作为企业资产的受托者，承担着资产保管、运作及部分处置的职责，有责任实现资产的保值增值。因此，资产保值增值情况是经济责任审计的一项重要内容。

在对资产保值增值情况进行审计时，首先要核实各项资产的真实性，即结合被审计单位发生的与资产形成相关的交易、财务收支活动，对照财务报表所反映的资产价值，对企业的资产进行盘点，检查其是否真实存在，并根据查证的结果对相关资产账项余额进行调整，保证资产账实相符。其次要检查企业资产的完整性，即审查被审计单位的各类资产是否均已入账，有无重大漏报、少报的情况。此外，审计人员还应将资产的期末数与期初数进行总量及结构的对比分析，关注资产的存续状态、保全性及收益性，检查有无因管理不善导致资产流失的问题。

审计人员在审查资产真实性、完整性、安全性及增值性的基础上，要关注资产问题与被审计领导干部的关联度，进而评价被审计领导干部经济责任的履行情况。

（十）社会责任的履行情况

企业在追求经济效益的同时，还要兼顾社会效益和环境效益，承担起对员工、消费者、社区和环境等的社会责任。企业社会责任是指企业在市场经济活动中，受相关法律法规、社会公共道德、企业价值观及文化约束，应当履行的社会责任。社会责任要求企业超越把获取利润作为唯一目标的传统理念，强调在生产过程中对人的价值的关注，以及对环境、消费者、社会的贡献。

经济责任是社会责任的组成部分，企业领导干部在履行经济责任、开展生产经营活动时，必然会产生连带的社会责任。社会责任在某些情况下是无法回避、不可推卸的，企业在经济活动中不履行或不完全履行这些责任，必然会遭到社会的谴责和主管部门的处罚，面临经济和信誉的损失，甚至法律的制裁，进而影响到企业的生存和发展，与受托经济责任的初衷相背离。

对企业领导干部履行社会责任情况的审计，主要是审查企业是否存在有悖社会责任的经济行为及其与被审计领导干部的关联程度，并做出客观的审计评价。与社会责任相关的审计要点通常包括：企业开展经营管理活动的合法性、合规性；生产经营中是否主动承担安全防护和环境保护责任，并采取相关的安全防护措施、环境保护措施；是否因保护措施不到位导致重大生产安全隐患、安全事故和环境污染；是否承担起确保产品货真价实的责任，向市场提供有质量保证的产品；有无违反《中华人民共和国劳动合同法》、拖欠员工工资、侵害本单位员工合法权益进而影响企业发展和社会稳定的行为等。

（十一）境外机构、境外资产和境外经济活动的合理、合法和效益情况

对于境外机构、资产和经济活动的经济责任审计，应重点关注以下几个方面：企

业国际化经营战略落实和推进情况；境外国有资产经营管理体系、风险防控体系建立和执行情况；境外投资项目前期论证、决策和审批管理情况；境外投资项目运营情况和投资效益情况；境外投资项目实施与运营过程中的监督管理和预警管理情况；境外资产资金管理和安全情况；重大突发事项应急管理情况；境外投资项目处置管理情况等；境外子企业经营管理风险，如是否存在政治、政策和法律风险。

（十二）遵守廉洁从业规定情况

对领导干部遵守廉洁从业规定情况的审计，主要是审查领导干部任期内有无违反国家法律法规和廉政纪律，以权谋私，贪污、挪用、私分公款，转移国家资财，行贿受贿和挥霍浪费等行为；有无人事、纪检、监察等部门反映的其他需要查证的问题，比如领导干部任职期间有无干预投资、采购、销售、资产处置等事项，有无在业务活动中收受商业贿赂、谋取个人经济利益的行为，有无在本单位及所属单位报销应由个人负担的费用的行为，有无侵占、贪污或长期无偿使用单位的资金、设备、住房或其他物资的行为等。通过监督和评价领导干部廉洁自律情况，可以促进其认真落实党风廉政建设责任制，依法管理、廉洁从业，最终达到反腐倡廉建设的目标。

（十三）以往审计发现问题的整改情况

内部审计机构应当及时跟踪、了解、核实被审计领导干部及其所在组织对于以往审计中查实的问题和审计建议的落实情况。未整改或整改不到位的，要进一步查明原因，提出审计意见，并向适当管理层报告。必要时，内部审计机构应当开展后续审计，保证经济责任审计的成效，促进经济责任的真正落实。

（十四）其他需要审计的内容

对于其他与审计过程相关的重大事项，也应该进行审查，如应审查企业的或有事项、法律诉讼风险等，并对被审计单位涉及的诉讼案件情况进行审核。通过核查法院案件受理通知书、裁定或判决书，以及仲裁受理通知书及裁定文件等，评估企业是否存在后续潜在亏损和风险。

二、经济责任审计评价

经济责任审计评价是指内部审计机构根据审计结果，依照法律法规和有关规定，综合考虑企业领导干部任职期间影响企业发展的相关因素，对领导干部任期内履行经济责任的情况和对任期内存在的问题所应承担的责任发表的审计意见。审计评价应当与审计内容保持一致。

经济责任审计评价的对象既包括被审计领导干部，也包括其所在单位，即审计人员不仅需要对被审计领导干部所在单位财务收支的真实性、合法性和效益性进行评价，还要对领导干部经济责任履行情况以及是否存在违法违纪行为进行评判。在评价过程中，审计人员要从企业的实际情况出发，建立相对规范的经济责任评价标准和体系，在界定问题责任时分清直接责任与间接责任、现任责任与前任责任、集体责任与个人责任、主观责任与客观原因等，以充分的审计证据作为评价依据，切实提高经济责任审计评价的科学性和针对性。

（一）开展经济责任审计评价的必要性

1. 执行法律对审计机关职责的规定

我国《审计法》及相关法律法规明确提出，审计机关按照国家有关规定，对国家机关和依法属于审计机关审计监督对象的其他单位的主要负责人，在任职期间对本地区、本部门或者本单位的财政收支、财务收支以及有关经济活动应负经济责任的履行情况，进行审计监督。因此，开展经济责任审计评价是审计人员的法定职责。

2. 为经济责任审计结论提供依据

经济责任审计评价的目标是向利用经济责任审计结果的管理当局及有关部门提供清晰、直观、简要的审计结果，尤其需要用可量化的评价指标来增强审计结果的说服力，提高经济责任审计的质量。同时，评价结果能够明晰被审计单位的整改方向及领导干部经济责任的落实方向，可作为企业考核、任免、奖惩被审计领导干部的依据，促进企业内部建立正确的用人导向和用人机制。

3. 督促领导干部自觉履行经济责任

经济责任审计评价是督促领导干部履行受托经济责任的重要保证。建立经济责任审计评价制度并有效执行，将有助于促进领导干部扎实工作、廉洁自律，自觉遵守法律法规，从而遏制企业经济活动中的不正之风。

（二）经济责任审计评价的原则

1. 客观性原则

经济责任审计评价应当结合企业所处行业的特点、历史背景、发展状况，以法律、政策、规章制度、任期目标、行业标准及干部考核评价规定等为依据，明确企业领导干部应当承担的责任，保证责任定位的准确性和公正性；根据审计查证或者认定的事实，实事求是地反映企业领导干部的真实业绩与存在的问题，避免个人的主观判断等人为因素造成的偏差。

2. 全面性原则

经济责任审计评价遵循全面性原则，一方面要求审计范围全面或基本全面地覆盖被审计领导干部经济责任的范围，包括时间范围和职权范围；另一方面要求审计人员充分考虑企业领导干部的贡献与不足，全面评价其任期内经济责任的履行情况及任期行为对企业今后发展的影响。

3. 相关性原则

经济责任审计评价应当紧紧围绕被审计领导干部经济责任履行情况来开展，以审计工作方案确定的审计程序和内容为依据，做到“审计什么就评价什么”，对与被审计领导干部履行经济责任情况无关的内容不加以评价。

4. 谨慎性原则

经济责任审计评价要按照权责对等原则，深入分析各类领导干部所承担经济责任的差异，坚持独立性、客观性、准确性和全面性相统一，以事实为依据，全面分析审计查证的各种情况，避免以偏概全，尤其是不能用单个事实或几项指标来评价履行经济责任的整体情况。

5. 重要性原则

经济责任审计评价要把握重点，以企业的实际环境为前提，对那些足以影响领导干部评价结果的重要经济责任事项进行评价，突出对领导干部经济行为和经济责任的评价、对履行经济责任有重要影响的经济事项的评价、对重大决策过程和效果的评价以及对领导干部负有直接责任事项的评价。

第 3 节　经济责任审计的评价方法和评价指标

一、经济责任审计的评价方法

开展经济责任审计评价，总体上运用的是比较法，即审计人员通过收集审计证据，将审计事实与审计标准进行比较，进而得出评价结论。具体的方法可根据不同的分类标准来划分，我国经济责任审计评价中常用的方法包括按照审计评价责任的性质划分的积极经济责任评价法和消极经济责任评价法，以及按照评价指标的属性划分的定量比较评价法和定性比较评价法。

（一）按照审计评价责任的性质划分

1. 积极经济责任评价法

积极经济责任评价法又称责任指标分析法，是审计人员用来评价被审计领导干部是否充分履行了其所承担的经济责任的方法。运用积极经济责任评价法时，首先需明确界定被审计领导干部所承担的经济责任，并将任期内的经济责任目标指标化，即设计成可量化考核的评价指标；然后，根据审计资料及相关证据计算各项经济责任指标的实际值，再将各指标的实际值与适用于企业实际情况的标准水平进行比较，进而确定被审计领导干部积极经济责任的履行情况，查明未充分履行职责的原因，最终形成积极经济责任履行情况的审计评价结论。

2. 消极经济责任评价法

消极经济责任评价法又称问题责任区分法，是审计人员用来评价被审计领导干部是否存在应予追究责任的问题的方法。运用消极经济责任评价法时，首先需调查被审计领导干部所在地区、部门或单位的财务收支以及有关经营管理活动的实际情况；然后，以国家法律法规和党的方针、政策等权威性文件为准绳，审查被审计领导干部在经济责任履行过程中是否存在应予追究责任的弄虚作假、违法乱纪、损失浪费等行为；在获取充分、适当的证据后，查明每一个问题的性质、情形、形成的原因和造成的结果，进而确定被审计领导干部应承担的责任类型，如直接责任、主管责任或领导责任。直接责任是指企业领导干部因直接违反或通过授意、指使、强令、纵容、包庇下属人员违反国家财经法规以及失职、渎职等其他违反国家财经纪律的行为应负有的责任。主管责任是指根据企业内部分工，企业领导干部对其分管部分工作及企业经营、投资等重大事项，因未履行或者未正确履行职责应负有的经济责任。领导责任是指除了直接责任和主管责任外，企业领导干部在其职责范围内承担的其他管理责任。

（二）按照评价指标的属性划分

1. 定量比较评价法

定量比较评价法是指运用能够反映企业领导干部履行经济责任情况的相关经济指标，进行量化对比，以分析其经济责任履行情况的方法。定量比较评价法包括纵向比较法和横向比较法。

（1）纵向比较法。纵向比较法是指将被审计领导干部上任时与离任时的相关评价指标进行比较，或先确定比较基期再将比较期的数据与之对比的方法。它以任期经济责任目标为标准，将审计核实的实际完成情况与之对比，分析确定被审计领导干部任期内经济责任履行情况。以资产保值增值率为例，若该指标实际值大于等于100%，则认为该领导干部任期内资产实现了增值或保值；若该指标实际值小于100%，则认为该领导干部未完成资产保值增值指标。

（2）横向比较法。横向比较法是指将相关评价指标与同行业先进水平或平均水平进行比较，以查看地区、单位和企业在同行业中所处的位置，并据此评价被审计领导干部的工作业绩的方法。

2. 定性比较评价法

定性比较评价法是指以审计结果为基础，对被审计单位财务收支和有关经济活动的真实性、合法性、有效性等进行评价的方法。具体来说包括以下内容：

（1）真实性评价。真实性评价是指通过将被审计单位提供的会计账簿、凭证、报表数字与审计后认定的数据进行对比，根据审计后确认的差异数额，给出诸如“真实”“基本真实”“不真实”“严重失真”等不同等级的评价意见。

（2）合法性评价。合法性评价是指通过审查被审计领导干部任期内遵守国家有关财经法律法规的程度，根据确认的审计结果，给出诸如“严格遵守规定”“基本遵守规定”“违反规定”“严重违反规定”等不同等级的评价意见。

（3）有效性评价。有效性评价主要涉及内部控制的有效性评价，是指结合被审计单位所处的环境、经营管理特点、战略目标等实际情况，通过调查被审计单位内部控制的设计与运行情况，判断内部控制是否存在缺陷，进而给出诸如“健全有效”“较为健全有效”“不太健全有效”“不健全且无效”等不同等级的评价意见。

在实际审计工作中，审计人员需要根据具体审计项目和审计目标，将上述方法结合起来使用，以确保评价的客观性、公正性。

二、经济责任审计的评价指标

（一）经济责任审计评价指标体系的建立

根据经济责任审计的目标和基本内容，需要设计与企业领导干部承担的经济政策执行、经营决策、经营管理、经济监督责任相关的评价指标，来客观反映被审计领导干部履行经济责任的情况和结果。由此建立的企业领导干部经济责任审计评价指标体系如表 11－1 所示。

表 11－1　企业领导干部经济责任审计评价指标体系

一级指标	二级指标	三级指标	指标属性
经济政策执行责任	贯彻执行的基本情况		定性
	执行效果	经营收入增长率	定量
		利润总额增长率	定量
		上缴税费增长率	定量
	违法违规问题		定性
经营决策责任	决策制度的完整性		定性
	决策程序的规范性	违规和错误决策数量的比率	定量
	决策执行的有效性	决策事项落实率	定量
经营管理责任	会计信息的真实完整性	收入不实金额比率	定量
		支出不实金额比率	定量
		资产不实金额比率	定量
		负债不实金额比率	定量
		损益不实金额比率	定量
经营管理责任	财务活动的合法性、合规性和效益性	收入违法违规金额比率	定量
		支出违法违规金额比率	定量
	资产的效率和效益性	应收账款周转率	定量
		存货周转率	定量
		总资产周转率	定量
		净资产收益率	定量
		总资产报酬率	定量
		销售利润率	定量
		成本费用利润率	定量
		人员人均利润	定量

续表

一级指标	二级指标	三级指标	指标属性
经济监督责任	履行监管职责情况		定性
	内部控制制度的健全性		定性
	内部监管的有效性		定性
	资产质量、企业安全和可持续发展	资产负债率	定量
		不良资产比率	定量
		国有资本保值增值率	定量
		主营业务利润比率	定量
		自主创新投入比率	定量
	实际监管效果		定性

（二）评价指标的计算

1. 经济政策执行责任指标

经济政策执行责任的履行情况可以从贯彻执行的基本情况、执行效果、违法违规问题三方面做出评价。其中，在执行效果方面，经营收入增长率、利润总额增长率、上缴税费增长率可以通过计算得出，计算公式如下：

（1）经营收入增长率。

$$经营收入增长率=\frac{任职期间经营收入增长额}{任职期初经营收入}\times 100\%$$

（2）利润总额增长率。

$$利润总额增长率=\frac{任职期间利润总额增长额}{任职期初利润总额}\times 100\%$$

（3）上缴税费增长率。

$$上缴税费增长率=\frac{任职期间上缴税费增长额}{任职期初上缴税费}\times 100\%$$

2. 经营决策责任指标

经营决策责任的履行情况可以从决策制度的完整性、决策程序的规范性、决策执行的有效性三方面做出评价。其中，决策制度的完整性需要进行定性分析，而决策程序的规范性和决策执行的有效性可以通过定量指标进行评价，具体包括违规和错误决策数量的比率及决策事项落实率，计算公式如下：

$$违规和错误决策数量的比率=\frac{任职期间违规和错误决策数量}{任职期间决策数量}\times 100\%$$

$$决策事项落实率=\frac{任职期间决策事项落实数量}{任职期间决策数量}\times 100\%$$

3. 经营管理责任指标

经营管理责任的履行情况可以从会计信息的真实完整性，财务活动的合法性、合规性和效益性，以及资产的效率和效益性三方面做出评价。由于企业的经营管理活动可通过会计语言转化为财务数据，因此对经营管理责任的评价可采用量化指标进行。

(1) 会计信息的真实完整性。

①收入不实金额比率。

$$收入不实金额比率=\frac{任职期间收入不实金额}{任职期间总收入}\times 100\%$$

②支出不实金额比率。

$$支出不实金额比率=\frac{任职期间支出不实金额}{任职期间总支出}\times 100\%$$

③资产不实金额比率。

$$资产不实金额比率=\frac{任职期间资产不实金额}{任职期间总资产}\times 100\%$$

④负债不实金额比率。

$$负债不实金额比率=\frac{任职期间负债不实金额}{任职期间总负债}\times 100\%$$

⑤损益不实金额比率。

$$损益不实金额比率=\frac{任职期间损益不实金额}{任职期间总损益}\times 100\%$$

(2) 财务活动的合法性、合规性和效益性。

①收入违法违规金额比率。

$$收入违法违规金额比率=\frac{任职期间收入违法违规金额}{任职期间总收入}\times 100\%$$

②支出违法违规金额比率。

$$支出违法违规金额比率=\frac{任职期间支出违法违规金额}{任职期间总支出}\times 100\%$$

(3) 资产的效率和效益性。

①应收账款周转率。

$$应收账款周转率(次)=\frac{销售收入净额}{平均应收账款余额}$$

②存货周转率。

$$存货周转率(次)=\frac{主营业务成本}{平均存货余额}$$

③总资产周转率。

$$总资产周转率=\frac{销售收入净额}{平均资产总额}\times 100\%$$

④净资产收益率。

$$净资产收益率=\frac{净利润}{平均净资产}\times 100\%$$

⑤总资产报酬率。

$$总资产报酬率=\frac{利润总额+利息支出}{平均资产总额}\times 100\%$$

⑥销售利润率。

$$销售利润率=\frac{利润总额}{销售收入净额}\times 100\%$$

⑦成本费用利润率。

$$成本费用利润率=\frac{利润总额}{成本费用总额}\times 100\%$$

⑧人员人均利润。

$$人员人均利润=\frac{利润总额}{员工总数}\times 100\%$$

4. 经济监督责任指标

经济监督责任的履行情况可以从履行监管职责情况，内部控制制度的健全性，内部监管的有效性，资产质量、企业安全和可持续发展，实际监管效果五方面做出评价。其中，资产质量、企业安全和可持续发展可以通过资产负债率、不良资产比率、国有资本保值增值率、主营业务利润比率、自主创新投入比率做出定量评价，计算公式如下：

$$资产负债率=\frac{审计截止日负债总额}{审计截止日资产总额}\times 100\%$$

$$不良资产比率=\frac{已确认不良资产}{企业全部资产}\times 100\%$$

$$国有资本保值增值率=\frac{审计截止日国有资本所有者权益}{任职期初国有资本所有者权益}\times 100\%$$

$$主营业务利润比率=\frac{主营业务利润}{总利润}\times 100\%$$

$$自主创新投入比率=\frac{任职期间自主创新投入}{任职期间总投入}\times 100\%$$

（三）计算综合得分

审计人员在建立经济责任审计评价指标体系后，会计算出各维度的指标值，并进一步计算最终的综合得分，以得出评价结论。具体步骤包括编制考核打分表，以百分制为基础确定各三级指标的标准分值及一级指标的权重，然后根据三级指标的计算结果和评分标准进行打分，分别乘以权重，最后汇总得到一级指标分值。根据公式计算综合得分，即

$$综合得分=\sum（各一级指标分值\times指标权重）$$

审计人员在对考核指标打分的过程中，要根据责任确定结果，依据责任轻重扣减不同分值，所扣分值按照直接责任、主管责任和领导责任相应递减。对于承担责任的问题，如能采取措施积极整改，且未造成损失浪费或者挽回影响的，可酌情少扣分或不扣分。

按照各个评价指标计算得到的综合得分，可将经济责任审计评价结果确定为 A，B，C，D 四个等级，即优、良、中、差，可参照表 11－2 所示样例编制履行经济责任评价等级与综合评分对照表。

表 11－2　履行经济责任评价等级与综合评分对照表

履行经济责任评价等级	综合评分
A——优	90 分以上（含 90 分）
B——良	75 分以上（含 75 分），90 分以下
C——中	60 分以上（含 60 分），75 分以下
D——差	60 分以下

（四）审计结果的运用

经济责任审计评价结果可作为相关部门考核领导干部的重要依据。以表 11－2 的评价等级为例，履行经济责任评价等级为 A 级的领导干部，可作为提拔对象；履行经济责任评价等级为 B 级的领导干部，可正常任用；履行经济责任评价等级为 C 级的领导干部，建议组织、纪检部门给予批评教育；履行经济责任评价等级为 D 级的领导干部，建议组织、人事部门做出调整职务、免职、降职等处理。发现涉嫌违法违规线索时，审计机构应当将线索移送纪检、监察部门或司法机关，并协助其落实、查处与审计项目相关的问题和事项。

此外，审计机构应当充分运用经济责任审计评价结果，推进被审计单位健全经济责任审计情况的通报、责任追究、整改落实、结果公告等制度，确保经济责任审计工作取得成效。

第4节 经济责任审计报告

一、经济责任审计报告的基本内容

经济责任审计报告是经济责任审计工作的最终成果。审计机构在完成审计后，应当出具经济责任审计报告，并将报告报送主管领导，提交委托审计的干部管理部门，抄送被审计领导干部及其所在组织和相关部门。

（一）审计报告的基本要素

审计报告包括下列基本要素：

（1）报告封面：包括审计报告标题“××经济责任审计报告”、审计报告编号、审计机构名称以及审计对象基本信息等；

（2）被审计领导干部信息：包括被审计领导干部姓名、所任职务或者原任职务以及任职期间；

（3）被审计领导干部所在单位或者原任职单位名称；

（4）报告正文：包括被审计领导干部及其所在单位的基本情况、主要业绩、审计发现的主要问题、审计结论和整改建议等；

（5）相关附件：包括财务审计报告、绩效评价报告、被审计单位及被审计领导干部的反馈意见等；

（6）报告日期（审计机构负责人签发的日期）。

（二）审计报告的主要内容

经济责任审计报告应当全面、客观地反映审计结果，审计报告的内容主要包括：

1. 基本情况

基本情况主要包括审计依据、实施审计的情况、被审计领导干部所在单位的基本情况、被审计领导干部的基本情况等。

（1）审计依据：审计依据是审计人员得出审计结论、提出审计意见和建议的客观依据。经济责任审计依据包括实施审计所依据的法律、规章和规范性文件；国家和行业的有关标准；组织的内部管理制度、发展战略、规划、目标；领导干部所在单位的规定和有关领导的职责分工文件，有关会议记录、纪要、决议和决定，有关预算、决算和合同；有关职能部门、主管部门发布或者认可的统计数据、考核结果和评价意见；专业机构的意见和公认的业务惯例或者良好实务及其他依据等。

（2）实施审计的情况：包括审计机构的名称、审计起止时间、审计范围和内容、审计方法、审计工作安排等。

（3）被审计领导干部所在单位的基本情况：包括企业成立的时间、注册资本、经营范围、组织结构、职工人数、被审计会计期间的财务状况和经营成果等方面的内容。

(4) 被审计领导干部的基本情况：包括姓名、性别、出生年月、文化程度、担任的主要职务、任职期间等方面的内容。

2. 被审计领导干部履行经济责任情况的总体评价

审计人员应以国家法律法规、企业制度、行业标准等为准绳，充分收集审计证据，并根据审计结果客观公正、实事求是地对审计对象履行的经济责任情况进行总体评价。总体评价应提纲挈领，体现履职评价差异。

3. 被审计领导干部履行经济责任情况的主要业绩

审计人员应根据财务审计和企业绩效评价的结果，结合专家评议咨询、访谈、调查问卷等信息，关注被审计领导干部任期内在企业经营效益、管理水平、内部控制的健全性和有效性、重大决策及执行情况、企业发展的可持续性等方面的业绩，实事求是地反映被审计领导干部履行经营决策、经营管理及经济监督责任的情况。

4. 审计发现的主要问题和责任认定

对审计中发现的主要问题，审计人员应当根据问题的性质进行汇总归类，深入分析，查明原因，并严格界定被审计领导干部应当承担的责任。

5. 审计处理意见和建议

审计报告应当围绕审计发现的问题提出整改建议，遵循可行性和重要性原则，有针对性地向被审计领导干部及其所在单位或者原任职单位提出改进工作的意见和建议，规范领导干部的履职行为，帮助被审计企业堵塞漏洞、提高管理水平。

6. 以往审计发现问题的整改情况

审计报告中应体现被审计单位针对之前审计发现的问题的整改进展、整改效果评估以及问题解决的期限。

7. 其他必要内容

经济责任审计报告除应包括上述主要内容外，还应体现与本次审计有关的其他必要内容。其他需要说明的重大事项，也应在报告中予以适当说明。

二、经济责任审计报告的格式

具体格式示例如下。

经济责任审计报告

××审字〔20××〕第××号

被审计单位：________________________
被审计领导干部姓名：______________
被审计领导干部职务：______________
审计机构名称：____________________

【导语段】

根据××的规定，受××（组织部门名称）委托，××（审计机构名称）派出审计组于20××年××月××日至××月××日，对××（地方、部门、单位名称及职务）××同志任职期间经济责任履行情况进行了审计。××同志和××（被审计领导干部所在单位或者原任职单位名称）对其提供的审计所需资料的真实性、完整性负责，并对此做出了书面承诺。××（审计机构名称）的责任是依法独立实施审计并出具审计报告。

一、基本情况

（一）××同志任职情况

××同志自××年××月以来（或自××年××月至××年××月）担任××（地方、部门、单位名称及职务），负责（或分管）××（被审计领导干部所在单位或者原任职单位名称）××工作。

（二）审计范围和内容

本次审计的时间范围是××年××月至××年××月××同志任职期间，对重要事项进行了必要的延伸和追溯；单位范围是××（地区、部门和单位本级），并就有关事项延伸审计了××项目。重点审计范围和内容包括：

（1）贯彻执行经济法律法规、党和国家关于经济工作的方针政策和决策部署，促进本企业经营发展情况。审计了××（地区、部门和单位本级），审计抽查了××等××个（直属、所属、下级）单位，抽查（地区、单位）数量占本（地区、部门和单位直属、所属、下级单位）数量的××%。

（2）重大经济决策情况。××同志任职期间做出的重大经济决策共计××项。审计抽查了其中××项，抽查数量占重大经济决策总数量的××%。

（3）财务收支情况。审计了××（地区、部门和单位本级）的财务收支情况。审计抽查了××等××个（直属、所属、下级）单位，抽查（地区、单位）数量占本（地区、部门和单位直属、所属、下级单位）数量的××%。抽查总收入金额××万元、总支出金额××万元。

（4）国有资产的管理和使用情况。审计抽查了××（部门和单位本级），××等××个（直属、所属、下级）单位的国有资产管理和使用情况，涉及金额××万元，抽查金额占上述单位国有资产总额的××%。

（5）重大投资项目的建设和管理情况。审计抽查了××（地区、部门和单位本级），××等××个（直属、所属、下级）单位的××个重大投资项目的建设和管理情况，涉及投资金额××万元。抽查项目数量占上述单位重大投资项目数量的××%，抽查金额占上述单位重大投资项目投资总额的××%。

（6）内部控制和管理情况。审计抽查了××等××个单位的内部控制和管理情况，包括内部控制和管理制度的建立健全情况、执行情况及其效果。

（7）××同志本人在履行经济责任过程中遵守廉洁从政（从业）规定情况。

…………

（三）审计方法

本次审计按照有关审计法律法规和政府审计准则规定的程序和方法实施，查阅了××同志提交的履行经济责任情况的述职报告和有关会议记录、会议纪要等文件资料，审计了有关财务会计等经济活动资料，听取了××同志（被审计领导干部本人）和××（个别访谈的其他人员）的意见，以及××等部门（经济责任审计工作领导小组或联席会议有关成员单位）的情况介绍，并参考了××（审计机构名称）对××（地方、部门、单位）的其他审计结果。

（四）审计依据

本次审计的依据包括：

（1）《中华人民共和国审计法》《中华人民共和国会计法》等相关法律；

（2）《党政主要领导干部和国有企事业单位领导人员经济责任审计规定》《国有企业领导人员廉洁从业若干规定》及其他相关行政法规；

（3）企业内部控制指南；

（4）与经济责任审计有关的审计通知书。

二、履行经济责任取得的主要业绩

××同志任职期间，在（中央、地方）党委（政府）的领导下，带领（党委、政府、部门和单位）领导班子，在履行经济责任方面主要做了以下工作：

…………

【说明】

（1）本部分要围绕审计工作方案、审计实施方案确定的重点审计内容，根据审计情况，实事求是、客观公正地反映被审计领导干部任职期间履行经济责任取得的主要业绩，包括提出的工作思路、采取的主要措施、所做的主要工作，以及取得的主要成效。表述应当客观适度，评价不能过满，切忌空话套话，本部分不得与审计报告第三部分有关内容相互矛盾或者冲突。

（2）本部分反映的被审计领导干部任职期间履行经济责任取得的主要业绩，应当是经过审计的内容。对未经审计的内容、审计证据不充分以及超越经济责任范围的事项，不得进行审计评价。对于引用的未经审计核实的数据，应当注明资料来源。

（3）在表述主要业绩时，可以选择与企业经营发展有关的主要指标，对这些指标在被审计领导干部任职期初、期末或者审计年度的增减变化进行对比分析，以反映取得的主要业绩。

三、审计发现的主要问题和责任界定

…………

【说明】

（1）本部分根据审计工作方案确定的重点审计内容，按照审计报告第一部分所列重点审计内容的顺序，对审计发现的问题按性质进行归类，同类问题尽可能合并表述。

（2）对审计发现的具体问题，应当按照重要性原则，即与被审计领导干部履行经济责任的关联程度、其应当承担的责任的大小进行排序，逐项列举审计查出的主要问题。一些不太重要的问题可以不在审计报告正文中反映，而是直接填列在审计报告附表（审计发现问题汇总表）中。

(3) 审计发现的问题一般应有小标题，小标题包括对问题的定性和所涉金额，定性用语应当规范、准确。

(4) 审计发现问题的事实表述一般应包括违法违规主体、时间、主要情节、金额、截至审计时的状况等。问题的定性依据、处理（处罚）依据、处理（处罚）意见或整改建议在审计报告附表中反映。如果问题的定性依据不易被报告使用者理解，可以在事实部分表述有关规定的概要内容。问题表述应当简洁，避免过多的过程或细节描述。

(5) 审计发现的问题如果既涉及被审计领导干部任期内又涉及任期外，应当在问题金额上加以区分，表述为“其中××同志任期内××万元”。

(6) 被审计领导干部所在单位或者原任职单位在审计过程中及时整改的重要问题，仍需在审计报告中反映并表述其整改情况。

(7) 对于移送相关部门处理或者上报的问题，如果不宜让被审计领导干部及其所在单位或者原任职单位知悉，或者可能对案件查处造成不利影响，可以不在审计报告中反映，特殊事项可以作为审计报告的附件。

(8) 对于审计发现的主要问题，应逐个进行责任界定。在界定责任时，应当简要说明理由，根据问题的性质以及被审计领导干部在问题事项中的参与程度，对被审计领导干部应当承担的责任进行判断，不能单纯将其是否分管某项工作，或者是否签字审批作为判断依据。

四、审计综合评价

审计结果表明，××同志任职期间……

【说明】

(1) 本部分是根据审计报告第二、三部分，即“履行经济责任取得的主要业绩”“审计发现的主要问题和责任界定”，对被审计领导干部履行经济责任情况进行的综合评价。

(2) 审计综合评价是对被审计领导干部履行经济责任情况的结论性评价，应当突出重点、简明扼要、客观准确、用语适当，篇幅控制在一页以内。审计综合评价既要肯定被审计领导干部履行经济责任取得的主要业绩，也要指出存在的主要问题。

五、其他需要反映的情况和问题

…………

【说明】

(1) 本部分主要列举被审计领导干部任职期间，在企业经营管理过程中产生的影响被审计领导干部所在企业发展的问题，或者与被审计领导干部履行经济责任不直接相关的其他重大情况和问题，或者有关规定和政策不明确、难以界定被审计领导干部责任等的重要情况和问题。

（2）本部分不是审计报告的必需项，可以根据实际情况进行取舍。

六、审计建议

…………

【说明】

（1）应当围绕审计发现的主要问题，提出有针对性的建议。

（2）审计建议应当具有可操作性，便于被审计单位采纳。

（3）审计建议的对象一般为被审计领导干部所在单位或者原任职单位。如果问题的整改需要与其他有关单位共同协作，应当建议被审计领导干部所在单位或者原任职单位与其他有关单位共同研究解决。

七、重大事项说明

…………

【说明】

若审计过程中存在重大审计范围或程序受限的情况，则需在本部分加以说明，应当明确陈述具体情况、受限原因以及由此可能产生的对审计结论和整个审计质量的影响。

××同志和××（被审计领导干部所在单位或者原任职单位名称），应组织有关部门（单位），切实抓好对审计发现问题的整改，并在收到审计报告之日起××日内将整改情况函告××（审计机构名称）。

被审计领导干部及其所在组织应当自接到审计组的审计报告之日起十日内提出书面意见；十日内未提出书面意见的，视同无异议。

审计机构负责人（签章）：

20××年××月××日

习题

一、单选题

1. 下列不属于经济责任审计任务的是（　　）。

A. 企业绩效评价　　B. 财务绩效评价

C. 财务审计　　D. 经济责任评价

2.（　　）是指企业领导干部在任期内对重要经营决策的制定和执行以及存在的主要问题应承担的责任。

A. 经济政策执行责任　　B. 经营决策责任

C. 经营管理责任　　D. 经济监督责任

3. 经济责任审计的基础是（　　）。

A. 财务审计　　　　B. 企业绩效评价

C. 财务绩效评价　　　　D. 经济责任评价

4. 经济责任审计的（　　）原则要求审计过程围绕对被审计领导干部经济责任履行来开展。

A. 客观性　　　　B. 谨慎性

C. 相关性　　　　D. 重要性

5. 经济政策执行责任的履行情况可以从三方面做出评价，除了（　　）。

A. 项目进展情况　　　　B. 贯彻执行的基本情况

C. 执行效果　　　　D. 违法违规问题

二、多选题

1. 经济责任审计评价的原则包括（　　）。

A. 客观性原则　　　　B. 全面性原则

C. 相关性原则　　　　D. 谨慎性原则

2. 开展经济责任审计评价的必要性包括（　　）。

A. 执行法律对审计机关职责的规定

B. 为经济责任审计结论提供依据

C. 督促领导干部自觉履行经济责任

D. 为组织长久发展提供方向

3. 定性比较评价法应对被审计单位财务收支和有关经济活动的（　　）进行评价。

A. 真实性　　　　B. 合法性

C. 合理性　　　　D. 有效性

三、判断题

1. 消极经济责任评价法又称责任指标分析法，是审计人员用来评价被审计领导干部是否充分履行所承担经济责任的方法。（　　）

2. 经济责任是指领导干部任职期间因其所任职务，依法对所在部门、单位、团体或企业（含金融机构）的财政、财务收支以及有关经济活动履行的职责、义务。（　　）

3. 经济监督责任的履行情况可以从履行监管职责情况，内部控制制度的健全性，内部监管的有效性，资产质量、企业安全和可持续发展，实际监管效果五方面做出评价。（　　）

4. 审计评价阶段确定的经济责任审计评价结果可作为相关部门考核领导干部的重要依据。（　　）

四、思考题

1. 简述财务审计与经济责任审计的区别。

2. 简述经济责任审计的基本内容。

案例分析

H公司是一家大型上市国有企业，主营业务为工业制造为主，同时兼营贸易、物业管理等多种业务。截至2021年年底，公司财务状况良好，抵御风险的能力显著提高。W同志于2016年至2018年期间担任H公司董事长职位，在其任期内，公司的财务状况发生了较大变化。为此，2020年8月，H公司内部审计部门决定对W同志进行任期经济责任审计。

此次审计工作的主要依据包括国有企业领导人员经济责任审计的相关制度、国家和行业的有关标准、H公司的决策部署以及H公司内部的控制制度和管理办法等。在审计规划中，明确划分了四个审计阶段，分别为审计计划阶段、审计准备阶段、审计实施阶段和审计报告阶段。

在审计计划阶段，H公司内部审计部门的主要职责是编制审计计划并确定具体的审计项目。

进入审计准备阶段后，内部审计部门根据审计项目的实际情况和需求，组建了专业的审计组。审计组详细查阅了W同志任职期间的述职报告、五年工作计划、H公司在2016年至2018年的年度工作计划以及会计凭证等相关记录性文件，制定了周密的审计工作方案，做出了详细的审计工作计划安排。随后，审计通知书被送达相关方，审计工作正式启动。

在审计实施阶段，审计组充分利用自身的审计工作经验，并结合往年审计中发现的问题，确定了本次审计工作需要特别关注的主要问题。为了收集充分的审计证据，审计组采用了访谈、抽查、测试和盘点等多种方法，并编制了详细的审计工作底稿。这些底稿随后由审计组组长进行整理复核，以确保其准确性和完整性。

在审计报告阶段，审计组根据经过审查的审计底稿撰写了审计报告，并签发了审计报告的征求意见书。在充分听取并考虑了相关方的反馈意见后，审计组对报告进行了必要的修改和完善。最终，审计报告得以正式发布，对W同志任职期间的经济责任进行了全面的评价和总结。

在经济政策执行责任和经营决策责任指标体系中，内部审计部门精心选取了四个方面作为重点评价内容：一是W同志任期内的企业财务效益指标。该指标具体涵盖企业的收益率、报酬率、资本保值率、资本增值率、利润率以及成本投入情况，全面揭示了企业的盈利能力和成本控制水平。二是W同志任职期间企业的资产资本营运指标。该指标能够清晰地展现企业资金的周转情况及实际利用效果等，包括账款周转速度、资产损失比率、不良资产比率等关键要素，为评估企业资产资本管理效率提供了有力支撑。三是W同志任期内企业的偿债能力指标。该指标主要聚焦于企业的资产负债情况，通过反映企业已获利益、流动比率以及企业经营亏损情况，全面揭示企业的偿债能力和财务风险。四是W同志任期内企业的发展能力指标。该指标关注企业的发展潜力，包括利润率、资本积累情况、资产增长率以及未来三年利润和资本增长率等关键要素，为企业可持续发展能力的评估提供了重要参考。

在经营管理责任指标方面，审计组特别选取了个人收入违法违规率和总资产周转率两个关键指标，旨在对W同志的个人廉洁程度进行定量分析和客观评价。

综合各项评价指标，W同志任期内经济责任落实情况最终得分为81分，评价结果为良好。这表明W同志在任期内能够较好地履行经济责任，并有效开展相关工作。然而，审计组也发现，审计对象在一些方面仍存在较大的提升空间。例如，H公司内部控制制度建设情况得分率仅为75%，这意味着企业在内部控制方面尚缺乏更为科学高效的方法和手段。

资料来源：薛建宁．国有企业领导人员经济责任审计评价指标体系研究．科技经济市场，2019（3）：30-32.

思考：

1. 该案例中体现了哪些经济责任审计流程？
2. 内部审计部门还可以采取哪些方法对W同志进行任期经济责任审计？

第 12 章

内部审计管理

学习目标

1. 了解内部审计项目管理的标准以及审计人员的职责界定，熟悉审计项目管理的工具。

2. 了解内部审计人力资源管理的标准，明确内部审计人力资源管理方案。

3. 了解内部审计绩效管理的意义和内部审计绩效的影响因素，掌握内部审计绩效评价体系相关内容。

4. 了解内部审计人际关系的重要性，知道如何进行内部审计人际关系分析，知晓良好的内部审计人际关系的形成途径，了解人际关系的冲突与协调的相关内容。

5. 了解内部审计档案管理的作用和管理要点。

素养目标

帮助学生了解内部审计管理基本内容，进一步完善内部审计知识网络，从其他角度理解内部审计。培养学生待人处事的能力，使他们能够深入理解审计工作的性质，在实务工作中能够从容地处理突发情况，养成良好的工作习惯，成为优秀的内部审计人员。

第 1 节　内部审计项目管理

一、内部审计项目管理的标准

内部审计项目管理是指与执行某一具体审计项目有关的管理措施，包括审计人员的安排、审计工作过程的指导与监督、审计结果的复核以及审计项目的总结与评价等。虽然内部审计实施的方式有所不同，但为满足内部审计活动需求所遵从的内部审计项目管理标准具有同质性。

（一）审计人员的安排

1. 确保审计人员的独立性

审计人员的独立性是指内部审计人员在履行职责时能够免受威胁其履职能力的因

素的影响。具体来说，它是指内部审计人员在不受任何影响和控制的情况下执行内部审计活动。而要达到有效履行内部审计部门职责所必需的独立程度，内部审计人员需要直接且不受限制地与高级管理层和董事会接触。

2. 确保审计人员的客观性

审计人员的客观性是指公正、不偏不倚的工作态度。它要求内部审计人员在执行审计工作时始终保持一种独立的个人思考状态，不受任何利益或他人观点左右；在做出职业判断时，能够忠于自己的判断，不因其他因素的影响而做出妥协；在提交审计报告之前，应该对内部审计工作的结果进行审查，以评估是否存在有违客观性的情况或内容。

3. 确保审计人员具备专业胜任能力

内部审计人员应具备履行其职责所必需的知识、技能和能力，包括：掌握内部审计标准、程序和技术；有能力运用知识恰当地处理业务；对于涉及财务记录和报告的项目，精通会计准则和技术；有能力识别舞弊信号；熟悉信息技术风险和控制，并能够使用相关技术实施审计；具备开展有效人际交往的技能等。

4. 确保审计人员具备应有的职业谨慎

职业谨慎是指内部审计人员在复杂的环境中，能运用自己的专业熟练性和技巧，识别损害组织利益的行为，对发生的错误、造假、利益冲突和不正当行为，以及最有可能发生违法乱纪现象的情形和活动保持警惕。此外，在控制不够充分的领域，内部审计人员还应该提出切实可行的程序和改进意见。

5. 定期轮换审计人员的工作

内部审计部门负责人应当根据内部审计人员的能力、经验以及内部审计项目的需求，按照合理的原则定期实施工作轮换，以避免审计项目中可能发生的利益冲突和偏见，提升内部审计人员的独立性、客观性，减少原有人员持续开展同一工作而产生的路径依赖，从而提高工作质量和效率。此外，定期轮换能够为审计项目注入新思维和新方法，为审计人员提供丰富工作经验及发展职业能力的平台。当然，某一具体工作是否需要轮换审计人员，还应权衡轮换制带来的收益和风险。

（二）审计工作过程的指导与监督

1. 制定政策与程序

内部审计部门负责人必须制订以风险为基础的计划，以确定与组织目标相一致的内部审计重点活动。在制订计划的过程中，内部审计部门负责人需要考虑审计范围，高级管理层和董事会的关注点，以及组织风险的评估结果。小型的内部审计部门可以采用非正式、直接、每日控制、近距离监督和备忘录的方式保证政策与程序得到执行；而大型的内部审计部门则需要建立正式且全面的政策和程序以指导内部审计人员高效、有序地执行审计计划。

2. 实施适当监督

内部审计部门负责人必须对业务实施过程进行适当的监管，以确保目标得以实现、质量得到保证、员工得到发展。监督工作是一个持续的过程，它始于审计计划的制订，贯穿检查、评价、报告和跟踪等各个阶段，直至审计项目全面完成。监督的程度取决于内部审计人员的胜任能力和经验水平，以及业务本身的复杂程度。监督的内容包括：确保指派的内部审计人员整体具备完成业务所需要的知识、技能和能力；在审计准备阶段给予适当指导并审批业务方案；确保批准的业务方案按计划实施，有充分的理由并得到授权才能变更；确保业务工作底稿正确、客观、清晰、简洁并具有建设性和及时性；确保业务目标的达成。

（三）审计结果的复核

所有内部审计工作底稿都要经过复核，以确保必要的审计程序得到执行，这是因为工作底稿对审计报告具有支撑作用。复核证据包括复核人员在完成每份工作底稿（见表12-1）的复核后，在底稿上签署的日期和名字。

提供复核证据的方法还包括填写工作底稿复核清单，编制具体说明复核性质、范围和结果的备忘录。复核人员还可以书面形式记录复核过程中发现的问题（如做复核笔记）。在整理复核笔记时，工作人员应当确保工作底稿复核过程中所提出的问题已经得到解决且证据充分。复核笔记有两种不同的处理方法：一是保留复核笔记，作为对复核人员提出问题和解决问题所采取步骤与结果的记录；二是在所提出的问题得到解决、相应的业务工作底稿得到修改、要求的附加信息得到提供后，将复核笔记清除。

表12-1 内部审计工作底稿（通用）

页次： 索引号：

被审计单位/部门名称：________ 编制人：________

会计期间或截止日：________ 编制日期：________

审计项目名称：
审计类别：
事实描述： 附件 页（附件索引号： ）
运用的审计程序： 附件 页（附件索引号： ）
审计程序的执行结果： 附件 页（附件索引号： ）

续表

初步审计意见： 执行人：　　　　审计日期：　年　月　日
业务复核意见： 复核人：　　　　复核日期：　年　月　日
被审计单位或部门意见： 负责人：　　　　日期：　年　月　日
审计结论或建议： 审计项目负责人：　　　　日期：　年　月　日

（四）审计项目的总结与评价

项目负责人应注重审计成果的总结，将审计成果数据化、信息化，建立审计成果库，分类总结审计问题以及审计意见和建议，突出对审计成果的精细化分解和利用，为后续审计和项目管理提供信息资源。

审计项目结束后，项目负责人还应当对审计项目做出整体评价，包括对审计项目的评价和对审计组成员工作的评价。

对审计项目的评价涵盖下列方面：（1）是否遵循审计规范；（2）审计方案的设计是否恰当；（3）审计项目是否达到预期目标；（4）审计结果的经济性和效益性是否显著；（5）项目是否按时完成；（6）审计取证是否符合成本效益原则；（7）审计项目的工作分配是否合理；（8）审计程序是否得到有效执行等。

对审计组成员工作的评价包括：（1）是否保持良好的职业素养；（2）是否按时完成自己所承担的工作；（3）审计过程中是否遗漏应查出而未查出的重大违法违规问题；（4）是否存在违反审计人员职业道德准则的行为；（5）所采用的审计技术方法是否具有有效性、创新性和可借鉴性；（6）审计意见是否合理和可行。

二、审计人员的职责界定

在审计项目管理过程中，内部审计部门负责人、项目负责人及审计组成员应当充分履行职责，以确保审计质量，提高审计效率。

（一）内部审计部门负责人的主要职责

内部审计部门负责人的责任具有总体性。由于其同时对多项审计计划负责，并承担大量的部门管理责任，因此不可能对全部审计业务进行直接的日常管理，除非该项目特别重大。一般而言，内部审计部门负责人在项目管理中应当履行下列职责：（1）选派审计项目负责人并对其进行合理授权；（2）审定项目审计方案；（3）督导审计项目的实施；（4）协调、沟通审计过程中发现的重大问题；（5）审定审计报告；（6）督促被审计单位对审计发现的问题进行整改；（7）评价审计计划的执行情况；（8）处理其他有关事项。

（二）项目负责人的主要职责

项目负责人对项目的计划、执行过程中的指导与监督工作以及审计评价负责，应当履行的职责包括下列方面：（1）与内部审计部门负责人共同拟定审计目标和范围；（2）编制项目审计方案；（3）组织审计项目的实施；（4）对项目审计工作进行现场督导；（5）向内部审计部门负责人及时汇报审计进展及重大审计发现；（6）组织编制审计报告；（7）组织实施后续审计；（8）针对审计项目及审计人员的工作情况编制评价表；（9）处理其他有关事项。

（三）审计组成员的主要职责

审计组成员部分参与审计准备工作，在审计计划的制订以及审计评价方面较少发挥作用，其工作重点放在审计实务上。具体职责主要包括下列方面：（1）检查被审计单位的背景资料，协助项目负责人拟定审计方案；（2）进行现场视察；（3）测试内部控制的健全性和有效性；（4）执行分派的审计程序，如取证、分析、编制工作底稿；（5）参与审计报告初稿的编写；（6）对审计报告的准确性和披露情况进行检查；（7）参加听取被审计单位意见的会议，协助修改最终的审计报告；（8）执行指派的后续审计程序；（9）检查后续审计报告的准确性和披露情况；（10）参与审计工作的评价，进行反馈和交流；（11）处理其他有关事项。

三、审计项目管理的工具

内部审计部门可以采用一些工具来完善和改进审计项目管理工作，并保证审计项目管理的有效性。

（一）审计工作授权表

审计工作授权表（见表12-2）列示了内部审计项目的基本信息，将审计项目中所有需要实施的审计工作以文件的形式正式予以确认。审计工作授权表体现了内部审计部门在每个内部审计项目中对审计时间和审计资源进行分配的情况。内部审计项目负责人也可以采用审计工作授权表来布置内部审计项目的各项工作，以保证审计的周密、细致、高效。审计工作授权表应当注明被审计单位/部门的名称，列明项目编号、审计目的；标明时间分配情况，并列示审计项目负责人和负责不同工作的审计组成员；列明报告呈送对象；等等。审计工作授权表需要得到组织适当管理层的批准，由其签署批准意见和时间。

表 12-2　审计工作授权表

被审计单位/部门名称：				
审计项目名称：		项目编号：		
项目负责人：				
审计目的：				
详细授权信息				
序号	工作内容	成员	预计起止日期	预计审计天数
审计报告呈送对象				
序号	姓名		职务	
管理层审批意见： 签字（盖章）：　　日期：　年　月　日				

（二）审计任务清单

审计任务清单（见表 12-3）是反映每个审计项目应当完成的所有任务细节内容的清单，一般由审计组组长编制。审计组组长通常使用审计任务清单来反映和规划执行审计项目所要求的各种管理细节。审计任务清单的内容包括每日工作安排、每周工作安排，以及审计准备、内部控制测试、实质性测试、资料汇总、审计终结、审计评价等步骤的主要工作内容。审计组组长还可以将审计任务清单分解成每个审计组成员应当完成的工作清单，并分发下去。审计任务清单可附带审计时间控制表，该表按照审计人员的具体工作内容分列，有助于审计组组长对审计工作的进度实施监督，将实际审计工作时间控制在预算时间之内。

表 12-3　审计任务清单

项目名称				编制人			时间	
审计阶段	序号	工作内容	任务说明	责任人	参与人	时间安排		
						开始时间	完成时间	天数

（三）内部审计工作底稿检查表

内部审计工作底稿是内部审计人员记录审计程序、审计内容和审计发现的重要文档，也是监督审计进展和审计质量的有效工具。内部审计人员应当编制完整、清晰的内部审计工作底稿，并对内部审计工作底稿进行编号和索引管理。审计组组长应当在审计过程中定期对已经完成的内部审计工作底稿进行检查，以确保审计工作顺利开展，并按照审计方案的要求进行。审计组组长可以使用内部审计工作底稿检查表（见表12-4）记录对每个审计组成员编制的内部审计工作底稿的检查结果，提出是否需要修改以及是否需要追加审计程序等建议。

表12-4　内部审计工作底稿检查表

被审计单位/部门			会计期间/截止日		
项目名称			底稿编号		
复核人员			复核日期		
重点复核内容	底稿索引	是否执行审计程序		存在的问题	建议
		是	否		
				复核人签字：	

（四）审计文书跟踪表

内部审计人员应当编制审计文书跟踪表（见表12-5），用来实时查证每个审计项目的书面文件及事项。例如，审计项目方案中每项具体审计工作的分配情况记录，审计组会议、审计进点会议、审计过程中与被审计单位相关人员召开的会议、审计总结会议、意见沟通会议以及审计出点会议等的议程、议题、时间安排等记录，审计报告初稿的编写、修改、报送、反馈、定稿等的记录。

表12-5　审计文书跟踪表

事项	文件名称	文件数量	提交日期	提交人	联系电话

（五）报告流转控制表

为了确保审计报告传递环节的安全性，内部审计人员应当编制报告流转控制表

（见表 12－6），详细记录报告传递过程，包括发出报告份数、报告收取人名单、发送授权人、收取日期、传递方式及实际报告收取人姓名。该表可确保审计报告只发送给有权审阅报告的人，并保证报告发送的及时性。

表 12－6　报告流转控制表

<table>
<tr><td colspan="2">被审计单位/部门名称</td><td colspan="2"></td><td colspan="2">项目名称</td><td></td></tr>
<tr><td colspan="2">报告名称</td><td colspan="2"></td><td colspan="2">报告编号</td><td></td></tr>
<tr><td colspan="2">报告份数</td><td colspan="2"></td><td colspan="2">发送授权人签字</td><td></td></tr>
<tr><td colspan="7">传递信息</td></tr>
<tr><td>传递事由</td><td>发送人
签字</td><td>传递方式</td><td>报告
收取人</td><td>收取日期</td><td>报告是否
齐全</td><td>收取人
签字</td></tr>
<tr><td></td><td></td><td></td><td></td><td></td><td></td><td></td></tr>
<tr><td></td><td></td><td></td><td></td><td></td><td></td><td></td></tr>
<tr><td colspan="7">备注：
（1）收取人必须在核对报告是否齐全后签字确认。
（2）报告全部流转完毕后，此表随工作底稿一并归档。</td></tr>
</table>

第 2 节　内部审计人力资源管理

内部审计人力资源即内部审计人员，是审计工作的主体，也是最重要的审计资源。有效的人力资源管理应当使恰当数量的人力资源组合在恰当的时间内发挥最大作用，从而实现组织目标及效益最大化。因此，内部审计人员的合理配置和有效使用对审计工作有序开展起着决定性作用。

一、内部审计人力资源管理的标准

在进行有效的资源配置前，先要明确内部审计人员达到最佳工作状态的标准。只有达到这些标准，才能引导内部审计人员趋向最佳的审计工作状态、提供最优质的审计服务。这些标准通常包括：（1）目标明确；（2）工作任务明确；（3）工作标准明确；（4）内部审计人员具备与工作相匹配的能力；（5）内部审计人员得到不断鼓励，有信心做好工作；（6）内部审计人员知道自己能得到发展；（7）管理层解决了所有工作障碍。实际上，达到以上标准的过程正是人力资源管理的过程。

二、内部审计人力资源管理方案

在明确内部审计人力资源管理标准的基础上，可根据组织发展战略的要求，制定能够实现组织长远发展的人力资源管理方案，包括：（1）进行岗位职责说明；（2）选择具有胜任能力的内部审计人员；（3）进行入职教育和后续教育；（4）进行绩效考核与激励；（5）提供发展方面的咨询建议。

通过岗位设定、招聘、培训、使用、考核、激励等人力资源管理活动，可以对内部审计人员进行有效管理，这将有利于内部审计部门的建设，打造出人尽其责、实力雄厚、拥有持续战斗力的内部审计团队。

（一）进行岗位职责说明

进行岗位职责说明是内部审计人力资源管理的重要环节之一，规范、清晰的岗位职责说明能够让部门人员了解工作内容、执行方式、服务对象及预期目标。岗位职责说明的内容包括岗位的任职资格、职责范围、负责程度、衡量标准等，为内部审计人员的选拔、目标管理、绩效考核、薪酬激励、能力提升和职业生涯规划提供了明确的依据。

（二）选择具有胜任能力的内部审计人员

在众多的内部审计人力资源管理环节中，挑选和聘用合格的内部审计人员对于内部审计部门而言至关重要。内部审计部门可以采取两步走的策略来挑选内部审计人员。

1. 面试

许多企业在面试环节往往对应聘者缺乏认真细致的了解，面试程序不够严密。面试应安排在一个没有其他工作干扰的时间段进行，应该直接询问或者打电话询问应聘者的专业背景，而不能仅仅依赖于一份简历。此外，面试问题应该区别对待有经验和没有经验的两类应聘者。对于有经验的应聘者，应该侧重于询问其以往的审计任务、审计工作体会、对内部审计工作的态度、工作中遇到的困难及处理方法、个人职业发展规划等问题。对于没有经验的应聘者，应该侧重于从职业发展规划的角度出发，询问其对内部审计职业的看法。所有面试过程都应详细记录，用以对申请同一岗位的应聘者的特质和条件进行比较。

2. 测试

测试是一种有效的选拔方式，它可以展示每个应聘者对技能的掌握程度。测试内容包括写作能力测试、逻辑思维能力测试、区分事实和猜想能力测试等。

（三）进行入职教育和后续教育

内部审计行业发展迅速，内部审计人员的知识体系和业务能力需要不断更新。通过接受教育，内部审计人员可以不断提升自身的能力。针对内部审计人员的教育可以分为入职教育和后续教育两部分。

入职教育可为新入职的员工指明正确的发展方向，为内部审计人员尽快开展工作提供所需的信息和技能。

后续教育又称继续教育，是对专业技术人员不断进行知识、技能的更新和补充，以提高其创新能力、专业技术水平、职业道德水平，完善其知识结构的教育。后续教育应当区分内部审计部门负责人、项目负责人和审计组成员，突出重点，按需实施。

（四）进行绩效考核与激励

绩效考核是人力资源管理的核心内容。设置合理的考核标准并进行公平的绩效评价，对于个人、部门、组织三个层面绩效的提升都有促进作用。同时，绩效考核的结果最终应落实到激励制度的执行上，将考核结果作为奖惩、晋升等人力资源管理及其决策的依据。需要注意的是，绩效考核与激励方式的选择应当具备可行性和可控性，否则将难以发挥绩效管理的作用，甚至会背离组织的目标。

（五）提供发展方面的咨询建议

为保持内部审计部门的健康持续发展，部门负责人应当关注内部审计人员的优缺点，结合岗位的要求，与内部审计人员沟通职业发展方向，提供有利于内部审计人员成长的咨询建议。如此，内部审计人员便能够有针对性地学习、锻炼与提升，使个人的事业目标与公司的需求相一致，实现共赢。

第 3 节　内部审计绩效管理

一、内部审计绩效管理的意义

内部审计绩效管理是指组织为了提高内部审计管理的有效性，引导内部审计部门健康持续发展，采用科学规范的程序，并依据预先确定的一系列标准，定期或不定期对内部审计部门的绩效进行考核评价的过程。

绩效评价可以衡量内部审计的质量并提出具有方向性的改进意见。它是一种实现组织目标的有效管理手段，也是组织内部的一种良好沟通协调活动。科学的绩效考核无论是对于内部审计部门还是整个组织而言都具有非常重大的意义。

（一）保证内部审计部门的目标与组织战略目标相一致

为了更好地实现内部审计部门的增值职能，内部审计部门的工作必须与组织目标相契合，而绩效考核可以将组织战略目标分解到部门层面。通过分析实现战略目标的关键因素，再将这些关键因素转化为内部审计部门可以具体衡量的绩效考核指标，就可以从实质上保证内部审计部门的目标与组织战略目标的一致性。

将组织的战略目标转化为内部审计部门具体的绩效目标，不仅有利于明确员工共同努力的方向，在实现部门和个人绩效目标的基础上推动组织战略目标的实现，还有助于发现和解决组织在日常经营管理活动中出现的问题。尤其是在对部门和员工的绩效进行评价的过程中，能够识别并改善阻碍战略目标实现的具体因素，从而提高组织的运营效率和效果。

（二）规范内部审计行为，优化审计队伍

对于内部审计部门而言，绩效考核指标的下达与评价，不仅能为内部审计人员的工作提供明确的方向，使内部审计工作的程序、过程控制规范化，使审计结论更加客观、公正、有效，更能有效地督促与激励内部审计人员按照绩效考核的标准保质保量地完成工作任务，促进其自我提升，提高内部审计部门工作的效率和效果，最终服务于整个组织的利益最大化。

（三）促进资源合理分配，提高审计管理水平

随着内部审计范围的不断扩大和审计工作的日益复杂，内部审计资源的消耗也随之增加。通过在绩效考核体系中明确各个内部审计管理影响因素之间的内在逻辑关系，合理设置内部审计综合评价的指标和权重，可以为内部审计资源的分配提供指导。绩效评价作为一种有效的管理手段，可以显著提高组织内部的管理水平。它不仅可以在事前通过绩效考核指标的下达来影响内部审计人员的行为，还可以在事后通过产生的反馈信息掌握内部审计工作状况，分析重大差异，改进管理方法，从而提升内部审计质量，提高工作效率，使内部审计更好地发挥作用，为组织创造价值。

（四）提高内部审计部门在组织中的地位

企业的经营管理者对内部审计价值的认知、内部审计成本与效益的考量是决定内部审计开展与否的重要因素。有效的绩效评价体系可以衡量内部审计部门是否发挥了重要作用，以及为企业创造了多少价值，这些因素直接决定了内部审计部门在组织中的地位。

二、内部审计绩效的影响因素

为了建立科学合理的内部审计绩效评价体系，首先要明确内部审计绩效的影响因素。

内部审计绩效的影响因素是指在内部审计部门履行职能过程中影响其绩效高低的原因和条件。对影响内部审计绩效的因素进行分类汇总，有助于建立准确评价内部审计绩效的指标体系。内部审计绩效的影响因素可以从内部和外部两个维度划分。

（一）内部影响因素

内部影响因素是指可由内部审计部门控制或者通过管理得到提升，进而影响内部审计绩效的因素，包括内部审计人员的能力，所选内部审计方法，内部审计管理水平，内部审计准则、法律、法规的执行情况，内部审计部门负责人的领导能力及其在组织中的地位，内部审计人员的团队意识，多元化审计技术、计算机技术的掌握程度，审计的独立性，审计的客观性，内部审计部门负责人与各运营部门经理间的关系、与外部审计人员的关系等。

（二）外部影响因素

外部影响因素是指不受内部审计部门控制或者不能通过管理提升的影响内部审计绩效的因素，通常是外部环境因素，包括公司环境、公司治理水平、控制环境、审计委员会的设置情况及其有效性、高层管理者的支持、企业高级管理层对内部审计的功能定位、管理当局对培训的重视程度、管理审计导向、组织文化风格、培训制度、国家法律法规、内部审计人员的升迁机会及报酬水准、外部审计与内部审计的沟通情况、内部审计制度建设情况、被审计事项的复杂程度等。

三、内部审计绩效评价体系

绩效评价体系是以实际的业绩为考核评价对象的价值衡量体系，广泛应用于行政、教育、经济等领域的各种组织中，用于对评价对象做出合理、量化的价值评定。

内部审计绩效评价同样构成了一个体系，它由与内部审计绩效相关的原则体系、影响因素体系、方法体系、指标体系等构成，核心是方法体系与指标体系。内部审计绩效评价体系的构建目的是保证内部审计部门的活动与组织目标相一致，促进内部审计实现增加组织价值的目标。对此，2002 年 IIA 在一份研究报告中阐述了内部审计绩效评价的意义，进一步验证了这个观点：内部审计绩效评价一方面有助于内部审计部门遵守准则，另一方面有助于实现内部审计部门的增值职能，提高组织的运营效率和效果。

（一）内部审计绩效评价体系设计原则

内部审计绩效评价体系是一个动态、完整的内部审计管理子系统，其设计应该遵循一定的原则，具体包括以下几个方面。

1. 增值原则

为企业增加价值是内部审计一切活动的出发点与归结点，所有内部审计活动都应围绕这个目标开展。对内部审计进行绩效评价、考核的最终目的应是提升内部审计工作的整体质量水平，帮助内部审计部门实现增值目标。因此，在设计内部审计绩效评价体系时，需要考虑绩效评价指标体系与绩效评价目的、内部审计部门增值目标之间的一致性，突出体现增值原则。

2. 战略目标导向原则

战略是企业一切活动的行动指南，是企业实现长期稳定发展的关键，也是企业利益相关者关注的焦点。IIA 在内部审计的定义中提出内部审计的对象将从内部控制扩大到风险管理和公司治理领域时，事实上就已经指出了内部审计职业界对企业管理重心转移做出的积极响应。内部审计因此被推向企业战略目标实现的前沿和更高层次，逐渐进入战略审计阶段。这些变化对内部审计提出了新的要求。内部审计必须立足于企业发展战略，对内部审计绩效评价的相关指标进行选择和构建。如果战略目标可以层层分解，那么绩效评价指标也应该进行相应的分解，并且某一层次的绩效评价指标应与该层次的战略目标和内部审计绩效评价目的相一致。这样，内部审计绩效评价体系就成了有源之水、有本之木。

3. 可操作性原则

内部审计绩效评价体系的构建必须注重可操作性，否则，绩效评价就只是空谈，无法真正发挥作用。无论绩效评价指标体系设计得如何完善，如果没有可靠的评价信息作为支持，这种评价体系就没有任何实际意义。因此，在设计评价体系时，应尽量避免选择缺乏可操作性的指标。内部审计的绩效评价指标应通过对部门的各个层面进行考核来获取反馈信息，以提高内部审计工作的质量，提升内部审计活动的效率，从而实现内部审计的增值职能。同时，应尽量选择有代表性的指标，既要避免指标过于繁杂、面面俱到，又要防止过于简单、难以反映内部审计工作的全貌。此外，该体系要有实用性，便于理解和操作。

4. 成本效益原则

成本效益原则是所有经济活动都必须遵循的原则。组织进行的任何活动都要有成本效益观念。所谓成本效益观念，就是要从投入与产出的对比分析来看待投入（成本）的必要性、合理性。产出（收入）与投入（成本）之比越大，则说明效益越好，相对成本越低。成本是否应当发生，要看产出（收入）是否大于为此发生的成本支出，如果收入大于支出，则该项成本是有效益的，应该发生，否则不应该发生。对于内部审计绩效评价体系的构建而言，其成本包括绩效评价方法的开发成本和组织实施成本。如果开发和组织实施成本远远大于使用内部审计绩效评价体系带来的收益，则不适合选用此种绩效评价体系。

5. 动态修正原则

动态修正原则也称动态原则，是指在组织中，任何机制、体系都应具有弹性，能够较快地适应环境的变化，从而保证决策的正确性，达成组织目标。内部审计绩效评价体系并不是一成不变的，必须根据组织战略的调整、利益相关者期望的变化、内部审计组织定位与角色的转变以及内部审计领域的扩展等进行相应的改变。只有如此，内部审计绩效评价指标才是适宜的、最有意义的，才能更好地发挥作用。

6. 定量与定性相结合原则

内部审计绩效评价体系应能够真实反映内部审计部门的绩效。为了真实呈现这种结果，人们往往倾向于将其中涉及的指标量化。在定量指标的基础上，可以准确地确定相关的绩效所应当达到的水平。由于定量分析有大量数据支持，因此具有科学性和很强的说服力。但在现实中，并不是所有指标都可以量化，如内部审计部门的独立性、内部审计部门在组织中的沟通效果等，往往需要通过制定“优”“良”“中”“差”的标准来定性衡量。当然，定性指标也可以适当量化。所谓定性量化，其实是一个从模糊到清晰的过程。定性量化需要经过分解、评分、汇总三个阶段，也就是将定性分析的对象按照合理的方式分解成必要的组成部分，对每个部分依照各自的标准评分，然后将各部分的分数乘以权重并相加，所得的总分数即该对象的量化值。

7. 驱动性指标与结果性指标相结合原则

这一原则是针对评价体系中的指标提出的。内部审计绩效评价指标不应都是结果性指标，还应该包括使这些结果形成的驱动性指标。当然，指标体系应能有效反映内部审计部门关键业绩驱动因素，而不是反映所有操作过程，因为评价不可能面面俱到。如果能够根据结果性指标筛选出更多的驱动性指标，则有利于内部审计部门根据绩效评价结果明确努力的方向。

（二）内部审计绩效评价方法

1. 内部审计绩效评价的常用方法

在选择内部审计绩效评价方法时，需参考企业绩效评价的一般方法，常见的企业绩效评价方法如下。

（1）全面质量管理法（total quality management，TQM）。20 世纪中期，全面质量管理由美国著名专家费根堡姆首次提出。全面质量管理法是在传统质量管理的基础上，随着科学技术的发展和经营管理的需要发展起来的现代质量管理体系。全面质量管理是指在企业所有要素的推动下，所有部门、所有组织、所有人员都以产品质量为核心，将专业技术、管理技术、数理统计技术集合在一起，建立起一套科学、严密、高效的质量保证体系，控制生产过程中影响质量的因素，以优质的工作、最经济的办法提供满足用户需要的产品的全部活动。它是一种由顾客的需要和期望驱动的管理哲学，注重顾客价值创造，主导思想是“顾客的满意和认同是长期赢得市场、创造价值的关键”。

（2）目标管理法（management by objectives，MBO）。目标管理的概念最初是由德鲁克在 20 世纪 50 年代提出的。作为一种运用目标激励的方法，它很快成为当时应用最广泛的绩效评价方法之一。目标管理的基本思想是企业首先根据其发展要求制定一定时期内的总目标，然后将总目标层层分解得到各层级部门和员工个体目标。各部门及个人的工作围绕其分目标展开，强调自我约束和上级的监督检查。完成目标的情况将作为评价员工绩效的主要依据。目标管理包括以下两个方面内容：一是制定目标的参与性，即必须与每位员工商讨，制定一套便于衡量的工作目标；二是有效的反馈，即定期与员工讨论目标完成情况，从而实现自我调节。目标管理理论认为，企业员工在目标明确的基础上能够对自己的行为负责。其主要优点在于能够明确各项活动的目的，改进组织结构和职责分工，激发员工的积极性，改进管理。

（3）关键绩效指标法（key performance indicator，KPI）。关键绩效指标法遵循一个重要的管理原则——“二八原则”，即 20%的骨干人员创造了企业 80%的价值。落实到每一位员工身上，即 80%的工作任务是由 20%的关键行为完成的。因此，必须抓住这 20%的骨干人员与关键行为，对之进行分析和衡量，这样就能把握绩效评价的重心。关键绩效指标法以总目标的一级关键绩效指标为起点，将其按照一定方式分解为二级、三级目标体系，这些目标体系构成了绩效评价的关键指标体系。关键绩效指标法有利于部门主管明确部门的主要职责及工作目标，并以此为基础明确员工的绩效评价指标。该方法的优点在于，通过层层分解、整合和控制，使与组织目标相关的关键绩效指标同员工个人的关键绩效指标相一致，有利于组织与个人的和谐共赢。这一方法实现了目标与指标的有效结合，主要包括组织、部门和个人的关键绩效指标体系。这三者并不是相互独立的：组织的关键绩效指标体系是在对影响组织战略目标实现的因素进行考察的基础上制定的，以推动组织绩效目标的实现；部门的关键绩效指标体系强调部门战略与组织战略的一致性，是在对组织关键绩效指标体系进行分解的基础上获得的；个人的关键绩效指标体系则是根据部门的战略目标确定的，以保证个人目标与部门和组织目标的一致性。

（4）经济增加值法（economic value added，EVA）。经济增加值法是美国学者斯图尔特提出，并由美国思腾思特咨询公司注册并实施的一套以经济增加值理念为基础的财务管理系统、决策机制及激励报酬制度。它是一种基于税后营业净利润和产生这些利润所需投入资本的总成本的企业绩效评价方法。经济增加值法能够比较准确地反映企业在一定时期内为股东创造的价值。整个经济增加值系统的目的就是以价值驱动力和资本成本为中心，确定发放激励薪酬的基础，并实现企业内部以及与投资者之间的良好沟通。应用经济增加值法进行考核，不仅符合企业的长期发展利益，也符合价值链管理时代对绩效评价的要求。

（5）杜邦财务分析体系。杜邦财务分析体系是一种因素分析法，一经问世便广受欢迎，被通用电气、松下等众多大型企业所采用，并在之后的几十年中成为企业普遍使用的业绩评价系统。但杜邦财务分析体系就财务论财务，对企业绩效的评价和考核没有深入经营管理的过程中，因此不能全面、动态地反映过程中的问题，也不能与企业的战略目标及战略管理手段实现有机融合。另外，由于时代的局限性，杜邦财务分析体系更多地关注内部经营管理，而忽视了对外部市场的分析。

（6）平衡计分卡法（balanced scorecard，BSC）。平衡计分卡被誉为20世纪90年代最重要的管理会计创新，是针对杜邦财务分析体系的缺陷而设计的一种替代指标体系。它包括反映过去行动结果的财务指标，同时用客户、内部业务流程以及学习和成长等维度的业务指标反映未来财务业绩的动因，以补充财务指标，从而从多个方面对企业的业绩进行测评。平衡计分卡首先是战略管理系统，其次才是绩效评价系统。绩效评价是建立在战略管理与日常管理基础之上的，因此，如果企业的管理水平尚未达到这一要求，就不宜使用这一方法。此外，该评价体系没有对除股东、员工、客户以外的利益相关者予以足够的重视。设计平衡计分卡的目的就是建立一个“实现战略制导”的绩效管理系统，从而保证企业战略得到有效的执行。因此，人们通常认为平衡计分卡是加强企业战略执行力最有效的战略管理工具。

我们应该认真考量这些方法在内部审计绩效评价领域的应用情况，其中，应用最广泛的是目标管理法、关键绩效指标法和平衡计分卡法三种方法。从实际应用效果来看，目标管理法往往以结果为导向，这容易导致内部审计部门产生短视行为，忽视内部审计的长期发展战略。关键绩效指标法则是通过类似于列菜谱的方式罗列出各个绩效评价指标，其问题在于指标缺乏系统性，较难准确界定指标与关键绩效之间的关联，也缺乏与企业发展战略目标的有效衔接。很显然，在众多方法中，平衡计分卡法在实现增值导向的内部审计组织与企业发展战略目标衔接方面具有显著的优势，具体的表现是从财务、客户、内部业务流程以及学习和成长四个维度来反映内部审计部门的战略轨迹，综合这四个维度的指标体系能够有效地驱动内部审计部门战略目标的实现。

2. 基于平衡计分卡的内部审计绩效评价指标体系

基于以上方法的对比，本书采用应用最为广泛的平衡计分卡法来设计内部审计绩效评价指标体系，并设定了董事会/审计委员会、高级管理层/被审计单位、外部审计师、内部审计流程、创新和学习、财务六个维度。具体内容论述如下。

（1）董事会/审计委员会维度。董事会/审计委员会是股东利益的代表，从这个维度设计的指标可以反映内部审计部门对股东价值创造的贡献能力。董事会通常通过审计委员会与内部审计部门保持联系。在这一过程中，审计委员会能够提升内部审计部门在组织中的地位，强化内部审计人员的独立性，指导内部审计部门修订审计计划，建立科学的组织管理体制，并指导内部审计人员提升素质，复核内部审计结果等，这些举措都有助于提升内部审计的绩效。从另一个角度来看，审计委员会重点关注对外披露财务报告的真实性和可靠性，而内部审计部门在履行职能过程中对内部控制设计和实施的监督，则有利于确保财务报告的准确编制。内部审计部门的工作比审计委员会对企业的监督更加详细，提供的咨询意见也具备坚实的基础，因此能够促进企业价值的增加。这一维度的内部审计绩效评价指标设计应聚焦于内部审计部门的独立性与审计委员会的满意度，二者构成了一对因果指标体系。内部审计部门的独立性有利于提高审计委员会的满意度，进而提升股东的满意度。具体来看，首席审计官与审计委员会直接会谈的频率，内部审计部门的汇报层次，审计委员会对审计战略、计划的关注程度，审计委员会对内部审计部门的功能定位等都会直接影响内部审计部门的独立性。

（2）高级管理层/被审计单位维度。高级管理层/被审计单位既是内部审计的主要对象，也是内部审计的主要客户。这一维度的指标反映了内部审计对主要客户的贡献。高级管理层/被审计单位需要利用内部审计的确认服务和咨询服务，对企业内部控制系统的设计合理性和运行有效性进行评价，以保证企业经营的效率和效果。从这个意义上说，高级管理层/被审计单位应该支持内部审计部门的工作，为其提供良好的工作条件和环境，及时发现并解决管理中存在的漏洞和潜在风险。高级管理层作为独立的利益主体，受董事会委托来履行职责，在考核机制完善的情况下其利益诉求与增加企业价值一致，但是企业契约的不完备性使得高级管理层作为有限理性个体可能会为追求个人利益最大化而产生道德风险。这时，如果内部审计部门向审计委员会等机构揭示风险，可能会受到高级管理层的阻挠。这一维度的内部审计绩效评价指标应该集中于内部审计部门的功能定位，以及内部审计部门改进经营效率和效果的绩效展示，具体包括高级管理层/被审计单位对内部审计部门的功能定位、高级管理层/被审计单位的满意度、高级管理层/被审计单位执行审计建议的比率、被审计单位对内部审计部门投诉的数量等。

（3）外部审计师维度。外部审计师维度反映了外部审计师对内部审计部门工作成果的利用情况，间接衡量了内部审计部门对企业绩效的贡献。在这一过程中，外部审计师负责对财务报告、内部控制等发表审计意见，这些意见对审计委员会和高级管理层都具有重要影响。外部审计师有时还会提供管理建议书，指出企业存在的问题并提出改进建议，从而对企业形成外在的压力。为了使财务报告获得外部审计师的无保留意见，企业需要内部审计部门在操作层面加强监督，保证企业内部控制体系设计和实施的有效性。外部审计师也会在评估时利用内部审计的成果来提高审计效率和降低成本，被审计企业因此能够降低费用、增加价值。外部审计师和内部审计部门在沟通过程中相互学习、相互促进，这有助于提高内部审计的水平，从而提升内部审计绩效。这一维度的内部审计绩效评价指标包括外部审计师利用内部审计成果而减少的外部审计费用、外部审计师与内部审计人员沟通的频率、外部审计师对内部审计部门提供的内部控制情况的满意度、外部审计师对内部审计工作底稿的利用程度等。

（4）内部审计流程维度。内部审计流程维度是内部审计部门工作质量的一种自我检查和评价维度，也是影响内部审计部门绩效的表象性维度。高质量的内部审计流程是内部审计质量提升的重要前提条件，否则，内部审计的确认服务与咨询服务将失去支撑。内部审计流程维度的评价指标包括内部审计计划完成百分比、利用信息技术的比率、从现场工作结束到报告签发的天数、内部审计支出占公司总成本支出的百分比、内部审计质量评估结果、内部审计流程改进频率、内部审计业务类型数量等。

（5）创新和学习维度。创新和学习维度是其他维度的驱动性维度，它明确了企业未来取得成功的关键因素。为了实现这一维度的目标，企业必须投资于员工技术的进步、组织程序的优化和日常工作的理顺。在内部审计绩效评价中，该维度反映了内部审计部门的胜任能力、对环境变化的适应能力以及创新能力。该维度强调员工的技能及其提升是组织创造价值的源泉，只有不断提供培训、继续学习和晋升的渠道，以保持员工创新与成长的能力，内部审计部门的绩效才能不断得到提升。该维度评价指标主要包括内部审计人员学历水平、具有职业认证资格的员工比例、审计经验平均年限、内部审计人员年平均培训时数、内部审计人员满意度、内部审计人员流失率等。

（6）财务维度。财务维度的指标可以衡量股东和其他投资者对内部审计部门的投入所带来的回报。内部审计部门应密切关注这一维度的指标，特别是审计成本，并致力于以最低的成本获取最大的效益。当然，内部审计部门创造的价值主要来源于其提供的确认服务与咨询服务，但这些服务的直接价值难以量化，因此会更多地考虑使用非财务指标来进行绩效评价。该维度评价指标主要包括内部审计部门所发现的舞弊金额、内部审计对审计费用的节约额、内部审计部门自身成本控制情况等。

综合以上这些指标，基于平衡计分卡的内部审计绩效评价指标体系如表12-7所示。

表12-7 内部审计绩效评价指标体系

一级指标	二级指标	序号
董事会/审计委员会维度（A）	审计委员会的满意度	A1
	首席审计官与审计委员会直接会谈的频率	A2
	内部审计部门的汇报层次	A3
	审计委员会对审计战略、计划的关注程度	A4
	审计委员会对内部审计部门的功能定位	A5

续表

一级指标	二级指标	序号
高级管理层/被审计单位维度（B）	高级管理层/被审计单位对内部审计部门的功能定位	B1
	高级管理层/被审计单位的满意度	B2
	高级管理层/被审计单位执行审计建议的比率	B3
	被审计单位对内部审计部门投诉的数量	B4
外部审计师维度（C）	外部审计师利用内部审计成果而减少的外部审计费用	C1
	外部审计师与内部审计人员沟通的频率	C2
	外部审计师对内部审计部门提供的内部控制情况的满意度	C3
	外部审计师对内部审计工作底稿的利用程度	C4
内部审计流程维度（D）	内部审计计划完成百分比	D1
	利用信息技术的比率	D2
	从现场工作结束到报告签发的天数	D3
	内部审计支出占公司总成本支出的百分比	D4
	内部审计质量评估结果	D5
	内部审计流程改进频率	D6
	内部审计业务类型数量	D7
创新和学习维度（E）	内部审计人员学历水平	E1
	具有职业认证资格的员工比例	E2
	审计经验平均年限	E3
	内部审计人员年平均培训时数	E4
	内部审计人员满意度	E5
	内部审计人员流失率	E6
财务维度（F）	内部审计部门所发现的舞弊金额	F1
	内部审计对审计费用的节约额	F2
	内部审计部门自身成本控制情况	F3

（三）内部审计绩效评价指标赋权

仔细分析内部审计绩效评价指标体系我们会发现，它是一个多维度、多层次、多指标的综合评价体系。在这个体系中，不同维度、不同指标被赋予的权重不同，自然会导致不同的评价结果。而赋予什么样的权重，会因内部审计部门战略的不同而不同，不同的评价主体对同一指标的权重的看法也可能不一致。因此，为保证所赋予的评价指标权重的合理性，正确引导内部审计工作的努力方向，并衡量内部审计部门创造价值的能力，选择合适的评价指标赋权方法显得极其重要。

当前，多指标的赋权方法主要有主观赋权法、客观赋权法和组合赋权法。

1. 主观赋权法

主观赋权法也称专家赋权法，简单来说，就是通过一定方法综合各位专家对各指标的赋权意见。这种方法主要包括层次分析法、德尔菲法、专家评判法等。主观赋权法相对简便易行，但是容易受主观因素的影响，也是人为操作绩效考核结果的途径之一。

2. 客观赋权法

客观赋权法是根据原始数据之间的关系，通过一定的数学方法来确定权重。其结果不依赖于主观判断，有较强的数学理论依据。常用的客观赋权法包括主成分分析法、离差及均方差法、多目标规划法、熵值法等。与主观赋权法相比，客观赋权法受评分者主观偏好影响较小。但由于客观赋权法依赖于足够的样本数据和实际的问题域，因此其通用性和可参与性差，计算方法也比较复杂。此外，这种方法不能体现赋权者对不同属性指标的重视程度，所赋权重有时会与实际情况产生很大的偏差。

3. 组合赋权法

组合赋权法是将各种赋权方法得出的指标权重进行组合，从而计算得出最终的指标权重。在实际操作中，为了保证权重确定的科学性与合理性，我们往往需要根据企业的实际情况，依据成本效益原则和可操作性原则，将多种方法综合运用，以确定组合权重。

（四）内部审计绩效评价指标的评分方法

在评分的过程中，需要注意两个关键点：一是评分主体的选择；二是定性指标的量化。试想，如果随意将评分任务交由基层员工完成，最后得出的评价结果很可能会与实际情况相去甚远。因此，在选择评分主体时，一定要保证其为人公正、了解企业战略、熟悉内部审计部门、了解企业日常经营活动。

定量指标的量化通常相对容易，只需按照实际工作的合理范围将其分值设定在0～100分之间，然后根据实际情况选取对应值即可。必须高度重视定性指标的量化，因为如果量化不合理，指标的设置将变得毫无意义，甚至产生负面影响。

目前，定性指标的量化并没有统一的方法，因为每个企业的实际情况不同，评判标准也不同。一般情况下，定性指标的得分标准可以分为几个档次，如五档；每一档对应一定的分数区间，如A档90～100分，B档80～89分，C档70～79分，D档60～69分，E档0～59分。对于定性指标的量化处理，可采用隶属因子赋值法。以“审计委员会的满意度”这个指标为例，它反映了内部审计对审计委员会的贡献程度。满意度越高，说明贡献程度越高。因此，A，B，C，D，E五个档次可以分别对应非常满意、较满意、一般满意、不太满意、不满意。根据每个等级内容所反映的指标趋向程度提出明确、具体的评价参考标准，评分人员（一般是专家）便可根据赋值标准在对应档次的得分范围内给出指标的具体得分。

（五）内部审计绩效评价结果的分析与改进

经过上述步骤，即可根据确定的权重与得分计算出整体的加权得分，即综合评价结果。当然，在这个过程中，我们得到的不只是最后的得分，结果分析也不能仅限于对得分的分析。

在之前的步骤中，我们已知每个指标的权重与得分，并计算出了每个维度的权重与得分，最后得到了总体得分。这个最终结果仅代表目前的综合水平，如果想要改进，还要从前面的程序着手。首先，根据最终得分确定企业内部审计绩效的整体水平是良好、及格还是不及格。如果与预期值存在一定差异，就要仔细做好接下来的两个步骤。其次，根据每个维度的权重与得分，分析其是否与整个企业的战略相符，因为这体现了每个维度所代表的某一方面的重要性，如审计委员会可以在一定程度上代表公司治理导向。如果与实际情况不符，则要查找原因，若无合理原因，就要对评价体系进行及时调整，以保证最终评价结果的准确性。最后，观察单个指标的得分和权重，查找个别指标分数低于一般水平的原因，并分析各方面的影响因素。对于权重相对较大，分数却较低的指标，更要予以关注，这往往是后续改进的重点。

对评价过程和结果进行充分分析、对薄弱环节进行定位之后，紧接着要做的工作就是整改。每个企业根据自身的情况采取的措施会有很大的差别。最基本的就是，首先由内部审计部门根据实际情况提出可行性整改报告，其次由管理层结合企业战略进行调整，最后形成整改措施。在这一过程中，应注意权责分明，并及时进行跟踪、总结与调整。

在实施内部审计绩效评价时还应注意，内部审计人员的绩效评价在需要被审计单位参与的情况下很容易导致审计人员与被审计单位的利益冲突，因为内部审计人员为了从被审计单位得到更好的调查反馈结果，可能会改变他们的意见或者建议。

第 4 节　内部审计人际关系管理

一、内部审计人际关系的重要性

内部审计人际关系是指内部审计部门和内部审计人员在内部审计中与组织内外相关机构和人员的关系。内部审计人际关系的处理和协调是整个内部审计活动的有机组成部分。

（一）影响内部审计在公司治理中的作用

内部审计要想充分发挥其在组织治理中的关键作用，就必须妥善处理和协调组织内外各种复杂的人际关系。因此，人际关系管理技能成了内部审计人员专业胜任能力的基本要求。内部审计人员只有与被审计单位以及企业管理层和内部各职能部门保持良好的关系，才能使内部审计职能得以发挥、内部审计报告得到重视、内部审计增值目标得以实现。

（二）影响内部审计工作的顺利推进

任何内部审计工作都不是单靠内部审计部门和人员就能顺利完成的，在很大程度上还需要被审计单位和相关人员以及组织内外部其他机构和人员的协助和配合。这不仅需要他们提供审计所需要的大量信息和资料，更需要他们对审计工作给予理解和支持。内部审计部门和人员只有取得相关机构和人员的理解和配合，才能及时获得相关、可靠和充分的信息，减轻工作阻力，提高内部审计效率。

（三）影响审计意见的执行

客观、恰当的内部审计报告只有在组织内外相关部门、机构和人员的帮助下才能完成。内部审计意见的贯彻执行以及内部审计结果的充分利用都依赖于组织内外相关部门、机构和人员的支持和配合。因此，内部审计人员应当维护组织利益，从全局的角度出发，妥善处理和协调与组织相关各方的关系，以保证内部审计意见得到有效落实、内部审计目标得到实现。

二、内部审计人际关系分析

（一）内部审计人际关系的类型

根据内部审计的职能、工作内容及性质，内部审计人际关系主要包括以下几种类型（见图12－1）。

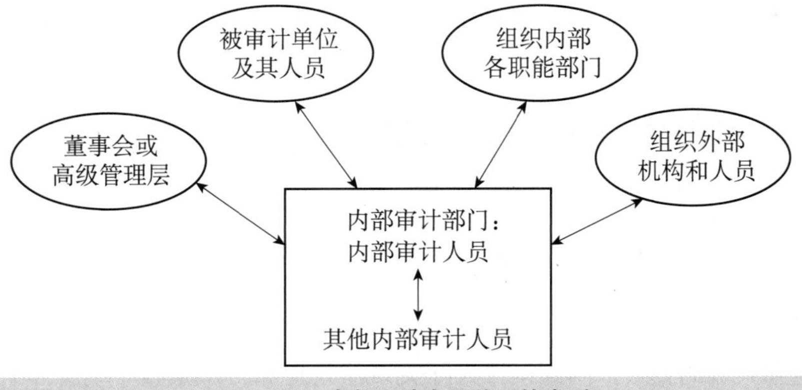

图12－1 内部审计人际关系的类型

1. 内部审计部门和人员与董事会或高级管理层的关系

内部审计职能在组织治理中处于非常重要的地位，因内部审计部门隶属于董事会或者高级管理层而形成了接受其领导并向其报告的组织关系。内部审计部门应当接受董事会或者高级管理层的领导，保持与董事会或高级管理层的良好关系，以实现董事会、高级管理层与内部审计人员在组织治理中的协同作用。

2. 内部审计部门和人员与被审计单位及其人员的关系

与被审计单位及其人员的关系是内部审计人员需要面对的最主要、最直接也是最难以处理和协调的人际关系。为了更好地履行审计职责，也为了更好地促进组织经营管理和内部控制的不断完善，内部审计部门和人员需要以谨慎、客观的态度处理和协调与被审计单位及其人员的关系。

3. 内部审计部门和人员与组织内部各职能部门和人员的关系

内部审计职能在组织中的广泛覆盖性和工作领域的多样性，决定了内部审计部门和人员与组织内部各职能部门和人员之间应建立紧密的协作关系。组织内部各职能部门和人员既是内部审计工作的信息来源，也是内部审计的咨询服务对象。

4. 内部审计部门和人员与组织外部机构和人员的关系

内部审计部门和人员需要协调与组织外部机构和人员之间的关系。内部审计与外部审计应当在具体审计程序和方法、审计发现和成果等方面相互沟通，达成共识，以促进双方的信息共享和业务合作。此外，内部审计部门还可以根据实际需要利用外部专家的服务，以获取更多相关、可靠和充分的审计证据，保证审计工作的质量。

5. 内部审计人员与其他内部审计人员的关系

每个内部审计项目都是由内部审计人员组成的团队协作完成的，内部审计质量控制不允许一个审计项目由一个审计人员单独完成。内部审计部门成员之间存在领导关系、监督关系，也存在相互协作和学习关系。

（二）内部审计人际关系的影响因素

1. 内部审计人员的形象

良好的个人形象代表一种积极的状态，它反映了一个人的特定心理和情绪。内部审计人员工作在一个充满矛盾和冲突的环境中，因此，具有良好的个人形象十分重要。如果人们一谈到内部审计部门，首先联想到的就是专横、傲慢、不近人情、工作效率低下、专业水平很差等，那么这种形象的内部审计人员很难获得上级、同事及被审计单位的认可和信赖。因此，对于从事内部审计的工作人员来说，树立自身良好形象十分重要。

2. 内部审计人员的沟通能力

沟通能力是人际交往中至关重要的因素。内部审计人员的沟通能力包括语言上和非语言上的沟通能力。语言上的沟通能力包括书面写作和口头表达能力，非语言上的沟通能力主要是指肢体语言表达和沟通能力。根据内部审计人际关系的类型，内部审计人员需要与董事会或高级管理层进行坦诚和详细的沟通，以改善公司的治理；他们还需要通过及时反馈、就审计过程中出现的问题进行沟通等方法来需要改善与客户的关系。此外，内部审计人员彼此之间也需要在小组内部及其他环境中进行持续的互动。可见，内部审计的效果受这些人际关系的影响，而这些人际关系的建立和维护在很大程度上取决于沟通。

3. 内部审计人员的个人品质

良好的个人品质是构建和谐的人际关系的基础。性格开朗、心胸开阔、性情和善、待人宽厚、乐于与人交往、能体谅他人的人，更容易建立良好的人际关系，并更好地融入群体中。而性格孤僻、过分自卑、过于功利、自高自大、目空一切、以自我为中心、充满敌意，则会阻碍人与人之间的沟通，不利于团结与协作，这样的人难以获得群体成员的欢迎，从而难以形成良好的人际关系。

4. 态度的相似性

俗话说，"物以类聚，人以群分"。当人们对事物持有相同或相似的态度时，更容易形成密切的关系。比如，当形成一个群体时，那些价值观、兴趣爱好、理想信念等类似的人，能够产生共鸣，相互支持和响应，进而在交往中加强交流与协作，形成和谐的人际关系。具体到内部审计中的人际交往中，如果内部审计人员与相关部门的工作人员对于内部审计工作持有相似的观念，双方都朝着提高公司经营管理水平的方向思考和行动，那么这种相似的态度将成为建立良好人际关系的决定性条件。

5. 交往频率

交往频率是指人们在单位时间内相互接触的次数。一般来说，交往频率越高，人们越容易形成共同的话题、经验，也越容易了解彼此的态度和行为方式，即交往频率与人际关系的密切程度通常成正比。如果交往次数少甚至长久不交往，关系将逐渐疏远。当然，交往的内容应当与开展的工作相关，否则即使交往频率再高，也难以形成有利于工作的人际关系。

三、良好的内部审计人际关系的形成途径

（一）保持内部审计沟通中的客观立场

内部审计部门是在组织内部设置的职能部门，其终极目标是与组织内部的其他职能部门共同协作，增加组织价值，因此要求内部审计职能完全独立于被审计部门或人员是不现实的。例如，在风险管理和内部控制审计项目中，内部审计部门和人员通过向有关人员解释采取控制程序的原因，向违反控制程序的管理者发出风险警示，来帮助和促使其改正违规行为，完善组织的风险管理和内部控制。作为风险管理和内部控制领域的专家，内部审计人员处于高级管理层与被控制者的中间位置。他们作为控制者与被控制者之间的有益缓冲，致力于内部控制的完善，因此内部审计的本质更倾向于服务，而不是单纯的监督，当前内部审计职能向咨询服务转变更是印证了这一点。内部审计的职能定位决定了内部审计部门和人员在内部审计工作中应当采取的沟通立场：既要客观公正，坚持自己的立场，又要给予被审计人员详细阐述自身立场的机会，倾听他们的陈述，理解他们的观点，设身处地为他们着想，本着真诚的态度尝试理解他们的想法，帮助他们纠正错误。

（二）制订完善的沟通计划

事先制订完善的沟通计划是确保有效沟通的最佳方法，它有利于保证沟通过程的可控性。在制订沟通计划之前，内部审计人员作为信息的发送者，应充分考虑信息接收者的特征，包括他们的个性、情绪、知识水平等。例如，被沟通者可能是外向型的，也可能是内向型的。对于外向型的被沟通者，沟通计划应注重对沟通过程的控制，以使沟通过程能够传递有意义的信息；对于内向型的被沟通者，沟通计划的关键则是引发其对沟通的积极反馈。此外，沟通的时间、地点安排也需要纳入计划内容。除了突击式审计外，内部审计人员应该事前通知被审计单位的负责人，以便其做好沟通准备。

（三）选择适当的沟通时机

内部审计人员应当关注沟通环境中可能存在的干扰因素，因为信息接收者的工作状态、情绪以及是否有应回避人员等都会影响沟通的效果，因此应当选择接收者更容易接受和理解信息的时机进行沟通。为了选择适当的沟通时机，内部审计人员应当尽量在与被沟通者见面之前，熟悉审计目标，思考实现这些目标的方式；保证为被沟通者提供充足的时间，以便与之进行全面、有效的接触；允许被沟通者进行充分的准备；注意与其他有关活动相协调；应尽量避免在午饭前后、休假前后，或在周末安排会面或会议。另外，与被沟通者的沟通经历会对后续的沟通产生影响。先前友好的沟通气氛能够为后续的沟通提供良好的条件，因此，内部审计人员应努力营造良好的沟通氛围，真诚地关注被沟通者及其经营业务，从而提升沟通效果。

（四）充分了解沟通的背景

沟通总是在一定的背景下发生的。一般而言，对沟通过程产生影响的背景因素包括心理背景、环境背景、社会背景、文化背景等。其中，对内部审计沟通影响较大的是环境背景，尤其是沟通的场所。通常情况下，内部审计工作是在被审计单位进行的，被审计人员往往既存在展示所有权和控制权的欲望，又存在对审计人员的恐惧感，这些情绪都会影响沟通的顺利进行，甚至造成沟通的失败。为此，内部审计人员需要谨慎处理，不要提出超出审计工作范围的特殊要求，应当展示出合作的态度，学会控制环境因素，根据沟通的内容尽量选择适当的环境，必要时才考虑运用权力。此外，在进行书面沟通时，内部审计人员并不能控制收件人的环境背景，因此，应当考虑信息接收者是否方便，并确定送达的时间和地点。

（五）学会倾听

倾听在有效沟通中是至关重要的，是内部审计人员应该具备的最基本的能力。作为倾听者的内部审计人员应表现出对讲话人所述内容的高度关注，使用自然的肢体语言进行回应，要像倾听事实一样倾听讲话人的感情表达，不要妄加评论和判断。内部审计人员还应当学会深思熟虑，注意适时概括、复述或者引导讲话的内容，这样做可以达到两个目的：一是向讲话人表示你正在倾听；二是确保你能理解讲话的内容。内部审计人员在倾听的过程中，无须试图记下讲话人所说的每件事情，而应抓住谈话的重点。

（六）发挥非语言沟通的作用

在沟通过程中，非语言沟通往往很重要，更能决定信息的传达效果。非语言沟通包括目光沟通、姿势沟通、面部表情沟通、语调沟通、衣着沟通等。例如，有信心的被沟通者喜欢用目光和面部表情来表达自信，以一种自我肯定的姿态进行沟通；或者通过合适的手势表现出自己的坦荡和无拘无束。内部审计人员应当充分认识到非语言沟通在有效沟通中的重要作用，它与语言沟通同等重要，两者相互补充，而不是互相排斥。内部审计人员在沟通过程中，不仅需要充分利用非语言沟通方式来营造积极良好的沟通氛围，还需要认真观察和理解被沟通者通过非语言沟通方式所传达的情绪和思想。

（七）充分运用沟通中的反馈

反馈是沟通环节中不可或缺的一部分，用来判断沟通是否达到了预期的目的。反馈要求信息的接收者以某种方式对沟通过程做出回应，评价沟通的结果并给出自己的意见。反馈可以来自沟通的不同阶段，首先得到的反馈是在面谈中传递信息时对方的反应。随着沟通的进行，不断会有新的反馈产生。例如，在面谈中，内部审计人员可以了解被审计单位是否准备采纳审计人员的建议，或者是否承诺采取适当的行动。在面谈结束前，内部审计人员可以再次寻求反馈，以了解被沟通者未来的行动计划。

可见，内部审计部门和人员在组织内建立一种积极、建设性的人际关系氛围是非常有必要的，实现这个目标最简单的方法就是在人际交往和沟通中尽可能与对方达成共识。内部审计人员应当明确，审计的最终目的并不是查出被审计单位存在的问题，而是在审计过程中与被审计单位达成共识，为了组织共同的目标进行协商，采取措施纠正错误和防范风险，以实现组织目标，增加组织价值。当双方在沟通过程中发生矛盾时，内部审计人员应当重新营造理解和合作的气氛，此时需要内部审计人员拥有良好的人际交往技巧，在审计过程中使否定式感情投入最小化、肯定式感情投入最大化。

四、内部审计人际关系的冲突与协调

（一）冲突的原因

1. 缺乏必要、及时的信息沟通

沟通双方信息不对称是造成人际关系冲突的重要原因，而造成信息不对称的主要原因之一就是缺乏必要、及时的信息沟通。

2. 对同一事物的认识存在分歧，导致评价不同

沟通双方往往站在不同的立场，出于对自身利益的考虑，对同一事物的认识存在

分歧，进而导致评价不同，从而造成人际关系冲突。比如，被审计单位可能认为自身有全面、完善的控制和监督体系，而内部审计人员的审查工作打乱了它们的正常工作秩序，没有必要改变它们已经熟悉的常规工作方式；而有些内部审计人员则可能过分强调被审计单位和人员在工作中的缺陷和差错，甚至指责有过失的被审计人员。在这种敌视气氛下，内部审计人员面临人际关系冲突显然是不可避免的。

3. 价值观、利益观不一致

如果沟通双方一味地坚持自己的价值观和利益观，就可能导致人际关系冲突。内部审计人员可能片面追求发现被审计单位存在的问题，而被审计单位则可能片面追求自身绩效的最大化。由于内部审计将会揭示被审计单位存在的问题、工作中的失误或者失职渎职行为，而且这些不利的审计发现通常会导致追查相关人员的责任，因此，当价值观和利益观不一致时，必然会导致人际关系冲突。

4. 职业道德信念存在差异

沟通双方的价值观和利益观如果存在差异，就可能表现为职业道德信念的差异，这一差异也会导致人际关系冲突。

（二）冲突的类型

1. 价值观念上的冲突

内部审计人员与被审计单位或人员价值观念上的冲突，是很容易发生的一种冲突。管理部门可能认为内部审计部门的主要职责是预防和发现错误，查明它们是有意为之还是偶然发生的，并报告所有违规现象；而内部审计部门则可能认为其主要责任在于评价系统的效率和效果，并就如何改进系统提出建设性的建议。管理部门可能认为内部审计的工作范围应限制在财务与会计领域，而且往往还是较低层次的财务与会计领域；而内部审计部门则认为内部审计的工作就是检查所有层次的所有经营活动。此外，管理部门可能认为内部审计部门应对每个审计对象的能力和绩效做出评价；而内部审计部门则认为其应主要对内部控制系统问题进行报告。可见，在价值观念不一致时，容易导致人际关系冲突。

2. 内部审计的作用冲突

内部审计的作用冲突源于内部审计的职能。一方面，它希望扮演顾问的角色，另一方面它又承担着监督的职责。内部审计部门深知，有效的内部审计需要消除审计师与被审计者之间的矛盾。为此，内部审计部门努力让被审计者将自己看作顾问和助手。但被审计者往往并不这样看待。被审计者知道，审计师有各种迫使他们在审计中予以配合和采纳建议的手段，如向高层管理者和外部审计师发送审计报告，向企业总裁或审计委员会报告审计结果，拥有可在审计师选定的任何时间进行审计工作的权力，在其权限范围内可以查看所有记录和询问所有职员。虽然审计师将这些行为也看作咨询职能的一部分，但在拥有这些权力和许可的情况下，被审计者将审计师视为“警察”也就不足为奇了。即使审计师放弃这些权力和许可，也很难消除其原本的“警察”

形象。

（三）冲突管理的方法

内部审计的工作性质导致了内部审计冲突的产生。为了维护和谐的工作关系，内部审计人员应当及时、妥善地化解冲突，可以采取的方法主要包括竞争、劝导、协作、暂时回避、适当妥协、向适当的管理层报告以寻求协调等。

1. 竞争

竞争策略视冲突为一项体育运动，其结果必然有输赢之分。这是一种“我赢你输”的策略，只寻求满足自身利益，为了达到自身的目标而无视他人的利益。为此，采取竞争策略的一方常常施加压力，迫使另一方放弃其立场或要求。

2. 劝导

冲突的产生可能源于双方对同一事物的认识存在分歧，也可能是双方的价值观和利益观不一致所致。此时，内部审计人员应当从组织整体利益出发，坚持客观、公正的立场，进行说服和劝导。

3. 协作

协作就是尽可能满足双方的利益。冲突是双方共同的问题导致的，每一方都应积极理解对方的需求，以期找到双方都能满意的方案。因此，双方应通过充分的沟通，积极了解产生冲突的背景，以积极、谦虚、平易近人的姿态共同解决矛盾与纠纷。当冲突的产生是由于双方就问题的解决方案难以取得一致意见，内部审计人员应当争取与对方携手合作，共同解决这一问题。

4. 暂时回避

一般会采取三种策略来避开冲突。第一，把牵涉的人调开；第二，脱离冲突接触；第三，减少冲突各方合作的范围和时间。当冲突产生时，双方的情绪可能都不稳定，此时坚持进行沟通，反而可能会激化冲突，无助于问题的解决。因此，可以采取暂时回避的方法，待双方冷静时再做进一步的沟通。

5. 适当妥协

问题的解决通常取决于多项外界因素，只能分步、分阶段地解决。当问题的性质较轻时，内部审计人员过分坚持与挑剔可能会让被审计单位认为是在吹毛求疵。此时，本着建立良好人际关系的目标，内部审计人员可以做一些妥协。但是，哪些情况下可以做出妥协以及妥协的程度，需要内部审计人员进行慎重的判断，以免丧失原则和立场。

6. 向适当的管理层报告以寻求协调

如果双方对于冲突的解决无法达成共识，内部审计人员可以考虑向适当的管理层汇报，由适当的管理层根据组织利益最大化的原则进行协调。

在以上方法中，协作通常被认为是一种解决冲突的有效方法。但是想要真正达到协作，需要审计双方付出极大的努力。它要求审计双方进行各种形式的沟通，列举导致冲突的主要分歧点，就事论事，不分胜负。与此同时，双方还需设身处地地为对方着想，进行角色转换，通情达理，相互理解、谅解和支持，在对企业高层次目标的理解和重视程度上达成一致，满足各方的共同利益。这时，审计中的发现不应被看作缺陷，而应被看作一种可以通过被审计单位和内部审计人员携手合作而共同改进的对象。

如果冲突处理得当，它将会提高决策的质量，激发组织的革新与创造力，调动群体成员的兴趣与好奇心，提高整个组织的绩效。如果冲突处理不当，它可能会成为沟通障碍，导致组织凝聚力降低，组织成员之间关系紧张，影响整个组织的绩效，在极端的情况下甚至会威胁组织的生存。

第 5 节　内部审计档案管理

内部审计人员在审计项目结束后，应当及时收集内部审计档案材料，按照立卷原则和方法，对这些材料进行归类整理、编目装订、组合成卷并定期归档。内部审计档案是指内部审计机构和内部审计人员在审计项目实施过程中形成的、具有保存价值的历史记录。内部审计档案管理是内部审计机构对应纳入内部审计档案的材料进行收集、整理、立卷、移交、保管和利用的活动。

一、内部审计档案管理的作用

（一）有利于事后防范审计风险

内部审计档案是内部审计过程中形成的记录和形成审计结论的依据。由于内部审计项目众多，审计人员很难在事后完整地还原审计问题的具体审计过程，这就给审计人员带来了一定的审计风险。因为在执行审计决定的过程中，可能会出现反复，甚至需要进行复议、行政诉讼或移送纪检监察乃至司法部门处理等情况。如果内部审计档案不完整，就无法证明审计程序合法、证据充分以及定性和处理正确。如果能够按照要求在审计项目结束后将审计资料完整、有序地整理归档，就可以通过档案中的取证单及所附证据材料、工作底稿、被审计单位反馈意见、对反馈意见采纳情况的说明、审计业务会议纪要等档案资料，完整地还原每个问题产生、发现、上报和处理的全过程，使审计报告有据可查、审计问题有迹可循、审计工作有证可依，也使审计人员以后在面对复议或检查时能够“说得清，道得明”，从而更有效地防范审计风险。

（二）有利于后续审计工作

内部审计工作对实践经验的要求极高，而且现实中的审计项目具有重复性和连续性。如果内部审计档案管理规范，则审计人员可以方便地查阅以往年度的类似审计项目的档案，这有利于节约审计时间和成本。对于刚刚从事审计项目的审计人员来说，内部审计档案更是宝贵的财富，它有助于审计人员迅速开展工作，起到事半功倍的作用，显著提升审计效率。

（三）有利于统一定性和表述

审计工作严谨细致，不同时期面临的很多问题和情况均存在一定的延续性。在政策不变的前提下，对同类问题、同种情况进行不同的表述和定性，或引用不同的法规会让审计工作有失严谨。查阅内部审计档案有助于审计人员统一定性及表述，结合以往对同类问题的表述和定性对现在的问题加以处理，从而提高内部审计工作质量，规范内部审计档案管理工作。

二、内部审计档案管理的要点

（1）内部审计人员应当及时收集在审计项目实施过程中直接形成的文件材料和与审计项目有关的其他材料。

（2）内部审计人员应当根据材料的保存价值和相互之间的关联度，以审计报告相关内容的需要为标准，整理、鉴别和选用需要立卷的内部审计档案材料，归集形成内部审计档案。

（3）内部审计人员在立卷时，应当遵循按性质分类、按单元排列、按项目组卷的原则。

（4）内部审计人员应当坚持谁审计、谁立卷的原则，做到审结卷成、定期归档。

（5）内部审计人员应当按审计项目立卷，不同审计项目不得合并立卷。跨年度的审计项目，在审计终结的年度立卷。

（6）内部审计机构应当建立内部审计档案工作管理制度，明确规定内部审计档案管理人员的责任。

（7）内部审计项目负责人应当对内部审计档案的质量负主要责任。

（8）内部审计人员（立卷人）应当将获取的电子证据的名称、来源、内容、时间等完整、清晰地记录于纸质材料中，证物装入卷内或物品袋内附卷保存。

（9）内部审计人员（立卷人）完成归类整理，经项目负责人审核、档案管理人员检查后，按规定进行编目和归档，向组织内部档案管理部门（简称档案管理部门）办理移交手续。

三、内部审计档案的收集范围与分类

（一）内部审计档案的收集范围

内部审计档案材料应当真实、完整、有效、规范，并做到遵循档案材料的形成规律和特点，保持档案材料之间的有机联系，区别档案材料的重要程度，便于保管和利用。在收集内部审计档案时，凡是内部审计人员在履行审计职责中直接形成的文件、笔录、证据、电报、信函的原件或复制件、照片、磁带、电脑软盘、光盘，以及与项目有关的其他文件材料，均属内部审计档案的收集范围。不归入内部审计档案的有：

（1）与具体审计项目无关的行政文书和审计综合管理性文件；

（2）未用作审计依据，或未经核实的证明性文件；
（3）审计所依据的法规、政策文件中无关的条款及其他参考材料；
（4）未经领导审签的文件草稿；
（5）其他不应归入内部审计档案的材料。

（二）内部审计档案的分类

（1）立项类材料，例如，审计委托书、审计通知书、审前调查记录、项目审计方案等；

（2）证明类材料，例如，审计承诺书、审计工作底稿及相应的审计取证单、审计证据等；

（3）结论类材料，例如，审计报告、审计报告征求意见单、被审计单位的反馈意见等；

（4）备查类材料，例如，审计项目回访单、被审计单位整改反馈意见、与审计项目联系紧密且不属于前三类的其他材料。

（三）内部审计档案的排列要求

1. 内部审计档案材料应当按四个单元排列

（1）结论类材料，按反向审计程序，结合其重要程度予以排列；

（2）证明类材料，按与项目审计方案所列审计事项对应的顺序，结合其重要程度予以排列；

（3）立项类材料，按形成的时间顺序，结合其重要程度予以排列；

（4）备查类材料，按形成的时间顺序，结合其重要程度予以排列。

2. 内部审计档案内每组材料的排列要求

（1）正件在前，附件在后；
（2）定稿在前，修改稿在后；
（3）批复在前，请示在后；
（4）批示在前，报告在后；
（5）重要文件在前，次要文件在后；
（6）汇总性文件在前，原始性文件在后。

四、纸质审计档案的要素与装订要求

1. 纸质审计档案的要素

（1）案卷封面，案卷封面应当采用硬卷皮封装；

（2）卷内材料，卷内材料目录应当按卷内材料的排列顺序和内容编制，卷内材料应当逐页注明顺序编号；

（3）案卷备考表，案卷备考表应当填写立卷人、项目负责人、检查人、立卷时间以及情况说明。

2. 纸质审计档案的装订要求

（1）拆除卷内材料上的金属物；
（2）破损和褪色的材料应当修补或复制；
（3）卷内材料装订部分过窄或有文字的，用纸加宽装订；
（4）卷内材料字迹难以辨认的，应附抄件加以说明；
（5）卷内材料一般装订页数不超过200页。

五、电子审计档案的建立、移交

（一）电子审计档案的建立

内部审计机构在条件允许的情况下，可以为审计项目建立电子审计档案。内部审计机构应当确保电子审计档案的真实、完整、可用和安全。一般来说，电子审计档案应当采用符合国家标准的文件存储格式，确保能够长期有效读取。主要包括以下内容：

（1）用文字处理技术形成的文字型电子文件；
（2）用扫描仪、数码相机等设备获得的图像电子文件；
（3）用视频或多媒体设备获得的多媒体电子文件；
（4）用音频设备获得的声音电子文件；
（5）其他电子文件。

（二）电子审计档案的移交

内部审计机构在审计项目完成后，应当以审计项目为单位，按照归档要求，向档案管理部门办理电子审计档案的移交手续，并符合以下基本要求：

（1）元数据应当与电子审计档案一起移交，一般采用基于XML的封装方式组织档案数据；

（2）电子审计档案的文件有相应纸质、缩微制品等载体的，应当在元数据中著录相关信息；

（3）采用技术手段加密的电子审计档案应当解密后移交，压缩的电子审计档案应当解压缩后移交，特殊格式的电子审计档案应当与其读取平台一起移交；

（4）内部审计机构应当将已移交的电子审计档案在本部门至少保存5年，其中的涉密信息必须符合保密存储要求。

电子审计档案移交包括组织和迁移转换电子审计档案数据、检验电子审计档案数据和移交电子审计档案数据等步骤。电子审计档案的移交可采用离线或在线方式进行。离线方式是指内部审计机构采用光盘等移交电子审计档案；在线方式是指内部审计机构通过与管理要求相适应的网络传输电子审计档案。档案管理部门可以建立电子审计档案接收平台，进行电子审计档案数据的接收、检验、迁移、转换、存储等工作。电子审计档案检验合格后办理交接手续，由交接双方签字；也可采用电子形式并以电子签名方式予以确认。

六、内部审计档案的保管和利用

（1）内部审计档案应当归组织所有，一般情况下，由档案管理部门负责保管，档案管理部门应当安排对内部审计档案业务熟悉的人员对接收的纸质和电子审计档案进行必要的检查。

（2）归档与纸质文件相同的电子文件时，应当在彼此之间建立准确、可靠的标识关系，并注明含义，保持一致。

（3）内部审计机构和档案管理部门应当按照国家法律法规和组织内部管理规定，结合自身实际需要合理确定内部审计档案的保管期限。

（4）审计档案的密级和保密期限应当根据审计工作保密事项范围和有关部门保密事项范围合理确定。

（5）内部审计机构和档案管理部门应当定期开展保管期满内部审计档案的鉴定工作，对不具有保存价值的内部审计档案登记造册，经双方负责人签字并报组织负责人批准后，予以销毁。

（6）内部审计机构应当建立健全内部审计档案利用制度。借阅内部审计档案一般限定在内部审计机构内部。内部审计机构以外或组织以外的单位查阅或者要求出具内部审计档案证明的，必须经内部审计机构负责人或者组织的主管领导批准，国家有关部门依法进行查阅的除外。

（7）损毁、丢失、涂改、伪造、出卖、转卖、擅自提供内部审计档案的，由组织依照有关规定追究相关人员的责任；构成犯罪的，移送司法机关依法追究刑事责任。

内部审计档案管理是内部审计工作的重要组成部分，包括单位主要领导、内部审计机构负责人、审计人员、档案管理人员在内的相关人员都必须重视此项工作，严格按照相关制度、准则的规定，认真做好内部审计档案的归档及管理工作。单位主要负责人更应认识到内部审计档案对于加强内部审计工作及内部管理工作的重要性，为内部审计机构创造良好的工作环境，提升内部审计档案管理水平。

习题

一、单选题

1. 编制项目审计方案是（　　）的职责。

A. 内部审计部门负责人　　B. 项目负责人

C. 审计组成员　　D. 企业监督层

2. 在内部审计绩效评价体系中，如果开发和组织实施成本远远大于使用内部审计绩效评价体系带来的收益，则应选择其他评价体系。这体现了（　　）原则。

A. 增值原则　　B. 可操作性原则

C. 动态修正原则　　D. 成本效益原则

3. 下列关于内部审计人际关系影响因素的说法，错误的是（　　）。

A. 内部审计人员沟通能力强有助于提升审计效果

B. 由于内部审计应保持应有的独立性，因此内部审计人员与相关人员的沟通频率越少，内部审计效果越好

C. 内部审计人员树立的个人形象越好，越容易塑造良好的人际关系

D. 如果内部审计人员与相关部门的工作人员在内部审计工作上具有相似的观念，审计效果往往较好

4. 内部审计档案管理的作用不包括（　　）。

A. 有利于后续审计工作

B. 有利于事后防范审计风险

C. 有利于企业管理层视察工作

D. 有利于统一定性和表述

5. 下列说法中，错误的是（　　）。

A. 内部审计信息化能够为实现企业信息化管理提供保障

B. 内部审计信息化能够为内部审计的转型与发展创造有利条件

C. 内部审计人员仅掌握审计专业知识和现代信息技术的知识就足以做好内部审计工作

D. 内部审计管理信息化最终实现关键在于审计人员的信息技术以及将信息技术与审计工作相结合的能力

二、多选题

1. 下列属于常见的企业绩效评价方法的有（　　）。

A. 目标管理法　　B. 关键绩效指标法

C. 经济增加值法　　D. 全面质量管理法

2. 下列对具有胜任能力的内部审计人员选择方法的表述，正确的有（　　）。

A. 对有经验和没有经验的两类应聘者分开面试，而不拘泥于简历

B. 对每个应聘者进行技能方面的测试，以确保选择最专业的人员

C. 选择董事长挑选的心腹

D. 按照时间顺序选择简历投递最早的应聘者

3. 内部审计的工作性质导致了内部审计冲突的产生。为了维护和谐的工作关系，内部审计人员应当及时、妥善地化解冲突，可以采取的方法包括（　　）。

A. 竞争　　B. 适当妥协

C. 劝导　　D. 反驳

4. 内部审计绩效评价体系是一个动态、完整的内部审计管理子系统，其设计应该遵循的原则包括（　　）。

A. 战略目标导向原则　　B. 可操作性原则

C. 成本效益原则　　D. 动态修正原则

三、判断题

1. 为加快内部审计管理信息化进程，企业应努力提高内部审计人员的素质。

（　　）

2. 审计人员的独立性是指内部审计人员在履行职责时能够免受威胁其履职能力的因素的影响。（　）

3. 审计任务清单体现了内部审计部门在每个内部审计项目中对审计时间和审计资源进行分配的情况。（　）

4. 内部审计绩效评价体系应保持稳定性，不能改变。（　）

四、思考题

1. 内部审计人际关系的处理和协调是整个内部审计活动的有机组成部分，可以通过哪些途径促进形成良好的人际关系？

2. 随着信息化的不断推进，内部审计发生了重大变化，信息化对内部审计产生了哪些影响？

案例分析

Z医院成立于2000年，是省属国有事业单位和三级甲等医院，由M省省委、省政府投资建立。该医院面向广大群众、服务基层，为全省人民的健康保驾护航。

然而，Z医院以往的内部审计管理存在一些问题。在内部审计绩效评价体系上，Z医院原本通过内部审计人员的专业能力、学历水平、提出问题与建议的频率、参与审计的频率、出勤率等10个小指标进行等级评定，然后审核者再根据这10个指标的等级评定情况对内部审计业务质量进行综合评价。但这种评价机制缺乏对医院内部审计人员职业道德情况的评价，同时对于内部审计管理的评价也不够全面。除此之外，Z医院的内部审计还存在一系列其他缺陷。这些问题在过去几年的审计过程中影响了管理层依据评价结果做出有效的整改，也影响了医院内部审计功能的准确定位。

针对Z医院传统内部审计管理存在的诸多问题，该医院在2020年至2021年间进行了内部审计管理体系的改革。在评价体系方面，Z医院不再利用原有的10个小指标进行评级，而是选择了基于平衡计分卡的员工绩效评价体系。该体系主要包括以下几个维度：

（1）财务维度。开展内部审计评价的目的并非控制审计成本，而是提高审计部门的工作业绩，预防并减少财务损失，以及提升职能部门的工作效率。具体指标包括审计计划完成率、审计促进增收节支比率等。

（2）客户维度。对于Z医院内部审计部门而言，其广义上的“客户”主要包括医院管理层、被审计部门以及外部监管机构等。这一维度的评价旨在衡量医院内部审计工作的针对性和有效性，是否切实解决了问题并创造了价值。客户维度的评价应基于医院领导班子的满意度、被审计部门的满意度以及外部监管机构的满意度来开展。

（3）内部业务流程维度。为了使医院内部审计服务对象满意，并高效实现审计工作目标，内部审计部门应当根据内部业务流程选取关键指标。这些指标用于评估内部审计部门的内部业务流程和所有审计活动的开展情况。内部业务流程维度评价指标的选取应基于合理性、先进性和效率性的目标。Z医院在开展审计工作时应当与服务对象保持良好的沟通，完善医院内部财务系统的信息化管理，以便将战略目标分解到具体的工作任务中，从而创造最大价值。

（4）学习和成长维度。学习和成长是内部审计人员不断提升业务能力的重要途径，同时也是不断优化职能业绩、提高服务对象满意度、加强业务管理等的关键驱动力。Z医院在学习和成长维度上，选择了拥有资格证书的内部审计人员比例、内部审计人员培训时数等八大审计指标，以全面评估和提升审计团队的专业能力和成长潜力。

除了对部分业务进行改进之外，Z医院还建立了统筹协调的信息化内部审计保障机制，并统一采用了集团审计支持分析系统。该系统打通了集团统辖的十大核心业务系统，成功搭建了以审计数据仓库为核心、生产业务数据库为辅助的审计大数据平台。利用这一平台集成的业务大数据和内嵌的信息化技术手段，医院大幅提升了审计监督工作的效率。为了打破行业壁垒、加强审计力量，医院还通过社会招聘，组建了由全系统不同板块和业务领域的60名审计人员构成的6个智慧审计小组，形成了一支“精系统、熟业务”的内部审计团队。

资料来源：陈芳．基于BSC的医院内部审计绩效评价指标体系构建．会计之友，2022（4）：132-136.

思考：

1. Z医院内部审计管理体系改革体现了本章的哪些内容？
2. Z医院建立信息化内部审计保障机制的意义是什么？

第13章

数字经济与内部审计转型

学习目标

1. 了解数字经济的内涵及其带来的领域变革，掌握数字经济对内部审计产生的影响。

2. 了解大数据、人工智能、云计算、区块链的内涵和特征，掌握其对内部审计工作的影响、在内部审计中的具体应用及对内部审计人员的要求。

3. 了解联网审计的含义、工作原理及优势，掌握联网审计的实施条件、业务流程以及数据分析技术与方法。

素养目标

帮助学生理解数字经济背景下的新兴技术相关理论，认识到数字经济所带来的时代变革，了解大数据、人工智能等技术给内部审计工作带来的机遇与挑战，明确新时代对内部审计人员的新要求。培养学生掌握数字经济中内部审计前沿理论，鼓励他们主动追求变革，积极把握机会，不断提升自我。

第1节　数字经济与内部审计

1996年，经济学家唐·泰普斯科特首次提出了“数字经济”的概念，并预测了数字化对商业、政府、教育、社会责任等12个领域的影响。此后，《数字化生存》《信息时代三部曲》等多部有关数字经济的著作相继问世，同时，美国从1998年开始连续3年发布了关于数字经济的政府研究报告，这一系列举措共同拉开了全球数字经济发展的序幕。随后，各主要发达国家陆续公布数字经济的相关统计数据，并推出了各自的数字经济发展战略。

2016年，G20峰会上达成的合作倡议对数字经济做出了迄今为止最为清晰的界定：以数字化的知识和信息作为关键生产要素、以现代信息网络作为重要载体、以信息与通信技术的有效使用作为效率提升和经济结构优化的重要推动力的一系列经济活动。这一界定明确了数字经济概念的三个重要方面：第一，数字经济与以往经济形态的根本区别在于，数字化的知识和信息成为至关重要的生产要素；第二，数字经济发展的基础与载体是现代信息网络；第三，数字经济发展的动力是互联网、物联网、云计算等日新月异的信息与通信技术。

对于发展中国家来说，数字革命无疑是一个千载难逢的发展良机。在数字时代，发展中国家可以积极布局，缩小与发达国家之间的数字鸿沟。

一、数字经济带来的领域变革

（一）数字化转型驱动传统部门转型升级

随着传统产业的数字化转型，数字技术在科研、医疗、农业和城市管理等领域实现了创新性的融合应用。例如，在科研领域，海量研究数据的收集、分析和研究结果的共享与传播，正催生开放获取期刊和同行审查的新模式；在医疗领域，越来越多的移动健康 App 和电子健康记录为临床管理的改善和优化带来了新的机遇；在农业方面，精确的农业自动化深刻地影响着传统农业的生产模式；同时，城市也紧抓数字应用契机，在交通、能源、水和废物处理等领域，不断挖掘数字创新的潜力来改善规划和决策。

（二）数字经济对企业管理变革的影响

对于企业而言，数字经济的发展给包括竞争战略、组织结构和企业文化在内的管理实践带来了巨大的冲击。随着先进的网络技术被广泛应用，人们关于时间和空间的传统观念受到了前所未有的挑战。企业正寻求在数据、信息系统、工作流程和工作实务等方面与顾客、供应商、合作伙伴进行整合，尽管它们各自拥有不同的标准、协议、传统、需求、激励机制和工作流程。具体来看，首先是商业模式的转型。在数字经济背景下，平台化运营这种新的商业模式主要有以下四种类型：第一种是简单的线上业务扩展，即传统意义上的“互联网＋”；第二种是围绕自有产品建立细分生态，即通过互联网等信息技术拓展原有的产品线；第三种是基于自身的优势资源，抓住产业机遇定义和培育新的生态，寻求先发优势，即利用领先技术和产品带来的持久竞争优势；第四种是通过平台之间的合作，扩大网络效应。其次是企业组织结构和管理流程等内部管理的数字化转型。数字技术推动传统企业从流程驱动、中心控制的组织转型为共享平台、高度去中心化的新型组织，改变了企业生产运营的整个过程。

（三）数字革命深刻改变了就业市场

传统的经济理论对技术进步与就业之间的关系尚存争论，在现实中，新一代数字技术对就业的复杂影响已开始显现。在大多数 OECD 国家，信息与通信技术投资导致在制造、商业服务及贸易、交通和住宿领域的劳动力需求下降，而在文化、娱乐和其他服务建设领域的劳动力需求出现增长。此外，数字技术的应用还引发了就业结构和就业性质的新变化。例如，越来越多的新兴就业群体倾向于通过网络交易平台从事灵活的临时性和兼职工作。

（四）数字技术正在重塑国际贸易格局

数字技术正在重塑国际贸易格局，对服务业的影响尤为显著。其一，数字技术可以提升产业生产力和国际竞争力，并通过在研发活动中加强协作等方式将研发成果转化为效益；其二，数字技术的使用还可以增强与客户的关系，改善供应链管理，提高生产率和市场份额，有助于企业在国际竞争中占据优势地位。OECD 指出，高效率的数字技术服务虽有助于企业提高生产率、贸易额和竞争力，但在一些国家，经济以及与贸易有关的限制（包括电信和计算机服务限制）仍然普遍存在。

二、数字经济对内部审计产生的影响

数字经济对内部审计最直接最明显的影响，就是对审计工作方式和工作流程的影响。数字经济改变了内部审计的工作表现，如逐步实现全面审计和持续审计，促进了内部审计职能的转型。具体表现在以下几个方面。

（一）内部审计的职能定位发生转变

我国的内部审计正在经历向风险导向内部审计转型的过程。除了传统的查错纠弊职能外，内部审计需要更深入地融入企业管理的各个方面，为企业提供决策支持和增值服务，协助识别和管理企业在数字化转型过程中面临的各种风险，促进组织目标的实现。数字经济下的技术运用为内部审计职能定位的转变创造了条件。

举例来说，自动化技术可以提高审计的覆盖率，使内部审计更容易发挥防错纠弊、合规检查的基本职能，同时将审计人员从传统的审计任务中解放出来，为其从事战略性决策支持和价值创造工作提供机会；数据分析技术可以使审计人员综合利用企业内外部的数据，通过相应的基准分析、比较分析和趋势分析，结合一些数据可视化工具，为企业提供更有价值的决策依据和风险管理建议。内部审计在数字经济下的转变与技术带来的影响是密不可分的，智能化的分析工具促使内部审计朝着价值创造方向转型。

（二）审计工作方式和工作流程发生转变

数字经济给内部审计工作带来的最明显的改变，就是技术代替了审计人员的部分工作。内部审计在提供确认服务的过程中，常常要做一些重复性工作，这些重复性工作既有来自业务的，如差旅费报销等，也有来自审计本身的，如对数据进行逐项核对等。在数字经济下，机器人流程自动化技术（robotic process automation，RPA）可以使这类基本操作实现自动化。内部审计人员可以通过设定程序，让机器人（即程序）自动执行与审计人员相同的操作，且操作过程更加标准化，进而减少了错误，提高了审计工作质量。同时，利用 RPA 执行的审计程序具有可追溯性，一旦发生错误，审计人员可以更方便地检测和纠正。

此外，在数字经济下，企业流程再造对审计工作也会产生影响。当企业基于流程再造进行流程管理时，内部审计人员必须认识到业务流程将发生变化，参与这些流程的员工可能需有拥有不同的思维方式和使用不同的项目管理方法。同时，可以通过流程再造来实施和管理审计活动。在这种情况下，内部审计工作的性质将发生变化，内部审计人员必须更加高效和灵活。

（三）由抽样审计向全面审计转变

当前，抽样技术被广泛地运用于审计工作当中。基于控制测试的结果，对实质性程序的性质、时间和范围的调整也体现了抽样审计的思想。由于抽样审计本身存在风险，加之数字经济下企业交易规模逐渐扩大，抽样审计可能会使审计风险进一步加大。但在数字经济的助力下，RPA、大数据分析等技术为内部审计人员实施全面审计提供了可能。举例来说，一款名为“里程机器人”的自动化工具可以自动抓取所有出差员工的差旅费信息，实现对差旅费的全面审核而非抽样审核。这使得差旅费较多的企业能够实现对这个项目的全面审计。此外，内部审计还可以利用机器人自动执行穿行测试，实现对控制的全面测试而非抽样测试，这对于信息技术（IT）应用控制较多的企业而言具有重大意义。可见，技术支持下的全面审计不仅扩大了审计范围，更是对抽样审计下审计风险管理的一大突破。

（四）由事后审计向持续审计转变

持续审计强调审计过程的持续性与审计实施的即时性，它往往依赖于自动化审计程序，并将自动化审计程序嵌入业务财务信息系统或在审计软件中即时执行。通过构建完善的持续审计体系，采取持续采集数据、及时分析预警、按时督促整改的审计方式，能够将风险消灭在萌芽状态，提高审计的及时性和有效性。持续审计并不是数字经济时代的审计新概念。全球技术审计指南对持续审计的描述是：在技术和新审计范式的支持下，对风险和控制进行持续的评估。事实上，持续审计一直是各种类型审计追求的目标，但由于会计核算的滞后性，审计往往只能在获取会计信息之后进行。但正如全球技术审计指南所述，数字经济下新技术的出现使会计实时核算和持续审计成为可能。

RPA等技术可以自动执行审计中的重复性工作，这就意味着这些技术使以前需要手动执行和不经常执行的任务可以自动、实时或以接近实时的方式完成，从而实现持续审计。事实上，持续审计的出现与新技术下能够做到的全面审计有关。在传统技术条件下，内部审计需要抽取样本，因此只能进行定期的抽样评估和测试。而更大规模的样本甚至是基于总体的持续评估，将极大地改变内部审计的工作方式和审计思维。

（五）推动审计组织自身模式变革

一是审计组织管理模式变革。为了适应审计项目快捷化、个性化与系统化的特征，审计项目组织方式需向弹性化和机动化发展，审计组织结构需向扁平化和网络化发展，审计管理体制则需向垂直化与集中化发展。二是审计技术支持模式变革。即逐步建立审计技术支持团队，强化非现场审计资源整合，集中提取、整理与分析各类数据，提供全面、及时的后援技术支持。三是审计项目组织模式变革。依托集中部署的审计技术支持中心与分散布局的审计机构，逐步实施以“总体分析、发现疑点、分散核查、系统研究”为特征的总体分析审计模式，通过总体分析和评价来确定线索，通过分散核查来确认疑点，从而强化系统性审计能力。

第 2 节 大数据技术与内部审计

只要人类进行活动，就会产生数据。在信息技术时代，“大数据”已不知不觉成为热门词语。尤其是近年来，随着“互联网＋”的兴起，大数据技术得到了广泛的应用。它就像催化剂一般，加速了各行业的转型与发展。同样，大数据技术也深刻影响了内部审计行业发现审计线索的思维和审计方法的创新。在这个数字时代，内部审计人员应充分利用大数据的优势，将其与内部审计更好地融合，以革新审计方法模式，更好地发挥审计的作用。

一、数据导向型审计应运而生

审计技术的发展经历了账项导向审计、制度导向审计与风险导向审计三个阶段。这是一个从全面审计走向抽样审计的过程，在这个过程中由于抽样群体的变化产生了不同的审计方法。这也是审计资源有限性所导致的一种无奈选择。在大数据环境下，被审计单位数据库的形成，为实施全样本审计奠定了重要的数据基础。这使得审计监督更加全面，审计结论更加客观，避免了抽样审计结果的片面性。当然，我们需要认识到，这并不是否定抽样审计的价值，而是说全样本审计弥补了抽样审计的不足。审计人员面对大数据，需要综合运用数据采集、处理、存储、传输等技术方法。尤其是在数据处理过程中，审计人员可以根据审计经验总结数据特征，或运用数据挖掘等技术发现未知的、相关的数据，同时运用查询分析、多维分析、语义检索等新兴技术发现符合特征的数据。

大数据重构了审计技术模型。张玉文认为，这种重构包括：一是构建审计资料数据化模型。审计机构可以系统地获取被审计单位的电子数据与相关资料，对采集的原始数据（包括非结构化数据）进行转换、清理和验证并加以整合梳理，形成结构清楚、格式规范、内容整洁、便于分析的审计资料数据化模型。二是构建审计事项数据化模型。审计机构应当建立面向数据的审计事项模型，指引审计人员面向数据对象开展具体审计工作；同时，应当按照系统分析把握总体、类别分析确定重点、个体分析筛选线索的步骤进行规划设计，利用多维分析、关联分析、验证分析和挖掘分析等方法构建风险数据化模型，以确定经营管理中的风险。三是构建平台支持数据化模型。审计机构可以在审计软件中预设数据应用类审计模型，也可整合大量简单易用的大数据分析工具形成大数据分析平台，通过运用平台支持的模型与工具进行分析判断，提升大数据应用效率和效果。

这种全样本的审计模式使得审计的重点集中于利用信息系统进行审计和对被审计单位信息系统安全性进行审计，其中，对信息系统安全性进行审计的主要对象是信息系统的内部控制，目的是保证生成的数据的真实性和完整性。随着这一审计模式的推广，审计的业务流程与审计技术也会发生相应的变化。我们可以将这种审计模式命名为数据导向型审计，它代表了信息化时代审计工作的新方向。

二、远程审计有望成为未来内部审计工作的主要形式

非现场审计是一种运用适当的方法和流程收集、整理、分析被审计单位相关业务数据和资料的远程审计程序。要实现真正的非现场审计，应该利用计算机技术、网络技术对被审计单位的数据进行实时的采集、加工、存储、分析和传输，从而得到及时、科学和完善的审计数据和审计分析结果，实现从事后审计转变为事后审计与事中审计相结合、从静态审计转变为静态审计与动态审计相结合。

在大数据技术的推动下，非现场审计变得更有可行性，原来的现场审计与非现场审计相结合，共同形成了远程审计模式。在远程审计模式下，审计机构基于非现场持续监控及审计计划安排，以非现场及被审计单位网络或书面报送的数据资料为基础，进行整理、分析、质询及适当的部分现场核查等工作，最终形成远程审计报告。远程审计的主体工作是对电子化与数据化资料进行审查分析，并基于网络化环境与被审计单位进行沟通交流和信息传递，现场核查为其中的一个可选阶段。远程审计有望成为未来内部审计工作的主要形式。

三、数据挖掘与数据分析将成为未来的重要审计方法

大数据以数据规模庞大、数据形式多样、数据传播快速为主要特征。这些特征导致大数据环境中信息密度下降，因此，如何从大数据中采集和筛选出有助于审计的相关信息就显得格外重要。在大数据背景下，如果对所有的数据不加区分地进行采集和处理，将会存储很多无用的信息，这不仅会增加审计时数据搜索与采集的时间成本，还会增加人工成本，从而降低审计效率。因此，采集数据后，应当根据审计工作的需要对数据进行筛选，选出有用的数据，以保证审计工作快速进行。同时，还可以在数据采集阶段设定数据筛选系统，以过滤掉无关的数据。大数据背景下的数据分类也相当重要，可以把数据分为经济数据、管理数据等，为不同的审计工作提供方便。在现场实施阶段，应对数据分析结果进行检查，找出其中的疑点并进行核实，同时编制工作底稿。此外，应根据数据变化对审计组内部配置进行调整，进一步明确审计组的权力与职责，并规划出具体的工作流程。在对数据进行分析时，应充分运用多维方法，利用大数据工具对有用的数据进行深入挖掘与分析，以快速找出审计工作的重点与疑点，为审计工作提供明确的发展方向。另外，还要充分利用大数据工具对历年的各种财务数据与业务数据进行整合与归纳。

未来，数据分析将成为内部审计流程中的核心工作之一，也是审计创造价值的一个关键点。通过数据分析，可以掌握一个公司的经营状况，并预测其未来发展趋势。因此，在大数据背景下，如何高质量和高效率地进行系统化的数据分析就成了一个亟待解决的问题。在技术上，可以充分利用统计工具，建立标准模型，对数据进行回归分析，同时，也可以充分利用非关系型数据库等技术加强对非结构化数据的分析和利用。在战略上，不仅要满足企业当前的需要，更要放眼未来，实现短期利益和长期利

益的有机结合。对于不符合标准的异常数据，要结合行业和组织环境等进行深入分析，以识别隐藏的风险和预警信号，为管理者的战略决策提供重要的审计支持。

第 3 节　人工智能与内部审计

2016 年，世界四大会计师事务所之一的德勤宣布，其将与人工智能企业 Kira Systems 合作，将人工智能技术引入会计、税务、审计等工作中，以代替人类阅读合同和文件。随后，德勤成功研发出了第一代人工智能财务机器人。人工智能在财务领域的应用使得审计进入智能化应用的时代。利用人工智能进行审计是一种全新的审计理念。基于数据挖掘、大数据、云计算、区块链等技术，通过机器学习、深度学习模式将行为审计、财务数据审计、非财务数据审计融于一体，形成的这种独特的审计模式，将给审计行业带来深刻的变革，有望改变现有的审计业务模式和管理体系。

一、人工智能概述

（一）人工智能与智能化

人工智能，即人们常说的 AI（artificial intelligence），是一门研究、开发用于模拟、延伸和扩展人的智能的理论、方法、技术及应用系统的新兴技术科学。人工智能可以模拟人类的意识活动、思维过程，但只是模拟，不是人类智能。智能化是指利用现代通信技术、大数据和人工智能等有针对性地发展某一方面的应用，以满足人们多方面、多维度、多样化的需求。它是对数据系统、信息系统、专家系统的综合利用，是在自动化、数据化、信息化基础上的更为全局性的概念，是现代人类文明发展的一大趋势。

（二）人工智能的特征

1. 深度学习

深度学习可以直接在文字、图像或者声音中执行分类任务，它通常采用神经网络架构的方法，以实现更精准的学习效果。由于深度学习需要标记大量的数据、进行大量的计算、建立大量的模型，人工智能在这些方面展现出了远超人类的能力。人工智能在深度学习方面的绝对优势成为它的基本特征之一。

2. 跨界融合

人工智能促进了人与人之间更多的数据交流和信息链接，使得各类资源、行业、应用之间实现了无限渗透、整合，模糊了彼此之间的界限。这种融合不是简单地跨越不同的领域，而是将各领域融合在一起，共同发挥出更大的优势。

3. 人机协同

人机协同是将人工智能与机器自动化区分开来的最重要的特征。机器自动化的目标是实现机器的自动生产，是为了代替人类，从而解放更多的劳动力；而人工智能强调的是协同，目标是使机器可以自动适应环境，并自主地配合人类工作，偏向于机器的柔性生产。不同于机器自动化将工人从生产流水线中解放出来，人工智能倾向于与机器分工协作，各自负责擅长的领域：人类负责创造性思维，机器则负责信息采集、数据处理以及一些复杂、重复或危险的工作。

4. 群智开放

人工智能并不是大机器生产出来的流水线机器，它更具个性化，一般会贴合客户的具体需求，尽量做到与客户共建。在不同个体的相互协作中，人们的关注点已从个体智能转向了基于互联网和大数据的群体智能，追求在群体中实现整体性智慧和广泛性智能，从而达到群集性的智慧与智能。

5. 自主操控

人工智能的另一重要特征是可以实现信息主导基础上的智能自主，在工作进程中实现自主规划、自主实施、自主交互、自主评估等，从而更精准、更快速地利用一切数据化信息，并做出及时反应。

6. 高度复杂

人工智能虽然发展了很长一段时间，但它依旧属于新兴技术，其研发、制造和操作利用都比较复杂，算法、编程也需要进一步更新完善以匹配特定公司的需求。从目前来看，人工智能还有很长的路要走。

二、人工智能对传统内部审计工作的影响

（一）审计工作方式发生改变

传统的内部审计工作从抽样开始，经历现场审计、函证等多个审计程序和步骤，通过与其他部门的沟通来获取必要的信息，最后根据审计结果出具审计报告，发表审计意见，从而发挥内部审计的确认和咨询作用。引入人工智能技术后，最初与被审计部门的沟通被审计信息平台所取代。运用人工智能技术，审计人员可以自动从数据平台获得所需信息，并对有效信息进行进一步挖掘。同时，对于获取的数据信息，系统会进行相应的计算处理，审计人员仅需要对计算处理得出的结果进行进一步分析，运用逻辑与思维能力做出最后判断，出具审计报告，发表审计意见。人工智能技术的运用使得内部审计前期的基础工作大大减少，极大地降低了人力成本，达到了降本增效、提高审计效率的目的。具体表现在以下几个方面。

1. 信息获取更加及时准确

人们对数据进行采集、录入、整合、分析需要耗费较长的时间，导致数据利用存在一定的延时性。而使用人工智能，只要将程序设定好，信息的获取和分析就可以在极短的时间内完成。此外，计算机处理数据的准确性远远高于人工处理，从而确保了审计信息的真实性和可靠性。

2. 审计工作效率大幅提高

内部审计需要大量人工进行前期的数据处理和数据录入工作，这使得内部审计工作的效率低下。但引入人工智能后，通过建立审计信息平台并整合存储数据，审计人员只需根据调出的数据，结合智能审计系统给出的结论与个人专业判断，就可以形成更加可靠的审计结论，出具更高质量的审计报告。这可以避免审计前期与实施过程中大量的数据输入工作，极大地提高审计效率。

3. 审计成本大大降低

采用智能审计技术进行审计，不仅可以降低人工成本，还可以促使其他部门采取直线化的作业流程，使得业务操作更加规范、工作效率更高。人工智能的应用有利于增强多人协作能力，降低公司内部的沟通成本。

（二）降低传统审计风险，提高审计质量

发现业务流程中存在的问题并且提出改进的意见是内部审计最重要的工作之一。在传统的审计流程中，风险识别一般是基于审计人员对风险的敏感程度以及对数据的逻辑判断。相比之下，智能审计则是基于数据结论进行判断，往往更加客观、准确、可靠。它可以通过人工神经网络技术避免单纯由人进行主观判断所带来的不合理性。现阶段已经有专家通过 BP 神经网络训练来识别内部审计风险。总的来说，智能审计有助于降低传统审计风险，提高审计质量。

（三）有助于实现持续审计

持续审计是一种在审计事项发生后或者发生时立即进行的审计。智能审计凭借其极强的数据分析能力，可以在事件发生之初就对数据进行初步分析，随后利用数据平台的持续数据传输进行实时分析。审计人员仅需关注智能审计系统整理出的审计数据，并执行相应的审计程序，就可以快速出具审计报告，从而实现真正的持续审计。

（四）有助于审计实现全覆盖

未来，审计的数据接口、标准、采集、整理、分析等将逐步实现规范化，符合人工智能要求的审计体系也将逐步建立。智能审计将替代一些按照现有审计规则、程序和作业模式进行的审计工作，特别是那些具有规范步骤的事务性审计工作，并且可以辅助审计决策，满足审计全覆盖的要求。

（五）审计数据更加安全

利用人工智能进行审计时，需要逐步完善现有的信息基础设施和审计平台，推动大数据审计体系进行升级，以实现大数据、算法和算力一体化。在机器审计替代程序化审计任务的基础上，将行为审计、财务审计、非财务审计纳入统一的人工智能审计范畴，采用自然语言处理、神经网络分析、区块链等技术对审计对象的会议纪要、语音记录、视频等各类文件进行统一处理，并依照保密等级标准对审计数据进行分类和

差异化管理，会使得审计数据更加安全。

（六）倒逼审计人员提升自身的技能与素质

信息化、智能化成为现代社会发展的大趋势，机器不断代替人类工作，人工智能帮助人们处理更多的工作。这一现实对审计人员的专业技能和综合素质提出了更高的要求。审计人员不得不适应新的工作方式和内容，了解并学习如何应用人工智能，培养战略性思维，全面评估审计对象，从而有效地分配审计资源并实现审计目标。

三、人工智能在内部审计中的具体应用

（一）人工智能下的审计数据采集

数据采集是指利用建立的审计信息平台，大量收集各部门的内外部信息（不仅包括财务信息，也包括非财务信息），将非结构化数据转化为结构化数据的过程。智能审计可以通过公司内部财务、市场、工程等部门的数据网络，将各部门的孤立数据进行整合，通过与在线审计系统的连接，进行数据的处理、转换，形成内部审计所需的基本信息。利用人工智能对收集的信息进行初步处理，并从部门、业务事项、时间入手，将信息合理分类，审计人员可以更方便地进行数据查询，并构建完善的审计查询引擎。

（二）人工智能下的审计数据整合

审计数据整合是指利用大数据思维和审计专家思维，对数据进行整理与再加工，将多维度、多形式的大量相关或无关的、复杂的、零散的数据整合到一起，明确数据来源，设定数据标准的过程。审计目的不同，数据的整合方式也不尽相同。根据不同的目的以及数据之间的关联度，可以对同一套数据进行不同程度的筛选与汇总，从而保证数据易用、好用、精确、完整且有针对性，使依据整合后的数据得出的结论更加专业、精准。通过把原来单一客户、产品或业务的数据整合到一起，可以实现从局部到整体的转变，达到业务数据互相关联、上下游互相关联的目的。

（三）人工智能下的审计数据分析

规范的数据分析是人工智能在审计领域的又一重要应用。根据审计目的的不同，人工智能能够为内部审计人员提供来自不同部门、不同事项的基础数据。利用自定义的数据分析模型，如趋势分析、结构分析等，人工智能可以更好地为内部审计人员提供所需信息。数据经过基础分析之后，会呈现出一定的逻辑性，便于内部审计人员进行初步的判断。但人工智能的能力并不仅限于此。根据内部审计的目的，人工智能还可以采用图表和文字相结合的方式，从资产负债、现金流量、企业规模等多个角度，为审计报告使用者提供通俗易懂的审计信息。人工智能也可以为公司高层管理人员提供清楚明了的数据图表，帮助其了解企业内部控制、风险管理等方面的情况。

（四）人工智能下的审计数据利用

智能审计的核心是运用数据发现问题，并利用 BP 神经网络模拟人的思维，对得到

的数据进行判断，从而得出审计结论并出具审计报告。基于人工智能的内部审计可以借助数据处理平台，采用量化方式对数据进行分析，并模拟专家的思维得出基本结论，辅助内部审计人员进行决策。虽然利用人工智能出具审计报告具有一定的风险，但可以通过多次改进逐渐降低人工智能的容错率，从而降低审计报告的风险。人工智能的运用力求人脑与电脑更好地融合，以出具更加合理的审计报告。

第 4 节　云计算与内部审计

信息技术的革新推动了云计算技术的兴起和发展，云计算技术的应用日益渗入日常经济事项和生活中，使现代社会和商业经营发生了翻天覆地的变化。云计算技术为现代内部审计提供了新的技术和方法，内部审计与云计算技术的融合是大势所趋。虽然我国的内部审计正在逐步走向信息化，但在发展云审计、进一步完善现代内部审计技术和方法方面，仍任重而道远。

一、云计算概述

（一）云计算的定义

云计算是在大数据时代背景下产生的一种全新的领先信息技术。经过数十年的探索和研究，云计算实现了突飞猛进的发展。1956 年，研究人员提出了“虚拟化”这一概念，为云计算系统框架奠定了基础。2004 年，Web 2.0 大会的召开使计算机网络系统成为各行业研究的焦点。2006 年，在搜索引擎大会上，谷歌首席执行官埃里克·施密特首次提出了“云计算”（cloud computing）的概念，这引发了行业的巨大变革，各类企业纷纷将云计算作为研究开发的重点。2008 年，微软公司宣布成功建立了公共云平台。随后，阿里软件在我国成立了电子商务云计算中心，中国移动也启动了云计算平台的建设，越来越多的科技公司加入了云计算应用开发的队伍中。

目前，关于云计算的定义有多种解释。其中，美国国家标准与技术研究院（NIST）对云计算的定义在现阶段广为接受。NIST 指出，“云计算采用按使用量付费的模式，它可以随时随地、便捷、随需应变地访问可配置计算资源共享池中的资源（如网络、服务器、存储、应用程序和服务），只需要最小的资源管理工作或与服务提供者进行交互，这些资源就能够被迅速提供”。

（二）云计算的特征

根据 NIST 关于云计算的定义，云计算主要有以下五个特征：

第一，云计算提供了一种按需的自助服务。用户无须与服务提供商进行人工交互，即可以通过服务界面，自行配置需要使用的计算机设备。

第二，云计算支持广泛的网络访问。基于标准协议和标准格式，用户可以从不同的资源中获取服务。

第三，云计算是一个资源池。用户通过租用共享服务提供商的基础设施，可以享受到服务提供商根据用户的需求进行的动态资源分配服务。

第四，云计算服务具有良好的弹性。云计算的规模可以根据用户的需求任意扩展和缩减，服务以弹性方式被快速、自动地配置和提供。

第五，云计算提供了一种可度量的服务。云计算系统会对使用的底层基础设施进行检查和优化，如度量存储能力、计算能力、带宽和活跃用户数等资源能力，并以此作为收费的依据。

（三）云计算的运行模式

根据NIST关于云计算的分类，云计算的运行模式包括公有云、社区云、私有云和混合云四种。

1. 公有云

公有云是为了实现资源共享，面向公众租售的云系统。服务提供商运行云计算系统，为客户提供各种各样的IT资源。公有云的存储能力较强，空间较大，能同时向多个用户提供服务，有助于降低成本。

2. 社区云

社区云是公有云的一种特殊形式，由需求相似的用户群体共享IT资源，覆盖范围小于公有云。社区云提供的服务针对性比公有云强，安全性比公有云高，但略低于私有云。

3. 私有云

私有云是为了实现组织内部资源共享，为客户量身定做的用于客户内部的云。相对于公有云，私有云更加灵活，IT架构的复杂度较低，能够整合和标准化各种IT资源，能更好地满足企业业务发展的需求。同时，私有云仅用于客户内部，具有更高的安全性。

4. 混合云

混合云由两种或两种以上的独立云组成，它既能满足客户对资源信息安全的需求，又能为客户提供海量的IT资源。私有云可以用来执行公有云上部署的任务，但可能导致超负荷运算，在这种情况下，混合云显得尤为重要。

二、云审计

（一）云审计的内涵及特征

大数据是一种资源，云计算是一种能力，大数据的有效利用必然依赖于云计算，二者的发展共同推动了审计技术从传统向现代化的变革。云审计（cloud audit）是云计算和审计业务的结合体，代表了云计算技术在审计行业的应用。在云审计模式下，审计工作以互联网云计算为依托，利用云存储数据的功能，通过云端来协调各项审计资源（包括参与审计的人员、数据及各项硬件设施），使审计人员专注于审计业务本身，从而提高审计的质量和效率。

云具备强大的计算和存储能力。随着云计算技术的日益普及，内部审计和云计算技术的结合成为未来发展的必然趋势，云审计的产生将催生内部审计技术的重大变革。在云审计过程中，利用第三方提供的云计算搭建审计平台，定期获取被审计单位的信息，并以数据的形式进行存储，这样，审计部门便可以不受时间和地点的限制充分获取被审计单位的数据信息，利用云计算技术进行分析处理，实现对被审计单位业务数据和财务数据真实性和合法性，以及信息系统安全性、可靠性的远程监督。

在云审计过程中，审计人员可专注于审计项目对象以及审计过程本身，无须将过多精力放在审计数据的获取、筛选、加工、存储和共享上。因此，不同于传统内部审计，云审计具有革命性的意义，具备传统审计无法比拟的优势。

1. 节约审计的时间成本

相比传统审计，云审计将大幅减少花在数据采集、资料搜寻上的时间，从而节约收集、转化并应用审计资料的时间，大大提高审计的工作效率。云审计能够使远程审计成为可能，帮助内部审计人员在被审计单位方便的时间执行内部审计工作，为内部审计人员与被审计单位提供极大的便利。

2. 打破审计的空间限制

互联网的最大贡献在于消除了距离的限制。大数据时代最先进的内部审计模式就是利用云计算进行的联网审计。在此模式下，审计部门和被审计单位充分互联，审计人员在办公室即可获得充足的数据，实现远程审计。这不仅节约了内部审计的人力资源成本，也避免了以往内部审计执行过程对生产经营的影响，提高了组织整体的运作效率。

3. 实现审计的全面化

在传统审计模式下，审计人员往往对审计对象进行随机抽样。但在此过程中，若无法实现绝对随机性，那么基于样本结果推导出的审计结果就可能失之偏颇。而在云审计模式下，企业可以在极短的时间内完成数据的收集与分析，审计人员可将全部数据作为审计样本，进行全数据审计。这不仅降低了获取和使用信息的成本，也大大降低了抽样审计中存在的风险，扩大了监督范围，使审计结果更加权威、准确，提高了审计质量。

4. 实现审计管理的智能化

从审计计划和审计资源的配置，到审计任务的执行及审计结果的生成，审计管理的智能化贯穿始终。在计划阶段，第三方平台持续预警和监管产生的问题库和风险库为审计计划的生成奠定了基础，使得审计计划的精准度和针对性大大提高。在审计组织阶段，系统会根据审计人员和项目情况自动分配审计资源。在具体实施阶段，通过第三方平台的审计模型进行大数据分析，可以直接找到审计问题并自动生成工作底稿，这大大减少了审计人员的工作量。

同时，不可否认的是，云审计也带来了很多挑战：一是目前缺乏相关的法律法规和审计准则，审计标准难以界定。二是具有安全隐患，涉及网络安全、设备安全、系统安全和数据安全等方面。三是分析的复杂程度高，需要借助新审计分析方法和技术，开发新审计软件和程序，构建新审计分析模型，这对内部审计师提出了更高的要求。

（二）云审计流程

若想实施云审计，首先要建立云审计平台。根据云计算的技术特征，云审计平台可以基于云服务平台来构建。从用户的角度来看，云计算主要提供三种服务：基础设施即服务（IaaS）、平台即服务（PaaS）、软件即服务（SaaS）。IaaS 作为云计算服务框架的基础层，能够为用户提供服务器、防火墙、存储设备和网络设备等基础设施服务。PaaS 作为云计算服务框架的平台层，主要为用户提供集应用程序设计、开发、测试、部署与托管为一体的完整系统应用平台，满足用户自建系统应用平台的需求。SaaS 作为云计算服务框架的应用层，为用户提供应用程序等软件服务，用户不需要自行安装软件产品而是直接使用云端提供的软件服务，这降低了用户的日常维护成本。按照云计算服务框架，云审计也可以分成 IaaS、PaaS 和 SaaS 三个部分。

未来，企业将基于一个开放的云审计平台建立一个内部审计生态系统。在该生态系统内，总公司与下属分公司、总公司各业务部门、总公司与外部业务往来单位、总公司与第三方会计师事务所之间，都将在云审计平台的统一数据交换标准下，实现数据互联和有条件的信息资源共享。在大数据、云计算的帮助下，内部审计部门可以利用云平台充分挖掘、筛选、评估和分析审计对象的相关信息，形成更加牢固有力的审计线索和证据链条。云技术的发展使得云审计在企业的实施成为必然趋势，并将推动公司内部的流程再造。业务数据的充分高效获取是云平台对数据进行有效挖掘并分析的必要前提，也是整合审计资源并得出审计结论的基础条件。这将促使企业内部业务管控与财务管控相结合，推动业财融合，促进财务转型，保障公司财务的真实性。未来，随着科技的发展，内部审计生态系统的建立结合财务共享服务中心功能的发挥，将使公司的业务、财务与审计三驾马车齐头并进。公司内部审计地位的提升，意味着以内部审计部门为中心的审计信息化平台系统内各个部门和单位之间的联系会更加紧密。

但是，云审计过程中的安全问题不容忽视。由于云审计在互联网上进行，而互联网是面向全球的开放平台，众多黑客可能随时会尝试破解加密数据。一旦云端的安全屏障被打破，企业将面临信息泄露的威胁，这不仅可能影响企业的正常经营，甚至可能带来灾难性的后果。因此，云平台安全防护体系建设在云审计过程中扮演着十分重要的角色。

综上所述，云审计的关键在于采集数据标准的建立、云服务平台的建设、云审计软件的开发以及云安全体系的建立。

（三）云审计的发展现状

基于云计算理论的计算机审计软件已在国外一些组织中得到使用。虽然不少机构已经部署了审计平台，但目前还没有机构能完整地对该平台做出系统的定义或制定规范和标准。相比之下，我国的计算机审计工作起步比较晚，云审计进展缓慢，这主要体现在以下几个方面。

1. 缺乏云审计平台

由于内部审计工作极其分散，企业对大数据和云计算的需求不高，因此购买意愿不强。此外，转换成本较高。企业现有的审计硬件及软件已经培养了审计部门的使用习惯，这使得云审计的落地实施变得困难。

2. 云会计发展水平较低

只有在云会计发展到一定程度后，企业才能对数据实行统一标准。这样，云审计平台才能通过遵守统一数据交换标准的数据采集接口，快速、高效地获取各类数据，并将其输入数据处理中心，再利用大数据处理技术进行云审计。当前云会计的覆盖率还处于较低水平，原始单据及相关资料的电子化进程缓慢。由于审计人员在云审计平台上无法直接获取原始凭证和其他相关信息，无法看到交易或事项的全貌，也无法了解被审计单位的内部控制，因此无法进行有效的审计。

3. 物联网发展处于初级阶段，难以提供足够的技术支撑

云审计需要大量的数据，这些数据不仅包括从被审计单位会计系统中采集的静态的、历史的财务数据，还包括很多实时动态的资产、经营活动数据。云审计需要对被审计单位的各种会计要素进行实时监控，而物联网可以满足这一需求。贴上电子标签后，物联网可以帮助企业将各种实物和单据（如存货、固定资产、发票等）的信息上传到云审计平台，为审计人员提供大量标准化的电子数据。有了这些数据，审计人员可以对实物资产进行在线盘点，对债权债务实行电子函证，对电子发票进行交叉稽核等。遗憾的是，物联网目前还处于发展初期。

4. 数据的互联互通问题尚未解决

从我国现实情况来看，大数据战略的关键是推进数据资源的开放与共享，否则，大数据就是孤立的、片面的、浅显的，难以在更广泛的商业领域产生价值。建立财务共享中心是大势所趋，而业财税一体化平台的建立有助于解决信息资源整合和调度、数据互联互通的难题。

5. 云审计风险控制能力不足

云审计难以推广的一个重要原因在于，各类主体对数据安全性的担忧。从谷歌提出云计算的概念到目前，时间并不长，云计算作为一个新生事物，各个方面还不完善。云审计需要在互联网上进行，而互联网是一个面向全球的开放平台，技术更新迅速，黑客众多，任何加密数据都可能被破解。因此，企业在提升审计风险控制能力时，不仅要依赖统一化、标准化的软件接口以及明确统一的数据口径及规则，还要与时俱进，不断进行技术更新与升级。

6. 企业审计信息化的相关法律法规相对滞后，与云审计发展大势不相符

随着大数据与云审计在企业审计领域的广泛运用，企业审计信息化发展迅速，各企业都在寻找更科学、更有效率的审计信息化方法，如阿里云审计、华为云审计等。相比于云审计的迅速发展的趋势，与企业审计信息化相关的法律法规建设明显滞后。

（四）推动云审计发展的策略

首先，应尽快建立云审计平台市场。由于需求不足，市场上难以出现以盈利为目的的云审计服务提供商，这个问题需要审计行业想办法解决。云审计平台的建设可以分三步走：第一步是搭建全行业信息化架构，统一制定系统架构的技术标准；第二步是在行业数据的获取、处理和使用等方面开展数据治理，从而实现行业数据的开放共享；第三步是建立智能审计作业云平台。

其次，大力发展云会计。云会计的发展是云审计发展的前提和基础。当前发展云会计需从以下方面着手：一是政府培育、优化云会计发展的外部环境，如通过实施金税四期、智慧城市等举措，助力云会计成长；二是各行各业的领军企业发挥引领作用，率先开展云会计业务。

最后，建立相应的风险防范措施。为保障数据、信息的安全，内部审计人员应建立一套完整的数据风险防范与应急机制，具体应包括以下内容：一是要求云计算服务供应商提供一套高水平的经过测试的加密技术，确保内部审计人员上传到云计算服务器的数据资料不被盗用；二是设计一套严格的接入控制机制，防止数据资料在未经授权的情况下被接触、使用或备份；三是完善数据备份系统，对所存储的数据进行定期备份；四是提前制定好数据资料在受到灾难性破坏时的解决方案。

第5节　区块链与内部审计

一、区块链技术概述

区块链技术原本是数字货币比特币的支撑技术，最早出现在2008年中本聪的论文《比特币：一种点对点的电子现金系统》(Bitcoin: A Peer-to-Peer Electronic Cash System)中。随着比特币系统的成功运行，部分金融机构开始意识到，区块链除了作为数字货币的底层支撑技术外，更是一种巧妙的分布式共享账本技术，给金融、财务等行业带来的潜在影响巨大。因此，有人指出，区块链技术很可能是继复式记账法之后对财务行业影响最为深远的发明。

区块链实质上是一个由多方共同参与维护的持续增长的分布式数据库，因此又称为分布式共享总账（distributed shared ledger），其核心在于通过分布式网络、时序不可篡改的密码学账本以及分布式共识机制，建立起参与者之间的信任关系。由于具有公开透明、时序不可篡改的特质，区块链技术很快被认为是去中心化记账平台的核心技术，在财务处理与金融交易方面具有十分广阔的应用前景。

2019年10月24日，中共中央政治局就区块链技术发展现状和趋势进行了第十八次集体学习。习近平总书记指出，要探索“区块链＋”在民生领域的运用，积极推动区块链技术在教育、就业、养老、精准脱贫、医疗健康、商品防伪、食品安全、公益、社会救助等领域的应用，为人民群众提供更加智能、更加便捷、更加优质的公共服务。当前，区块链技术应用已延伸到数字金融、物联网、智能制造、数字资产交易等多个领域。区块链技术可以消除数据权责不清、难有质量、难共享、难开放等发展中的"痛点"。习近平总书记强调，区块链技术的集成应用在新的技术革新和产业变革中起着重要作用。比如，区块链服务实体经济，将极大地提高整个社会的运转效率；利用区块链技术促进互联互通，可以保障生产要素在区域内有序高效流动。可以预见，区块链在各行各业的应用将大放异彩。

二、区块链技术对内部审计行业的影响

区块链的分布式会计责任特性使得提交真实、合法、完整会计资料的责任被直接分配至整个网络所有参与者身上，导致传统会计模型中的第三方机构检查系统的重要性降低，企业利用区块链财务系统完全可以自主证明会计资料的可靠性和交易的完整性。从本质上讲，区块链技术在内部审计方面的应用可以满足股东等利益相关者对审计信息公正性、有效性和准确性等方面的需求，还可以弥补第三方审计在独立性、公正性、透明性、客观性和风险管理方面的不足。换句话说，未来的企业也许不再需要会计师事务所提供的第三方审计服务，自主审计将会提供更透明、更安全、信息更有效的内部审计服务。到那时，类似安然事件的公司破产丑闻将会真正成为历史。

目前来看，区块链技术对审计的影响很可能是革命性的。这种影响体现在对整个审计行业流程的重塑上，行业的生态随之被打破并重建。相对而言，由于区块链技术的影响更多体现在数据记录与追溯方面，因此区块链技术对外部审计行业的影响可能比对内部审计行业的影响更为显著。然而，这并不意味着区块链技术对内部审计行业没有影响。外部审计侧重于财务数据审核，而内部审计侧重于流程审核。随着区块链技术的影响不断扩大，企业的内部业务流程必将随之产生巨大变化，届时区块链技术对内部审计的影响将更为明显。

（一）区块链技术为内部审计带来机遇

对于大型集团公司而言，区块链技术直接提升了内部审计的地位。区块链技术为集团化企业实施联网审计提供了强大的技术助力，可以解决数据传输和存储信息化所面临的风险问题，并且可以保证联网审计中数据记录的真实性，使得数据不易被修改和丢失，从而提高内部审计工作的效率和审计结果的可靠性。在现阶段的内部审计中，当预警机制发挥作用，在流程审核中发现异常数据时，等待主管人员处理的时间较长，效率较为低下。集团公司往往结构复杂，拥有众多下属子公司、孙公司，在这种复杂结构下，如果不能有效处理预警和审查信息发出后等待主管人员处理的时间较长问题，内部审计的实时监控就难以实现，内部审计也无法真正做到与业务相结合，更无法有效进行事前防控与事中预警。

区块链技术对异常数据进行自行判断和自动化处理，可以提高内部审计工作效率，并实现真正的实时监控。区块链能对收集到的数据进行自动处理，形成账簿副本并备

份。这种自动处理机制保障了内部审计数据的时效性，使得集团内部审计人员可以利用内部审计信息系统终端直接访问区块链上记录的各种信息。当内部审计人员执行在线审计工作时，可以直接从区块节点存储的数据中提取信息，这提高了内部审计证据的提取速度和真实性。区块节点上的数据无法被修改和撤销，保证了内部审计证据的可靠性，实现了无须远程采集审计数据的目标。这使得集团在执行内部审计工作时能够及时采集总分公司的数据，获取准确的原始信息，进而提高集团内部审计获取审计证据的效率。

（二）区块链技术为内部审计带来挑战

从目前来看，区块链技术对内部审计的影响主要是正面的。对于重视流程审核的内部审计而言，区块链技术将内部审计人员从复核数据的真实性与有效性这一繁重工作中彻底解放出来，使他们能更加专注于流程的合规性与合理性等问题。但是这并不代表着区块链技术对内部审计而言就没有挑战性。首先，区块链技术的使用将大大提高对内部审计人员综合素质特别是IT人员相关素质的要求。区块链不是一项单一的技术，企业运用区块链技术意味着企业的信息系统需要整体更新换代，数据产生、传输与最终使用的流程都会发生革命性的变化。在这种情况下，如果内部审计人员不能提升自身素质，增强学习能力，将难以同其他部门，特别是业务部门进行业务对接，最终必然被淘汰。其次，区块链技术的运用意味着内部控制体系将面临一次大的变革。内部审计工作与企业的内部控制建设密切相关，当变革来临时，内部审计部门无法置身事外。如何在新时代、新技术的背景下重新定位与重构工作流程，是内部审计人员需要投入大量精力去思考和研究的问题。

第6节 联网审计

一、联网审计概述

（一）联网审计的含义

联网审计是指内部审计机构或人员通过互联网收集、使用被审计单位的财务资料、业务资料，监控相应的经济活动，利用辅助审计工具实时检查和评价其真实性、合法性、效益性以及内部控制的健全性、有效性，以此加强风险管理，实现组织价值的审计活动。

（二）联网审计的工作原理

第一，网络互联。现阶段在我国最常见的方式是通过同步数字体系（SDH）光纤通信技术实现审计单位和被审计单位的网络互联。通过网络媒介，审计单位可以发送数据采集请求，获取所需信息。传统的进驻审计现场，利用交换机连接被审计单位网络获取数据的方式，并未完全实现非现场审计。而利用电话拨号技术进行远程审计的方式虽然费用低廉，但由于数据传输效率低下，已不能满足互联网时代的审计需要，正面临淘汰。

第二，数据采集与清洗。嵌入式审计模块不具备通用性，无法兼容目前大部分单位的管理信息系统，因此会降低审计系统的运行效率。我国联网审计一般采用分离式数据采集技术，即通过在被审计单位数据系统外部架设服务器的方式，将数据备份到本地，再通过网络发送给数据采集请求方。通过抽取、转化和加载三个步骤，采集到的原始数据被加工为有效的审计数据，以便后续审计工作的开展。

第三，实施联网审计程序。与传统审计程序类似，联网审计程序旨在获取充分、适当的审计证据，以便发表恰当的审计意见。具体程序包括数据分析、建立中间表和形成审计疑点。联网审计人员利用审计分析模型，通过大数据挖掘、多维分析和 SQL 查询等技术对经清洗的数据的勾稽关系和业务逻辑进行判断。其中，数据分析是实现手段，中间表是审计依据，审计疑点是阶段性成果。

第四，审计预警机制。审计预警机制是指审计人员在网络互联环境下，利用联网审计技术自动发现问题并进行提示的一种机制。具体来说，这种机制是指联网审计人员借助数据采集模块中的事件触发器，提前设置好审计预警指标，对采集到的数据进行自动转换、分析，并通过发送电子邮件等方式远程提醒联网审计人员的机制。审计人员针对预警机制所发现的问题与管理层进行沟通，并得到相关回复，以此达到联网审计实时监督的目的。

（三）联网审计的优势

相对于传统审计，联网审计实现了实时审计、远程审计和系统审计。审计项目一旦确立，审计机构就可以建立联网审计系统，实时监控被审计单位的财务与经营状况，从而弥补了事后审计的不足。同时，通过网络互联直接获取被审计单位的财务、业务信息，使得审计机构和人员不必进驻被审计单位即可开展全方位审计工作，这样既高效又便捷。此外，联网审计的对象涵盖了被审计单位的人员、数据以及信息系统等各个方面，涉及内部控制的各个要素，这与传统的财务报表审计有明显区别，联网审计已成为一种系统性的审计行为。

二、联网审计的实施条件、业务流程以及数据分析技术与方法

（一）联网审计的实施条件

开展联网审计必须具备一定的实施条件，以奠定资源基础并创造良好的实施环境。

1. 联网审计系统

没有联网审计系统，联网审计工作就无法正常开展。联网审计系统具有以下特点：第一，拥有大型数据库和网络技术的开发基础，能够基于对海量数据的处理功能实现审计目的。第二，配备了完善的后台数据接口，保证数据的自动采集和转换。第三，内置了一系列智能模块，如智能预警、风险评估等具有可操作性的模块。

2. 硬件设备与网络环境

良好的计算机硬件设备是联网审计开展的基石。为保证采集的数据量与审计业务量相匹配，审计部门必须配备专用的服务器，以满足联网审计对客户机性能和数量的要求。

3. 审计标准化流程

信息化环境下的审计与传统审计有很大的不同。传统的审计方法和流程已经无法满足新的审计需求。因此，需要建立特定的数据采集模式、信息安全体系、审计流程和质量控制程序，以适应联网审计背景，保证审计行为的规范、风险的防范以及质量的提升。

4. 高素质人才

大数据时代对审计人员的素质提出了更高的要求。审计人员除了掌握专业知识等，还必须掌握计算机技术。此外，最好有专业的IT人才为联网审计系统提供强有力的后台支持。

（二）联网审计的业务流程

开展联网审计要求审计部门摒弃传统静态的现场集中审计模式，转而推行以实时监控为核心的连续审计方式。这种审计方式要求审计部门将预算执行、经营成果、任期经济责任等常规审计细化为日常任务，全面融入日常工作之中；形成从确定审计方案、采集数据、网上实时监控、现场核查，到获得审计成果并及时反馈的一套完整的审计体系，在这一体系中以网上实时监控为重点。这种新的审计方式不仅缩短了审计周期，还在对企业进行实时监控的同时实现了审计监管服务的长效性。

1. 制定联网审计方案

制定联网审计方案是开展联网审计的第一步。审计人员应按照联网审计方案的要求，执行规定的审计程序，以实现既定的审计目标。审计方案不是一成不变的，应该根据审计工作开展的情况进行及时调整。联网审计方案应重点明确如下内容：联网审计的目标和程序；联网审计的范围和重点；联网审计的组织与分工；联网审计的技术和方法。

2. 数据的采集与处理

高效率的数据采集是内部审计部门实现网上实时监控被审计单位经营活动的前提条件。目前，在技术层面主要有两种方式可以实现高效率的数据采集，包括局域网内部数据采集和广域网数据采集。对于局域网内的被审计单位，审计人员可以随时直接访问数据库服务器，采集相关数据并直接存储到审计数据库服务器。对于局域网外的被审计单位，一般采用安装数据采集前置机的方式，采集相关数据并直接存储到审计数据库服务器，并进行数据还原。

数据采集工作要求内部审计人员对被审计单位的会计信息系统与业务流程十分了解，以确定数据采集的对象与范围，统一接口，并通过数据采集模板的形式进行数据采集。当然，数据传输与采集流程中的安全问题不容忽视，需要专门制定相应的控制措施，以保证数据采集与传输的安全性。

3. 开展网上实时监控

审计部门对被审计单位经营活动的远程、实时的监控与分析，是联网审计的核心内容。

（1）基本工作程序。审计部门应坚持分级管理、分级负责的原则，履行网上实时监控的职责。审计人员应根据工作分工，利用联网审计信息系统，结合多种功能的软件（从数据采集到自动预警），在日常经济活动动态检查中核实审计疑点，从不同角度掌握被审计单位的情况，完成风险水平的评估。审计部门应定期集中讨论和汇总分析在监控中发现的审计疑点，了解被审计单位关联业务的对应关系，把握被审计单位经营活动的总体趋势。

（2）主要技术方法。网上实时监控的主要技术方法包括智能预警技术、多维数据分析技术、数据挖掘技术、定期现场核查。

4. 审计成果及时利用

联网审计的根本目标是实现财务信息的及时利用和转化。对于在网上实时监控过程中发现的重大事项，审计部门应该进行现场核查，并及时出具重大事项的审计报告。同时，结合被审计单位的经营成果、财务状况等，进一步形成月度或季度报告，并提出合理的审计意见，最终形成年度综合审计报告。

（三）面向大数据的联网审计数据分析技术与方法

在大数据环境下，联网审计人员能够获得大量的数据，但传统的数据分析技术与方法无法满足新型审计系统的要求，导致审计人员无法充分利用这些数据来发现相关问题，进而增加了审计风险。为了有效应对这一挑战，可以采用以下数据分析技术与方法。

1. 基于 SQL 的数据查询方法

基于 SQL 的数据查询方法一般是通过分析审计问题，构建相应的 SQL 语句，然后在一些数据库工具（如 Microsoft Access，SQL Server 等）或审计软件中运行这些 SQL 语句，以找出相关的审计线索。在大数据环境下，基于 SQL 的数据查询方法不能仅局限于单一部门的数据分析，而是要广泛应用于财务数据和业务数据，不同部门的数据，以及结构化数据、半结构化数据、非结构化数据的分析。这是目前比较常用且有效的方法。

2. 大数据可视化技术

大数据可视化技术可以更直观地呈现被审计数据，有助于审计人员探索、分析和解读复杂的海量数据。借助大数据可视化技术，审计人员能够洞察被审计数据中内在因素的模式和关联性，快速发现审计线索及其特征。大数据可视化技术在审计线索挖掘中的应用原理为：在审计大数据集成和预处理的基础上，利用某种大数据可视化软件对被审计数据进行可视化建模分析。审计人员结合自己的审计背景知识，利用人类视觉系统的敏感性，通过对可视化图形和图像进行分析、观察，从总体上系统地理解和把握被审计数据的内涵和特征，从而发现审计线索，获得审计证据。同时，根据实际需求，审计人员可以灵活调整可视化软件的设置，改变输出的可视化图形和图像，以从不同方面理解被审计数据，从而全面揭示审计线索的特征，分析产生相关问题的原因。

3. 其他大数据分析技术与方法

为了满足大数据分析的需求，需要研究如何把各种高性能处理算法、智能搜索与挖掘算法应用于大数据审计。这些方法可以弥补基于 SQL 的数据查询方法的不足，更有效地帮助审计人员在大数据中发现审计线索，减少审计风险。典型的技术与方法包括社交网络分析技术和图形数据库技术。

习题

一、单选题

1. 大数据来源广泛、维度多，大致可以分为结构化数据、非结构化数据和半结构化数据。这体现了大数据的（　　）。

A. 规模性　　B. 多样性

C. 价值性　　D. 准确性

2. 数字经济对内部审计产生的影响，不包括（　　）。

A. 审计人员可以从传统的审计任务中解放出来，转而从事战略性决策支持和价值创造工作

B. 可以帮助对 IT 应用控制较多的企业实现对控制的全面测试

C. 能够帮助企业对风险和控制进行持续的评估

D. 技术代替了审计人员的全部工作

3. 云审计的特征中，不包括（　　）。

A. 云计算代替审计人员的工作

B. 打破审计的空间限制

C. 实现审计的全面化

D. 实现审计管理的智能化

4. 区块链技术为内部审计带来挑战，表现为（　　）。

A. 区块链在内部审计中的应用易造成审计数据传输和存储信息化的风险

B. 即便区块链技术应用到了内部审计实务中，也无法真正做到审计与业务相结合，更不能做到事前防控与事中预警

C. 区块链技术的使用对内部审计人员的综合素质提出了更高的要求

D. 区块链技术过于广泛，在实际应用中无法保证数据的真实可靠

5. 在数据采集、存储、传输和转换期间，数据容易被篡改、丢失等，体现了联网审计的（　　）。

A. 技术局限　　B. 人才局限

C. 安全局限　　D. 体系局限

二、多选题

1. 人工智能的特征包含（　　）。

A. 人机协同　　B. 深度学习

C. 高度复杂　　D. 跨界融合

2. 人工智能审计框架包括（　　）。

A. 人工智能能力审计　　B. 人工智能战略审计

C. 人工智能治理审计　　D. 人为因素审计

3. 云审计的特征包括（　　）。

A. 节约审计的时间成本　　B. 打破审计的空间限制

C. 实现了审计管理的智能化　　D. 节约审计的人工成本

4. 数字经济对内部审计产生的影响包括（　　）。

A. 内部审计的职能定位发生转变

B. 由全面审计向抽样审计转变

C. 由事前审计向事后审计转变

D. 推动审计组织自身模式变革

三、判断题

1. 人机协同是为了实现机器的自动生产，是为了代替人类，从而解放更多的劳动力。（　　）

2. 大数据的首要特征就是具有一定的规模性。（　　）

3. 数据质量审计需要为组织的网络安全提供保证，确保数据基础架构能够适应人工智能策略中规定的活动规模和复杂性。（　　）

4. 如果区块链技术未来能够在内部审计方面得到广泛应用，那么未来的企业也许不再需要会计师事务所提供的第三方审计服务，反而选择更透明、更安全、信息更有效的自主审计。（　　）

四、思考题

1. 简要介绍大数据、人工智能、云计算和区块链对于内部审计的影响。

2. 作为一名会计人员，如何能够在数字经济时代背景下有更好的职业发展？

案例分析

A 银行成立于 1990 年，隶属于中国人民银行。目前，中国人民银行已推出信息化业务系统，并在全国范围内实现了业务范围的全面覆盖。A 银行也初步构建了自身的网络系统，在信息化方面取得了显著的进步。近年来，随着其他业务信息化的推进，A 银行持续推动内部审计信息化的发展，现阶段已基本实现了联网审计，但与其他业务的信息化发展相比，仍有较大差距，基层央行内部审计面临着诸多风险，这阻碍了基层央行内部审计工作的高效推进。

尽管 A 银行相较于其他银行在信息化程度上具有优势，但仍存在许多问题。首先，在信息化环境下，为了更好地完成内部审计目标，该银行主要依赖审计人员人工收集业务资料或直接使用开放数据库互连（ODBC）采集等技术手段。然而，这种方式容易受人为因素的影响，可能导致审计数据与真实数据不符。同时，在数据采集过程中，也可能因身份认证、授权等程序不当而引发延误风险。其次，在基层央行各部门传输审计数据时，虽然已经采取了严格的防范措施以确保审计数据的完整性和安全性，但仍存在一些安全漏洞，这些漏洞可能会使内部审计数据面临被非法截获、泄露、窃听和复制的风险。再次，A银行内部审计部门接收的审计数据体量庞大，而基层央行在处理这些数据时可能面临技术和管理上的挑战。最后，虽然A银行已经实现了一定程度的审计系统自动分析，但在实际工作中仍然更多地依赖审计人员的工作经验，这就增加了分析过程中存在的不确定性，进而影响了审计数据的可靠性。

基于以上问题，A银行利用区块链技术设计了内部审计模型，并成功建立了区块链技术下的A银行内部审计平台。该平台实现了内部审计与大数据和区块链技术的有效结合，旨在优化内部审计流程，打通内部审计部门与被审计单位等之间的数据通道，以此促进内部审计的持续稳定发展，并提升其安全保障能力和可靠性。

其流程主要包括三个阶段：

在审计准备阶段，由于被审计单位的相关信息已经安全地存储在区块链网络中，审计人员能够利用区块链技术及时、准确地获取所需的数据信息。通过区块链获取的交易数据信息以及前期审计数据资料，审计人员能够迅速找出审计对象管理的薄弱环节，并据此拟订科学合理的审计计划。

在审计实施阶段，被审计单位上传的所有数据信息都会被广播到整个区块链网络中进行验证。各节点进行分布式记账，确保数据的真实性和完整性。内部审计部门能够实时获取被审计单位的交易数据信息，并进行再次验证，以确保数据的准确性。在审计人员进一步核实验证异常交易数据之后，内部审计节点会及时、准确地记录所有的交易数据和审计流程，形成详细的工作底稿。随后，审计部门会将审计结果及时反馈给被审计单位，以便其了解审计进展和结果。

在审计报告生成和输出阶段，内部审计项目组会对审计实施阶段的审计工作草稿进行综合分析、归类、整理和核对。最终，审计组会编制初步的审计报告，并发送给被审计单位进行沟通，对不符事项和调整事项结果进行确认。确认无误后，审计报告将被分别提交给相关领导进行复核审理。利用区块链技术的电子签名技术，审计报告将被签名，并形成不可篡改的电子文件。最终，审计报告将被安全地存储至区块链网络中，供内部审计部门、被审计单位（或部门）以及其他有关管理人员进行访问和查阅。

资料来源：杜永红，孙羽洁．区块链技术在基层央行内部审计中的应用研究．商业会计，2023（3）：27-32.

思考：

1. A银行如何利用供应链技术解决目前存在的问题？
2. A银行运用的供应链技术可能存在哪些风险？

参考文献

[1] 孙强. 信息系统审计：安全、风险管理与控制. 北京：机械工业出版社，2003.

[2] 霍尔. 信息系统审计与鉴证. 北京：中信出版社，2003.

[3] 张庆龙. 内部审计理论与方法. 北京：中国审计出版社，2005.

[4] Sawyer L B，等. 索耶内部审计：现代内部审计实务：上册. 北京：中国财政经济出版社，2005.

[5] Sawyer L B，等. 索耶内部审计：现代内部审计实务：下册. 北京：中国财政经济出版社，2005.

[6] 石贵泉，王凡林. 现代内部审计理论与实务：国际注册内部审计师（CIA）考试参考用书. 济南：山东人民出版社，2005.

[7] 国务院国有资产监督管理委员会统计评价局. 企业经济责任审计工作手册. 北京：经济科学出版社，2006.

[8] 皮克特. 内部审计业务纲要. 北京：经济科学出版社，2007.

[9] 张庆龙. 内部审计价值. 北京：中国时代经济出版社，2007.

[10] 叶雪芳. 舞弊审计. 北京：经济科学出版社，2008.

[11] 贝利，等. 内部审计思想. 北京：中国时代经济出版社，2008.

[12] 审计署审计科研所. 信息系统审计内容与方法. 北京：中国时代经济出版社，2008.

[13] 高雅青，李三喜. 基本建设项目审计案例分析. 北京：中国时代经济出版社，2008.

[14] 中国内部审计协会. 建设项目审计. 北京：中国时代经济出版社，2008.

[15] 韩晓梅. 企业内部审计绩效研究. 大连：东北财经大学出版社，2009.

[16] 陈宋生. 企业经济责任审计评价方法. 北京：中国时代经济出版社，2009.

[17] 王道成. 中国内部审计事业的实践和探索. 北京：中国时代经济出版社，2011.

[18] 上海国家会计学院. 公司治理. 北京：经济科学出版社，2011.

[19] 欧阳华生. 中国政府绩效审计研究：理论基础与制度变迁. 北京：经济科学出版社，2011.

[20] 袁小勇. 内部审计怎样才能有所作为. 北京：经济科学出版社，2012.

［21］黄作明．信息系统审计．大连：东北财经大学出版社，2012.
［22］鲍国明．内部经济责任审计．北京：中国时代经济出版社，2012.
［23］王宝庆．内部审计管理．上海：立信会计出版社，2012.
［24］王宝庆，张庆龙．内部审计．大连：东北财经大学出版社，2013.
［25］叶陈云．公司内部审计．2版．北京：机械工业出版社，2013.
［26］刘彦文，张晓红．公司治理．北京：清华大学出版社，2014.
［27］贺志东．中国内部审计操作实务．北京：电子工业出版社，2014.
［28］张庆龙．成为明日胜任的内部审计师．北京：中国财政经济出版社，2015.
［29］张庆龙．内部审计理论与实务．北京：中国财政经济出版社，2015.
［30］尹维劼．现代企业内部审计精要．北京：中信出版社，2015.
［31］冯桂红，苏娟．公司内部审计操作实务．北京：清华大学出版社，2015.
［32］中天恒建设项目审计编写组．建设项目审计操作案例分析．北京：中国市场出版社，2015.
［33］汪立元．国有企业高管经济责任审计评价研究．上海：立信会计出版社，2016.
［34］王光远．关于内部审计业绩的评价标准问题．财会月刊，2002（9）：3-5.
［35］李维安，程新生．公司治理审计探讨（上）．中国审计，2002（1）：44-45.
［36］李维安，程新生．公司治理审计探讨（下）．中国审计，2002（2）：41-42.
［37］陈艳利，刘英明．基于公司治理的内部审计问题研究．审计研究，2004（5）：86-88.
［38］内部审计人员胜任能力：历史嬗变、最新发展及启示//严晖．会计教育改革与发展：第四届会计与财务问题国际研讨会论文集，2004.
［39］程新生，张宜．中国制造业上市公司内部审计模式实证研究．审计研究，2005（1）：70-74.
［40］廖洪，陈波．企业战略审计研究的回顾与展望：一个综述．审计研究，2005（2）：20-25.
［41］卢益群．开展审计机关内部业绩评价的思考．审计与经济研究，2005（3）：41-43.
［42］唐玉，周伟．内部审计体系绩效评价与持续提升．交通财会，2005（4）：49-51.
［43］刘玉艳．基于EVA的内部审计业绩评价研究．中国管理信息化，2006（2）：66-67.
［44］赵红英．对现代内部审计业绩评价模式的探讨．经济研究导刊，2006（4）：87-89.
［45］肖作平．公司治理影响审计质量吗?：来自中国资本市场的经验证据．管理世界，2006（7）：22-33.
［46］张巧良，邹玮．基于平衡计分卡的内部审计部门绩效评价框架的构建．财会研究，2006（11）：64-65.
［47］张旭辉．信息化环境下的内部审计技术发展与内部审计管理．财会研究，2007（12）：69-70.
［48］王丽榕．试论我国内部审计独立性的缺失原因及应对措施．会计之友，2008（10）：46-47.
［49］熊炜．浅议基建项目招投标工作审计监督．财会通讯，2008（10）：74.

［50］陈洪玉．对强化内部审计档案管理工作的思考．云南档案，2008（9）：27-29.

［51］王守海，杨亚军．内部审计质量与审计费用研究：基于中国上市公司的证据．审计研究，2009（5）：65-73.

［52］刘金星．论内部审计、内部控制、公司治理之间的关系．会计之友，2009（6）：10-11.

［53］何芹．环境保护专项资金绩效审计若干问题探讨．财会月刊，2009（5）：77-79.

［54］粟庆华．内部审计信息化管理．市场论坛，2009（4）：36-38.

［55］牛香芹．如何开展基建项目招投标审计．安徽建筑，2009（4）：162.

［56］郭强．建筑工程承发包审计探讨．中国注册会计师，2009（9）：56-57.

［57］李明辉．内部审计的独立性：基于内审机构报告关系的探讨．审计研究，2009（1）：69-75.

［58］周险峰．浅谈基建工程项目全程跟踪审计．现代审计与经济，2009（6）：34.

［59］王生花．论经济责任审计评价方法．山西财经大学学报，2009（31）：183.

［60］饶庆林，谭文浩．内部审计质量控制体系思考．财会通讯，2010（10）：23-25.

［61］叶静．基于企业发展历程的内部审计独立性分析．财会通讯，2010（2）：89-90.

［62］张娟，张庆龙．论内部审计专业胜任能力结构模型与需求框架．会计之友，2010（7）：99-104.

［63］庄明来．计算机审计与信息系统审计之比较．会计之友，2010（15）：82-85.

［64］段海蓉．浅谈信息化环境下的内部审计技术发展与内部审计管理．经济师，2010（12）：180-181.

［65］关军庆．关于建设项目投资效益审计的浅见．现代审计与经济，2010（2）：26-27.

［66］刘世林．基于决策、执行、监督分离治理模式下的企业内部审计地位探讨．会计研究，2010（2）：73-78.

［67］何克飞．企业内部审计信息化建设的新视野．当代经济，2011（24）：10-11.

［68］张庆龙．国际内部审计师协会关于公共部门内部审计能力模型的研究与启示．审计研究，2011（2）：45-52.

［69］雒兢．论内部审计在公司治理中的作用．财会研究，2011（16）：47-48.

［70］郝云松．对投资建设项目工程质量审计的若干思考．审计研究，2011（6）：26-30.

［71］付文姝．企业内部审计质量控制研究．财会通讯，2011（27）：134-136.

［72］鹿钦娟．民生资金绩效审计应关注的几个方面．中国审计报，2011-05-06.

［73］孙晓光，钟婷．内部审计质量与审计意见相关性研究．财会通讯，2012（9）：42-45.

［74］顾小龙．基本建设项目竣工决算审计实务浅探．财会通讯，2012（19）：71-72.

［75］丁保利．国有单位内部审计独立性的实现路径．中国内部控制，2012（7）：49.

［76］王萍．内部审计加强独立性研究．经济研究导刊，2013（24）：167-168.

［77］王兵，刘力云，张立民．中国内部审计近30年发展：历程回顾与启示．会计研究，2013（10）：83-88.

［78］武汉钢铁（集团）公司课题组．公司治理与内部审计质量控制的实践探索．中国内部审计，2013（3）：28-32.

[79] 张庆龙. 我国企业内部审计职业通用胜任能力框架设计研究：基于问卷调查的分析. 会计研究，2013 (1)：84-96.

[80] 袁德富，吴树仲. 浅谈基本建设工程项目竣工决算审计的若干要点. 工业审计与会计，2013 (1)：37-38.

[81] 吕锦荃. 浅析基本建设工程项目审计流程及风险控制点. 中国市场，2013 (38)：59-60.

[82] 李维安. 公司治理、内部控制、风险管理的关系框架：基于战略管理视角. 审计与经济研究，2013 (4)：4-12.

[83] 徐锦华. 论内部审计在公司治理中的作用. 经济研究导刊，2014 (4)：180.

[84] 宁波市审计学会课题组. 财政专项资金绩效审计研究. 审计研究，2014 (2)：3-8.

[85] 焦跃华，王运雪. 社会保障资金绩效审计研究. 审计月刊，2014 (7)：8-10.

[86] 李宗彦，章之旺. 内部审计研究：1998—2012：基于 SSCI、CSSCI 的文献分析. 会计与经济研究，2014 (2)：52-64.

[87] 何健伟. 我国首席审计官制度研究. 杭州：浙江工商大学，2014.

[88] 章亮. 我国信息系统审计发展的现状、问题及其改进. 北京：首都经济贸易大学，2014.

[89] 曾颖. 基于精细化管理理念的内部审计项目管理. 中国内部审计，2015 (4)：35-37.

[90] 吴笑飞. 基本建设项目财务审计论述. 经营管理者，2015 (23)：53.

[91] 王兵，王言. 国际内部审计专业实务新框架解读. 中国内部审计，2015 (12)：50-52.

[92] 梁溪沙. 深化财政涉农资金绩效审计的两个着力点. 中国审计报，2015-01-14.

[93] 丘君. 浅谈企业内部审计在内部控制体系建设中的角色和作用. 财经界，2016 (30)：283.

[94] 张妍. 信息系统审计的发展路径探析. 审计月刊，2016 (8)：18-20.

[95] 王梅，李洪刚，赵亚学. 公司治理与内部审计关系研究. 现代经济信息，2016 (6)：237.

[96] 罗建峰. 经济责任审计的范围、主体和内容. 经济研究导刊，2016 (12)：91-93.

[97] 韩子榕. 现代内部审计的定义演进与职能定位的应用研究. 财会学习，2016 (15)：152.

[98] 周睿敏，张文秀. 金融科技创新风险及控制探析：基于大数据、人工智能、区块链的研究. 中国管理信息化，2017 (19)：33-36.

[99] 陈寰. 经济新常态下商业银行内部审计的转型与增值. 会计之友，2017 (16)：113-116.

[100] 刘亚男，张文承，郝素彬. 审计全覆盖下高校经济责任审计问题及对策. 会计之友，2017 (12)：124-128.

[101] 叶文晖，刘国常. 对信息化审计人才培养的思考. 财会月刊，2017 (17)：95-100.

[102] 刘亚昕. 大数据时代下内部审计信息化问题探讨. 南昌：江西财经大学，2017.

[103] 蒋卫东，刘洁，柳昱竹. 全面预算管理研究回顾与展望. 财会通讯，2017

(11)：57-61.

［104］周霞，林津翘，华峰. 大数据时代企业内部审计新常态研究. 中国内部审计，2017（3）：13-17.

［105］郑石桥，李娴娴. 增值型内部审计：理论框架和例证分析. 会计之友，2017（5）：131-137.

［106］陈先锋. 现代风险导向审计模式下的企业内部审计问题分析. 财会学习，2017（3）：136.

［107］王素梅，郑石桥. 内部审计目标：理论框架和例证分析. 会计之友，2017（4）：124-129.

［108］王家华，蔡则祥，曹源芳. 影子银行风险的“蝴蝶效应”与审计治理机制：基于互联网金融业务的研究. 经济问题，2017（1）：67-72.

［109］卫真. 关于提高上市公司会计信息披露质量的思考：基于公司治理、内部控制与内部审计的视角. 山西财税，2018（11）：61-63.

［110］王兵，吕梦，苏文兵. 监事会治理有效吗：基于内部审计师兼任监事会成员的视角. 南开管理评论，2018（3）：76-89.

［111］徐倩莹. 基于大数据背景下企业内部审计信息化建设的探讨. 中国商论，2018（11）：109-110.

［112］时现. 最新发布的《审计署关于内部审计工作的规定》的特点分析：基于修订前后比较的视角. 中国内部审计，2018（3）：4-7.

［113］方子，乐曲，陶思羽. 全面预算管理下公立医院的成本管理分析. 中国医院管理，2018（2）：53-55.

［114］童薇. 试论会计信息化对企业财务管理的影响及对策. 财会学习，2018（2）：37-39.

［115］许金叶，朱鸯鸯. 区块链信息技术对会计监督的影响研究. 会计之友，2018（1）：156-160.

［116］王慧. COSO风险管理框架的新变化及启示. 审计月刊，2018（9）：42-44.

［117］舒伟，左锐，陈颖，等. COSO风险管理框架的新发展及其启示. 西安财经学院学报，2018（5）：41-47.

［118］王子悦. 我国企业内部审计外包风险及控制研究. 南京：南京信息工程大学，2018.

［119］周亮. WD公司内部审计外包优化研究. 南京：南京理工大学，2018.

［120］秦荣生. 我国内部审计的新使命与发展新路径. 会计之友，2019（8）：2-5.

［121］王珏琰. 新时期人民银行内部审计职能定位及发展研究. 金融理论与实践，2019（11）：42-45.

［122］李建红，周婷媛. 公司治理、内部审计质量与企业成长性. 财会通讯，2019（9）：20-24.

［123］吴燕. 新形势下企业加强内部控制管理的路径探索. 财会学习，2019（9）：7-9.

［124］张静，庞文群. 内部审计在审计监督体系中的基础性作用. 财会月刊，2019

（5）：114－118.

［125］黄胜忠，刘清．企业内部控制与合规管理的整合．财会通讯，2019（17）：105－108.

［126］唐衍军，黄益，马宇翔．区块链技术下的企业内部审计平台建设：基于德勤Rubix应用．重庆科技学院学报（社会科学版），2019（6）：52－55.

［127］马锦．我国农业上市公司内部控制有效性及披露研究．会计之友，2019（2）：69－73.

［128］郑石桥，周敏李．企业审计本质：一个理论框架．会计之友，2019（1）：155－159.

［129］蒋学洪，刘西友．内部审计发展的国际经验及对我国的启示．会计师，2019（2）：3－5.

［130］高菁敏，华艳芳．基于COSO（2017）框架的风险管理审计流程．合作经济与科技，2019（5）：190－192.

［131］肖小华．内部审计外包问题探究．南昌：江西财经大学，2019.

［132］程石．新时代下企业内部审计的创新发展探析．中国市场，2020（3）：177－178.

［133］Perry W E. Improving audit productivity. John Wiley & Sons，1984.

［134］Dudley E M，Plumly M R，Knobloch M C. How do you measure success? Internal auditors at Asea Brown Boveri employ quality metrics to help improve their processes. Internal Auditor，1999，2（56）：58－63.

［135］Ziegenfuss D E. Measuring performance. Internal Auditor，2000，1（57）：36－40.

［136］Nieschwietz R，Pany K，Zhang J. Auditing with technology：using generalized audit software in the classroom. Journal of Accounting Education，2002 ，20（4）：307－329.

［137］Coetzee P，Lubbe D. Improving the efficiency and effectiveness of risk-based internal audit engagements. International Journal of Auditing，2014 ，18（2）：115－125.

［138］Abdullah R，Ismail Z，Smith M. Audit committees' involvement and the effects of quality in the internal audit function on corporate governance. International Journal of Auditing，2018 ，22（3）：385－403.

图书在版编目（CIP）数据

内部审计学 / 张庆龙主编. --3 版. --北京 ：中国人民大学出版社，2024. 10. --(高等学校经济管理类主干课程教材). --ISBN 978-7-300-33314-4

Ⅰ. F239.45

中国国家版本馆 CIP 数据核字第 2024J5A945 号

高等学校经济管理类主干课程教材·审计系列

内部审计学（第 3 版）

主编　张庆龙

Neibu Shenjixue

出版发行	中国人民大学出版社		
社　　址	北京中关村大街 31 号	**邮政编码**	100080
电　　话	010－62511242（总编室）		010－62511770（质管部）
	010－82501766（邮购部）		010－62514148（门市部）
	010－62515195（发行公司）		010－62515275（盗版举报）
网　　址	http://www.crup.com.cn		
经　　销	新华书店		
印　　刷	中煤（北京）印务有限公司	**版　　次**	2016 年 4 月第 1 版
开　　本	787 mm×1092 mm　1/16		2024 年 10 月第 3 版
印　　张	22 插页 1	**印　　次**	2025 年 2 月第 2 次印刷
字　　数	489 000	**定　　价**	56.00 元

中国人民大学出版社　管理分社

教师教学服务说明

中国人民大学出版社管理分社以出版工商管理和公共管理类精品图书为宗旨。为更好地服务一线教师，我们着力建设了一批数字化、立体化的网络教学资源。教师可以通过以下方式获得免费下载教学资源的权限：

★ 在中国人民大学出版社网站 www.crup.com.cn 进行注册，注册后进入“会员中心”，在左侧点击“我的教师认证”，填写相关信息，提交后等待审核。我们将在一个工作日内为您开通相关资源的下载权限。

★ 如您急需教学资源或需要其他帮助，请加入教师 QQ 群或在工作时间与我们联络。

中国人民大学出版社　管理分社

教师 QQ 群：648333426（工商管理）　114970332（财会）　648117133（公共管理）
教师群仅限教师加入，入群请备注（学校+姓名）

联系电话：010-62515735，62515987，62515782，82501048，62514760

电子邮箱：glcbfs@crup.com.cn

通讯地址：北京市海淀区中关村大街甲 59 号文化大厦 1501 室（100872）

管理书社　　人大社财会　　公共管理与政治学悦读坊